中華書局

說不盡的

盛唐

隋唐史
二十講

吳宗國

著

目 錄

中篇　隋唐制度

緒論：怎樣理解隋唐史？

一、隋唐的歷史特點

隋唐時期上承南北朝，下啟遼宋金元，在中國古代歷史發展上，起着承先啟後的作用。

隋唐正處在南北朝到唐宋社會變遷的歷史轉折，是中國古代一個重要的社會轉型時期。舊的社會階層和集團山東士族、江南士族已經衰落了，新的社會階層正在興起。

隋朝雖然短暫，但它不僅結束了東晉以來二百多年的分裂局面，重新統一了全國，並對南北文化進行了整合，在政治制度上也進行了重大改革。隋朝還給後代留下了一條貫通南北的大運河。

唐朝是中國古代歷史上最輝煌的朝代之一，歷來被視為中國古代的黃金盛世。它有着空前繁榮的經濟、絢麗多彩的文化、富有進取精神的統治集團和一個強有力的政府，出現了貞觀之治和開元之治兩個歷史上有名的治世。無論在政治上還是在經濟上，都蒸蒸日上，充滿了活力。盛唐在中國歷史上更是一個有着無窮魅力，充滿浪漫、激情的時期。

1. 隋末唐初是一個英雄的時代

隋末唐初，為了爭取生存，為了推翻暴隋，為了建立一個新的王朝，為了統一全國，從農民到各路英雄好漢，都投入了戰鬥。他們浴血奮戰，譜寫了一部震撼人心的英雄交響曲。他們的英雄業績吸引了

各個時代的民間藝人和文人墨客，紛紛運用各種文藝形式來表現這個
時代。唐末杜光庭的《虬髯客傳》拉開了用小說形式描繪和歌頌這個
英雄時代的序幕。在這部充滿神祕色彩、豪氣滿懷的作品中，虬髯客
和紅拂純粹是小說人物，但是李世民、李靖、侯君集都是創建唐朝的
英雄。楊素也是在隋朝統一南北中發揮了重要作用的人物。宋人則採
用說書講史的方式，講述唐初的興廢爭戰。元末明初著名小說家羅貫
中創作了《隋唐兩朝志傳》。清朝康熙年間褚人獲根據明代人改訂的
《隋唐志傳》編寫成《隋唐演義》，乾隆年間又出現了《說唐》。其中
的程咬金、徐茂公都是出自民間的草根英雄人物。《隋唐演義》和《說
唐》這兩部書把更多的人帶進了這個英雄時代。

　　《隋唐演義》的故事還被一些劇種改編為戲劇。京劇劇目中的
《秦瓊賣馬》《三家店》等、秦腔劇目中的《四平山》《望兒樓》等，
都出自《隋唐演義》或《說唐演義》。當今以隋末唐初英雄人物為題
材的電視劇也是一部接着一部。

　　這些情況說明，不論是唐人，還是後人，都把隋末唐初視為一個
英雄的時代。如果從歷史的角度來看，山東豪傑應是這個英雄時代的
代表。

2. 唐代是一個可以夢想的時代

　　唐代也是一個可以夢想的時代，是一個充滿希望的時代，是一個
人們可以有追求的時代。唐朝前期還處在由南北朝到唐宋的社會變遷
轉折時期，豪強士族已經衰落，新的社會階層正在興起。社會結構的
變化和門閥等級的打破，以及相應的政治體制、思想和文化的巨大
變化，為社會經濟的快速發展創造了條件，給各階層的人民帶來了希
望。唐代經濟又處在一個高速發展的階段，加上政府適應這種變化而
採取了多項措施，這就給人們提供了各種機遇。從個人來說，首先是
是否做好了各種準備工作，有沒有能力去實現你的夢想。其次是能

不能把握好時機，能不能準確地抓住時機。只要能抓住這種機遇，加上個人的努力，即使是普通的百姓也有可能脫穎而出。這種機遇不止限於某些特定的人群，而是各種不同出身、不同文化的人，只要有才能、有抱負，只要能夠抓住機遇，就有可能得到發展。如果你不想，自然什麼都沒有；同樣如果你沒有一定的才能作為基礎，即使抓住了這個機會，也沒法去實現。

3. 唐朝是一個開放的時代

南北朝以來隨着豪強士族的衰落，不論是自耕小農，還是租種地主土地的農民，都獲得了「良民」（「良人」）身份，社會各個領域從法律上來說，對他們都是開放的。

唐朝思想比較開放，沒有獨尊儒家。唐朝社會生活也比較開放，這從當時婦女的服飾就可以看出來。不僅如此，婦女的活動空間也擴大了，杜甫《麗人行》中所描寫的「三月三日天氣新，長安水邊多麗人」，儘管寫的是楊家姐妹，但即使是貴族婦女能這樣拋頭露面於公眾場所，在後代也是不可想像的。這種開放也是和唐代處在社會變遷的轉折時期和民族大融合有密切關係。

唐代婦女衝破了三從四德，並且提出了新的四德。唐太宗一紙鼓勵寡婦再嫁的詔令打破了「未嫁從父，既嫁從夫，夫死從子」[1]的「三從」。唐代寡婦可以再嫁，離婚的婦女可以改嫁，沒有後來那麼多的束縛。兩唐書《列女傳》中記載的，守節者有之，但更多的是孝義，不像後來史書中相應部分記載的主要是守節。在《曹氏墓誌》這篇父親為女兒所寫墓誌中明確寫道：「又見汝事宗尊以孝，執蘋吉以勤，施黼黻以功，奉娣姒以敬。弘此四德，睦彼六親，可謂規範婦儀，昭

---

[1]　《儀禮·喪服·子夏傳》

宜壺閫矣。」[1]「四德」已從過去的「婦德、婦言、婦容、婦功」逐步演變為「孝、勤、功、敬」，從過去以婦女作為男性附庸的四德變成規範婦女作為家庭成員的義務的四德。

對外開放，這是大家都熟知的。

長安西市可以看作是對外開放的一個縮影。這裏聚集了各國各地區的商人，其中中亞與波斯（今伊朗）、大食（今阿拉伯）的「胡商」最多。唐人的筆記小說有大量與西市和胡商有關的故事。胡姬與酒家也是一道特殊的風景線。

揚州和廣州這兩個海上交通口岸，在唐代對外開放中具有特別重要的地位。許多外國人從這裏進入大唐。揚州聚集的波斯、大食商人達數千人，日本的遣唐使也都是從這裏入唐。唐朝在這裏迎接海洋上的來客，並從這裏走向海洋，走向新羅，走向日本，走向東南亞和南亞，走向遙遠的波斯灣，走向非洲西海岸，走向更加廣闊的世界。

唐代文化既善於繼承，又能夠兼收並蓄。西域傳來的印度、中亞、西亞文明以及通過南海傳來的南亞文明，在宗教、藝術、器用乃至習俗等方面，對隋唐文化產生了深遠的影響。中外、胡漢文化的交流匯聚，才形成了絢麗多彩的唐代文明。

4. 唐朝是我國統一多民族國家進一步發展的時代

唐朝在中國統一多民族國家發展的歷史上是一個重要的時期。

東晉、南北朝時期在中國北方出現了歷史上空前的民族大融合。民族融合帶來新的活力，與南北朝隋唐時期的社會變遷相結合，使唐朝得以在中國歷史上大放異彩。而社會變遷所帶來的社會轉型，更使中唐到宋朝的社會面貌和社會生活發生了巨大的變化。

---

[1]　胡戟、榮新江主編：《大唐西市博物館藏墓誌》中冊二八三《曹氏墓誌》，北京大學出版社，2012 年。

隋唐統一以後還面臨着與以往完全不同的民族發展格局。秦漢統一以後，面臨的主要是北方和西北的民族，而且是遊牧民族。而唐朝建立以後，這種情況就有了很大的改變。唐朝北邊的突厥也沒有逃脫漢魏以來匈奴和鮮卑的命運，最後陷於消亡。但是東北的契丹和靺鞨、北方的回紇、青藏高原的吐蕃和西南的南詔卻走上了和早先草原民族完全不同的發展道路，他們先後擺脫了長期停滯的原始的狀態，建立了自己的政權。民族政權的建立和發展，標誌這些民族開始走向更高的社會發展階段，並且打破了孤立發展狀態，擴大了活動空間。他們在與漢族和其他民族的交往中提高了自己的經濟和文化水平，並且越來越成為國家政治生活中活躍的因素。我國統一多民族國家的發展進入了一個新時期。

這個時期世界的形勢也發生了很大的變化。

從隋朝建立到唐朝滅亡（581—907），也就是 6 世紀末到 10 世紀初，世界歷史的一個突出特點就是亞洲各國的興起和發展。特別是和唐鄰近的一些國家，有的政治和經濟有了很大的發展，正處在一個社會變革的時期；有的剛結束了長期分裂的狀態，實現了統一；有的積極向外發展，建立了強大的帝國。

隋末唐初，朝鮮半島上存在着高句麗、百濟和新羅三個國家。675 年，新羅統一了朝鮮半島。

日本在 646 年進行了大化革新；710 年遷都平城京（今奈良），開始了奈良時期（710—794）；794 年遷都平安京（今京都），開始了平安時期（794—1192）。

南亞今印、巴、孟地區，當時還處於割據狀態。7 世紀戒日王統一了北印度。

西亞方面，波斯已進入薩珊王朝晚期，阿拉伯帝國正在興起。7 世紀初，穆罕默德創立伊斯蘭教，統一了阿拉伯半島。他的後繼者在 642 年滅波斯、埃及。661—750 年的倭馬亞王朝建都大馬士革，我

國古代稱之為白衣大食。

唐與亞洲各國建立了廣泛的聯繫，並成為亞洲各國經濟文化交流的中心。唐初重新開通了傳統的絲綢之路，接着又開通了海上絲綢之路，也稱作陶瓷之路。唐代商船橫渡東海，直航波斯灣，並與非洲西海岸有商業往來。唐文化對周邊國家產生了巨大的影響，並且形成了漢字文化圈，確立了東亞文化的特色。唐朝對世界文明的發展做出了重要的貢獻。

二、隋唐的遺產

隋唐離我們很遠，離我們也很近。因為隋唐，尤其是唐朝給我們留下了豐厚的歷史文化遺存，留下了大量的遺跡、文物和文藝作品，留下了寶貴的歷史經驗和深刻的歷史教訓。這些都使我們深切地感受到它們的存在。但這些畢竟都是歷史遺留下來的，因此還需要我們細細地加以體味。

說到隋朝，人們首先想到的是大運河和趙州橋。

而唐朝（618—907）留給我們的東西實在太多了。

我們可以回想一下，我們最早接觸到的唐代的東西是什麼？

「鵝鵝鵝，曲項向天歌。白毛浮綠水，紅掌撥清波。」

「春眠不覺曉，處處聞啼鳥。夜來風雨聲，花落知多少。」

「床前明月光，疑是地上霜。舉頭望明月，低頭思故鄉。」

「鋤禾日當午，汗滴禾下土。誰知盤中餐，粒粒皆辛苦。」

駱賓王的《詠鵝》、孟浩然的《春曉》、李白的《靜夜思》、李紳的《憫農》，這些唐詩是很多中國人牙牙學語時就接觸到的中國傳統文化。

隨着年齡的增長、學識的提高、知識的積累和活動空間的擴

大，我們會越來越多地接觸到唐朝留給我們的遺跡、文物和文藝作品：歐陽詢的《九成宮醴泉銘》、顏真卿的《多寶塔碑》和西安碑林中其他眾多唐代大書法家們的作品，西安的大明宮和西市遺址，大雁塔、小雁塔，昭陵、乾陵和它們的陪葬墓，洛陽龍門奉先寺的盧舍那佛像、敦煌莫高窟的北大佛和南大佛、陝西彬縣大佛寺大佛、寧夏固原須彌山石窟大佛、四川樂山大佛以及敦煌莫高窟 158 窟大曆十一年（776）年的涅槃像、四川安岳釋迦牟尼涅槃圖，閻立本的《步輦圖》、西安唐墓壁畫，北京雲居寺的石刻佛經（房山石經），精美的銅鏡和金光燦燦、銀光閃閃的金銀器，色彩斑斕、形象生動的唐三彩的馬和駱駝……不論是考古發現的各種文物和分佈在各地的各種文化遺存、唐朝詩人所寫的詩歌，還是豐富多彩的文學藝術作品和各種歷史文獻，都會使我們感覺到一個實實在在的唐朝。

大明宮，興建於唐高宗時期。從現存遺址中，我們仍然可以感到它宏大的規模。規模宏大不是盛唐的特點，而是從初唐走向盛唐時期的特點。隋文帝興建的大興城規模就很大，僅僅是皇城就相當於明代的長安城，整個大興城則是明代長安城的六倍。

洛陽龍門奉先寺的盧舍那佛雕像，也具有初唐規模宏大的特點。而我們站在它的面前，除了規模的宏大，更感到雕像群氣勢的宏偉。氣勢宏偉，這就不僅是初唐的風格。盧舍那佛像的雍容華貴、端莊秀美，顯示了盛唐的風采。盛唐氣象已經開始出現。從藝術上來說，盧舍那佛雕像把傳統文化、外來文化和當時的審美觀念進行了完美的結合。這也體現了盛唐藝術風格。

從新疆經甘肅河西走廊，到大同、洛陽，沿着絲綢之路，許多山谷中都有大大小小的石窟。石窟寺的開鑿，始於南北朝，歷唐宋遼金，一直持續到元代。它的分佈，是由西向東逐步發展：新疆拜城克孜爾、庫車庫木吐喇、吐魯番柏孜克里克、甘肅敦煌莫高窟、安西榆林窟、張掖附近肅南裕固族自治縣境內的馬蹄寺、蘭州附近永靖炳

靈寺、天水麥積山、陝西涇川的百里石窟長廊、河南洛陽的龍門石窟，一座座石窟寺不僅展示了這個時期絲綢之路沿途深厚的歷史和文化，也是絲綢之路上不朽的路標。把這些石窟寺連接起來，絲綢之路的路線就清楚地呈現在人們面前。

其中敦煌莫高窟的規模是最大的，它的壁畫全長 2.5 萬米，4.5 萬多平方米，彩塑像 2400 座。加上附近安西榆林窟 0.5 萬平方米的壁畫，壁畫面積達 5 萬平方米。這兩座石窟的規模和壁畫、塑像所表現的內容，都顯示了盛唐所特有的宏偉氣魄，並且見證了唐代中外文化交流的盛況。

沿着絲綢之路還有許多古城和關燧的遺址：新疆吉木薩爾城北的北庭都護府遺址，吐魯番東南的高昌故城、西偏北的交河古城、赤亭的烽燧；甘肅敦煌城西南 70 公里處的陽關遺址、安西縣的唐瓜州古城、高臺縣境內的駱駝城。

西藏拉薩的大昭寺、小昭寺，青海境內的日月山，雲南大理崇聖寺的千尋塔，黑龍江牡丹江市下轄寧安市渤海鎮境內的渤海國上京龍泉府遺址，讓我們又重見當年吐蕃、南詔和渤海的風采。

山西五臺境內的南禪寺和佛光寺，是我國現存最早也是最完整的兩座木結構古建築。文水縣武則天廟始建於唐，現正殿頂部與神龕基座上還留有部分唐瓦和唐磚；神龕後側兩根粗大的金柱也是唐代的原物。太原晉祠、北京的戒臺寺（唐慧聚寺）、臥佛寺（唐兜率寺）、法源寺（唐憫忠寺）、唐山的興國寺等一大批寺院，它們的歷史都可以追溯到唐代。

武威大雲寺古鐘樓上懸掛的唐代鑄造的大雲銅鐘，古樸精美，默默地向人們展示那個神祕的年代。

還有碑刻、散文和詩歌。

除了歐陽詢、虞世南、褚遂良、顏真卿、柳公權、懷素、張旭等大書法家的作品，唐太宗的《晉祠銘》《溫泉銘》，武則天的《昇

仙太子碑》，唐中宗的《述聖紀碑》，唐玄宗的《紀泰山銘》《石臺孝經》，也都是我們可以看到的書法精品碑刻。洛陽千唐志齋、西安碑林、大唐西市博物館以及各地收藏的幾千方唐代墓誌，讓我們不僅可以形象地看到民間書法的狀況、唐代書法的變遷和文體的變化，而且可以通過墓誌更加直觀地了解唐代的文化和歷史。

唐文，僅《全唐文》所收就有 3035 位作者的文章 20025 篇，唐代的美文佳篇，大多集中在這裏了。清末四大藏書家之一的陸心源作《唐文拾遺》《唐文續拾》，又補錄了 3000 多篇。中華書局出版的《全唐文補編》，又收錄唐人文章約 7000 篇。

唐詩，除了《全唐詩》所收近 49000 首，《全唐詩補編》又收入 6327 首，現存唐詩共有三千七八百位詩人的 55000 多首。此外，在唐代長沙窯的瓷器上多題有唐詩，達幾百首之多。

唐朝遺留給我們的東西實在太多了。

豐富多彩的文學藝術作品和各種歷史文獻，都會使我們感覺到一個實實在在的唐朝。

這些都是看得見的。還有看不見的，那就是作為唐朝文化遺產留給我們的傳統文化。

從政治文化來說，第一是豐富的治國思想和理論。貞觀君臣論治所涉及的問題和得出的結論，是在理論、歷史和唐朝初年現實情況相結合基礎上對傳統的治國理論的一次總結和發展。它不僅影響中國，而且影響了亞洲一些國家歷史的發展。第二是唐朝的政治制度，奠定了以後各朝政治制度的基礎。第三是唐代以考試選用官吏的制度奠定了世界公務員制度的基礎。第四是對制度不斷調整的思想和實踐。

從思想文化來說，留給今天的就更多了。盛唐的文化具有無窮的魅力，盛唐的風貌也令人神往，盛唐精神更是鼓舞了一朝又一朝、一代又一代的中國人。高瞻遠矚的眼界，寬廣開闊的胸懷，氣吞山河

的氣魄，勇於進取，積極向上的精神，是盛唐所獨有的。「白日依山盡，黃河入海流。欲窮千里目，更上一層樓。」「黃河落天走東海，萬里寫入胸懷間。」「長風破浪會有時，直掛雲帆濟滄海。」這些在唐初是寫不出來的。盛唐詩歌題材廣泛，風格多樣，雅俗共賞。詩人們利用詩歌這種形式表達自己的理想，抒發個人的情懷，充滿了蓬勃的朝氣、個性和追求，充滿了對祖國的熱愛、對人生的歌頌和對民生的關懷，集中反映了盛唐精神。這只是從精神上來說。而從各種思想（儒、釋、道）和文藝形式（詩詞、書法、繪畫、雕塑、樂舞）走向成熟，並起着承先啟後的作用來看，唐朝實在可以看作是一個文藝復興的時代。

皇帝在行使國家最高權力的同時，在重新尋找自己的定位。士大夫在思立於功名，追求個人發展的同時，也在尋找新的精神家園。

從士人來說，從「欲窮千里目，更上一層樓」「天生我材必有用」「功名只向馬上取」「西出陽關無故人」，到「安能摧眉折腰事權貴，使我不得開心顏」……反映了他們的心路歷程。而從抽象的「致君堯舜上」「直掛雲帆濟滄海」到「役於民」，則是唐代最閃光的思想。

從唐太宗提出的「欲盛」，到安史之亂後對亂中許多官員的表現以及科舉錄取標準的辯論，再到韓愈、李翱關於人性的議論，士大夫的個人修養成為越來越重要的課題，一直到程朱，都沒有離開修身齊家治國平天下這個主題。韓愈把《大學》中的這個主題加以發揮。無怪乎蘇軾在《潮州韓文公廟碑》給他「文起八代之衰，道濟天下之溺」的美譽。

三、影響理解唐代歷史的幾個問題

均田制和士族問題是 20 世紀到 21 世紀初影響人們理解唐代歷史

的兩個重要問題。

1. 均田制

20 世紀 50 年代有學者提出均田制實行了沒有，是不是一紙空文的問題，由此引起中國古代土地所有制性質問題的討論。有不少學者主張「均田制」是國有制。他們提出，從南北朝到唐朝前期實行均田制期間，都是土地國有制。到唐朝中葉，隨着均田制的瓦解，中國的土地所有制也就從土地國有制轉變為土地私有制，中國古代社會也就進入了一個新的發展階段。這也說明從北魏到唐朝前期中國古代社會沒什麼大的社會變化。後來隨着研究的逐步深入，有的學者提出疑問：「均田制」到底是當時的土地制度，還是政府頒布的田令？與之相聯繫的是對從北魏到唐朝土地制度的具體發展情況和有關均田法令的理解。這是一個具有根本性的問題。還有許多具體的問題，也都有不同的意見。

學術界的爭論絲毫沒有影響中學歷史教學中關於均田制的論述。從 20 世紀 50 年代直到現在，除了人民教育出版社 1990 年版的初級中學課本《中國歷史》第二冊沒有提到均田制，在其他版本中都把唐朝實行均田制作為一項重要內容。大意是，國家按照規定，也就是按永業田二十畝，口分田四十畝的數額，把戰爭中荒廢了的大量土地分配給農民耕種。均田制和租庸調制的實行，對農業生產的恢復和發展起了推動的作用。雖然沒有牽涉到土地所有制的性質問題，但由於牽涉到如何認識唐代初年經濟恢復的原因，因此仍是影響青少年認識唐朝歷史的一個重要問題。

2. 士族問題

關於士族問題，對士族門閥，包括對關隴貴族的理解和估計，影響及於對整個隋唐時期和中國古代歷史發展的理解。這裏牽涉到的問

題包括：

　　一是山東士族問題。山東士族早在南北朝時期就已經走向衰落，這只是一部分學者的看法。還有的學者認為士族在唐代並沒有衰落，他們最重要的一個論據是，唐朝後期有大量山東士族的後人湧上政治舞臺，並且做到中央各部門首長以至宰相。因此怎樣看待這些問題，就構成了對唐代士族問題完全不同的理解。與此相聯繫的還有隋末唐初山東豪傑的興起問題。

　　二是關隴集團問題。首先是還有沒有關隴集團。有的學者認為，唐朝初年原來關隴貴族集團的成員在最高統治機關，特別是在宰相中人數不佔據多數，因而否認當時還存在關隴集團。有的學者則認為不能單純從人數來看，還要看他們在最高統治集團中的地位和作用，要結合當時的具體情況來進行分析。其次是關隴貴族集團的特性。有學者把關隴集團的衰落看作是士族門閥的最後的衰落。有的學者則認為，關隴貴族集團和山東士族、江南貴族有相同或者是類似的地方，但是也有很大差別。應該從分析他們各自興衰的過程出發，研究他們的差別，正確地認識關隴貴族集團的地位和作用。與這些問題相聯繫的還有關隴集團掌權與貴族政治有沒有區別的問題。

　　三是怎樣看待士族的興起、發展和衰落。在看待士族的問題上，學者們的着眼點有很大的不同。有的着眼於政治，着眼於上層；有的着眼於基於生產不斷發展的大土地所有制的發展，也就是最基本的社會關係，以及與之相適應的生產情況。

　　不論是均田制問題，還是士族問題，這兩個問題的核心與20世紀初提出的唐宋變革論和21世紀初中外學者普遍關心的唐宋社會變遷問題是一致的，都需要從生產和經濟社會的發展、社會結構和社會等級的變化，以及相應的文化和思想意識等方面進行全方位的、長時段的、實事求是的、定量與定性相結合的研究，才能得出比較接近歷史事實本身的結論。

還有一些長期爭論的問題：

◎ 隋煬帝是不是一個十足荒淫的暴君？

◎ 李淵和李世民，到底誰是太原起兵的主謀？這個問題的背後，實際上隱藏了兩個重大的歷史問題。一個是對李淵的歷史評價，一個是如何評價玄武門之變。與此相關的還有，為什麼歷史文獻上關於太原起兵的記載充滿了那麼多的矛盾？《大唐創業起居注》和《舊唐書》《資治通鑑》的記載不同，這還說得過去，因為它們是不同時期不同人的著作，但為什麼《舊唐書》和《資治通鑑》也有矛盾？

◎ 貞觀之治為什麼為歷代稱頌？房玄齡、杜如晦和魏徵在貞觀之治中都起了什麼作用？歷來都說房謀杜斷，魏徵犯顏直諫。真實情況到底是怎樣的？

◎ 唐高宗是一個軟弱的皇帝嗎？武則天到底是一個怎樣的皇帝？

◎ 天寶之亂是由於置相非其人嗎？傳統的說法，開元之治是因為有姚崇、宋璟等賢相，天寶之亂則是因為唐玄宗錯用了李林甫和楊國忠為相。李林甫口蜜腹劍，排斥異己，這固然是事實，但是他在開元天寶時期到底起了什麼作用？正是在他掌權的十六年間，唐朝的輝煌達到了頂點。至於楊國忠，安史之亂是在他掌權的時候發生的，自不在話下。通行的說法是，他所以能夠受到唐玄宗的重用，是因為裙帶關係。那麼真實情況是怎樣的呢？

◎ 唐玄宗為什麼倚重安祿山？至於楊貴妃和安祿山，到底是什麼關係？

◎ 安史之亂以後唐朝是否走向衰落？這個問題包含了豐富的內容。牽涉到政治、軍事、經濟社會和思想文化等各個方面，還牽涉到我們怎樣觀察和評價歷史情況。

◎ 唐後期是否天下盡裂於方鎮？唐後期「天下盡裂於方鎮」，這是認為安史之亂以後唐朝走向衰落的重要論據。我們只有搞清楚唐代

藩鎮割據的具體發展情況，才可能對此問題有比較清楚的認識。

　　◎ 關於「牛李黨爭」。陳寅恪先生在《唐代政治史述論稿》中提出「牛黨重科舉，李黨重門第」以來，士族門閥在唐朝繼續存在，並且在政治上發揮着重要的作用，幾十年來便成為一種定論。20 世紀 60 年代以來，特別是 80 年代以後，不斷有學者提出新的意見，並且否定了陳先生的這種看法。這個問題不僅牽涉到士族問題，還牽涉到隨着唐代經濟社會的發展，社會各階層的發展、科舉制度、社會等級再編制以及官僚集團之間的鬥爭等一系列問題。

　　關於政治體制、政治制度和經濟、文化等方面都有許多長期爭論的問題，例如唐代是不是一直實行三省制，唐代政治體制、政治制度後來還有沒有變化？土地兼併、土地集中對於唐朝生產的發展到底起什麼作用？唐代海上絲綢之路與中外文化經濟交流的具體情況如何，也就是人們關心的中國到底從什麼時候開始闊步地走向海洋？等等。這些問題都等待我們去進行深入的探索和研究。有志於歷史研究的朋友們，任重而道遠！對歷史有興趣的朋友們，讓我們耐心地等待，等待他們的新成果吧！

隋唐的歷史進程

歷史的新篇章──隋朝的建立

隋朝是在十六國南北朝民族大融合，江南士族、山東士族已經衰落的情況下建立起來的。隋朝結束了長期分裂的局面，繼秦和西晉之後第三次統一全國，為中國統一多民族國家的鞏固和發展做出了許多努力，並對南北文化進行了整合，在中國歷史上起着承先啟後的作用。

隋朝根據經濟社會的變化和制度本身的發展，確立了三省六部的政治體制；取消地方佐官辟舉制度，各級官吏均由中央政府任免；創立科舉制，不論家庭出身，按照才學標準選官。隋朝對政治制度的改革，奠定了唐朝以後各朝制度的基礎。

由於隋朝處於社會變遷的轉折時期，國家直接控制了大量農民，積累了巨大的財富。隋煬帝利用這種條件完成了修建東都、開鑿大運河等浩大的工程，但由於很快超出了農民負擔的極限，使隋成為繼秦和西晉之後第三個短命的王朝。

一、隋朝創建者楊堅的家世背景

公元 581 年，楊堅取代北周，建立隋朝，改元開皇。中國歷史揭開新的一頁。隋朝創建者楊堅的家世背景有幾點值得注意：

第一點，楊堅五代祖楊元壽，北魏初為武川鎮司馬，因而世代居住在六鎮之一的武川鎮（今內蒙古武川西南）。北魏初期建都今山西

說不盡的盛唐──隋唐史二十講

大同東北的平城。六鎮是北魏為了防禦柔然等北方強大的民族，從 4 世紀末到 5 世紀初，在今河北張北往西到今內蒙古五原東北，自東而西先後設立的六個軍鎮。

一個有意思的現象是，北周、隋、唐三代之祖都出於武川。北周實際的創建者宇文泰的四世祖宇文陵，由鮮卑遷武川。楊堅五世祖楊元壽、李淵三世祖李熙，亦家於武川。其中宇文陵是鮮卑族，楊元壽、李熙都是漢族。

第二點，楊堅父楊忠曾經兩次入梁。楊忠美髭髯，身長七尺八寸，狀貌瑰偉，武藝絕倫，識量沉深。他兩次入梁，第一次是在北魏末年他十八歲的時候在泰山為梁兵所執，被帶到江左，在梁前後達五年之久。在此期間北魏發生了六鎮、河北、關隴人民大起義。528 年，北方契胡部落酋長爾朱榮進入洛陽，北魏北海王元顥奔梁，梁武帝蕭衍以元顥為魏主，資顥士馬，令其大將陳慶之率部送顥。楊忠從北海王元顥於永安二年（529）夏進入洛陽，除直閣將軍。及高歡舉兵，楊忠當時跟隨獨孤信在洛陽，從魏孝武西遷（534），進爵為侯。年底（535 年初），以東魏之逼，與信奔梁。梁武帝深奇之，以為文德主帥、關外侯。

楊堅的父親有兩次入梁的經歷，在梁前後有七年之久。第一次是在他十八歲到二十二歲期間，正是年輕人成長的關鍵時刻。第二次是在他二十八歲到三十歲期間，已經是一個比較成熟而又有威望的將領，因而受到梁武帝的關注。他在梁的這些經歷，使他的家族具有很深的南朝情結，為隋朝統一南北以後整合南北的政治和文化打下了很好的基礎。

第三點，大統三年（537）七月，楊忠與獨孤信回歸西魏，宇文泰召居帳下。宇文泰在西魏建立府兵時，楊忠為十二大將軍之一，賜姓普六茹氏，郡望為弘農華陰楊氏。北周明帝時進位柱國，武成元年（559）進封隨國公。保定二年（562）五月為大司空。天和元年（566）

年，獨孤信把自己十四歲的七女嫁給了他的兒子楊堅。獨孤信長女為周明帝皇后，四女為李昺（李虎子，李淵父）妻。這樣楊忠就以一個漢族將領成為關隴軍事貴族集團的核心成員之一。

這便是隋朝創建者楊堅的家世背景。

楊堅於大統七年（541）六月生於馮翊般若寺，由尼撫養，從小受佛教影響。

楊堅身材上長下短，性格深沉凝重。初入太學，雖至親暱不敢狎。年十四，京兆尹薛善闢為功曹。此後不斷加官晉爵。

560年北周武帝宇文邕即位，楊堅出為隨州刺史，進位大將軍，其後襲爵隨國公。周武帝以楊堅長女為皇太子妃，益加禮重。從周武帝平齊，進位柱國。

二、隋取代北周

楊堅和北周皇族宇文氏都屬於關隴貴族集團。

關隴貴族集團是一個以軍事力量組織起來的、以鮮卑軍事貴族為主的、門閥化了的軍事貴族集團。

在北魏時期，關隴和河東等地豪強地主的力量得到恢復和加強。弘農楊氏、隴西李氏、京兆韋氏和杜氏逐步成為士族門閥。還有一些地方豪強成為地方大姓。在北魏分裂為西魏和東魏後宇文泰和高歡的爭奪戰中，河東豪族紛紛起兵，歸附宇文泰。

在不斷的戰爭中成為來自六鎮各派系武將首領的宇文泰，為了全力對付東魏，把六鎮武將和關隴豪族的力量統一起來，連續採取了幾個措施：大統八年（542），設置六軍，分統5萬鮮卑禁旅。九年，又廣募關隴豪右，以增軍旅。一些地方豪族被任命為帥都督、大都督，統領鄉兵。接着，又設立柱國大將軍、大將軍、開府等作為領

兵將帥。到大統十六年，共設立八柱國，其中除宇文泰和宗室元欣外，六柱國各統二將軍，每將軍各統二開府。柱國留居京師，出任公卿。大將軍則統領府兵並領兵作戰。大統十六年，還籍民之有材力者為府兵，擴大了府兵徵召的範圍，加強了漢族兵將在府兵系統中的地位。這樣，從大統八年至十六年（542—550），宇文泰就組成了以柱國為核心，以將軍、開府為主要成員，以府兵系統為基礎，包括六鎮武將和關隴豪強大族的關隴軍事貴族集團。在這個集團中，鮮卑貴族佔據主導地位。關隴軍事貴族集團，陳寅恪先生在《唐代政治史述論稿》中，有時亦稱之為「關隴六鎮集團」「關隴府兵集團」，或簡稱之為「關隴集團」。為了從思想上鞏固這個集團，宇文泰恢復鮮卑複姓。並把入關漢人將領的郡望改為關內郡望，漢人諸將之姓改為胡姓，如前述楊忠賜姓普六茹氏，郡望為弘農華陰楊氏。

建德二年（573）十二月，周武帝宇文邕對府兵又採取了一項重大措施，據《隋書·食貨志》記載，「改軍士為侍官，募百姓充之，除其縣籍。是後夏人半為兵矣」。

府兵制最初是模擬鮮卑部落舊制，其兵士分屬於各軍將，而不直隸於君主。周武帝「改軍士為侍官」，也就是使府兵成為天子的禁衛軍，使他們直接隸屬於君主。

陳寅恪先生在《隋唐制度淵源略論稿·兵制》中指出，府兵最初是由鮮卑及六鎮之胡漢混合種類、山東漢族武人之從入關者，以及關隴中等以上豪富之家組成，絕無下級平民參加於其間。周武帝募百姓充之，改其民籍為兵籍，不僅增加了府兵的數量，而且也改變了府兵的成分。漢族平民大量進入府兵系統，進一步使府兵擴大化，也就是平民化。這不僅進一步削弱了鮮卑貴族的兵權，而且加強了國家對軍隊的直接控制。

依靠這支武裝力量，周武帝於 577 年滅掉北齊。當時軍隊主要由宗室、姻親和漢人將領統帥。在這個過程中，一些漢人將領被任命

為掌握地方兵權的大總管。周宣帝時，命諸王就國，回到自己的封國，也沒有什麼實權。各地掌握兵權的大總管，多為漢人，只有少量為鮮卑貴族，且為皇室親屬。

這些情況，就為楊堅取代北周提供了可能性。

578 年宇文邕去世，其子宇文贇繼位，即宣帝。他在位的時間只有短短兩年，但他唯事興造，遊戲無度，為政苛刻，制定《刑經聖制》，其法深刻。他猜忌大臣，橫加誅戮，公卿以下，經常受到杖責，后妃也不能倖免，多被杖背。內外恐怖，人不自安，上下離心，統治集團內部矛盾上升，民間反抗增多。

宣帝擯斥近臣，多所猜忌，不肯信用關隴貴族，特別是其中的鮮卑貴族。信用的只有劉昉、鄭譯、顏之儀等少數幾個人。劉昉，博陵望都人，鄭譯，滎陽開封人，都是他做太子時的侍臣。

宣帝即位，楊堅以後父徵拜上柱國、大司馬。大象初，遷大後丞、右司武，俄轉大前疑，地位提高了，但是實權特別是兵權也沒有了。宣帝有四個皇后，諸家爭寵，數相毀譖。帝每忿怒，謂楊后曰：「必族滅爾家！」因召見楊堅，對左右說：「若色動，即殺之。」楊堅去後，容色自若，才得以保全。[1]

楊堅憑藉豐富的政治經驗敏銳地看到，宣帝身邊沒有一批真正忠誠於他、能夠經世治國的能幹大臣，沒有一個強有力的統治核心，而宣帝荒淫過度，身體日漸衰弱，又沒有什麼深根固本之計。根據這些情況，楊堅知道宣帝的統治不可能長久。基於這樣的估計，楊堅展開了多方面的活動。

他加緊結交了一批親信，同時深結宣帝親信鄭譯。鄭譯出身於山東高門，其父鄭孝穆西魏初入關，西魏、北周時曾任大丞相府長史、刺史等官職。鄭譯博覽群書，很有學識，特別擅長音樂，騎射

---

[1]　《隋書》卷一《高祖紀上》。

也很精到，宣帝為太子時為太子宮尹。由於他會玩，又善於迎合，因此受到宣帝的特別信任，即位後便委以朝政。楊堅與鄭譯有同學之舊。鄭譯也看到楊堅在關隴貴族中的特殊地位，將來要保住自己的地位還需要依靠他。於是二人傾心相結。

楊堅要鄭譯想辦法讓他出守重鎮，以便掌握一部分實權。正好宣帝命鄭譯南征，鄭譯向宣帝推薦楊堅為揚州總管，鎮壽陽以督軍事。大象二年（580）五月初五就下達了任命，但直到十一日楊堅和鄭譯還沒有成行。就在這一天，宣帝突然得了急病，已經不能說話，生命垂危。靜帝才八歲。劉昉與鄭譯把楊堅召入宮中，稱受詔居中侍疾，文武百官皆受楊堅節度。宣帝一死，又立即矯詔以楊堅總知中外兵馬事，掌握京城宿衛。統領禁衛軍的諸衛接到詔書後，都接受楊堅節度。

楊堅初受顧命，就讓族子楊惠去找李德林和高熲，希望他們輔佐自己。李德林，博陵安平（今屬河北）人，北齊秀才，北周武帝平齊後帶至長安，「詔誥格式，及用山東人物，一以委之」[1]。高熲，自云渤海人，其父高賓由齊入周，為獨孤信僚佐。楊堅妻獨孤氏因為高賓是父親的故吏，經常往來其家。楊堅素知高熲強明，又習兵事，多計略，是用得着的人。二人都表示願輔佐楊堅。

劉昉、鄭譯推出楊堅，一是看上他在關隴貴族集團中的特殊地位。二是要和他共掌大權。他們準備讓楊堅為大塚宰，掌行政。鄭譯自攝大司馬，掌兵權。劉昉為小塚宰，副楊堅。楊堅徵求李德林的意見。李德林建議，宜作大丞相、都督中外諸軍事，不然，無以壓眾心。宣帝死後，即依此以楊堅為假黃鉞、左大丞相，百官總己以聽於左丞相。以正陽宮為丞相府。以鄭譯為丞相府長史，劉昉為司馬，李德林為府屬，高熲為相府司錄，盧賁典丞相府宿衛。

---

[1]　　《隋書》卷四二《李德林傳》。

楊堅革除宣帝苛酷之政，更為寬大，刪略舊律，作《刑書要制》，奏而行之；躬履節儉，中外悅之。六月，庚申，復行佛、道二教。這都是為了爭取人心。

正當楊堅以左大丞相都督中外諸軍事身份，準備代周的時候。相州總管尉遲迴、鄖州總管司馬消難、益州總管王謙相繼起兵反抗。

相州（今河南安陽）總管尉遲迴，是西魏實際掌權者、北周創建者宇文泰的外甥，妻為西魏文帝之女，孫女為周宣帝皇后。他本人北周初進位柱國大將軍。他看到楊堅要取代北周，於六月初宣佈起兵。鄖州（今湖北安陸）總管、原北齊舊臣司馬消難，益州（今四川成都）總管王謙也前後起兵。

三方叛亂在七月全部平定。這不僅為楊堅取代北周掃平了道路，而且為楊堅建國後解決山東問題打下了基礎。

楊堅取代北周，建立隋朝後，任命高熲為尚書左僕射兼納言，虞慶則為內史監兼吏部尚書，李德林為內史令，同時任命了六部尚書。

在楊堅掌權和平定三方叛亂的過程中，有幾點值得注意：

一是三方起兵在不同程度上都和北齊舊臣有關。特別是相州總管尉遲迴，母為宇文泰姊，妻為宇文泰女，孫女為宣帝后，乃周室至親。可是他在相州起兵，「多用齊人」，最信任的謀士長史崔達拏，是山東高門博陵崔氏。尉遲迴起兵後，「趙、魏之士，從者若流，旬日之間，眾至十餘萬」。不論尉遲迴的主觀意願如何，他在客觀上是代表了關東士族豪強的願望。至於司馬消難，雖說是周靜帝皇后之父，但本身就是北齊舊臣。王謙所用之人就有北齊後主的寵臣高阿那肱。

二是在楊堅掌權和平定三方叛亂中，支持者多為關隴集團中的漢人官僚。北周宣帝死時假傳遺詔擁護楊堅掌權的劉昉和鄭譯均為宣帝親信。握有重兵的并州總管李穆遣使見楊堅，上十三環金帶，堅決

1　《隋書》卷一《高祖紀上》。

支持楊堅取代北周。平尉遲迥的韋孝寬為京兆杜陵人，世為三輔着姓，出自關中郡姓的著名家族。

三是楊堅出自關隴貴族家庭，因此隋朝取代北周並未改變關隴集團的統治，是政權由關隴軍事貴族一個家族轉到另一個家族手中。但楊堅的父系是漢人，因而其意義又不止於家族的變更，而是標誌着關隴貴族集團中起主導作用的力量，已由鮮卑貴族變為漢人貴族。而楊堅的夫人獨孤氏則是鮮卑族，因此隋王朝又具有胡漢聯合統治的色彩。關隴軍事貴族集團的內部關係發生了深刻的變化。儘管這些漢人貴族也大多具有雙重血統，但楊堅打出的旗號卻是代表漢族。三方叛亂平定後，大定元年（581）春二月壬子，令曰：「已前賜姓，皆復其舊。」[1]令宇文泰時改為鮮卑姓氏的漢人文武大臣恢復原來漢族的姓氏，以表明自己是漢族正統的代表者。

三、隋王朝各項制度的建立

1. 新的官僚政治制度的建立首先是改定官制。

北周仿照周官制度設立六官，六官即天、地、春、夏、秋、冬六官，分掌各項政務。隋廢除北周六官制度，設立三省六部。三省是尚書、內史（即中書）和門下三省。六部則為尚書省下屬的吏、民（後避李世民諱，改為戶部）、禮、兵、刑、工等六部。此外還設有御史臺和九寺。

隋朝改定官制的工作是在原北周六官的基礎上，吸收南北各朝的積極成果而進行的，並非打破原有機構重起爐灶，一切重來。

---

[1] 　《隋書》卷一《高祖紀上》，《北史》卷一一《隋本紀上》意同。《資治通鑑》一七四繫於大象二年十二月：「癸亥，周詔諸改姓者，宜悉復舊。」

隋的三省、六部、九寺機構是把北周六官加以分解、改造，把六官中掌管中樞機要的劃歸內史省和門下省，總管中央行政的劃歸尚書省。掌某一專門政務的劃歸六部成為一司，掌某一專門事務的則劃歸九寺成為一署。隋以前，尚書曹（相當於部）與郎曹（相當於司）的對應統屬關係混亂。隋打破南北各朝的機構設置，按職能和類別對各司加以重組，把性質、職能相近的曹司置於同一部之下。部作為一級行政機關，下統四司，形成六部二十四司的格局。至於各部名稱，除吏部為魏晉舊名，戶（民）、禮、兵、刑、工等五部之名均源於北周六官制度。六部與九寺的職掌徹底分離，六部掌政令，九寺掌事務，成為政務和事務兩個相互聯繫的不同系統。

其次是改革官吏的任用制度。開皇三年（583），隋文帝取消長官辟署僚佐的制度，規定郡縣佐官一律由中央的吏部任免。同時，取消九品中正制。以此為起點，地方權力向中央集中，從而引起了中央政府工作內容的變化和技術性、事務性工作的增加。

相應出現了顧問性、技術性的直官。劉炫，參與修國史。俄直門下省，以待顧問。又與諸術者修天文律曆，兼於內史省考定群言。「炫雖遍直三省，竟不得官，為縣司責其賦役。」[1]

第三是吏的系統的建立。由於中央各部門工作量大增，僅僅依靠官員已無法應付。隋以前負責文書案的令史，人數不多，屬於官的範圍。隋朝「令史百倍於前」，從官中分離出來，形成了中央胥吏體系。「諸司主事，並去令史之名。其令史隨曹閒劇而置。每十令史，置一主事，不滿十者，亦置一人。其餘四省三臺，亦皆曰令史，九寺五監諸衛府，則皆曰府史。」[2] 政務機關的吏稱為令史，事務機關的吏則稱為府史。

1　　《隋書》卷七五《劉炫傳》。

2　　《隋書·百官志下》。

關於令史的大量增加，牛弘和劉炫有幾段對話。

弘嘗從容問炫曰：

「案《周禮》士多而府史少，今令史百倍於前，判官減則不
濟，其故何也？」炫對曰：「古人委任責成，歲終考其殿最，案
不重校，文不繁悉，府史之任，掌要目而已。今之文簿，恆慮覆
治，鍛煉若其不密，萬里追證百年舊案，故諺云『老吏抱案死』。
古今不同，若此之相懸也，事繁政弊，職此之由。」弘又問：
「魏、齊之時，令史從容而已，今則不遑寧捨，其事何由？」炫
對曰：「齊氏立州不過數十，三府行臺，遞相統領，文書行下，
不過十條。今州三百，其繁一也。往者州唯置綱紀，郡置守丞，
縣唯令而已。其所具僚，則長官自辟，受詔赴任，每州不過數
十。今則不然，大小之官，悉由吏部，纖介之跡，皆屬考功，其
繁二也。省官不如省事，省事不如清心。官事不省而望從容，其
可得乎？」弘甚善其言而不能用。[1]

第四是逐步加強對地方的控制。

一是派親王出鎮。開皇二年春正月辛酉，置河北道行臺尚書省於
并州，以晉王楊廣為尚書令。置河南道行臺尚書省於洛州，以秦王俊
為尚書令。置西南道行臺尚書省於益州，以蜀王秀為尚書令。隋文帝
懲周氏孤弱而亡，故使子分菸方面。因其年少，選貞良有才望者為僚
佐。這個制度在隋文帝時期一直實行下去。

二是罷郡。河南道行臺兵部尚書楊尚希見天下州郡過多，上表
曰：「竊見當今郡縣，倍多於古。或地無百里，數縣並置；或戶不滿
千，二郡分領。具僚已眾，資費日多；吏卒人倍，租調歲減……所

---

[1]　《隋書》卷七五《劉炫傳》。

謂民少官多，十羊九牧。琴有更張之義，瑟無膠柱之理。今存要去閒，並小為大，國家則不虧粟帛，選舉則易得賢才。」[1] 蘇威亦請廢郡。帝從之。開皇三年十一月甲午，罷天下諸郡，改州、郡、縣三級為州、縣兩級。

三是加強對地方官員和佐史的管理。為防止地方官與地方勢力勾結，開皇四年四月，隋文帝下令，總管、刺史父母及子年十五以上，不得將之官。六年二月規定，刺史上佐，每歲暮，更入朝上考課。十四年十月，進一步規定，外官九品以上，父母及子年十五不得從之官。又以典吏久居其職，肆情為奸，十一月，制州縣佐史，三年一代，不得重任。[2]

四是建造新都。長安城制度狹小，已不能適應隋初中央政府職能、機構、人員擴大的需要。納言蘇威勸遷都，隋文帝以王朝剛剛建立，感到為難。通直散騎庾季才奏道：「臣仰觀乾象，俯察圖記，必有遷都之事。」他特別指出，「漢營此城，將八百歲，水皆鹹鹵，不甚宜人」。[3] 建議遷徙。太師李穆亦上表請遷都。隋文帝乃於開皇二年六月，下詔高熲等創造新都於龍首山。詔中特別指出，「京師百官之府，四海歸向，非朕一人之所獨有。苟利於物，其可違乎！」[4] 以宇文愷有巧思，領營新都副監。高熲雖總大綱，凡所規畫，皆出於愷。

三年三月，丙辰，隋遷於新都。四年六月，開渠，決渭水達河，以通運漕。詔宇文愷總督其事。

2. 各項制度的建立

除了政權的改造和建設，楊堅還着手建立各種制度和制禮作樂。

---

1   《隋書》卷四六《楊尚希傳》。

2   《北史》卷一四《隋本紀上》、《隋書》卷七五《劉炫傳》、《隋書》卷二五《刑法志》。

3   《資治通鑑》卷一七五陳宣帝太建十四年六月條。

4   《隋書》卷一《高祖紀上》。

政治上主要是修定律令。

律是刑律，令則是對各種制度的規定。

開皇元年十月，行新律。初，周法比於齊律，煩而不要，隋主命高熲、鄭譯及上柱國楊素、率更令裴政等更加修定。裴政練習典故，達於從政，乃采魏、晉舊律，下至齊、梁，沿革重輕，取其折衷。同修者十餘人，凡有疑滯，皆取決於政。於是去前世梟首、𨊚及鞭法，自非謀叛以上，無收族之罪。始制死刑二，絞、斬；流刑三，自二千里至三千里；徒刑五，自一年至三年；杖刑五，自六十至百；笞刑五，自十至五十。以輕代重，化死為生，條目甚多。又制議、請、減、贖、官當之科以優士大夫。除前世訊囚酷法，考掠不得過二百；枷杖大小，咸有程式。民有枉屈，縣不為理者，聽以次經郡及州省；若仍不為理，聽詣闕伸訴。自是法制遂定。

開皇三年，隋文帝覽刑部奏，斷獄數猶至萬。以為律尚嚴密，故人多陷罪。又敕蘇威、牛弘等更定新律，除死罪八十一條，流罪一百五十四條，徒杖等千餘條，唯定留五百條，凡十二卷。自是刑網簡要，疏而不失。仍置律博士弟子員。

二年秋七月甲午，行新令。[1]

經濟上，隋朝初年最重要的經濟措施是減輕賦稅徭役和搜括戶口。

儘管山東士族在經濟上、政治上都開始衰落了，但是原來門第較低的三四等士族，在農民戰爭中所受打擊較小，仍保存有相當的實力。這種情況造成了三個嚴重後果：一是這些士族仍然控制住了許多地方的實權。二是他們和鮮卑貴族一起加緊兼併農民的土地，農民土地減少。三是隨着自耕農民土地的減少，按床（一夫一婦）徵收的租調已是無力承擔的沉重賦斂。

---

[1]　《北史》卷一四《隋本紀上》。

北齊時的情況是：

「貧戶因王課不濟，率多貨賣田業。」[1]

「暴君慢吏，賦重役勤，人不堪命，多依豪室。」[2]

「而帝（齊文宣）刑罰酷濫，吏道因而成奸，豪黨兼併，戶口益多隱漏。舊制，未娶者輸半床租調，陽翟一郡，戶至數萬，籍多無妻。……戶口租調，十亡六七。」[3]

到了隋初，「是時山東尚承齊俗，機巧奸偽，避役惰游者十六七。四方疲人，或詐老詐小，規免租賦」。[4]

這都說明北齊末年以後，農民由於土地減少，賦重役勤，官府殘暴，或依附豪強，或隱匿戶口，或流亡他鄉。隋朝建立以後山東地區普遍存在着戶口簿籍不實的情況。從後來隋王朝檢括出來的戶口數字看，當時山東地區隱漏而不為國家所控制的農民當在 150 萬上下，約占當時山東地區實有戶 450 萬的三分之一，隋統治區實有戶 600 萬的四分之一。因此，解決山東地區農民逃亡隱漏問題，成為穩定內部、增強國力的一個關鍵。

為了解決這些問題，隋王朝首先採取了幾個步驟。第一步，把地方的實際控制權從地方豪強手中轉到中央委派的官吏手中。這樣相關的各項措施才可能實行。第二步，修定刑律，減輕刑罰。第三步，減輕賦稅徭役。

先說減輕賦稅徭役。開皇二年頒布新的田令和賦役令。新令規定一夫一婦為一床，交納租粟三石，調絹一匹（四丈）或布一端，綿三兩或麻三斤。單丁和奴婢、部曲客女，依照半床交納。丁男每年服役一個月。

---

[1]　《通典》卷二《田制下》引《關東風俗傳》。

[2]　《通典》卷七《丁中》。

[3]　《隋書》卷二四《食貨志》。

[4]　《隋書》卷二四《食貨志》。

三年春，始令成丁年齡由十八歲提高到二十一歲，每年服役期限不過二十日，不役者收傭。廢遠近酒坊，罷鹽井禁。[1]

開皇三年（583）正月，隋王朝下令：成丁年齡由十八歲提高為二十一歲，每年服役期限由一月減為二十天，調絹由一匹改為二丈，並且規定不役者收傭。[2] 開皇十年又規定，丁年五十，免役收傭。成丁年齡提高了，但是原先十八歲受田的規定並沒有改變。這樣，農民在達到受田年齡以後，就可以有三年不納租調，不服徭役。納傭代役的規定和租調徭役的減輕，對於農業生產的發展是有利的。

在完成了這三步工作以後，隋王朝開始在山東地區大規模檢括戶口，以直接控制更多的農民。

開皇三年，令州、縣官吏檢查隱漏戶口，大索貌閱：按照戶籍簿上登記的年齡，和本人的體貌核對，檢驗是否謊報年齡，詐老詐小。查出戶口不實，保長、里正、黨正等（五家為保，五保為閭，四閭為族。畿外置里正，比閭正；黨正，比族正）都要發配遠方。規定親屬關係在堂兄弟以下的，一律分居，各自立戶，以防止以後再發生戶口不實的情況。通過這次檢括，戶籍簿上有四十萬人查實為壯丁，有一百六十多萬人新編入戶籍。

緊接着，隋王朝又根據宰相高熲的建議，實行了輸籍之法。高熲認為，政府雖然每年按定額徵收租調，但軍事的調發，徭役、差役的徵用，附加稅的收取和授田的先後，都和戶等有關，因此，長吏肆情，戶等劃分不實，還是搜括戶口的一大障礙。為了使農民感到「為浮客，被強家收太半之賦，為編氓奉公上，蒙輕減之徵」[3]，從而願意離開豪強，做國家的編民，高熲建議由中央確定劃分戶等的標準，叫

1　　《北史》卷一一《隋本紀上》。

2　　《北史》卷一一《隋本紀上》。

3　　《通典》卷七《丁中》。

作「輸籍定樣」，頒布到各州縣。每年一月五日，由縣令派人到鄉村去，以三百家到五百家組為一團，依定樣確定戶等，寫成定簿。這就叫「輸籍之法」。輸籍之法實行後，大量隱漏、逃亡的農民成為國家的編戶。隋王朝的國力大大加強。

文化上的措施，請看以下記載：

開皇元年，廢除北周武帝關於佛教的禁令，「詔境內之民任聽出家，仍令計口出錢，營造經像。於是時俗從風而靡，民間佛書，多於『六經』數十百倍」[1]。

三年三月，祕書監牛弘以典籍屢經喪亂，率多散逸，北周藏書，只有萬餘卷，平齊所得，也才增加五千卷，「表請分遣使人，搜訪異本。每書一卷，賞絹一匹，校寫既定，本即歸主。於是民間異書，往往間出。及平陳已後，經籍漸備。檢其所得，多太建時書，紙墨不精，書亦拙惡。於是總集編次，存為古本。召天下工書之士，京兆韋霈、南陽杜等，於祕書內補續殘缺，為正副二本，藏於宮中，其餘以實祕書內、外之閣，凡三萬餘卷。」[2]唐初考隋代見存，分為四部，共一萬四千四百六十六部，八萬九千六百六十六卷。

三年四月「丙戌，詔天下勸學行禮」。

七年春正月「乙未，制諸州歲貢三人」[3]。

制禮作樂主要包括以下四項：

（1）定旗幟、服色

開皇元年「六月癸未，詔以初受天命，赤雀降祥，五德相生，赤為火色。其郊及社廟，依服冕之儀，而朝會之服、旗幟犧牲，盡令尚赤。戎服以黃」[4]。「常服通用雜色。秋，七月，乙卯，隋主始服

黃，百僚畢賀。於是百官常服，同於庶人，皆着黃袍。隋主朝服亦如之，唯以十三環帶為異。」[1]

（2）定祀典

「高祖受命，欲新制度。乃命國子祭酒辛彥之議定祀典。為圜丘於國之南……再歲冬至之日，祀昊天上帝於其上。」為方丘於宮城之北，夏至之日，祭皇地祇於其上。南郊為壇，孟春上辛，祠所感帝赤熛怒於其上。北郊孟冬祭神州之神。[2]

（3）修撰五禮

三年春正月，「隋主命禮部尚書牛弘修『五禮』，勒成百卷；戊辰，詔行新禮」[3]。

（4）作樂

六年，除太常卿。詔改定雅樂，又作樂府歌詞，撰定圜丘、五帝、凱樂，並議樂事。

九年，十二月甲子，詔太常牛弘、通直散騎常侍許善心、祕書丞姚察、通直郎虞世基等議定作樂。[4]

四、統一南北

隋王朝建立的時候，突厥內部矛盾雖然很尖銳，但對隋朝仍然是一個嚴重的威脅。沙缽略可汗在北周千金公主的慫恿下發兵攻隋。隋朝採取「遠交而近攻，離強而合弱」的方針，聯合西方的達頭可汗和東北的處羅侯，促成了突厥內部的分化。開皇三年，隋朝分兵八道反

擊突厥，大敗沙鉢略可汗於白道（今內蒙古呼和浩特西北），又屢敗阿波可汗於涼州（今甘肅武威）。突厥分裂為以沙鉢略可汗為首的東突厥和以阿波可汗為首的西突厥。開皇五年，沙鉢略臣服於隋。隋的北邊之憂得以解除。

經過一系列的改革，隋王朝直接控制的戶口有很大增加，社會安定，國力也大大加強，統一南北開始提上了日程。開皇八年三月隋文帝下詔伐陳。開皇九年正月初一，賀若弼自廣陵（今江蘇揚州），韓擒虎在採石渡過長江，十二日進入建康（今江蘇南京），在臺城枯井中俘獲陳後主和他的兩個妃嬪。很快全陳皆平，嶺南也在冼夫人的帶領下接受了隋的統治。東晉以來 200 多年的分裂局面終於結束，全國重新歸於統一。

隋朝的這次統一不同於以往秦和西晉的兩次統一。秦朝是統一六國，結束了戰國時期列國紛爭的局面，西晉是結束了三國的分立。而這一次統一和過去有三個不同的特點：

一是隋是在南北朝時期民族大融合的基礎上重新建立的統一的帝國。在南北朝時期，北方的少數民族進入中原，先後建立了十幾個國家。在此期間，北方的民族進行了大融合。南方也是類似的情況。與民族融合相聯繫的，就是從北周開始，皇室具有少數民族的血統。

二是這次統一是結束了南北長期分立的統一。從東晉開始，北方是十六國，南方是東晉，北魏和宋以後是南北朝，出現了分裂的局面。這個時期南方的經濟、文化，有了很大的發展，出現了一些不同於北方的特點。隋朝統一了南北，並且對南北的文化進行了整合。南北經濟的交流和文化的交融與整合，在中國歷史上起着承先啟後的作用。

三是統一以後又面臨着與以往完全不同的民族發展格局。這一點在隋朝還沒完全顯露出來。秦漢統一以後，面臨的主要是北方的民族和西北的民族，而且是遊牧民族。而唐朝建立以後，這個情況就有了

很大的改變。

統一南北以後，隋又改革府兵制，偃武修文。開皇九年夏四月壬戌，詔曰：

> 今率土大同 …… 群方無事，武力之子，俱可學文，人間甲仗，悉皆除毀。有功之臣，降情文藝，家門子侄，各守一經。[1]

十年夏五月乙未，詔曰：「魏末喪亂，宇縣瓜分，役軍歲動，未遑休息。兵士軍人，權置坊府，南征北伐，居處無定；家無完堵，地罕包桑；恆為流寓之人，竟無鄉里之號，朕甚愍之。凡是軍人，可悉屬州縣，墾田籍帳，一與民同。軍府統領，宜依舊式。罷山東、河南及北方緣邊之地新置軍府。」[2]

五、隋王朝的政策走向

隋朝政治制度承先啟後，開創了一個全新的局面。

隋王朝建立以後，易周氏官儀，設立門下、內史、尚書三省。

隋朝的選官制度有兩個重要的變化，一是地方佐官由中央任免，二是取消了九品中正制，取消了做官的門第限制，不再以門第作為任用官吏的唯一條件。

接着又修訂刑律，減輕賦稅，登記戶口。通過大索貌閱和實行輸籍之法，大量逃亡農民重新成為國家的編戶。國家控制了大量的自耕農。還通過改革府兵制，完成了由職業兵向兵農合一的轉變。

---

1   《隋書》卷二《高祖紀下》。

2   《隋書》卷二《高祖紀下》。

從上述情況來看，實行地方佐官由中央任免的制度，減輕賦稅，登記搜刮戶口，這些都是不利於士族貴族，特別是山東士族的。圍繞解決山東逃戶問題所採取的一系列政策措施受到損害的主要也是山東士族，對於關隴貴族影響是不大的。而取消做官的門第限制卻同時影響到關隴貴族。對於府兵制度的改革，更是對關隴貴族的一種打擊。

這裏有一個問題需要研究，就是隋朝的統治集團到底代表什麼人的利益，他們的政策走向符合什麼人的利益？而這又是由什麼決定的？

這裏我們可以看出一個問題，就是當時實行的政策和統治集團本身的利益開始分離了。這是一個很有意思的現象。這種現象只可能出現在社會變革的轉折時期。時代前進了，經濟社會變化之大，使得舊的制度已經行不通了。舊的社會力量已經衰落，而新的正在成長，還沒有強大到可以直接控制政權，因此出現了這種過渡的現象。

03

大業春秋

　　長期以來，隋煬帝是一個沒有爭議的人物，一直背着暴君的罵名，直到 20 世紀 60 年代才有學者提出了不同看法。直到今天，對於隋煬帝還是有着不同的評價。

一、楊廣其人

1. 楊廣其人

　　楊廣，隋文帝與獨孤皇后的第二個兒子。他長得很漂亮，從小就很聰明，隋文帝和獨孤皇后在諸子中對他特別鍾愛。他好學，善屬文，沉深嚴重，朝野屬望。有一次文帝到他居住的地方，看見樂器弦多斷絕，又有塵埃，以為他不好聲妓，很高興。他也善於矯飾，當時稱為仁孝。嘗觀獵遇雨，左右進油衣，他說：「士卒皆沾濕，我獨衣此乎！」[1]士兵都淋着雨，我能一個人穿油衣嗎？命人拿走。

　　開皇元年（581）隋朝建立時，他年十三，立為晉王，代李穆為并州總管。二年正月設河北道行臺尚書省於并州，楊廣為尚書令。六年，轉淮南道行臺尚書令。八年冬，隋大舉伐陳，楊廣為行軍元帥。九年正月，隋軍攻下建康，陳平。他封府庫，資財無所取，天下稱賢。復拜并州總管。俄爾江南高智慧等相聚作亂，徙為揚州總

---

[1] 　《隋書》卷三《煬帝紀上》。

管，鎮江都，每歲一朝。二十年四月突厥犯塞，復為行軍元帥，出靈武。十月，太子楊勇被廢。十一月，楊廣被立為太子。他所以能夠被立為太子，有父母的寵愛，有楊勇的失愛，還有他本人的活動以及朝廷大臣特別是楊素的支持等諸多原因。

楊廣的妻子蕭氏，是梁明帝蕭巋之女，蕭巋是梁昭明太子之孫，是梁武帝蕭衍的後代。但此梁不是南朝宋齊梁陳之梁。而是陳取代梁後西魏派于謹、楊忠等攻下江陵所建傀儡政權，歷史上稱做後梁。隋建立後蕭巋來朝，隋文帝對他很敬重，詔蕭巋位在王公之上。一直到開皇七年九月，因梁內亂，隋才廢掉梁國。煬帝為晉王初，隋文帝為他選蕭巋之女為妃，時在開皇元年至四年蕭巋去世前。蕭后性婉順，有智識，好學解屬文，頗知占候。隋文帝很喜歡她，楊廣對她也很寵敬。

楊忠給子楊堅娶獨孤氏，楊堅給長子楊勇娶元氏，都是可以理解的，是為了和關隴貴族中的鮮卑貴族結成良好的關係。這是遵循秦漢以來皇室總是要和當時最有勢力、最有影響的家族通婚的老傳統。而楊堅卻給二子娶了蕭氏，這首先是因為楊廣是老二，不是太子，可以不考慮上面所說的傳統，但主要還是因為楊忠和獨孤信與梁皇室的關係。

2. 隋煬帝繼位後的追求

仁壽四年（604）七月，楊廣即位，是為隋煬帝。八月，其弟并州總管漢王楊諒舉兵反，很快被平定。

十一月下詔營建東都。詔中有兩段不甚為人注意的話。

一段是「是知非天下以奉一人，乃一人以主天下也。民惟國本，本固邦寧。百姓足，孰與不足！今所營構，務從節儉」。[1] 這段話雖然

---

[1]　《隋書》卷三《煬帝紀上》。

沒有脫離君主專制的範圍，但是，隋煬帝沒有把天下視為皇帝個人所獨有，並且把皇帝看作是主持天下政務的首腦。唐初貞觀君臣雖然在君權來源、君民關係方面發表了許多超越前古的議論，但也沒有像隋煬帝這樣明確提出「非天下以奉一人」。

詔中所提到的「民為邦本」，也不是一句空話。在此之前，隋煬帝就下令「除婦人及奴婢部曲之課，男子以二十二成丁」[1]。隋初開皇二年規定，一夫一婦為一床，交納租調若干。「除婦人之課」實際就是降低租粟和調絹、綿（或布、麻），提高男子成丁年齡就是推遲納租從役的時間，這樣民間負擔就可以有所減輕。

大業元年（605）正月，發八使巡省風俗。下詔曰：

> 昔者哲王之治天下也，其在愛民乎？既富而教，家給人足，故能風淳俗厚，遠至邇安。治定功成，率由斯道。[2]

他派遣使臣八人巡省風俗，了解民間疾苦，要求對鰥寡孤獨不能自存者，量加賑濟；對蠹政害人，不便於時者，量錄聞奏；希望達到家給人足，風俗淳厚，遠至近安的境界。隋煬帝的這些追求，和其父隋文帝在仁壽三年（603）七月丁卯詔中所說的「方今區宇一家，煙火萬里，百姓乂安，四夷賓服」，以及遺詔中所說的「故得撥亂反正，偃武修文，天下大同，聲教遠被」，[3]基本上是一致的。

另外一段是：「易不云乎：『通其變，使民不倦』；『變則通，通則久。』……若不因人順天，功業見乎變，愛人治國者可不謂歟！」[4]他在這裏提到了《易經》中「變通」的思想。正是因為他有這種變通的

1　《隋書》卷二四《食貨志》。

2　《隋書》卷三《煬帝紀上》。

3　《隋書》卷二《高祖紀下》。

4　《隋書》卷三《煬帝紀上》。

思想，加上當時的客觀形勢，以及基於國家控制大量自耕農的強大的人力物力，他才能夠實行各種改革，進行一些前人沒有做過的事業。

二、對政治制度繼續進行改革

隋朝政治制度承先啟後，開創了一個全新的局面。隋煬帝繼位以後，在隋文帝改革的基礎上，對政治制度繼續進行改革。其中重大的改革有三項。

1. 首先是確立三省體制，改變宰相制度

隋文帝廢北周六官，建立三省六部制度。隋文帝同時「廢三公府僚，令中書令與侍中知政事」[1]。中書令和侍中從禁中走出來，擺脫了皇帝祕書和咨詢者的身份，而成為政事的參與者。

隋煬帝時進一步把政治制度的改革推向前進。其中最重要的，一是設立殿內省，將尚食、尚衣、尚藥、尚乘等侍奉皇帝的部門由門下省移至殿內省，使門下省成為純粹的政權機關。二是在門下省設立給事郎四人，專門負責上行文書奏案的審議，確立了門下省對行政決定進行審議的制度。

門下省最終擺脫了皇帝侍從、內廷宮官的性質，成為協助皇帝處理政務的純粹的政權機關。三省也最終改變了南北朝以來與集書、祕書、內侍等省並列，各省地位不等的狀況，成為一個在外廷按職能和政務處理程序分工的有機整體。中書省起草的詔令要經過門下省下發，尚書省的奏案要經過門下省省讀。不通過門下省，尚書省的政令和中書省的詔令都無法運轉。三省各有分工而又互相依存，共同組成

1　《唐六典》卷九《中書省》中書令條。

了最高政權機關。至此，三省體制才最後確立。這是中國古代政治制度史上一件具有劃時代意義的大事。

　　宰相制度在隋煬帝時也有變化。魏晉南北朝時期尚書檯（省）的長官左右僕射是宰相。隋文帝即位後，以尚書左、右僕射和他官共掌朝政，並令內史、納言知政事，想要擺脫尚書省長官為宰相的傳統。但由於三省體制尚未完善和確立，朝之眾務，仍總歸於尚書省。因此，開皇九年（589）平陳後，蘇威以吏部為右僕射，開始由左、右僕射「專掌朝政」，又回到以尚書省長官為宰相的老路上去。尚書左、右僕射的權力和地位均在內史省和門下省長官內史、納言之上。這種相權和行政權結合的做法，不僅造成了宰相與皇帝的矛盾，也影響到南北朝以來已經形成的以皇帝為核心，中書、門下官員參議的決策機制的運行。因此，到隋文帝末年，對擔任僕射的楊素便「漸疏忌之。後因出敕曰：『僕射，國之宰輔，不可躬親細務，但三五日一度向省，評論大事。』外示優崇，實奪之權也。終仁壽之末，不復通判省事」[1]。煬帝即位後，對楊素猜忌更甚，先以之為尚書令，大業二年又以之為司徒，地位越來越高，實權卻越來越小。大業三年左僕射蘇威被免官後，煬帝沒有再任命僕射。這樣，通過文帝的剝奪僕射的行政權，到煬帝的不任命僕射，終於結束了僕射專掌朝政為宰相的格局。

　　隋煬帝親理萬機，除了具體事務臨時指派人選外，還指定若干大臣「參掌朝政」。大業六年（610）參掌朝政的五人中，蘇威為納言，為門下省長官；裴矩為黃門侍郎，為門下省副長官；虞世基為內史侍郎，為中書省副長官；宇文述為左翊衛大將軍，裴蘊為御史大夫，皆非三省官員。這種命他官與三省長官、副長官參掌朝政的做法，是唐代以知政事官為宰相的先聲。

---

[1]　《隋書》卷四八《楊素傳》。

2. 其次是縮小貴族特權，掃除門閥制度殘餘

大業二年七月，隋煬帝制，「百官不得計考增級，必有德行功能灼然顯著者，擢之」[1]。把德行功能作為官吏升遷的唯一標準。

大業三年四月，隋煬帝又決定廢伯、子、男三等爵，唯留王、公、侯三等，縮小了封爵的範圍。除非重新賜爵，舊有的伯、子、男等爵位一律「例除」。隋煬帝同時還決定取消都督以上至上柱國等十一等「以酬勤勞」的勳官，以及「以加泛授」的四十三號將軍。自一品至九品，置光祿大夫等九大夫，建節等八尉，以為散職。

隋和北周的統治集團均為關隴貴族集團。這是一個以軍事力量建立起來的集團，他們不像山東士族有門第可以憑借，便以軍功和他們在府兵系統中的地位來確定其門閥等級。這種以軍功代替門第對抗傳統士族的做法，實際上成為由魏晉以來士族門閥政治走向官僚政治復興進程中重要的一步。

隋文帝雖然廢除了九品中正制，官吏的任用不再受門第的限制，但是北周以來尚軍功的傳統仍然起着強大的作用。例如竇威，「家世勳貴，諸昆弟並尚武藝」，「諸兄並以軍功致位通顯」，而耽玩文史的竇威因此被諸兄譏為「書癡」，諷刺他「名位不達，固其宜矣」。[2] 雖然隋文帝對功臣加以抑制，並重用蘇威、高熲等一批文士，但高級官吏仍多由貴戚、功臣擔任。他們的子弟也都通過門蔭步入仕途，並迅速致位通顯。但是，這種情況已不能適應統一過程中和南北統一後政事紛繁的複雜局面。因此，開皇九年南北統一後隋文帝就提出：「武力之子，俱可學文。」「有功之臣，降情文藝，家門子侄，各守一經。」[3] 對尚武的原則進行了一次初步的衝擊。而隋煬帝這次縮

---

[1] 《隋書》卷三《煬帝紀上》。

[2] 《舊唐書》卷六一《竇威傳》。

[3] 《隋書》卷二《高祖紀下》。

小封爵範圍，取消高級勳官，則是對於崇尚軍功和貴族身份的關隴軍事族一次全面的打擊和限制，也是走向以德行功能用人的一個重要步驟，深刻反映了隋朝在國家體制和政治體制上的巨大變化。

大業五年隋煬帝又制：「魏、周官不得為蔭。」[1] 門蔭是給予本朝高級官吏的一種政治特權，是以在本朝擔任的官職高低作為標準的。而門閥制度則主要是看門第，其中包括祖先曾任官職的高低。因此，取消北魏、北周官蔭，不僅縮小了門蔭的範圍，而且進一步清除了門閥制度的殘餘。

3. 再次是最終完成了察舉制到科舉制的過渡

在山東士族已經衰落，關隴貴族大多數人繼續保持尚武餘風的情況下，培養和選拔適合當時需要的統治人才的問題，也提到隋王朝面前。隋文帝原想通過學校培養一批人才，沒有收到成效。開皇七年隋文帝下令諸州歲貢三人，正式設立了每年舉行的常貢，想通過考試來選拔人才。由於九品中正制的取消，歲貢也就沒有門第限制，真正成為國家按照才學標準選拔人才的制度，這也就成為科舉制的開端。科舉制終於從察舉制的母體中脫胎而出。

隋文帝所設常貢的主要科目秀才和明經，都是南北朝實行察舉採用過的項目。明經根據儒家經典進行策試，與南北朝相比變化不大。秀才科在南北朝主要考文學才能，至隋改為「試方略」[2]，要求發表自己的政治見解和解決問題的方略。這對深受南朝輕薄華艷文風影響的隋初文士來說，要求是太高了，一般士子都不敢應考。隋代秀才及第者只有十餘人。秀才科顯然是脫離了隋代的實際情況，在選拔人

1　《隋書》卷三《煬帝紀上》。
2　《隋書》卷七六《杜正玄傳》。

才上起不了多少作用。明經科在當時「儒罕通人，學多鄙俗」[1]的情況下，也沒有選拔出有用的人才。因此，隋文帝在開皇十八年（598）、仁壽二年（602）、三年幾次下詔，令內外官員舉薦人才。在仁壽三年詔中除了提出舉送的標準是要「明知今古，通識治亂，究政教之本，達禮樂之源」，舉送的對象是「閭閻秀異之士，鄉曲博雅之儒」，還特別規定：「不限多少，不得不舉。」[2] 這說明隋文帝通過學校、常貢和舉薦來培養和選拔卓越政治人才的努力都沒有收到實效，選拔人才已成為一個非常迫切的問題。

隋煬帝即位後着手解決這個問題。大業元年（605）七月，他詔令「諸在家及見入學者，若有篤志好古，耽悅典墳，學行優敏，堪膺時務，所在採訪，具以名聞」[3]。詔令中提出的舉送標準與隋文帝仁壽三年詔中所提的標準是一致的，都是要選拔具有一定素養的政治人才。不同的是在舉送對象上。仁壽三年詔提出要在閭閻鄉曲搜尋秀異之士、博雅之儒。而大業元年詔則特別指明要舉薦「諸在家及見入學者」，要從經過學習的文士中選拔人才，把學和舉直接聯繫在一起。這是一個全新的思路。

此後不久，隋煬帝在常貢中新設立了進士科，同時保留原來的秀才、明經科。進士科的考試項目是試時務策五道。時務策雖然也要求學識和文才，但較之方略策，在政治見識方面的要求是降低了。唐人薛登曾指出：「煬帝嗣興，又變前法，置進士等科。於是後生之徒，復相仿效，因陋就寡，赴速邀時，緝綴小文，名之策學，不以指實為本，而以浮虛為貴。」[4] 進士科實際上成為文學之科。從形式上看，這似乎又回到了南北朝秀才試文學的老路，但卻更符合當時文士的水

---

[1]　《隋書》卷七五《儒林傳序》。

[2]　《隋書》卷二《高祖紀下》。

[3]　《隋書》卷三《煬帝紀上》。

[4]　《舊唐書》卷一〇一《薛登傳》。

平，因而逐步成為一般士人報考的主要科目。這樣，秀才、明經和進士三科並列的常貢便有了新的意義。它體現了國家對人才不同的要求，在經過學習的文士中按照才學標準通過考試選拔官吏的新原則也找到了實現它的最好形式。科舉制度進一步完善，終於完成了察舉制到科舉制的過渡。隋煬帝設立進士科的意義就在於此。

三、進一步鞏固和發展統一多民族國家

隋文帝在取代北周建立隋朝以後，為了加強對全國各地的控制，採取了親王出鎮的辦法。儘管收到了一時的效果，但是最後還是引起了兄弟相爭。

與隋文帝不同的是，隋煬帝自開皇元年（581）至十年曾長期擔任并州總管，鎮守太原；開皇八、九年又以行軍元帥的身份參加領導了平陳戰役；開皇十年江南豪族叛亂平定後，他自并州徙任揚州總管，長駐江都達五年之久；開皇二十年復領兵北卻突厥。他即位後，又發生了漢王楊諒在今山西、河北境內反對他繼位的叛亂。由於有這樣的經歷，他對北邊、山東和江南的情勢就比隋文帝有更加深切的了解。因此，他即位後沒有像隋文帝那樣在統一南北、平定江南叛亂，把幾個兒子分別派到并州、揚州和蜀郡鎮守後，就以為天下太平了。隋煬帝清醒地看到山東、江南還存在着不安定因素，對北邊的突厥也不敢掉以輕心。他還把眼光放到了東北、西域和南海。隋煬帝把國家和社稷放在第一位。進一步鞏固和發展統一多民族國家，始終是他的一個主要着眼點。為此，他進行了一系列的工作，基本的做法是控制、威懾和誇耀。

1. 首先是修建東都洛陽

仁壽四年（604）十一月，隋煬帝從長安來到洛陽，下詔於伊洛營建東京。隋煬帝在詔中明確指出，洛邑自古之都「控以三河，固以四塞，水陸通，貢賦等」，是建立都城的理想地點。自漢高祖以來，歷代帝王，又何嘗未曾留意到這個地方。所以不以洛陽為都，或者是因為全國沒有統一，或者是因為其府庫困難。漢王諒所以能毒被山東，「此由關河懸遠，兵不赴急」，都城遠在長安，不能及時把軍隊調到山東。「況復南服遐遠，東夏殷大，因機順動，今也其時」[1]，況且南疆遙遠，山東廣大，應抓住時機，營建東京，明確指出修建東都的目的是要把統治中心東移，以便就近加強對山東、江南等地區的控制。

大業元年三月，煬帝詔尚書令楊素、納言楊達、將作大匠宇文愷營建東京，負責東京的營建工程，每月役丁二百萬人。東京官吏督役嚴急，役丁死者什四五，所司以車載死丁，東至城皋，北至河陽，相望於道。為了修建東都，百姓付出的代價是巨大的。

2. 其次是開鑿貫通南北的大運河

在下令營建東京的同時，隋煬帝又發河南諸郡男女百餘萬，開通濟渠，自東京西苑而達於淮河。又發淮南民十餘萬開邗溝，自山陽（今江蘇淮安）引淮河至揚子津入長江。渠寬二十丈，渠旁築有御道，並栽種柳樹，自長安至江都（今江蘇揚州）還修建了離宮四十餘所。通濟渠、邗溝和後來開鑿的永濟渠都是把天然水道加以連接並拓寬。隋王朝直接控制了大量自耕農，有可能一次性徵發大量勞動力，因此，全部工程從三月底開始，七月底就全部完成了。

大業四年（608）正月，詔發河北諸郡男女百餘萬開永濟渠，引沁水南達黃河，從今河北武陟縣西北的沁水北岸向東北開渠，下接清

---

[1]　《隋書》卷三《煬帝紀上》。

（衛河）、淇二水，北通涿郡，全長二千餘里。

大業六年，又敕穿江南河，自京口（今江蘇鎮江）至餘杭（今浙江杭州），溝通了長江至錢塘江之間的水上交通。

由永濟渠、通濟渠、邗溝和江南河組成的以東都洛陽為中心的大運河，全長四千餘里，橫貫海河、黃河、淮河、長江、錢塘江五大水系，全部工程僅用了六年時間，速度之快，效率之高、質量之好都是驚人的，反映了當時的科學技術水平、物質基礎和組織水平都已達到前所未有的高度。而為了修建東都，開鑿運河，百姓付出的代價也是駭人的。

運河開通後，立即成為南北經濟交流的動脈，通濟渠中「商旅往還，船乘不絕」[1]。東京通遠市東漕渠中，「郡國舟船舳艫萬計」[2]，停滿了來自全國各地的舟船。

通濟渠通航後，在洛水入黃河的鞏縣東北原上修建了洛口倉（興洛倉），有糧窖三千，窖容八千石。又置回洛倉於洛陽北七里，有窖三百。兩倉共可儲糧二千六百四十萬石。其中除了沿開皇時漕運路線運來的河北、山東、河南北部和山西南部的糧食，江淮的糧食也通過運河運到洛陽。洛陽右掖門街街西子羅倉即有粳米六十餘窖，存有南方運來的粳米四十八萬石。

3. 第三是巡遊四方，威動殊俗

為了加強對各地區，特別是邊疆地區和少數民族的控制，隋煬帝展開了頻繁的巡遊活動。在大業七年（611）攻打高句麗之前，他曾兩下江都（揚州），兩次北巡，並西巡河西走廊。

（1）兩下揚州

1　　《舊唐書》卷六七《李傳》。

2　　《大業雜記》。

平陳之後，江南曾經發生過聲勢浩大、範圍廣泛的豪族叛亂。揚州又是隋煬帝的發跡之地。大業元年，他大擺排場，乘龍舟從通濟渠前往江都。龍舟四重，高四五十尺，長二百丈。又有大船數千艘，共用挽船士八萬餘人。船隊前後相接二百餘里。他這樣做，固然有衣錦榮歸的意味，但更主要的還是要造成一種威勢，對南方的豪強大族起到震懾的作用。大業六年他再去揚州，並在揚州下令開江南河，宣佈要東巡會稽（今浙江紹興）。雖然後來由於形勢的發展，隋煬帝江南之行始終沒有能夠實現，但也表明了他對南方的關注。

大業七年二月，隋煬帝在江都住了十個多月以後，自江都乘龍舟入通濟渠，渡過黃河，進入永濟渠，於四月到達涿郡，開始了他的征遼之行。

（2）北巡突厥

對於突厥，隋煬帝更是不敢掉以輕心。大業三年四月，下詔欲安輯河北，巡省趙、魏。隋煬帝從長安出發，經雁門、馬邑（今山西朔縣），於六月到達榆林郡（今內蒙古托克托黃河南）。啟民可汗及其所部諸國奚、室韋等酋長數十人，均已先期到達榆林。隋煬帝在行宮會見啟民可汗和義成公主，又命宇文愷在榆林城東搭了一座可容納數千人的大帳，在帳中宴請突厥啟民可汗及其部落三千五百人，賜物二十萬段。又賜啟民路車、乘馬、鼓吹、幡旗，贊拜不名，位在諸侯王上。當時啟民可汗上表說「臣今非是舊日邊地突厥可汗，臣即是至尊臣民，至尊憐臣時，乞依大國服飾法用，一同華夏」。隋煬帝下詔說，「先王建國，夷夏殊風。君子教民，不求變俗」。並以璽書答啟民可汗，以為「磧北未靜，猶須征戰，但使好心孝順，何必改變衣服也」。[1] 要啟民可汗忠心為隋王朝捍衛北邊。這也是煬帝這次北巡的主要目的。

1　《隋書》卷八四《突厥傳》。

在榆林，隋煬帝下詔發丁男百餘築長城，西起榆林，東至紫河（今稱渾河）。在啟民可汗領地之南建立起第二道防線。由此可以看到隋煬帝對北疆的形勢始終是保持高度警惕的。

八月，隋煬帝北渡黃河，耀兵塞外。時天下承平，百物豐實，甲士五十餘萬，馬十萬匹，旌旗輜重，千里不絕。令宇文愷等造觀風行殿，上容侍衛者數百人，離合為之，下施輪軸，倏忽推移。啟民可汗事先從榆林到他的牙帳開闢了一條寬達百步的御道，並準備了華麗的盧帳，迎接隋煬帝的到來。

煬帝此行，原來還準備經由突厥，去北方重鎮涿郡。啟民可汗為此舉國就役，把榆林到其牙帳的御道一直延伸到涿郡，全長達三千里。隋煬帝臨時改變決定，入塞經太原回到東都，圓滿完成了第一次北巡。

大業四年三月，隋煬帝第二次北巡，從五原出塞巡長城。

（3）西巡河右

大業五年初，隋煬帝從洛陽回到長安。三月，西巡河右。

早在大業初年，隋煬帝就開始對西域加以關注。「時西域諸番多至張掖與中國交市」，隋煬帝特派吏部侍郎裴矩前往掌其事。裴矩在張掖向商胡了解諸國山川風俗、君王和普通百姓的儀形服飾，撰寫了《西域圖記》三卷，並附有地圖。《西域圖記序》說明了從敦煌西去至於西海的三條通道：北道從伊吾（今新疆哈密），中道從高昌（今新疆吐魯番），南道從鄯善（今新疆若羌）。並指出「伊吾、高昌、鄯善並西域之門戶也。總湊敦煌，是其咽喉之地」[1]。裴矩並對隋煬帝分析了當時西域「突厥、吐渾分領羌、胡之國，為其壅遏，故朝貢不通」[2]的情勢，指出當時商人為通商，密送誠款。如果派人前往招撫，

---

[1]　《隋書》卷六七《裴矩傳》。

[2]　《資治通鑑》卷一八○隋煬帝大業三年十月西域諸胡多至張掖交市條。

各小國就會內附。吐谷渾、突厥即可擊滅。

隋煬帝為了重新開通與西域的交通，使絲綢之路暢通，對突厥和吐谷渾採取了不同的辦法。對突厥，大體上仍採用了文帝時遠交而近攻的策略。大業四年初，派崔君肅召懷西突厥處羅可汗，處羅可汗遣使入朝貢汗血馬。年底，又派右翊衛將軍薛世雄擊滅伊吾，打通了北道。

對吐谷渾，則在西巡的過程中進行經略。大業五年四月，隋煬帝出臨津關（今青海循化東），渡黃河，至西平（今青海樂都）。五、六月份，大敗吐谷渾，吐谷渾仙頭王率男女十餘萬口來降，吐谷渾可汗伏允敗走，客於黨項。隋煬帝自今青海境經大斗拔谷（扁都口，今甘肅張掖民樂縣城東南）進入河西走廊，到達張掖。

隋煬帝在燕支山（今甘肅山丹大黃山）會見高昌王曲伯雅、伊吾吐屯設及西域二十七國使者，焚香奏樂，歌舞喧噪。武威、張掖的士女都盛裝前來觀看。會見時，吐屯設獻西域數千里之地，隋煬帝設西海（治伏俟城，在青海湖西十五里）、河源（治赤水，在今興海東）、鄯善（治鄯善城，今新疆若羌）、且末（今新疆且末南）四郡，派罪犯為戍卒前往防守。隋的統治深入到新疆境內，絲綢之路全面開通。隋煬帝又命劉權鎮河源郡積石鎮，大開屯田，捍禦吐谷渾，以確保自西域經青海至關中交通的暢通，並屏障河西走廊的安全。

幾天後，隋煬帝又在觀風行殿宴請高昌王曲文泰、伊吾吐屯設和各國使臣，奏清樂、龜茲、西涼、天竺、康國、疏勒、安國、高句麗、禮畢等九部樂，以魚龍戲作為餘興。這不僅是一次民族團結和中外友好的盛會，也是南北朝以來中外文化交流成果的一次檢閱。至此，西行解決吐谷渾問題，安定西部邊疆和暢通絲綢之路，發展商業貿易的任務圓滿完成。隋煬帝打道回京，於九月回到長安。

隋煬帝的這些活動收到了積極的效果。第二年，即大業六年正月十五，諸蕃酋長畢集洛陽，向隋煬帝貢獻各地的土特產。隋煬帝在

端門外大街上盛陳百戲，戲場周圍五千步（八千多米），僅樂隊就有一萬八千人，聲聞數十里，自昏達旦，燈火光燭天地，持續了十幾天。隋煬帝數微服往觀之。諸蕃還到豐都市進行貿易。

（4）隋煬帝在北巡塞外，西巡河右，安定北方，遠通西域的同時，還把眼光放到東北、東南和鄰近各國。

大業三、四年，他派朱寬慰撫流求（今臺灣）。大業三年派常駿、王君政從南海郡（今廣東廣州）去赤土（今泰國），大業六年，赤土王子來華，在弘農（今河南靈寶）謁見了隋煬帝。大業三、四年，日本國兩次派小野妹子為大使來隋，隋煬帝也派裴清為使報聘。

4. 三征遼東

高句麗，北周武帝拜其王湯為遼東王。隋取代北周後，開皇元年十二月高句麗王高陽遣使朝貢，授大將軍，遼東郡公。後改封高麗王。此後每年遣使朝貢不絕。及平陳之後，湯大懼，治兵積穀，為守拒之策。這裏可以看出一個問題，為什麼隋平陳之後高句麗王就想到隋朝可能來進攻呢？

當時東北，除了遼東地區的高句麗，還有靺鞨、契丹。

開皇十七年，高句麗王湯得病卒。子元嗣立。

十八年，元率靺鞨之眾萬餘騎寇遼西，營州總管韋衝擊走之。隋文帝聞而大怒，二月命漢王楊諒為元帥，總水陸三十萬討伐高句麗。時饋運不繼，六軍乏食，師出臨渝關，復遇疾疫，死者十八九。及次遼水，元亦惶懼，遣使謝罪。九月隋文帝罷兵，待之如初，元亦歲遣朝貢。

到隋煬帝，又連續發動了三次對高句麗的戰爭。

大業七年（611）二月，隋煬帝下詔攻打高句麗，從全國各地徵調軍隊物資，天下騷動。王薄在山東章丘長白山起義，作《無向遼東浪死歌》。

大業八年農民戰爭剛起，隋煬帝根本沒有看在眼裏。按原計劃出兵攻打高句麗。

大業九年（613）正月，隋煬帝徵天下兵，準備第二次進攻高句麗，河北、山東群雄紛起。四月，煬帝渡過遼水。六月，禮部尚書、楊素之子楊玄感反於黎陽，逼近東都。煬帝被迫從遼東退兵。

大業十年，又發動了第三次對高句麗戰爭。

三次戰爭都以失敗而告終。戰爭給人民帶來了巨大的災難，造成了極為嚴重的後果，隋王朝也因此而滅亡。

那麼，為什麼隋朝兩個皇帝先後都要攻打遼東？到了唐朝，一切以隋朝為戒的唐太宗仍然步隋煬帝的覆轍，繼續攻打遼東。這到底是為什麼？下面兩個材料可以回答這個問題。

一條是《隋書》卷七五《劉炫傳》所記：「開皇之末，國家殷盛，朝野皆以遼東為意。炫以為遼東不可伐，作《撫夷論》以諷焉，當時莫有悟者。及大業之季，三征不克，炫言方驗。」「朝野皆以遼東為意」，這就是說有社會基礎，有從上到下的支持。

另外一條材料是《隋書》卷六七《裴矩傳》所記：「從帝巡於塞北，幸啟民帳。時高麗遣使先通於突厥，啟民不敢隱，引之見帝。矩因奏狀曰：『高麗之地，本孤竹國也。周代以之封於箕子，漢世分為三郡，晉氏亦統遼東。今乃不臣，別為外域，故先帝疾焉，欲征之久矣。但以楊諒不肖，師出無功。當陛下之時，安得不事，使此冠帶之境，仍為蠻貊之鄉乎？』」這就是說，遼東本來就是統一帝國的一部分。攻打遼東，就是要完成統一大業。

四、關於隋煬帝的評價

《隋書‧煬帝紀下》「史臣曰」對隋煬帝的業績作了這樣的評述：

煬帝即位後「地廣三代，威震八紘，單于頓顙，越裳重譯。赤仄之泉，流溢於都內；紅腐之粟，委積於塞下。負其富強之資，思逞無厭之欲，狹殷周之制度，尚秦漢之規摹」。雖然沒有加以頌揚，但還是比較客觀地羅列事實，沒有一筆抹殺。特別是指出隋煬帝「狹殷周之制度，尚秦漢之規摹」，可謂是點睛之筆。建功立業，趕上或超過歷史上的盛世，是各個王朝每一個有作為的皇帝的追求。正是這種「尚秦漢之規摹」的追求，激勵隋煬帝完成了許多超越前人的業績。史臣說他「負其富強之資」，也是很有見地的。這裡正確指出了隋煬帝完成其業績的物質條件。正是因為當時國家掌握了大量自耕農，才能積累大量財富，調動大量物資、勞動力，隋煬帝才可能完成其他時代不可能完成的事業。隋煬帝即位後，修東都，開運河，築長城，到處巡遊，無論是節奏、速度還是效率，在中國歷史上都是少有的。沒有雄厚的物力和人力資源，是不可能完成那麼多的業績的。可惜唐初史臣一味着眼於總結隋朝滅亡的教訓，因而把隋煬帝的主觀動機歸之為「思逞無厭之欲」，並着意對隋煬帝的思想、作風和行事進行了揭露，最後歸結到「人不堪命」，「海內騷然，無聊生矣」。這些揭露無疑也是合於事實的，但是這樣把隋煬帝的主觀動機、具體做法和嚴重後果混同起來，除了給人們隋煬帝是一個暴君的印象外，也就沒有其他的東西了。

隋煬帝在短短幾年中完成了那麼多工程，發動了那麼多戰爭，終於導致了隋朝的滅亡，這個教訓對唐朝和後代確實產生了巨大的影響。而他的許多創造雖然在唐初已經開始發揮作用，但還沒有充分顯示出來。而當時處處以亡隋為鑒的氣氛，更影響了人們對這方面的認識。這也是貞觀史臣對隋煬帝的歷史作用和在中國古代歷史發展上的地位未能做出全面評價的重要原因。

到唐朝後期，至少是運河的作用已為人們所公認。9世紀前期李敬方在《汴河直進船》一詩中寫道：

汴水通淮利最多，生人為害亦相和。東南四十三州地，取盡
脂膏是此河。[1]

　　他在抽象地指出運河之利後，着重揭露了當時唐朝政府通過運
河吸取東南財富，搾取人民脂膏的事實。9 世紀末皮日休在《汴河
銘》則作了更為全面的評價：「隋之疏淇汴（指運河）、鑿太行，在
隋之民，不勝其害也；在唐之民，不勝其利也。今自九河外，復有淇
汴，北通涿郡之漁商，南運江都之轉輸，其為利也博哉！」他還着重
指出：「夫垂後以德者，當時逸而後時美。垂後以功者，當時勞而後
時利！」[2] 至於對這種功勞應該怎樣評價，他在《汴河懷古》詩中也作
了回答：「盡道隋亡為此河，至今千里賴通波。若無水殿龍舟事，共
禹論功不較多。」[3] 他一方面以惋惜的心情對隋煬帝進行了批判，同時
把隋煬帝開運河和大禹治水相提並論，對隋煬帝開運河的歷史作用給
予了充分的肯定和高度的評價。

　　儘管皮日休對隋煬帝做出了比較客觀全面的評價，但是小人物皮
日休的一詩一文終究敵不過官修正史《隋書》的影響。北宋司馬光修
《資治通鑑》，基本上還是承襲了《隋書》的觀點。通過這些正統史
書的影響，隋煬帝在人們的心目中也就成為一個反面的歷史人物。

　　隋煬帝不能算是一個可愛的歷史人物，也不是一個明君。他濫用
民力而不肯止息，主觀武斷而一意孤行，造成了極大的社會災難。
千百萬農民在工役和戰爭中喪生，耕稼失時，田疇多荒，民不聊
生。說他是一個暴君，是恰如其分的。

　　但是，歷史畢竟是歷史。隋煬帝不僅給後代留下了大運河，還給

---

[1]　《全唐詩》卷五〇八。

[2]　《全唐文》卷七九七。

[3]　《全唐詩》卷六一五。

唐代留下了帝國的規模和鞏固發展統一多民族國家的思路。他繼隋文帝之後對政治制度所做的改革使中國古代政治制度進入了一個新的階段，不僅為唐朝所繼承，對後代也有深遠影響。在這些方面隋煬帝都起了承先啟後的作用。而他從反面給後代留下的巨大歷史教訓，經過唐太宗及其大臣的總結，形成了一整套統治理論，用以指導貞觀政治。從某種意義來說，沒有隋煬帝，就不會有貞觀之治。

貞觀之治

貞觀是中國歷史上擁有獨特魅力的時期，也是一個充滿浪漫、充滿激情的時期。經歷了隋末長期動亂，貞觀君臣具有不同於其他時代的理想追求和思想風貌。即使在開元、天寶盛世，貞觀政化也被看成是超越堯、舜、禹、湯、文、武，自古以來從來沒有過的。

唐太宗貞觀時期與唐玄宗開元、天寶時期有着完全不同的魅力。這個時期儘管經濟還不發達，但是，由於處在王朝初期，人們的精神狀態是奮發向上的，心情是樂觀開朗的，如同少年兒童，具有一種美好的天真和單純。

貞觀之治作為一個治世，不是唐太宗一個人所能完成的。許多人都為貞觀之治的形成做出了貢獻。首先是隋煬帝，他不顧人民死活，濫用權力，造成了巨大的社會災難，從反面給唐初的人們留下了深刻的歷史教訓；在浩繁的工役和連年戰爭中，廣大的農民以生命的代價喚醒了貞觀統治者的良知，使他們認識到「為君之道」和「安人之道」，必須以人為本，關心民生；從隋朝末年一路打來的各路英雄，他們為了百姓的生存做出了巨大的犧牲和艱苦卓絕的努力，使貞觀時期的統治者認識到「天子者，有道則人推而為主，無道則棄而不用。誠可畏也！」[1]在這個過程中湧現出來的山東豪傑有着豐富的政治閱歷，不僅在推翻暴隋的過程中發揮了重要的作用，而且積累了寶貴的政治經驗。正是他們，成為貞觀時期方針政策的制定者和推行者。

---

[1] 《貞觀政要》卷一《政體》。

因此，貞觀之治是歷史發展的產物，是廣大百姓和貞觀君臣共同努力的成果。而唐太宗李世民作為創造這一段輝煌歷史的領軍人物，也作出了自己獨特的貢獻，因而成為後代人們稱頌的對象，歷代帝王學習的楷模。

一、山東豪傑轟轟烈烈地登上了政治舞臺

1. 山東豪傑的登場

隋末唐初，歷來被認為是一個英雄的時代，如果從歷史的角度來看，山東豪傑應是這個英雄時代的代表。

我們這裏所說的「山東豪傑」，大多來自山東，也就是太行山以東地區。這些人，可以說大家都很熟悉，凡是看過《說唐》《隋唐演義》和相關電視劇的，都會很熟悉他們的名字。但是也可以說大家對他們還是很陌生的，因為他們的事跡和這些文藝作品上的描述有很大出入。但是有一點是共同的，就是他們是在農民戰爭過程中，轟轟烈烈地登上了政治舞臺，成為一支重要的政治力量。

「山東豪傑」這個提法見於《舊唐書》《資治通鑑》等歷史文獻，是唐朝初年指稱隋末唐初各路英雄的一個概念，也就是隋末山東河北各地被迫起來反抗的各支農民武裝集團及其首領。陳寅恪先生在《論隋末唐初所謂「山東豪傑」》一文中作了進一步的闡述，從此引起了人們的重視。他說：「此『山東豪傑』者乃一胡漢雜糅，善戰鬥，務農業，而有組織之集團，常為當時政治上敵對兩方爭取之對象。」[1]

農民戰爭過程中，山東豪傑轟轟烈烈地登上了政治舞臺。下面簡單介紹一下他們走上政治舞臺的歷程。

---

[1]　載陳寅恪著，陳美延編：《金明館叢稿初編》，三聯書店，2001 年，第 243 頁。

大業七年（611）二月，隋煬帝下詔攻打高句麗，王薄在山東章丘長白山起義，作《無向遼東浪死歌》，反對遼東之役。

大業九年煬帝第二次進攻高句麗，命司徒楊素之子楊玄感於黎陽督運。河北、山東群雄紛起。四月，煬帝渡過遼水。六月，玄感反於黎陽，逼近東都，眾至十餘萬，提出「為天下解倒懸之急，救黎元之命」。[1]煬帝被迫從遼東退兵。

大業十年，煬帝又第三次發動了對高句麗的戰爭。到大業十二、十三年之際，分散的農民起義軍形成了李密領導的瓦崗軍、杜伏威領導的江淮義軍、竇建德領導的河北義軍等三大義軍。隋王朝陷入土崩瓦解的境地。

王薄提出的「毋向遼東浪死」，說明農民是被迫走上逃生的道路。這是純粹的農民自發的運動。李密在剛進入的瓦崗軍的時候，向翟讓提出「誅滅暴虐，隋氏不足亡也！」翟讓回答說：「吾儕群盜，旦夕偷生草間，君之言者，非吾所及也。」[2]也表明他們是為了爭取生存，為了能夠活下去。竇建德控制了華北廣大地區以後，雖然建立了夏政權，也並沒有止於「勸課農桑」，而是朝着建立新王朝的目標前進。這說明農民運動不可能提出進一步發展的目標，這是農民運動的局限和弱點。因此，這種自發的群眾運動是不可能長期存在的，遲早都是要被某種力量，主要是被地主階級中的一些先進人物所利用，整個運動的走向也會被這種力量所左右，最終把群眾引向他們所希望的方向，或者是由義軍原來的領導人按照先前王朝的模式建立新的王朝。

楊玄感提出「為天下解倒懸之急」，這個口號本身就是高高在上的。楊玄感以救世主的姿態提出這個口號固然是反映了當時的現實，但其本意是要取隋煬帝而代之。楊玄感是司徒楊素的兒子，楊素

1　《隋書》卷七《楊玄感傳》。

2　《資治通鑑》卷一八三隋煬帝大業十二年冬十月李密之亡也條。

在隋文帝楊堅時期為右僕射，作為宰相，權力是很大的。隋煬帝即位後雖然剝奪了他的實際權力，但地位還是很高的。李密的曾祖父李弼與李虎（李淵祖父）、獨孤信（楊堅岳父、李淵外祖父）同為西魏八大柱國之一，他的父親李寬，號為名將，位至上柱國、蒲山郡公。他襲父爵蒲山公，也出身於關隴軍事貴族的核心家族。楊玄感公然跳出來起兵反對隋煬帝，李密作為楊玄感的刎頸之交，也參加了這次起兵行動。這反映了統治階級內部的公開分裂。統治階級內部矛盾是經常存在的，有時甚至你死我活，不可調和，但是只存在於集團與集團，個人與個人之間，一般不會把矛頭指向整個政權。而像這樣的公開分裂，只有在被統治者已經無法生存下去，統治階級統治不下去的時候才可能出現。

李密在完全掌握了瓦崗軍的領導權，隋王朝開始土崩瓦解，全國形勢發生了根本性變化的時候，發佈了《移郡縣書》，列舉了隋煬帝的十大罪狀，指出「有一於此，未或不亡」，「罄南山之竹，書罪未窮；決東海之波，流惡難盡」。號召各路英雄「宜各鳩率子弟，共建功名」。像「蕭何之奉高帝」那樣，跟隨他建立新王朝。[1] 推翻隋朝，建立新王朝，這固然反映廣大群眾的要求，符合廣大群眾的利益，但是這已經脫離了農民運動的軌道，把運動引向了建立新王朝的方向。

在整個過程中，有幾種力量。

首先是被迫走上逃亡道路的農民，他們是整個農民起義的主力，隋王朝陷於土崩瓦解，主要是由於他們的力量。農民出身的一些基層的小吏是這支隊伍的骨幹力量，其中最具代表性的是竇建德。

竇建德是貝州漳南人。少時，嘗有鄉人喪親，家貧無以葬，當時竇建德正耕於田中，知道以後，遽輟耕牛，往給喪事。竇建德是一個很講義氣的農民，在鄉里有着很高的威望。父親死的時候，送葬者千

---

[1]　《舊唐書》卷五三《李密傳》。

餘人。他曾經擔任過里長，大業七年，募人討高句麗，竇建德以勇敢被本郡任命為二百人長。時山東大水，大饑，人多流散。同縣有孫安祖，家為水所漂，妻子餓死。縣裏以孫安祖驍勇，亦選在行中。安祖辭貧，白言漳南令，令怒笞之。安祖刺殺令，亡投建德，建德招誘逃兵及無產業者，得數百人，令安祖率之，入高雞泊中為「群盜」，安祖自稱將軍。鄃人張金稱亦結聚得百人，在河阻中。蓨人高士達又起兵得千餘人，在清河界中。張亮、程知節、秦叔保大體都可以歸入這一類。

其次是在隋末的橫徵暴斂中受到損害的地主富戶以及統治階級中分化出來的個別人物。其中最具代表性的是徐世李和李密。徐世勣，原為曹州離狐人。隋末，徙居滑州之衛南。「家多僮僕，積粟數千鐘，與其父蓋皆好惠施，拯濟貧乏，不問親疏。」[1] 是新起家的地主。東郡法曹翟讓在瓦崗聚眾起義。徐世勣前往參加，時年十七。李密前面已經談到。

第三就是出自下層或有着豐富政治閱歷，關心國家命運的知識分子。其中一些人在農民戰爭期間先後參加了各路義軍。他們的代表人物是魏徵。這些出自下層的知識分子由於接近百姓，就生活在他們中間，加上知識分子的敏感性和對社會人民的責任心，很自然地成為他們思想上、政治上的代表。

這幾股力量就構成了山東豪傑的主體，具有鮮明的時代特點。這些情況說明，處在南北朝到唐宋社會變遷的歷史轉折點的隋末唐初，包括擺脫了豪強士族地主控制的自耕農民在內的，以沒有家世背景的一般地主為中心的新的社會階層，在隋代已經成為下層社會的主體，已經具有強大的力量，在地方上正在擴大他們的影響。在隋煬帝暴虐的統治下，他們作為一個新興的群體，為了保護自己的生存和發展，

---

[1] 《舊唐書》卷六七《李傳》。

被迫走上了政治舞臺。他們的代表人物被稱之為山東豪傑。新的社會階層成為下層社會的主體和山東豪傑登上政治舞臺，這是唐朝建立後歷史發展的出發點，也是我們了解唐朝初年歷史的兩個基本點。只有把握了這兩個基本點，我們才能夠深入地了解唐朝初年歷史發展。

2. 唐的建立

大業七年（611）王薄在山東章丘長白山率眾起義，揭開了隋末農民戰爭的序幕。原已歸順隋朝的東突厥，也不斷南下騷擾。大業十一年，李淵受命為山西河東撫慰大使，負責防禦突厥和鎮壓山西一帶的農民起義軍。

李淵和隋朝皇室都出自關隴貴族集團。他的祖父李虎是西魏八柱國之一，北周初追封唐國公。父親李昞是北周安州總管、柱國大將軍。母親獨孤氏，是西魏八柱國之一、鮮卑貴族獨孤信的女兒，與北周明帝的皇后和隋文帝的皇后是親姐妹。李淵幼年喪父，七歲襲封唐國公。他的妻子竇氏是北周武帝宇文邕的外甥女。唐高祖李淵和隋文帝楊堅一樣，都出自關隴軍事貴族的核心家族。李淵在姨母隋文帝獨孤皇后的關照下，十五歲時被任命為隋文帝的貼身侍衛官千牛備身，很快出任刺史，開始了他的政治生涯。

李淵到山西，長子李建成留在河東（今山西永濟）照顧家小，十六歲的次子李世民則跟隨到了太原。這一年恰好隋煬帝在雁門被突厥包圍，李世民應募從軍，參加了救援隋煬帝的戰役。第二年，李淵被任命為太原留守。為防禦突厥，李淵從所部五千人中，選善能騎射者二千人組成騎兵，飲食居止，馳騁射獵，都與突厥人一樣。

瓦崗起義軍逼近東都洛陽，隋王朝已經土崩瓦解。隋的軍隊被河北的竇建德起義軍、河南的瓦崗軍和江淮的杜伏威起義軍分割包圍在幾個孤立的據點裏。除了原有農民軍在各地建立的政權，隋一些地方長官，特別是邊遠地區的地方長官紛紛起來建立政權。久蓄取代隋朝

之心的李淵見時機成熟，積極準備起兵。

李淵從幾個方面進行了準備：一是派晉陽令劉文靜出使突厥，向始畢可汗稱臣。當時北方各個武裝集團，包括竇建德都向突厥稱臣。李淵向突厥稱臣，就取得了突厥的支持，從而解除了後顧之憂。突厥要求李淵自為天子，改變旗幟。李淵考慮到當時還不便公開打出反隋的旗號，便採取把隋的紅旗改易為紅白旗的做法，表明自己是要取代隋朝的。

二是李淵以突厥支持的劉武周南下進據汾陽宮（今山西寧武南）為藉口，徵發府兵，招募軍隊。這樣李淵便有了一支強大的軍隊。

當時隋軍與瓦崗軍相持於東都城下，無暇西顧。李淵致書李密，對李密卑辭推獎，表示自己無意取代隋朝，希望李密盡快建立新的王朝，以安百姓。李密得書甚喜，自是信使往來不絕。這樣就解除了來自東方的危險威脅。

當時隋在關中的力量相對比較薄弱，而李淵出自關隴貴族中很重要的家族，在關中勢力很大。他起兵後，「三秦士庶、衣冠子弟、郡縣長吏、豪族弟兄，老幼相攜、來者如市」。[1] 李淵的親屬也收編了長安周圍的許多武裝力量。隋煬帝大業十三年（617）五月，李淵在晉陽（今山西太原）起兵，由他的兩個兒子李建成和李世民分別率領左、右軍，進軍關中，很快佔領了長安，取得了號令全國的地位。他遙尊遠在揚州的隋煬帝為太上皇，立在長安的煬帝孫代王楊侑為帝。次年五月，李淵取代隋，建立唐朝，改元武德，是為唐高祖。

李淵作為一個老謀深算的政治家，先是在隋煬帝因突厥攻佔馬邑（今山西朔縣）囚禁他的時候，否定了李世民倉促起事的建議。

後來在太原起兵過程中，他認識到北邊突厥強大，西邊李密勢頭正盛，而隋王朝還有一定力量，還沒到土崩瓦解的境地，採取了對

1　《大唐創業起居注》卷二。

突厥稱臣，對李密卑辭尊獎，不打反隋旗號的策略，順利進入了長安。進入長安以後，他沒有馬上做皇帝，而是推出了隋煬帝的孫子做皇帝。他的這種審時度勢，準確把握形勢，正確決策，特別是以退為進的政治智慧，對於唐朝的順利建立，起了決定性的作用。李淵是當之無愧的唐朝的創立者。

可是在很多的歷史書上都把李世民塑造成唐朝的開國皇帝，說他是晉陽起兵的主謀。為什麼會有這樣的說法呢？這和李世民發動的玄武門之變有密切的關係。

現在很多人為了不損害李世民高大的形象，往往把他說成是被迫的、自衛的。這是違背了歷史事實的。李世民發動玄武門之變是蓄謀已久的。

3. 秦王李世民

李世民參加了太原起兵，但不是像《舊唐書》和《資治通鑑》所寫的那樣，是太原起兵的策劃者和組織者。他生於隋文帝開皇十九年（599），大業十三年（617）太原起兵的時候，他才十八歲。《舊唐書》卷二《太宗紀上》所寫「太宗潛圖義舉，每折節下士，推財養客，群盜大俠，莫不願效死力」，對於一個十八歲的少年來說，還是有可能的；而統觀全局，掌握時機，處理好和各方面的關係，就不是他能夠做到的。大業十二年（616）突厥乘李淵還太原之機，攻佔了山西北部城市馬邑，隋煬帝派人囚捕李淵及馬邑太守王仁恭，命令送往當時隋煬帝所在的江都（即揚州）治罪。李世民提出，以他所潛結之「死士」，剋日舉兵。憑這些「死士」，武裝劫獄，把李淵救出來，然後逃亡山澤，上山打游擊，再以觀時變。但李世民不了解，當時隋王朝還沒有土崩瓦解，還有強大的軍事力量。如果按照李世民所說的去做，無異於以卵擊石。從這裏也可以看出李世民在政治上還是很嫩的，遠遠趕不上他父親李淵的老謀深算。

在太原的時候李世民參加過兩次軍事行動，受到了初步的軍事鍛煉。太原起兵後他和哥哥李建成各領一支軍隊進軍長安。

武德元年（618）李淵做了皇帝，正式建立了唐朝，李世民被封為秦王。

唐朝建立以後，面對着全國各個地方的武裝集團。其中存在着兩種力量，一種是原來的農民軍，有河北的竇建德、江淮的杜伏威。另外還有很多武裝割據集團，有山西的劉武周、甘肅的薛舉、洛陽的王世充等。唐朝在初步穩定以後就開始了削平群雄的戰爭，直到武德七年（624）基本上告一段落。

在削平群雄的戰爭中李世民作為秦王、作為統帥進行的第一場戰爭是對甘肅的薛舉、薛仁杲的戰爭，進行得並不順利。

武德二年，割據山西北部的劉武周、宋金剛南下，佔領了晉州（今山西臨汾）以北大部分城鎮。十一月，李世民率眾趣龍門關，履冰渡河，進屯柏壁（今山西新絳西南），與宋金剛相持。尋而永安王孝基敗於夏縣，于筠、獨孤懷恩、唐儉並為敵將尋相、尉遲敬德所執。尋相將還澮州（今山西翼城）。李世民遣殷開山、秦叔寶邀之於美良川，大破之，相等僅以身免，悉虜其眾，復歸柏壁。於是諸將咸請戰，李世民曰：「金剛懸軍千里，深入吾地，精兵驍將，皆在於此。武周據太原，專倚金剛以為捍。士卒雖眾，內實空虛，意在速戰。我堅營蓄銳，以挫其鋒，糧盡計窮，自當遁走。」[1] 繼續堅守柏壁，同時派小規模部隊出擊以保護運輸通道的暢通。武德三年（620）春秋之交，唐軍切斷了劉武周軍隊的運糧線，劉武周部將宋金剛被迫從澮州北撤。李世民率輕騎追擊，一晝夜行二百餘里，轉戰數十合，士卒疲弊，軍糧也沒有運上來。有人建議紮營休息，待軍糧和後繼部隊齊集後再行決戰，李世民說：「功者，難成易敗；機者，難

1　《舊唐書》卷二《太宗本紀上》。

得易失。金剛走到汾州，眾心已沮，我及其未定，當乘其勢擊之，此破竹之義也。如更遲留，賊必生計。此失機之道。」[1] 指揮軍隊繼續前進。終於擊潰了宋金剛的軍隊，取得了對劉武周戰爭的決定性勝利。劉武周、宋金剛逃奔突厥。

在這一次戰爭中，李世民善於分析敵我雙方形勢，抓住戰機，集中主力，進行攻擊。在作戰過程中，能身先士卒，不怕疲勞，率領部隊追擊潰逃的敵人。這說明李世民已經具有戰略的眼光，能夠從戰略的高度來指揮戰爭。打敗敵人以後乘勝追擊也已不是單純的戰術問題。

武德四年春，李世民率兵圍攻盤踞洛陽的王世充割據政權。王世充向竇建德求援。竇建德看到西北各武裝集團都已被唐消滅，唐打敗王世充後，下一個目標將會是自己，便親自率兵西救洛陽，並致書李世民，請退軍潼關，還所佔王世充之地，復修前好。李世民沒有獨斷專行，而是集將佐討論如何應對，最後接受了郭孝恪、薛收提出的意見，制定了分兵圍洛陽，親率大軍扼成皋，待機與竇建德決戰的方案。

武德四年的這一次戰爭表現出了李世民的兩個特點：

一是注意對敵我形勢做出透徹的分析，從形勢的分析中做出戰略性的決策。而這種對於形勢的分析，不是依靠他一個人完成的，而是依靠手下的將領，廣泛地聽取下屬意見。他善於集思廣益，然後分析和綜合大家的意見，從戰爭的全局和三方特點及其相互關係考慮問題，做出正確決策。這是李世民能夠制敵決勝的一個很重要的因素，表現出了李世民虛懷若谷的政治風度和成熟的戰略思想。

二是對現場形勢認真地觀察。他親臨前線甚至深入敵後，力求掌握第一手材料，作為決策的根據。

---

[1]　《通典》卷一六二《兵十五‧乘勝》。

李世民率領軍隊西征東討，在戰爭中很快成長為一位傑出的軍事家。

值得注意的是，李世民進入東都後，部分諸軍，分守市肆，禁止侵掠，無敢犯者。世民入宮城，命記室房玄齡先入中書、門下省收隋圖籍制詔，已為世充所毀，無所獲。命蕭瑀、竇軌等封府庫，收其金帛，班賜將士。收世充之黨罪尤大者段達、單雄信等十餘人斬於洛水之上。他採取的這些重大措施沒有全按李淵的意旨，使李淵有了這不是我過去的兒子了這樣的感歎。尤其是他把王世充和竇建德的部屬和一批山東豪傑的頭面人物如徐世李、張亮、秦叔寶、程知節等人納入自己的麾下，使自己的實力威望大大提高，更是引起李淵的不快和疑慮。

武德四年，劉黑闥起義尚未發展成燎原之勢，唐統治者還不十分在意。李世民也認為海內無事，乃銳意經籍，於宮城西起文學館，廣引文學之士，以房玄齡、杜如晦、虞世南、褚亮、姚思廉、李玄道、于志寧、薛收、陸德明、孔穎達、許敬宗等十八人，並以本官兼文學館學士。諸學士給五品珍膳，分為三番，更直宿於閣下。此後，在公事之餘他就引見諸學士討論典籍，商略前載。預入館者，時所傾慕，謂之「登瀛洲」。

4. 玄武門之變與山東豪傑

唐朝建立以後，李建成以長子被立為太子，經常留在長安，協助唐高祖李淵處理政務。李世民領兵作戰，西征東討，先後平定了西方和東方的各個武裝集團，為唐朝統一全國建立了卓越的功勳。在這個過程中，李世民成長為一位卓越的軍事家，在政治上也積累了一定的經驗。同時他的力量和威望也有了很大的提高。在這個基礎上，他不再滿足一個統帥、一個地區行政長官的地位，想要謀取最高統治權。這一點房玄齡說得很清楚。《舊唐書·杜如晦傳》記載：「太宗

平京城，引為秦王府兵曹參軍，俄遷陝州總管府長史。時府中多英俊，被外遷者眾，太宗患之。記室房玄齡曰：『府僚去者雖多，蓋不足惜。杜如晦聰明識達，王佐才也。若大王守藩端拱，無所用之；必欲經營四方，非此人莫可。』」一個「必欲」把李世民的心思和「經營四方」的含義說得再明白不過了。李世民作為秦王，應該完成作為皇帝的唐高祖李淵交給的任何任務。完成這些任務的過程中，他應該積極主動。但是他完成什麼任務是被動的，而「必欲經營四方」，則完全是主動的。這說明唐太宗李世民已不安於他的藩王地位，而要成就一番事業。

李世民的行為使李建成感到是對自己太子地位的嚴重威脅，為了維護自己的地位，也設法擴大自己的力量。作為李建成僚屬的王珪、魏徵也想辦法來壯大李建成的力量。「太子中允王珪、洗馬魏徵說太子曰：『秦王功蓋天下，中外歸心。殿下但以年長位居東宮，無大功以鎮服海內。今劉黑闥散亡之餘，眾不滿萬，資糧匱乏，以大軍臨之，勢如拉朽。殿下宜自擊之以取功名，因結納山東豪傑，庶可自安。』太子乃請行於上，上許之。」[1] 他們建議利用劉黑闥河北再起的機會，要李建成請求前往平定，藉此結納河北將領和山東豪傑。此行取得了很大的成功，不僅很快平定了劉黑闥，穩定了河北形勢，而且與山東豪傑建立了廣泛的聯繫。這一點從玄武門之變以後「河北州縣素事隱、巢者不自安，往往曹伏思亂」[2] 可以得到充分說明。最後唐太宗還是派魏徵「安喻河北」，當場釋放了傳送京師的太子千牛李志安、齊王護軍李思行，才把河北的形勢安定下來。這是後話。與此同時，李世民也「以洛州形勝之地，一朝有變，將出保之，遣（張）亮之洛陽，統左右王保等千餘人，陰引山東豪傑以俟變，多出金帛，恣

1　　《資治通鑑》卷一九〇唐高祖武德五年十一月。

2　　《新唐書》卷九七《魏徵傳》。

其所用」。[1]

　　這說明山東豪傑在當時的政治舞臺上已經成為一支舉足輕重的力量，因而成為雙方爭奪的對象。

　　不論是太子李建成，還是秦王李世民都和山東豪傑有密切的聯繫。這也表明他們與父親李淵都有一個很大的不同點，那就是李淵主要是依靠關隴、江南的貴族和山東士族來建立對河北、山東地區的統治，完全脫離了當時山東地區的實際情況。而他們在統一全國的過程中都與關東即現河南、河北和山東地區的一般地主建立了密切的聯繫。就他們二人而言，舊史說李建成為人寬簡，性頗仁厚，本人很有政治才幹。手下屬官魏徵、王珪、韋挺更是當時卓越的治國之才。但由於其太子地位，更多地受到貴族們的包圍，軍事經驗不如李世民豐富，辦事也缺乏李世民那樣的魄力。在爭權奪利的鬥爭中，這些都是嚴重的弱點。李世民一直跟隨在李淵身邊，熟悉官場鬥爭，太原起兵後，長期率軍作戰，培養了卓越的指揮才能，並逐步克服了單純軍事觀點，在政治上成熟起來。而從雙方力量對比來看，無論是在長安還是在外地，李建成都稍佔上風，特別是李建成具有太子身份，按照封建正統觀念，其地位是不可動搖的。

　　隨着劉黑闥和輔公祏被鎮壓下去，李世民和李建成兄弟爭奪皇位繼承權的鬥爭激烈起來。形勢已發展到劍拔弩張，一觸即發的地步。

　　太子李建成的親信魏徵等人勸建成早早下手，除掉李世民。李建成採取了兩個方面的措施：一是利用太子地位，積極擴大實力，培養親信；二是挖秦王的牆角，對秦王的幕僚能拉則拉，不能拉就剷除，想把秦王府的一班人予以瓦解，然後再除去秦王。由於他們着眼的多是一些地位高的重要人物，這個工作很不成功，李世民的親信一個沒有拉攏過來。相反，李世民倒是把李建成陣營中的一個地位不算很

---

[1]　《舊唐書》卷六九《張亮傳》。

高，但是工作卻很重要的常何拉攏過去。常何駐守玄武門，在兄弟爭權的關鍵時刻起了很大的作用。

武德九年六月初四，李世民在妻弟長孫無忌、謀臣房玄齡、杜如晦和驍將尉遲敬德等的幫助下，發動了玄武門之變。他在宮城北門玄武門埋下伏兵，乘李建成入朝無備，親自射殺李建成。李元吉也被尉遲敬德殺死。

玄武門之變三天後，李淵立李世民為太子。同年八月初九，唐高祖李淵被迫退位，李世民登上了大唐天子的寶座。李世民死後謚為太宗，所以歷史上都叫他「唐太宗」。

李世民登上皇帝寶座以後，總是說「為兄弟不容」，意思就是說他發動玄武門之變是被迫的，完全是一種自衛行動。同時對史臣說，六月四日之事按照實際情況去寫，不要有任何隱瞞。僅僅是被迫自衛就殺掉兄弟，逼迫父親讓位，似乎還不夠有力，也不足以垂訓子孫，因此文章還要往前面做，這就是要把李世民說成是唐朝實際的開國皇帝。因此，在當時編修的實錄、國史和根據這些編撰的《舊唐書》等史書上關於太原起兵的記載就與參加了太原起兵，擔任大將軍府記室參軍，專掌文翰，在唐高祖和唐太宗兩朝擔任工部、禮部尚書，並與李世民關係密切的溫大雅所撰《大唐創業起居注》有很大的出入。這些史書一是把李世民說成是太原起兵的主謀，也就是把他塑造成唐王朝的開國皇帝；二是記載充滿了矛盾。如果沒有成見，大家翻一翻，是很容易發現這些矛盾的。作為史書，這是一個很大的缺點，說明當時沒有秉筆直書，歪曲了歷史。弄清這一情況，不僅有助於我們學習和提高考證、辨別歷史事實的能力，而且給我們留下了研究和思考的空間，有助於我們了解文字記載背後的東西。

二、「此皆魏徵之力也」──貞觀之治的形成

1. 貞觀初年的緊張形勢

李世民做了皇帝後，等待他的並不是歌舞昇平的享樂，而是內憂外患的考驗。如何使國家安定、經濟恢復、社會發展，成了擺在貞觀君臣面前的首要問題。

當時形勢確實是非常緊張的，社會情況也很複雜。從外部來說，在隋末動亂中，北方各武裝力量都向突厥稱臣，李淵也不例外。到唐朝統一以後，恰逢玄武門之變，突厥的頡利可汗認為李世民兄弟相爭必然引起唐朝的形勢不穩定，於是親率大軍到長安附近，離長安不過 40 里，情況十分緊急。在唐高祖的時候，全國還沒完全統一，突厥也經常南下，唐高祖甚至考慮要遷都以避突厥。面對這次突厥侵犯，唐太宗親臨前線進行觀察，發現突厥的隊伍不整，不是要馬上進行決戰的架勢。他猜想突厥只是想趁亂打劫，所以一方面親自到渭水上面和頡利見面進行談判，同時又派李靖在突厥的退路上設伏。頡利可汗看到硬打的話撈不到什麼好處，如果談判講和的話還可以得到一大筆金銀布帛，便與唐訂盟約和而退。

突厥退回去並不意味着問題就解決了，危險還是存在的。而內部的情況就更加複雜，在隋末農民戰爭爆發以前，隋煬帝到處巡遊，興建了很多大的工程，修建東都，開鑿大運河，大量徵發農民服役，造成很大傷亡。還發動了對遼東的戰爭，傷亡也很大。在隋末農民戰爭浪潮的衝擊之下，隋朝土崩瓦解。經過隋末的動亂，社會經濟受到了極大的破壞，隋朝最盛的時候，全國有 900 多萬戶。到了唐朝初年，經過一段時間的恢復以後，也還不到 300 萬戶。從洛陽到山東，幾十里路碰不到一個人，那真是雞犬之聲不聞。要從洛陽去山東的話必須自己帶上口糧，路上是找不到食物的。社會經濟破壞達到了這樣一個嚴重的程度。問題的嚴重還在於，在唐高祖武德年間，社會一直沒有

穩定下來。還有一些農民沒有放下武器，沒有回到家鄉。這樣一種複雜的社會情況，應該說是擺在剛剛即位的唐太宗貞觀君臣面前的一張很嚴峻的考卷，考試的題目就是怎麼解決這些問題。如果有了正確的答案，國家就能安定，經濟就能恢復，社會就能發展。如果答案錯了，歷史就會出現曲折。唐高祖時，唐朝經過了四五年的時間，統一了全國。但是山東地區的情況長期不能安定下來。主要的原因就是對山東這個隋末農民起義的中心地區，唐朝政府沒有能夠採取正確的政策。唐朝政府沒有採取與民休息的方針，讓老百姓休養生息，而是採取一種高壓的政策，要對參加起義的農民進行嚴懲。有些人還沒有抓住就已經被判了死刑，使得老百姓沒法回到家鄉，不能放下武器。所以唐太宗即位以後，山東地區是不安定的。

這不僅僅是唐高祖李淵留給他的遺產，跟李世民本身也有直接的關係，因為山東地區原來就是由李世民負責的。很具有諷刺意味的是，他在打敗了竇建德、王世充以後，身披黃金甲，騎着高頭大馬，凱旋長安，非常氣派。可就在這個時候，山東地區就發生了劉黑闥的起義，人們重新拿起反抗隋朝的武器自衛。這也難怪，李世民十六歲就跟隨父親李淵到了太原，主要是受到軍旅生活的熏陶。從太原起兵以後，特別是唐朝建立以後，李世民主要是率兵打仗，西征東討。在這樣的戰爭的過程中，他成為一名出色的軍事家，但是也養成了他的單純軍事觀點，覺得武力能夠解決一切。而對於當時的社會情況，對於當時全國的政治形勢，他缺乏了解，也不能理解，政治方面的經驗非常缺乏。在這些方面比起他的哥哥，就是當時的太子李建成，李世民還有不足。如果從功勞來說，李世民在當時當然是首屈一指，為唐朝的統一立下了汗馬功勞。但是他在統治經驗方面其實是很缺乏的，不如他的哥哥。因為李建成從小生長在民間，對社會情況比較了解。所以李建成在做太子的時候，他收羅的幕僚，都是一些治國的英才，比如魏徵、王珪。正是這些人，後來在貞觀之治中起了主

導的作用。在玄武門之變以前，李世民就設立了文學館，有所謂秦府十八學士，他開始注意在文化知識方面加以充實。但是他的注意力主要還是在兄弟的權力之爭方面，因此對怎樣執政缺少準備，對能不能夠迅速致治也沒有信心。

唐太宗繼位後朝廷中存在三種人，即高祖舊臣、秦府舊僚和原太子李建成的舊僚。

第一種人是唐高祖的舊臣，代表人物有四人，有來自關隴貴族的裴寂、宇文士及，來自山東士族的封德彝，還有來自江南貴族的蕭瑀。這些人在隋朝末年農民起義中利益受到了損害，對農民又怕又恨，心有餘悸。其中裴寂是個重要的人物，因為他是跟唐高祖李淵在太原一起起兵的。裴寂和宇文士及出身貴族，腐朽無能，只知貪贓枉法，奢侈享樂。封德彝和蕭瑀倒是想做點事，但是思想保守，與唐朝建立後新的形勢格格不入。

第二種人是唐太宗做秦王時候的僚屬。李世民在做秦王的時候，他的幕僚有兩部分人。一部分是伴隨李世民南征北戰，為李世民奪取皇位立下汗馬功勞的謀臣和武將。其中謀臣有長孫無忌，是他的小舅子；房玄齡、杜如晦，這是大家都很熟悉的；還有侯君集。將領有尉遲敬德、秦叔寶、程知節等。這些謀臣都富有政治謀略，在戰爭中，在協助李世民爭奪皇位的鬥爭中都起了很大的作用；將領作戰都很勇敢，對李世民本人也很忠心。但是他們對於當時全國的，特別是山東地區的形勢、社會情況，對於當時農民的動態和地主、官僚中下層的要求都沒有深刻的理解，對於怎麼迅速致治，提不出一套完整的方案。還有一部分人，就是所謂的秦府十八學士。十八學士中一部分是像房玄齡、杜如晦這樣的謀士。另外一部分就是儒生和文士，這部分人來自東南的多。他們幫助李世民學習儒家經典、學習文化、學習歷史，但是他們也不可能幫助李世民提出一套治國的方針政策。

還有一種人，是在農民戰爭年代裏成長起來的士人，如魏徵、

戴冑、王珪、韋挺、杜正倫等。他們大多參加過當時的各個武裝集團，對國家的命運都很關心，而且在文化上也都有相當的修養。他們大部分出身比較寒微，也比較年輕，貞觀初年一般都不到五十歲。他們具有豐富的政治經驗，並且熟悉農民情況和全國的政治形勢。他們在隋末動亂中脫穎而出，成為唐朝前期重要的政治力量。這些人中最具有代表性的就是魏徵和王珪。

其中如魏徵，也是來自山東，但是出身低層，他父親在北齊做過縣官，早亡。他年輕時家境就很貧寒，曾出家為道士，在農村教過書。但他少有大志，好讀書，涉獵範圍很廣，後見天下漸亂，尤其注意縱橫之學。什麼叫「縱橫之學」？大家都知道戰國時候的蘇秦、張儀，合縱、連橫。「縱橫之學」在古代就是政治學。在隋末唐初，他先是參加李密領導的瓦崗軍。李密歸唐後，他隨至長安，自請安輯山東，到黎陽說服瓦崗軍老將領徐世勣降唐。竇建德攻下黎陽後，魏徵又在竇建德軍中任起居舍人。竇建德失敗後，又成為太子李建成的屬官。魏徵的這些經歷，使他對當時山東、河北地區農民的動態有比較深切的了解。所以他能正確地估計形勢，提出符合實際情況的方針政策。

太宗即位後，逐步調整了最高統治集團成員。他先後罷去了高祖時重用的宇文士及和裴寂的宰相職務，並注意從上述第三種人中發現和選拔能夠解決當時問題的治國人才。

唐太宗在玄武門之變後，大膽起用了魏徵和王珪。魏徵和王珪在他們兄弟之爭的時候，曾經建議李建成除掉李世民，應該說他們是李世民的主要政敵。李世民認為他們忠於所事，沒什麼不妥，大膽起用了他們。他首先讓魏徵到山東去安定局勢，後來又一步一步地把他提拔上來。這對於李世民來說是很關鍵的一步，如果離開了這些人，他是很難正確認識形勢，正確做出決策的。

光有這些人也不夠，還要看皇帝本人。皇帝本人不能認為自己什

麼都知道，能夠洞察一切。而是要集思廣益，善於廣泛地聽取臣下的意見，善於聽取臣下的正確意見。古代的帝王，特別是有作為的帝王，主要有兩種類型。一種是本人的素養比較高，善於觀察形勢，富有政治經驗，最後也能夠正確做出決斷，所以主要是自己判斷形勢，做出決斷。這種皇帝，當他們做出的決斷正確的時候，能夠推動社會前進；決斷錯誤了，就會出現很大的問題。一般來說，這種皇帝最容易出的問題，不在於做出錯誤的判斷，而在於在勝利面前被沖昏頭腦，覺得自己什麼都能了解，什麼都能做，結果往往出錯或做過了頭。另外一種，皇帝本身不一定覺得自己什麼都能夠了解，什麼都能做，而是能夠廣泛聽取意見，集思廣益。從唐朝來說，像武則天、唐玄宗，大概屬於第一種，而唐太宗就是另外一種類型。我覺得作為一個領導者來說，能夠具備第一種素質當然是很好的，但是在具體的做法上恐怕還是要像唐太宗這樣，不是自己一個人說了算，而是廣泛地聽取意見。

2.「此皆魏徵之力也」

我們大家都有一個印象，魏徵這個人在唐朝的歷史上，主要就是一個倔老頭子的形象，愛提意見，有的時候甚至弄得唐太宗下不了臺。有一次唐太宗下朝以後還憤憤地說：「會當殺此田舍翁！」

大家都很熟悉唐太宗說過的一段話：「以銅為鏡，可以正衣冠；以古為鏡，可以知興替；以人為鏡，可以明得失。朕常保此三鏡，以防己過。今魏徵殂逝，遂亡一鏡矣！」唐太宗這段話是在貞觀十七年（643）魏徵死後說的。也算是唐太宗對魏徵蓋棺定論的評價。後世人也多依此來評價魏徵。

那麼魏徵在唐朝初年，在貞觀之治形成的過程中到底起了什麼作

---

[1]　《舊唐書》卷七一《魏徵傳》。

用？是不是就是唐太宗所說的，是一面鏡子？這個問題我們還是讓唐太宗自己來回答。

唐太宗對群臣說：「貞觀初，人皆異論，云當今必不可行帝道、王道，惟魏徵勸我。既從其言，不過數載，遂得華夏安寧，遠戎賓服。突厥自古以來，常為中國勁敵。今酋長並帶刀宿衛，部落皆襲衣冠。使我遂至於此，皆魏徵之力也。」顧謂徵曰：「玉雖有美質，在於石間，不值良工琢磨，與瓦礫不別。若遇良工，即為萬代之寶。朕雖無美質，為公所切磋，勞公約朕以仁義，弘朕以道德，使朕功業至此，公亦足為良工爾。」[1]

在這一段話中有兩句話集中反映了唐太宗對魏徵的評價。一句是，「使我遂至於此，皆魏徵之力也」。另一句是，「使朕功業至此，公亦足為良工爾」。他不僅把成就貞觀之治首先歸功於魏徵，而且把魏徵比作切磋美玉的良工，也就是說連唐太宗本人也是通過魏徵的切磋，約以仁義，弘以道德，造就出來的。作為一個帝王，能對魏徵作出這樣的評價，是非常非常不簡單的。

至於唐太宗所說：「貞觀初，人皆異論，云當今必不可行帝道、王道，惟魏徵勸我。」就是指太宗繼位後魏徵與封德彝的那場大辯論。這件事記載在《貞觀政要》卷一《政體第二》中。原文是：「貞觀七年，太宗與祕書監魏徵從容論自古理政得失。」封德彝貞觀元年六月去世，貞觀七年不可能從墳墓中爬出來和魏徵辯論。因此這件事只能發生在貞觀元年六月封德彝去世前。

（貞觀元年六月前）太宗與祕書監魏徵從容論自古理政得失，因曰：「當今大亂之後，造次不可致理。」徵曰：「不然。凡人在危困，則憂死亡。憂死亡，則思理，思理則易教。然則亂

1　　《貞觀政要》卷一《政體》。

後易教，猶饑人易食也。」太宗曰：「善人為邦百年，然後勝殘去殺。（論語之辭）大亂之後，將求致理，寧可造次而望乎？」徵曰：「此據常人，不在聖哲。若聖哲施化，上下同心，人應如響，不疾而速，期月而可，信不為難。三年成功，猶謂其晚。」太宗以為然。封德彝等對曰：「三代以後，人漸澆訛。故秦任法律，漢雜霸道。皆欲理而不能，豈能理而不欲？若信魏徵所說。恐敗亂國家。」徵曰：「五帝、三王，不易人而理。行帝道則帝，行王道則王，在於當時所理，化之而已。考之載籍，可得而知。昔黃帝與蚩尤七十餘戰，其亂甚矣，既勝之後，便致太平。九黎亂德，顓頊征之，既克之後，不失其理。桀為亂虐，而湯放之，在湯之代，即致太平。紂為無道，武王伐之，成王之代，亦致太平。若言人漸澆訛，不返純樸，至今應悉為鬼魅。寧可復得而教化耶！」德彝等無以難之，然咸以為不可。

大意是說，有一天唐太宗和魏徵討論大亂之後能不能夠迅速致治。唐太宗說，大亂以後恐怕「造次不可致理」。「理」就是「治」。因為唐高宗叫李治，所以其後唐朝史籍中凡是「治」字都改成了「理」。「造次」就是「很快」，「造次不可致理」就是不能很快地致治，社會不可能很快地安定下來。魏徵說不是這樣，人在危困的時候就怕死亡，怕死亡的話就思治，也就是思治。思治，老百姓就容易進行教化。所以大亂之後就好像飢餓的人一樣，飢餓的人給什麼他都容易吃下去，大亂之後只要進行教化，社會很快就能安定下來。當時封德彝反對魏徵的說法。他認為「三代以後，人漸澆訛」，所以秦朝就「任法律」，漢朝「雜霸道」，進行高壓統治。這都是統治者想要治而不能。如果皇帝聽了魏徵的話，那就會給國家造成混亂。魏徵就進行了反駁，意思是說五帝也好，三王也好，都沒有換什麼人，都是這些老百姓，但都達到了治。只要行帝道、行王道，進行教化，社會是可以安定下

來的。只要看一看歷史就可以知道這一點。如果說三代以後人心越來越壞的話，那到了今天都應該變成鬼魅了，怎麼能夠進行教化呢？

這一次對話反映了唐太宗對迅速致治沒有信心。唐太宗剛即位的時候，很多農民還沒有回到土地，還有一些農民還沒有放下武器。怎麼樣讓老百姓都能夠回到土地，使社會很快地安定下來，是一個很大的問題。魏徵分析了當時的形勢，指出大亂之後，人心思治，人心思定。只要對老百姓實行帝道、王道，實行教化的方針，社會很快就可以安定下來。

帝道和王道，即堯舜和夏禹、商湯、文、武、周公治國之道。也就是《禮記·禮運》所說的「大道之行也，天下為公」的大同之世最後的幾個君王和小康之世幾個王朝開國時的治國之道。有關這一時期的情況主要記載在《尚書》相關的篇章中。

至於唐朝人特別是唐朝初年的君臣怎樣理解帝道和王道，除了可以從唐太宗君臣論治中找到最好的答案，還可以從魏徵等人輯錄的《群書治要》中進行了解。《群書治要》這本書對魏徵來說，主要就是通過古代典籍，全面地闡述帝道和王道；從傳統的政治文化中吸取思想材料，來架構當時所需要的東西。

因此，唐太宗貞觀君臣雖然大談帝道、王道，但有一點可以肯定，那就貞觀時期並不是原封不動地實行三王、五帝之道，而是利用三王、五帝之道的思想材料，結合歷史經驗和唐朝初年的實際情況，總結出來的一套理論、方針和政策，也就是吳兢所謂的「貞觀政化」。

魏徵勸唐太宗實行帝道、王道，實行教化的方針，唐太宗覺得魏徵的話很有道理，接受了他的意見。十一月丙午，唐太宗和群臣討論「止盜」的問題。有人主張用重法來禁止。唐太宗微笑着說：「民之所以為盜者，由賦繁役重，官吏貪求，饑寒切身，故不暇顧廉恥耳。朕當去奢省費，輕徭薄賦，選用廉吏，使民衣食有餘，則自不為盜，安用重法耶！」這就奠定了貞觀時期總的方針。方針確定以後，

唐太宗就堅定不移地按照這個方針去做。也就是前面所引的《貞觀政要》卷一《政體》上所說的「太宗每力行不倦，數年間，海內康寧，突厥破滅」。

這樣就有了唐太宗所說的，「使我遂至於此，皆魏徵之力也」。

貞觀十年還有一段話。貞觀十年，唐太宗說：「朕是達官子弟，少不學問，唯好弓馬，至於起義，即有大功。既封為王，偏蒙寵愛，理道政術，都不留心，亦非所解。及為太子，初入東宮，思安天下，欲克己為理。唯魏徵與王珪導我以禮義，弘我以政道。我勉強從之，大覺其利益，力行不息，以致今日安寧，並是魏徵等之力。所以特加禮重，每事聽從，非私之也。」這段話在現在國內通行的《貞觀政要》的本子裏沒有，但是在傳到日本的本子上有。《貞觀政要》在唐代就已經傳到了日本，而且有好幾個版本。後來日本有位叫原田種成的學者，把這些版本加以對照，最後整理出一個本子，叫《貞觀政要定本》。這段話的意思是，唐太宗說自己從小就不讀書，「唯好弓馬」。做了秦王以後，「理道政術，都不留心，亦非所解。及為太子，初入東宮，思安天下，欲克己為理。唯魏徵與王珪，導我以禮義，弘我以政道……以致今日安寧，並是魏徵等之力」。這段話可以細細琢磨。從這些話我們可以看出來，貞觀初年唐太宗是在怎樣一個情況之下，接受了魏徵、王珪這些人的意見，確定了總的方針政策。

這裏有一個問題。李世民從做秦王的時候開始，在東征西討的過程中就注意吸納人才，有秦府十八學士，還有武德時留下的一些老臣。為什麼他們都不能勸唐太宗行帝道、王道，都不能對唐太宗「導我以禮義，弘我以政道」？而魏徵、王珪，原來都是太子李建成的幕僚。在他們兄弟相爭的時候，還曾經勸李建成下手搞掉李世民。為什麼恰恰是他們做到了這一點？

1　《貞觀政要定本》卷六《杜讒邪》，無窮會東洋文化研究所紀要第三輯，1962 年。

關鍵是對當時形勢的認識和對農民的態度。當時不僅經濟受到很大的破壞，而且有些農民由於稅役繁重，官吏貪求，饑寒切身，還沒有放下手中的武器。怎樣估計當時的形勢，特別是農民的動態，確實是一個很大的問題。

正確認識現實，估計形勢，估計發展趨向，看起來是一個很簡單的問題，但是如果我們回顧一下古今中外的歷史，就會發現這往往是一個很難把握的關鍵性問題。

我們再回到貞觀十七年唐太宗所說的，「以銅為鏡，可以正衣冠；以古為鏡，可以知興替；以人為鏡，可以明得失。朕常保此三鏡，以防己過。今魏徵殂逝，遂亡一鏡矣！」這段話說明什麼呢？這就說明，一直到貞觀中後期的貞觀十七年，唐太宗還是注意聽取臣下的意見。但是這裏說的是「以人為鏡，可以明得失」。「得失」就是有沒有什麼錯誤，做得對還是錯。而主要的還是在錯上面，自己什麼地方做得不合適，希望別人提提意見，給自己提個醒。聽取意見的重點和貞觀初年不一樣了，貞觀初年他所聽取的是對於整個社會形勢的分析，對方針政策的建議。而魏徵在貞觀初年的主要作用不是一般性地提意見，而是在關鍵的問題上提了關鍵的意見，幫助唐太宗確定了貞觀時期總的方針政策，所以唐太宗才給魏徵那麼高的評價，認為自己能有當時的功績完全是因為魏徵。這就不是得失的問題了。這也反映出，隨着時間的推移、時代的發展，唐太宗對於貞觀初年穩定局勢的艱辛，確定行帝道、王道方針的過程已經淡忘了。

下面我們再來談一談房玄齡、杜如晦的問題。

房謀杜斷，在歷史上傳為佳話。主要是指在唐太宗做皇帝以前，作為秦王領兵作戰過程中，在軍事行動方面，房玄齡可以提出很好的建議，但卻老定不下來，而杜如晦卻很善長做決斷。另外，在玄武門之變前唐太宗奪取皇位的過程中，房玄齡和杜如晦也起了很大的作用。

問題是，歷來都把房玄齡和杜如晦稱為貞觀賢相，也就是說他們在形成貞觀之治的過程中起了主導作用。從歷史文獻來看，在玄武門之變以前，他們的活動不絕於書，在李世民西征東討、奪取皇位的過程中，房玄齡都起了很大的作用。而到唐太宗李世民做了皇帝以後，有關他們言論和行動的記載就少了。因為到了貞觀時期，最大的「謀」，出自魏徵；「斷」，出自唐太宗。《貞觀政要》卷二《任賢》：十二年，太宗以誕皇孫，詔宴公卿，帝極歡，謂侍臣曰：「貞觀以前，從我平定天下，周旋艱險，玄齡之功無所與讓。貞觀之後，盡心於我，獻納忠讜，安國利人，成我今日功業，為天下所稱者，惟魏徵而已。古之名臣，何以加也。」於是親解佩刀以賜二人。那麼房玄齡、杜如晦在貞觀時期是不是沒有作用呢？當然有作用。

　　《貞觀政要》卷二《任賢》記載杜如晦：

> 貞觀二年，以本官檢校侍中。三年，拜尚書右僕射，兼知吏部選事。仍與房玄齡共掌朝政。至於臺閣規模，典章文物，皆二人所定，甚獲當時之譽，時稱房、杜焉。

記載房玄齡：

> 貞觀元年，遷中書令。三年，拜尚書左僕射⋯⋯既總任百司，虔恭夙夜，盡心竭節，不欲一物失所。聞人有善，若己有之。明達吏事，飾以文學，審定法令，意在寬平。不以求備取人，不以己長格物，隨能收敍，無隔卑賤。論者稱為良相焉。

　　這些記載說明，他們和魏徵起了不同的作用。他們的作用主要是在制度、法律的制定，以及人才的任用方面，這是房玄齡的主要工作，這些工作大部分都是在幕後進行的，不像魏徵，在決策方面經常

發表很多言論。而房玄齡所做的這些事情很難寫得很具體。至於杜如晦的作用跟房玄齡差不多，不過他在貞觀時期只活了四年。

三、貞觀君臣論治 —— 貞觀初年的統治思想

1. 國以民為本

唐朝初年的一個重要特點，就是不尚空談，講求實際。說到唐朝初年政治文化，大家一定會想到君舟民水、君臣一體、直諫納諫、居安思危、慎終如始，等等。這些都是唐朝初年政治文化的重要內容，但還不足以表現唐朝初年政治思想的核心。

唐朝初年政治思想的核心是「國以民為本」或「國以人為本」。

大家很熟悉《荀子‧王制篇》中的這樣一句話：「君者，舟也；庶人者，水也，水則載舟，水則覆舟。」說的是作為君主，老百姓可以扶持你，也可以顛覆你，推翻你。主要是說君主和老百姓是一種相互依存的關係。唐太宗和他的大臣也都引用過這句話。因此在相當長一個時期，大家就是這樣來理解唐太宗君臣對於君民關係的認識。但是這句話沒有明確指出「載舟」「覆舟」的條件，也沒有指出君權的來源。儘管如此，一個皇帝夠達到這樣的思想高度，也已經是很難能可貴的了，因為他畢竟是已經看到了老百姓的力量，不論做什麼事情都會考慮到這一點。

但是，唐太宗貞觀君臣沒有停留在這樣的認識水平上，他們的看法已經遠遠地超過這個水平。

首先是明確提出了「國以民為本，人以食為命」。「凡事皆須務本。國以人為本，人以衣食為本。凡營衣食，以不失時為本。」「國

以民為本，人以食為命。若禾黍不登，則兆庶非國家所有。」[1] 唐太宗說：「為君之道，必須先存百姓，若損百姓以奉其身，猶割股以啖腹，腹飽而身斃。若安天下，必須先正其身，未有身正而影曲，上理而下亂者。」[2] 王珪更進一步提出，「人力既竭，禍難遂興。」[3] 國以民為本的核心問題是衣食問題在古代早已提出。《尚書·夏書·五子之歌》：「民為邦本，本固邦寧。」《淮南子·主術訓》：「食者，民之本也；民者，國之本也。」而貞觀君臣的這些話拋卻了仁義道德的外衣，簡單明確地說明了一條最根本的道理：對百姓的徵發超過了一定的限度，老百姓無法活下去，就會起來造反。這是在總結隋朝滅亡的教訓時得出的一條具有規律性的結論。這個道理很明白，做皇帝必須使老百姓能夠生存下去，統治者能夠統治下去的條件是必須使被統治者有最起碼的生存條件。這樣一個簡單的道理，是古今許多統治者，特別是王朝末年的統治者所不懂的。歷史上大多數王朝的覆滅，都是因為老百姓活不下去了。而老百姓所以活不下去，就是因為統治者忘記了怎樣進行統治的這一條基本原則。但是不少新王朝的創業者都能夠做到這一點。因為經過前朝末年統治者倒行逆施，經過多年戰亂，社會凋敝，生產受到了嚴重的破壞，如果不與民休息，採取鼓勵恢復發展生產的措施，新的王朝就無法統治下去。不管是漢高祖劉邦、東漢光武帝劉秀，還是後來的後周武帝柴榮、宋太祖趙匡胤、明太祖朱元璋都採取了相應的措施，讓農民有可能去恢復發展生產。但是像唐太宗李世民和他的大臣們這樣總結歷史教訓，把這個問題作為一個理論問題提出來，則是第一次。

其次是唐太宗進一步提出：「天子者，有道則人推而為主，無道

---

1   《貞觀政要》卷八《務農》。

2   《貞觀政要》卷一《君道》。

3   《貞觀政要》卷八《務農》。

則人棄而不用，誠可畏也。」[1]

自古以來關於君權的爭論無非是兩點：一是君權神授，二是家天下。

君權神授，西周時王稱為天子，王權受命於天已經是貴族和百姓一種普遍承認的思想。這種思想在春秋戰國時期，隨着王權的衰落，周天子失去天下共主的地位而受到了很大的衝擊。孟子在《孟子‧盡心下》中強調「民為貴，社稷次之，君為輕」。把民提到了突出的地位。韓非在《韓非子‧五蠹》中從分析君長產生的原因入手，得出了「民悅之，使王天下」的結論，從根本上否定了君權神授說。直到漢武帝時，董仲舒重又提出王者受命於天之說。其後，王者受命於天說一發而不可收，歷東漢而至魏晉南北朝，天命論一直有着強大的影響。

家天下，特別是進入皇帝、帝國時期以後，朕即天下，天下是皇帝的天下就成為一種天經地義的思想。西漢初年竇嬰說：「天下者，高祖天下。」申屠嘉也說：「夫朝廷者，高皇帝之朝廷也。」[2]

隨着東漢末年皇權衰落，也出現了相反的理論和觀點。其中影響最大的是三國魏時李蕭遠《運命論》中所提出的：「故古之王者，蓋以一人治天下，不以天下奉一人也。」[3]這句話被後來的學者和政治家反覆引用。

隋朝建立後，隨着皇帝在整個政治體制中地位的變化，李蕭遠的觀點又被重新提起。隋煬帝繼位以後，在營建東都的詔書中寫道，「是知非天下以奉一人，乃一人以主天下也。民惟國本，本固邦寧，百姓足，孰與不足？」[4]從文字上來說雖然是李蕭遠《運命論》的翻版，

1　《貞觀政要》卷一《政體》。

2　《漢書》卷五二《竇嬰傳》、卷四二《申屠嘉傳》。

3　《文選》卷五三。

4　《隋書》卷三《煬帝紀上》。

但是把「以一人治天下」，改為「一人以主天下」，即從一人治理天下改變為一人主持天下，皇帝從一個專制的君主變成了國家的最高領導人。雖然只是數字之變，卻反映了皇帝在政治體制中地位的變化。

貞觀六年，太宗在和大臣的談話中把這個問題進一步向前推進。他說：「天子者，有道則人推而為主，無道則人棄而不用，誠可畏也。」接下來魏徵就說：「君，舟也；人，水也。水能載舟，亦能覆舟。陛下以為可畏，誠如聖旨。」[1]

唐太宗與魏徵的這次對話可以看作是貞觀君臣對於君權理論討論的總結。

唐太宗所說的「天子者，有道則人推而為主」的「主」，就是前面隋煬帝詔書中「主天下」的「主」，也就是領導者。「道」，就是《貞觀政要》卷一《君道》提到的「為君之道，必須先存百姓」，即王珪所說的安人之道。「無道則人棄而不用，誠可畏也」，「民」在貞觀君臣的心目中是一種可以使王朝顛覆的力量。這是他們通過隋朝滅亡的切身體會得出的一個結論。所以貞觀君臣實際上有一種「畏民」的心理，正是這種畏民的心理，使貞觀君臣在一段時間裏保持清醒的頭腦。但這種「畏民」又不是「仇民」。

唐太宗以皇帝的身份提出「天子者有道則人推而為主，無道則人棄而不用」。明確提出了天子是民推而為主，而且可以棄而不用，強調皇帝與民不僅是依存關係，而且是舉用的關係，皇帝的權力來源於民。這就否定了皇帝受命於天的觀點，否定了皇帝及其權力與天的聯繫。同時也把中國古代關於君權的理論提升到了前所未有的高度。

有人說唐初唐太宗和大臣之間的社稷意識，與上古有相通的地方。李世民的納諫，來源也在於他們的社稷意識。正是由於有這樣的意識，才有貞觀之治。社稷、國家、天下的思想是歷代皇帝、大臣共

---

[1]　《貞觀政要》卷一《政體》。

有的思想，不是唐代君臣特有的。而離開了「民」的「社稷意識」，
不是把「民」放到首位的社稷意識，而是着意於國或者國家，而這
個國或者國家是屬於皇帝的。這種思想，作為帝王的唐太宗也是有
的。貞觀十三年他曾經說：「君臣本同治亂，共安危……君失其國，
臣亦不能獨全其家。」[1] 這裏的國，指的就是皇帝的國家。但是他沒有
停留在這一點上。唐太宗不僅提出「君人者以天下為公」，並且明確
提出：「朕每思出一言，行一事，必上畏皇天、下懼群臣……但知常
謙常懼，猶恐不稱天心及百姓意也。」[2] 就是上不負天，下不負民。天
是抽象的，民是具體的，把愛民放在很突出的地位。魏徵和王珪也反
覆強調國家和皇帝要「以百姓之心為心」。

貞觀初年，唐太宗君臣把百姓之心和百姓利益作為政務處理的出
發點，突出以民為本，關心民生這個主題。這和當時的歷史背景有密
切的關係。一是社會結構的變化，新的社會階層的出現。二是隋朝末
年在浩繁的工役和連年戰爭中的農民，以生命的代價喚醒了貞觀統治
者的良知。君人者以天下為公，以民為本，關心民生，這樣一些政治
理念，是建立在新的君權理論，以及歷朝，特別是隋朝的興亡教訓基
礎之上的。

但是，這個時期並不很長。隨着經濟恢復和發展，社會安定，國
力強盛，唐太宗對這些就開始淡忘了。到貞觀中年以後，他就開始偏
離以民為本、關心民生這個主題了。

2. 君主不能一人獨斷，大臣不能順旨便行

貞觀四年，唐太宗和蕭瑀談隋文帝時說他：「不肯信任百司，每
事皆自決斷。雖則勞神苦形，未能盡合於理。朝臣既知其意，亦不敢

---

[1]　《貞觀政要》卷三《君臣鑒戒》。

[2]　《貞觀政要》卷六《論謙讓》。

直言。宰相以下，惟即承順而已。朕意則不然。以天下之廣，四海之
眾，千端萬緒，須合變通，皆委百司商量，宰相籌劃，於事穩便，
方可奏行。豈得以一日萬機，獨斷一人之慮也。且日斷十事，五條不
中，中者信善，其如不中者何？以日繼月，乃至累年，乖謬既多，不
亡何待！豈如廣任賢良，高居深視，法令嚴肅，誰敢為非！」[1]因令諸
司，若詔敕頒下有未穩便者，必須執奏，不得順旨便即施行，務盡臣
下之意。

其中「以天下之廣，四海之眾，千端萬緒，須合變通。皆委百司
商量，宰相籌劃，於事穩便，方可奏行。豈得以一日萬機，獨斷一人
之慮也」這段話，不到 50 個字，但是包含了豐富的內容，是唐太宗
關於領導者應該怎樣進行領導這個問題的一個很好的總結，至少包含
了下面幾層意思。

第一，君主不能一人獨斷。君主不能自己一個人說了算，不能自
己一個人做決定。這是唐太宗和群臣總結歷代興亡教訓的一個重要的
結論。「以天下之廣，四海之眾」，情況非常複雜，皇帝是不可能一
個人偏知天下之事的。而事物又是千頭萬緒、變化多端的，所以要使
決定都合於不斷變化的情況，靠皇帝一個人獨斷是不可能的。唐太
宗剛剛即位，就有人上書，建議「人主必須威權獨任，不得委任群
下」。就是說什麼事情得皇帝自己拿主意，不能依靠群臣。唐太宗說
「千端萬緒，須合變通」，就從歷史和現實結合的高度對這個問題作
了回答，為君主不能一人獨斷從理論上作了說明。

第二，肯定皇帝「每事皆自決斷」，不可能「盡合於理」，一定
會造成大量的錯誤，也就是說他承認皇帝不是萬能的，也是會犯錯
誤的。這一點是非常了不起的。作為皇帝，承認自己不是什麼都知
道，而且是會犯錯誤的，要求大家指出自己所犯的錯誤。這個認識的

1　　《貞觀政要》卷一《政體》。

高度，這種政治的胸懷，在古今中外的歷史上都是很少有的。所以唐太宗非常注意兼聽納諫，廣泛地聽取意見，接受臣下的意見。貞觀二年，唐太宗就問魏徵，什麼叫明君，什麼叫暗君？魏徵回答說，明君就要兼聽，偏聽偏信就是暗君。「人君兼聽納下，則貴臣不得壅蔽，而下情必得上通也。」[1]唐太宗也好，唐太宗的大臣們也好，都認識到，皇帝一定要充分了解下面的情況，不能讓大臣把下面的情況隱蔽下來。所以唐太宗說：「看古之帝王，有興有衰，猶朝之有暮，皆為敝其耳目，不知時政得失。」[2]就是因為耳目不通，不了解下情。下情上通，這是全面正確了解下面的情況，做出正確決策的基礎。唐太宗一直要求大臣直言，要敢講真話。自古以來敢講真話的大臣還是有的，忠臣不怕死就敢講真話。可是皇帝真正能夠聽真話，這是更加難得的。

第三，提出了「須合變通」這樣一個政務處理的指導思想。「變通」這兩個字出自《易經·繫辭》，《易經》中有「變通」的思想，還有「窮則變，變則通」的思想，到了唐朝就把這兩個思想溝通起來，發展為「以變則通」。情況發生了變化，必須進行變革，這樣才能繼續向前發展。情況發生變化了，如果不能進行變革的話，就不能繼續前進，什麼事情都要適合變化了的情況。這個思想成為唐朝政治思想的理論基礎。所以唐朝在進行制度方面、方針政策方面的變革阻力是很小的，而且自覺性是比較高的。像唐朝這樣能夠適應情況的變化，不斷對制度、政策加以調整，在中國歷史上各個朝代中也是很少見的。到了宋朝就不行了，北宋有所謂「祖宗之法」。宋神宗時王安石變法的阻力大極了。反對者提出的主要的理論根據就是「祖宗之法不可變也」，祖宗制定的法令是盡善盡美的，怎麼可以隨便改變呢？

---

[1]　　《貞觀政要》卷一《君道》。

[2]　　《貞觀政要》卷一《政體》。

唐朝就不一樣，「千端萬緒，須合變通」，這是唐太宗說的，而且深入人心。後來在進行一些變革的時候，碰到反對者，主持者進行反駁的時候，就會提出對方是「不合變通」。

第四，提出了「皆委百司商量，宰相籌劃，於事穩便，方可奏行」的政務處理的程序。凡是碰到的問題，首先由各個部門進行商量、討論，然後由宰相籌劃，由宰相再來進行討論，到最後覺得合適了，再報告給皇帝批准執行。這也是強調發揮中央各個官僚機構的作用，運用政治體制和法令來保證正確地制定政令，而不是單純地強調廣任賢良。「廣任賢良」這一點唐太宗也是很注意的，但是他首先強調的是「皆委百司商量」，要發揮各個政府部門的作用，把法治和人治很好地結合起來。

第五，唐太宗明令詔敕頒布以後，如果有不穩妥的，臣下「必須執奏，不得順旨便即施行」。唐太宗在這個地方反覆強調，即使是經過皇帝批准的，或者是皇帝決定的詔敕，都可能有不穩便，或者是不正確的地方，要求群臣一定要提出意見。貞觀三年，唐太宗說，如果你僅僅是在詔敕上簽一個字，然後就把文書發出去的話，這樣的事誰都可以做，我何必要委任你呢？這一點也是很了不起的，作為一個領導者，特別是作為一個皇帝，不是刻意維護自己個人的威信，強調自己做出的決定就是正確的，而是鼓勵大家提出意見。着眼點是這個政策、決定本身是不是正確的，是不是有利於當時政治的發展，而不是說決策者個人的決定是不是對的。

3.「天下為公」和「相防過誤」

唐太宗剛剛即位的時候，當時擔任中書令的房玄齡對唐太宗說，唐太宗為秦王時的很多屬官都沒有得到官職，很有意見。而太子李建成和齊王李元吉的很多屬官都得到了官職，甚至還得到了重用。唐太宗就說：「古稱至公者，蓋謂平恕無私。」「君人者以天下

為公，無私於物。」意思是不能因為他們是我的私人，我就重用他們。後來還說過一段話，「朕以天下為家，不能私於一物，惟有才行是任，豈以新舊為差？」[1] 這裏談論的主要是用人問題。但在談的過程中唐太宗提出的處理原則是「君人者以天下為公」。這是對皇帝，對最高領導者最本質的要求。

「天下為公」出自《禮記·禮運》，是對大道之行的大同世界的概括，包括社會、經濟、政治、倫理道德等多方面的內容。貞觀時期，不屬於《禮記·禮運》所說的大同世界，而和《禮記·禮運》所說的小康時期是比較接近的。在這種情況之下，又重新提出了「天下為公」，它是作為一個政治原則提出來的。就是要在處理問題的時候，處理政事的時候，要以天下為公作為準則。

唐太宗還提出，要「相防過誤」和「滅私徇公」。貞觀元年，太宗對黃門侍郎王珪說：「中書所出詔敕，頗有意見不同，或兼錯失而相正以否。元置中書、門下，本擬相防過誤。」這就是說中書省起草的詔令，門下省要進行審核，如果中書省起草的詔令不合適的話，門下省要提出意見。為什麼要這樣呢？是為了「相防過誤」，防止發生錯誤。這一點是唐朝整個政治體制架構中一個非常值得稱道的地方。當時的出發點是為了防止決策、法令的錯誤。所以大家就要出於公心，看到不合適的地方就要提出來，不要礙於情面，儘管知道錯了也不提出來。這裏順帶要說，到了宋朝以後，在政治體制的架構上面，「相防過誤」的成分當然是有的，但是防止各個部門的權力過大，相互牽制成了主導的思想。比如宋朝的政治制度，它的目的就是為了互相牽制，防止任何一個部門權力過大。所以唐宋在這一點上的思想是很不一樣的。宋朝是分權制衡，是權力之間相互制約。

---

[1]　《貞觀政要》卷五《論公平》。

唐太宗在這一段話的最後說,「卿等特須滅私徇公,堅守直道」[1],就是要出於公心,去掉私心。看到問題,不論什麼都要提出來,不要上下雷同。唐太宗經常對中央的高級官吏強調,要忠於職守,滅私徇公,堅守直道,不可阿旨順情。並且把能不能做到這些提到關涉國家興亡的高度。

4. 君臣合契

> 貞觀元年,太宗謂侍臣曰:「正主任邪臣,不能致理。正臣事邪主,亦不能致理。惟君臣相遇,有同魚水,則海內可安。朕雖不明,幸諸公數相匡救,冀憑直言鯁議,致天下於太平。」[2]

> 貞觀三年又謂侍臣曰:「君臣本同治亂,共安危,若主納忠諫,臣進直言,斯故君臣合契,古來所重。若君自賢,臣不匡正,欲不危亡,不可得也。君失其國,臣亦不能獨全其家。」[3]

唐太宗在這兩次談話中相繼提到「君臣相遇,有同魚水」,「君臣合契,古來所重」,沒有把忠君作為君臣關係的核心,而是把主納忠諫、臣進直言作為這種君臣關係的主要內容。因此在貞觀時期,皇帝能虛心聽取臣下的意見,大臣也敢於提出自己的意見,形成了君臣合契,上下一心這樣一種中國古代少有的政治風氣。

5. 廣任賢良

關於廣任賢良的問題,貞觀君臣有一個認識過程。貞觀元年,黃

---

[1] 《貞觀政要》卷一《政體》。

[2] 《貞觀政要》卷二《求諫》。

[3] 《貞觀政要》卷三《君臣鑒戒》。

門侍郎王珪對太宗說：「非賢不理，惟在得人。」太宗回答說：「朕思賢之情，豈捨夢寐。」言下之意是找不到人才，正在為此而苦惱。杜正倫當即指出：「世必有才，隨時所用。豈待夢傅悅、逢呂尚然後為治乎！」[1] 太宗聽後很受啟發，深納其言。

唐太宗命群臣舉賢。身為政府首腦尚書右僕射的封德彝久久不舉，受到太宗的質問。封德彝辯解說，自己「非不盡心，但於今未有奇才耳」。唐太宗駁斥說：「君子用人如器，各取所長。古之致治者，豈借才於異代乎！正患己不能知，安可誣一世之人！」[2] 唐太宗從孔子關於君子使人如器的思想出發，指出對人才不能作不切實際的要求，不應求全責備，而是要用其所長。因此，問題不在有沒有人才，而在於對於人才怎樣看待和使用。唐太宗還把杜正倫對他說的「世必有才」的思想在這裏加以發揮，指出任何一個致治的時代都沒有向其他時代借過人才，這就從歷史上論證了每一個時代都會有它所需要的人才。

秦府舊僚對唐太宗選拔和重用其他人員，特別是起用太子建成的左右非常不滿。唐太宗聽說後說：「今所以擇賢才者，蓋為求安百姓也。用人但問堪否，豈以新故異情？」並且指出房玄齡「不論其能不能，而直言其磋怨，豈是至公之道耶！」[3] 唐太宗拒絕了由這些舊僚擔任高官和由秦府舊兵擔任宿衛的要求，根據他們的才行，分別授以不同官職。

對新選用的官員，唐太宗也不是立即委以重任，而是逐步加以提拔。包括魏徵在內也是這樣。魏徵在玄武門之變後，太宗引為詹事主簿，旋為諫議大夫，不久又任命為給事中。有一次封德彝建議點十八

1   《貞觀政要》卷五《論仁義》。

2   《資治通鑑》卷一九二唐太宗貞觀元年春正月條。

3   《貞觀政要》卷五《論公平》。

歲以下中男壯大者為兵，魏徵堅持不肯署敕。太宗找他談話，他仍堅持自己的意見，並指出這樣做，有悖於太宗自己經常所說的「吾以誠信御天下，欲使臣民皆無欺詐」。太宗聽後很高興，看到魏徵「論國家大體，誠盡其精要」，而不是「不達政事」的書獃子，[1]是一個不可多得的治國人才，便破格把他從正五品上階的給事中提升為正四品下階的尚書右丞，讓他與戴冑共同主持尚書省的工作。（時尚書省未任命左、右僕射。）到貞觀三年二月又提升他為祕書監（從三品）參與朝政，讓他擔任宰相職務。

馬周，原為中郎將常何家客。有一次唐太宗要求大臣極言得失，馬周代常何擬了一個有二十餘條意見的條陳。唐太宗看後大為欣賞。當他從常何口中得知是馬周所作，便立即召見這位二十九歲的青年。未至之間，遣使催促者數四，充分反映了太宗求賢若渴的心情。常何也因為「知人」而受到賜絹三百匹的獎勵。但是太宗並沒有讓馬周一步登天，而是先讓他直門下省，尋又任監察御史，累官至中書舍人。十五年後，馬周才被任為宰相，時年四十四歲。

正是由於唐太宗這樣急於求賢，善於發現人才，經常地、細心地考察人才，不拘一格地提拔人才，因此，他在不長的時間裏就調整好了中央政權機構，建立了一個適應當時穩定統治秩序、恢復發展生產需要的中樞機構，並且為貞觀中後期乃至高宗時期準備了一批人才。

關於怎樣選擇官吏，識別官吏，魏徵有一段精彩的言論。他指出當時群臣中缺少「貞白卓異者」，這是因為「求之不切，勵之未精故也」。他認為應該「因其材以取之，審其能以任之，用其所長，掩其所短。進之以六正，戒之以六邪，則不嚴而自勵，不勸而自勉矣」。[2]他引用劉向《說苑》中提出的「人臣之行，有六正、六邪。行六正則

榮，犯六邪則辱」[1]。

劉向所說的六正是聖臣、良臣、忠臣、智臣、貞臣、直臣。六邪是具臣、諛臣、奸臣、讒臣、賊臣、亡國之臣。據此魏徵做了進一步的闡述：

何謂六正？一曰萌芽未動，形兆未見，昭然獨見存亡之機，得失之要。預禁乎未然之前，使主超然立乎顯榮之處。如此者，聖臣也。二曰虛心盡意，日進善道。勉主以禮義，諭主以長策。將順其美，匡救其惡。如此者，良臣也。三曰夙興夜寐，進賢不懈，數稱往古之行事，以厲主意。如此者，忠臣也。四曰明察成敗，早防而救之。塞其間，絕其源，轉禍以為福，使君終以無憂。如此者，智臣也。五曰守文奉法，任官職事，不受贈遺。辭祿讓賜，飲食節儉，如此者，貞臣也。六曰家國昏亂，所為不諛，敢犯主之嚴顏，言主之過失，如此者，直臣也。是謂六正。

何謂六邪？一曰安官貪祿，不務公事。與代浮沉，左右觀望。如此者，具臣也。二曰主所言皆曰善，主所為皆曰可。隱而求主之所好而進之，以快主之耳目。偷合苟容，與主為樂，不顧其後害。如此者，諛臣也。三曰內實險詖，外貌小謹。巧言令色，妒善嫉賢。所欲進則明其美，隱其惡。所欲退則明其過，匿其美，使主賞罰不當，號令不行。如此者，奸臣也。四曰智足以飾非，辯足以行說。內離骨肉之親，外構朝廷之亂。如此者，讒臣也。五曰專權擅勢，以輕為重。私門成黨，以富其家。擅矯主命，以自貴顯。如此者，賊臣也。六曰諂主以佞邪，陷主於不義。朋黨比周，以蔽主明，使白黑無別，是非無間。使主惡佈於境內，聞於四鄰。如此者，亡國之臣也。是謂六邪。[2]

1　　《說苑》卷二《臣術》。

2　　《貞觀政要》卷三《論擇官》。

在現實中，不是六正官員都討人喜歡的。有些高官喜歡的就是那些六邪的官吏，因為他們表面上很聽話，並且善於阿諛奉承，把上級官吏侍奉得很舒服。有些官員本人就屬於六邪，他們喜歡六邪的下屬，是物以類聚，這是不足為怪的。問題是有些高級官吏本人雖然談不上六正，也談不上六邪，他們往往也喜歡那些六邪下屬。因此，魏徵在這個時候提出六正、六邪之說，對於識別官員，使用官員和考察官員，保持貞觀之治局面的繼續發展具有重要的意義。

6. 貞觀君臣議論主題的變換

經過一段時期的發展，經濟恢復，社會安定，與周邊民族的關係進一步改善，貞觀之治的局面初步形成，創業的任務基本完成。創業體制開始轉入守成體制。貞觀君臣議論主題的也有所變換。

（1）居安思危

貞觀十年，唐太宗向大臣們提出這樣一個問題：帝王之業草創與守成哪個更難？尚書左僕射房玄齡的回答是「草創為難」。魏徵的回答是「守成則難」。太宗最後說：「今草創之難既已往矣，守成之難者，當思與公等慎之。」[1]雖然最後還是落到守成上，但是對於草創和守成孰難的問題，唐太宗還沒有做出明確的回答。在這以後，像貞觀初年那樣，唐太宗不斷提出問題，和大臣們一起討論情況明顯減少。這說明在社會穩定、經濟發展、統治鞏固的情況下，他不再那麼關心存在什麼問題，在政治上也不再作進一步的追求。

而魏徵、馬周、劉洎、岑文本等仍保持與下層的聯繫，時刻關心國家的命運。在貞觀十一年到十四年期間，他們不斷上書，從多方面提出問題。特別是魏徵，他在貞觀十一年數次上書，反覆提出了居安思危的問題。在第二次上書中，魏徵對唐太宗沒有提出正面的批評，

1　　《貞觀政要》卷一《君道》。

而是通過歷史的分析，要唐太宗接受歷史的教訓，居安思危，戒奢從儉，積其德義。指出只有這樣，才能使國家久安。這是在新的情況下，對貞觀初年君臣經常議論的為君之道、安人之道的進一步發揮。

至於應該怎麼做，魏徵則概括為「簡能而任之，擇善而從之」十個字。他指出，只要做到這點，便能調動百官中智者、勇者、仁者、信者的積極性，各司其職，君主便可以垂拱而治，實現無為之大道。[1]

清靜無為的道家思想對唐初政治有着深刻的影響。貞觀二年王珪談及秦皇、漢武失所以安人之道，希望太宗慎終如始後，太宗道：「公言是也，夫安人寧國，惟在於君。君無為而人樂，君多欲則人苦。朕所以抑情捐欲，克己自勵耳。」[2]魏徵提出的「無為之大道」不僅是思想上的清淨，行動上的無為，而且包含了指導貞觀政治的理論基礎之一的道家思想和貞觀君臣所追求的理想的政治境界。

（2）待下之情未盡於誠信

魏徵提出，唐太宗對於擔任中樞要職的大臣，「任之雖重，信之未篤」，「至於有事，則信小臣而疑大臣」。「夫委大臣以大體，責小臣以小事，為國之常也，為治之道也。」[3]要讓大臣和小臣都按照他們的官職所賦予的職守去發揮他們的作用，各得其所，各盡其力。

魏徵的上述議論集中到一點，就是君主到底依靠誰來進行統治。雖然魏徵只是提出是依靠大臣，還是依靠小臣；是依靠一心致治、剛直忠貞的君子，還是依靠阿諛奉承，內懷奸利，承顏順旨，危人自安的小人的問題，但其背後另有深意。

貞觀初年，唐太宗儘管把關隴貴族作為自己統治的核心，但同時起用了一大批一般地主家庭出身、來自下層的官吏，並把他們放

---

1   《舊唐書》卷七一《魏徵傳》。

2   《貞觀政要》卷八《務農》。

3   《貞觀政要》卷七《論禮樂》。

到關鍵部門擔任負責的工作。在當時，太宗對他們是信用不疑的。但隨着統治的穩定，以及這些人力量的發展，唐太宗對他們的疑忌也增加了。貞觀十一年治書侍御史劉泊揭露當時尚書省詔敕稽停，文案塞滯，綱維不舉，「並為勳親在位，器非其任」[1]，並不是一種偶然的現象，而是太宗上述思想的反映。重用小臣，求大臣細過，遠君子、近小人等現象都是在唐太宗疑忌非勳貴大臣這樣一個背景下出現的。

（3）漸不克終

貞觀十三年（639）魏徵上疏，把貞觀初年的情況和當時唐太宗的言行進行對比，從十個方面指出唐太宗漸不克終的種種表現，要求唐太宗注意改正。詳細內容見於《貞觀政要》卷一〇《論慎終》。

貞觀中期以後，唐太宗和大臣對話主題的變換，涉及的都是歷史上長久以來話題，從中我們可以得到很大的啟發。

關於貞觀君臣論治有幾點需要說明：

第一，這裏我們只介紹了其中的部分內容，在法令嚴肅、誠信、公平等問題上，貞觀君臣都有精彩的對話和獨到的見解，這些在《貞觀政要》《舊唐書》《資治通鑑》上有詳細的記載。

第二，貞觀君臣在議論的時候，往往引經據典，一開口就是《易經》怎麼說，《尚書》怎麼說，或者孔子怎麼說，孟子怎麼說，歷史典故更是經常掛在嘴邊。貞觀大臣中有很多人參加了唐朝初年的歷史編撰工作。《二十四史》中《晉書》《梁書》《陳書》《北齊書》《周書》和《隋書》等六部史書是在唐太宗時期編撰完成的，另外高宗時期又編了《南史》《北史》。所以唐朝初年對總結歷史經驗，對歷史書的編寫是非常重視的，而且由宰相魏徵總知其務。唐太宗還親自為《晉書》中的《武帝紀》和《王羲之傳》寫了贊。所以唐朝初年，皇帝也好，大臣也好，對於儒家的經典，對諸子百家，對歷史，都非

---

[1]　《貞觀政要》卷三《論擇官》。

常重視。所以我們在閱讀記載唐朝初年歷史的文獻時，如果不了解他們所引用的這些傳統文獻中的思想材料，就不可能更深入地去了解他們所提出的見解。應該說，在對待傳統文化方面，在學習傳統文化方面，作為一個政治群體和統治群體，在中國歷史上是很少有能夠像貞觀君臣做得那樣好的。唐太宗讓人編寫了《群書治要》，把儒家經典、諸子百家、歷代史書中的一些精華加以編撰，作為學習的教科書。同時還命人編撰了《五經正義》，對儒家經典進行了總結和註解。唐太宗自己學習，還要求大臣學習，在討論政務的時候，經常結合這些經典的內容進行討論，或者作為自己觀點的一種佐證。貞觀時期對待傳統文化是採取兼容並取的態度，不排除任何文化。貞觀君臣認為任何文化都有它積極的、精華的東西，對於進行國家的治理、對於教化都有好處。作為一個國家來說，對待傳統文化的態度，是有關國家興亡的一個很大的問題。一個國家能不能興盛，能不能長治久安，跟它對待傳統文化的態度有密切的關係。這一點我們從歷史上也可以看到。秦始皇辛辛苦苦建立了中國第一個統一的王朝，但是他崇尚法家，排斥其他的傳統文化，這樣就不能利用豐富的傳統文化中的思想材料來構建和完善當時國家從政治體制、典章制度一直到思想體繫上的一整套東西，不能建立起一套適應大一統帝國的統治理論和統治方法，所以秦朝的速亡跟它的這種態度應該說有相當的關係。所以漢高祖劉邦儘管沒有什麼文化，但是漢朝建立以後，他還是讓叔孫通制定朝儀，讓陸賈編了一本《新語》，把儒家學說和法家學說很好地結合起來，作為一種統治理論。這是一個很深刻的歷史教訓。貞觀君臣在這些方面是做得很好的。他們不僅學習，而且和現實結合。任何重大的理論問題，任何重大的決策，如果離開了理論，離開了傳統的文化，離開了歷史，離開了現實，都不可能是正確的，都只能是短命的。我們必須在理論、歷史和現實結合的基礎上，制定方針政策，做出決定。理論沒學好，歷史不了解，對現實情況也沒有深刻的了

解，是不可能制定切合實際的正確的方針政策的。

第三，貞觀君臣的很多政治理論和政治理念，在我們今天聽起來也還很有現代意味。這是因為唐朝正處在南北朝到隋唐這樣一個社會轉折時期，所以說在這個時期，在政治體制、政治理論上會有很多的創新，而且還有很多萌芽的東西。只有當客觀的條件成熟了以後，這樣一些萌芽的東西才可能成為新的制度和新的思想的起點。

四、貞觀之治的魅力到底在哪裏？

1. 貞觀之治的情況到底是怎樣的？

貞觀時期是大家很熟悉的時代，那麼貞觀之治到底是什麼樣的情況？

貞觀初年經濟蕭條，到貞觀之治形成的時候經濟也就剛剛恢復。當時人口還不足 300 萬，手工業、商業根本談不上。

那麼這樣的時期為什麼會令各個時代的人們嚮往呢？甚至於在唐朝的開元、天寶年間，也就是所謂盛唐時期，人們對貞觀之治也是百般地嚮往。我想這裏有一個治世和盛世的問題。儘管在歷史上大家都把貞觀稱為貞觀盛世，但是我覺得這是不確切的。因為盛世必須是經濟、政治、文化各個方面全面繁榮，是一個色彩斑斕的時期，而貞觀時期是不具備這些特點的。貞觀時期最大的特點就是經濟剛剛恢復，政治很清明，民風很淳樸，社會很安定，是一個和諧的社會，也就是說它是一個典型的治世。

吳兢在《貞觀政要》卷一《君道》最後有一段話：

> 太宗自即位之始，霜旱為災，米穀踴貴，突厥侵擾，州縣騷然。帝志在憂人，銳精為政，崇尚節儉，大布恩德。是時，自京

師及河東、河南、隴右，饑饉尤甚，一匹絹才得一斗米。百姓雖
東西逐食，未嘗嗟怨，莫不自安。至貞觀三年，關中豐熟，咸
自歸鄉，竟無一人逃散，其得人心如此。加以從諫如流，雅好儒
術，孜孜求士，務在擇官，改革舊弊，興復制度，每因一事，觸
類為善。初，息隱、海陵之黨，同謀害太宗者數百千人，事寧後
引居左右近侍，心術豁然，不有疑阻。時論以為能斷決大事，
得帝王之體。深惡官吏貪濁，有枉法受財者，必無赦免。在京流
外有犯贓者，皆遣執奏，隨其所犯，置以重法。由是官吏多自
清謹。制馭王公、妃主之家，大姓豪猾之伍，皆畏威屏跡，無敢
侵欺細人。商旅野次，無復盜賊，囹圄常空，馬牛布野，外戶不
閉。又頻致豐稔，米斗三四錢，行旅自京師至於嶺表，自山東至
於滄海，皆不齎糧，取給於路。又山東村落，行客經過者，必厚
加供待，或發時有贈遺。此皆古昔未有也。

現在我們就根據吳兢的這一段話，來簡單地回顧一下貞觀之治形
成的過程，以及貞觀之治一些具體情況。

先看貞觀之治形成時面臨的問題：

第一點是貞觀時期開始的時候，經濟是非常困難的。霜旱為
災，米穀踴貴。年年遭遇災害，物價上漲，再加上突厥不斷地騷
擾，這是擺在唐太宗面前的貞觀初年的情況。

第二點是當時長安以及山西、河南這些地方都鬧饑荒，一匹絹才
能買一斗米，百姓雖然是東西逐食，到處尋覓食物，但是誰也沒有什
麼怨言。到了貞觀三年，關中豐收了，大家都各自回到故里，沒有一
個逃散的，這說明唐太宗是非常得人心的。補充說明一下，當時關
中大饑荒，政府有組織地把農民轉移到其他有食物的地方，等到關中
豐收以後又組織他們回來。所以所謂東西逐食，不是災民自己被迫逃
難，而是政府有組織的救災行動。

再看一看貞觀之治時施政的具體特點,概括起來說,有四個方面:

第一點,皇帝本人,「志在憂人,銳精為政,崇尚節儉,大布恩德」,「從諫如流,雅好儒術」,「改革舊弊,興複制度」。也就是說皇帝是一個勵精圖治,勤政愛民、勇於接受臣下意見,愛好學習,勇於革新的好皇帝。

第二點,皇帝能夠虛心納諫,而大臣們都敢於提出自己的意見,形成了君臣相得,如同魚水,這樣一種在中國古代少有的政治風氣。

第三點,廣任賢良,「孜孜求士,務在擇官……初息隱、海陵之黨,同謀害太宗者數百千人,事寧後引居左右近侍。心術豁然,不有疑阻」。不僅求賢若渴求,廣任賢良,而且信用原來太子李建成和齊王李元吉的部下。也就是說他心胸很開闊,能夠決斷大事,有帝王之風度。

第四點,吏治清明,一是嚴懲貪官污吏,對於貪贓枉法的官吏絕對不赦,所以「官吏多自清謹」,都很清廉謹慎,都很注意自己的行為。二是打擊豪強。制馭權貴豪猾,對於貴族勢力、權貴勢力、社會黑惡勢力加以控制,使他們「無敢侵欺細人」,不敢欺凌老百姓。

這些措施達到了什麼效果呢?吳兢說當時的社會情況是,「商旅野次,無復盜賊,囹圄常空,馬牛布野,外戶不閉」,說明社會很安定。又年年豐收,米斗三四錢。普通人從洛陽到嶺南去都不需要自帶乾糧,可以在路上得到供應。經過山東村落,行人一定會受到款待,有時還收到禮物。「此皆古昔未有也」,這都是自古以來從來沒有過的。也就是說那時生產恢復,年年豐收,社會自然就安定下來了。外戶不閉,社會治安情況很好,監牢裏頭也經常是空着。吳兢的這一段話,現在看來還代表了開元時期人們對貞觀之治的看法,也反映了當時人們的一種追求。因此對於開元盛世的人來說,這還是一個很了不起的時代。

這是《貞觀政要》對貞觀之治的看法。

2. 貞觀之治的魅力到底在哪裏？

貞觀之治的魅力大體是來自兩個方面：一是和中國古代傳統的大同思想有密切的關係。在《禮記‧禮運》篇：「大道之行也，天下為公。選賢與能，講信修睦。故人不獨親其親，不獨子其子，使老有所終，壯有所用，幼有所長，鰥、寡、孤、獨、廢、疾者皆有所養。男有分，女有歸。貨惡其棄於地也，不必藏於己；力惡其不出於身也，不必為己。是故謀閉而不興，盜竊亂賊而不作，故外戶而不閉，是謂大同。」《禮記‧禮運》篇中所記載的實際上就是中國原始社會時期，特別是原始社會後期的情況，經濟已經比較發達了，唐堯虞舜這個時期就是這樣。這樣的大同理想和對三代、對唐堯虞舜的認識，在中國是有很深厚的傳統的。大家都把這樣的大同世界作為一種理想的世界。2000 年，八十高齡的北京大學哲學系教授黃枏森為《二十世紀北京大學著名學者手跡》題詞：「天下為公，世界大同，干戈止息，四海弟兄。安居敬業，其樂融融，綠色大地，鬱鬱蔥蔥。科技發達，人壽年豐，精神高尚，禮讓成風。」仍然把大同世界作為理想與追求。

這裏有一個問題，那就是大家對《禮記‧禮運》篇，對大同世界、對唐堯虞舜很嚮往，那麼對文景之治呢？文景之治也是一個治世，但是它和貞觀之治有很大的不同。文景之治是在漢朝建立以後二十年才開始的，其前經歷了漢高祖劉邦、呂后、惠帝的統治時期，它不是在全國統一以後很快地出現的。唐太宗即位的時候，離全國統一也才兩三年，而貞觀之治開始於貞觀三四年，它離這個國家的建立，離皇帝即位的時間都是很短的，這和漢朝很不一樣。另外，在漢文帝和漢景帝統治時期，各種社會矛盾已經開始出現了，農村的分化已經開始比較明顯了。從政治上來說，諸侯王的問題還沒有最後解決，所以說文景之治和貞觀之治是不能相提並論的。貞觀之治和我們剛才所說的《禮記‧禮運》篇在很多現象上確實是有相通的地方。「外戶不閉」在貞觀時期出現了。「老有所養 ，幼有所長」在貞觀時期也

實現了。鰥寡孤獨要有人照顧，這個在貞觀時期也做到了。政治上選賢與能，人人有事做，人人有飯吃，社會上的矛盾不大，這是貞觀時期得天獨厚的地方。因為它剛剛統一，經濟剛剛恢復，商品貨幣關係還沒發展，所以農村分化還沒開始，或者剛剛有了一點苗頭，農村顯得很和諧。隨着經濟的恢復與發展，一方面國家財力得到了補充，另外一方面老百姓的生活也得到了改善，社會安定和諧。

貞觀時期的君臣關係、君民關係也是歷史上少有的。貞觀君臣一致希望把國家搞好，即所謂君臣一體，君臣相得。另外皇帝和老百姓之間也很和諧，老百姓對皇帝沒什麼怨言，覺得皇帝就是為了我們。再加上貞觀君臣的許多言論、許多政治理念，對後代的政治家、文人都是有很大吸引力的。

貞觀時期這樣的情況，對於處在開元盛世的人們來說，會有什麼感覺呢？所謂盛世，必然是經濟已經很繁榮了，不僅僅是農業，而且手工業、商業都很繁榮。在這樣的情況之下，社會的分化就很大。「朱門酒肉臭，路有凍死骨」，這不光是在天寶時期，開元之前也是有的。社會已經不是那麼安定，那麼和諧了。隨着經濟的發展，一些新的社會階層、新的地主、新的官僚力量越來越大，政治上官僚之間的鬥爭也開始激烈起來。所以對於處在盛世的開元年間的人來說，還是覺得貞觀年間好。這也就是為什麼開元年間的宰相源乾曜和張嘉貞覺得當時存在很多的問題，而為了解決這些問題，他們就把目光投向了貞觀年間，認為唐朝「太宗時政化良足可觀，振古而來，未之有也」[1]，把貞觀年間看作是一個振古而來前所未有的時代。開元時候的人，不是把三代，不是把遙遠的唐堯、虞舜、夏禹、商湯、周王文、周武王作為楷模，而是把距他們還不到一百年的貞觀時代作為一個典範。《貞觀政要》就是在這樣的情況下編纂出來的。

---

[1]　《全唐文》卷二九八《貞觀政要序》。

五、天可汗

　　唐太宗不止一次談到「當今遠夷率服，百谷豐稔，盜賊不作，內外寧靜」，「朕端拱無為，四夷咸服」。[1] 把「華夏安寧，遠戎賓服」[2] 作為致治的兩個主要標誌。取得這樣輝煌的成就，是與唐太宗接受群臣意見，有步驟地解決邊疆問題，並且實行比較開明的民族政策分不開的。正如太宗在貞觀二十一年所說：「自古皆貴中華，賤夷狄，朕獨愛之如一，故其種落皆依朕如父母。」[3] 這是貞觀君臣共同努力的結果，唐太宗說得很明白：「此非朕一人之力，實由公等共相匡輔。」[4]

　　北朝後期，北方的突厥貴族利用北齊和北周分立的局面，經常進行軍事騷擾，乘機進行掠奪，並向齊、周進行勒索。隋文帝以重兵打敗突厥，促使突厥分裂為東西兩部。東突厥臣附於隋。隋末唐初，東突厥強大，北方各支武裝勢力，如竇建德、薛舉、劉武周都向突厥稱臣。突厥授予他們可汗稱號和狼頭纛。隋滅亡後，東突厥支持北方各割據勢力，阻撓唐的統一。唐削平割據山西的劉武周以後，突厥更經常南下騷擾，俘掠人口，破壞生產，並威脅唐的首都長安。

　　武德九年（626）八月，唐太宗剛即位，突厥頡利可汗以為唐太宗兄弟爭位，政局不穩，有機可乘，領兵十餘萬南下，一直到達渭水北岸距長安只有四十里的地方。唐太宗看到突厥人馬雖眾，但部隊散漫，估計此來是想乘機勒索，又考慮到自己剛剛即位，國家未安，百姓未富，如果進行戰爭，會造成巨大損失，於是決定和平解決。他接受李靖的建議，親率大軍到渭水與突厥對陣，又派李靖帶兵埋伏在突厥軍的背後，形成前後夾擊的態勢。然後輕騎獨出，單獨與頡利可汗

1　　《貞觀政要》卷一〇《論慎終》。

2　　《貞觀政要》卷一《政體》。

3　　《資治通鑑》卷一九八唐太宗貞觀二十一年五月庚辰條。

4　　《貞觀政要》卷一〇《論慎終》。

進行了會談。頡利可汗看到唐朝政局穩定，又得到大量金帛，便與唐訂盟約和而退。

突厥退走後，不斷有人向太宗建議「耀兵振武，懾服四夷」。魏徵則主張「偃革興文，布德施惠，中國既安，遠人自服」。[1] 唐太宗接受魏徵的意見，致力於生產的恢復和內政的修明，同時密切注視草原上形勢的發展，並加緊訓練軍隊，親自帶領士兵在殿廷進行操練。突厥在頡利可汗統治下，政治日益敗亂。鐵勒及北邊各部多叛突厥而歸薛延陀，推薛延陀首領夷男為可汗。夷男不敢當。唐太宗冊拜夷男為真珠毗伽可汗，薛延陀站到唐的一邊。鐵勒各部的反叛又加深了突厥內部的矛盾。突利可汗因兵敗受到頡利可汗的責罰，投歸唐朝。突厥境內的漢人也所在嘯聚，保據山險。唐太宗看到時機成熟，於貞觀三年十一月派李靖、李（即徐世勣）率兵分道出擊突厥。次年二月，擊破突厥，俘頡利可汗。

唐破突厥後，貞觀四年三月，西北各族君長請唐太宗為天可汗。唐太宗高興地說：「我為大唐天子，又下行可汗事乎！」群臣和各族君長皆高呼萬歲。「是後以璽書賜西域、北荒之君長，皆稱皇帝天可汗。諸蕃渠帥死亡者，必詔冊立其後嗣焉。臨統四夷，自此始也。」[2] 這樣，唐就取代了突厥對西北各族的統治，唐太宗也以天可汗而成為西北各族的最高君長。

西邊情況則頗有反覆。唐朝初年，「禁約百姓不許出蕃」。貞觀三年玄奘西行取經，過武威後便必須晝伏夜行。在玉門關到伊吾（今新疆哈密）之間的戈壁灘上，玄奘迷失道路，水袋又失手打翻，被困了四夜五天，險些喪命。這是因為當時新疆地區控制在西突厥手中，唐和西突厥還處在對立狀態。玄奘犯禁西行的第二年，唐打敗了東

[1] 《貞觀政要》卷五《論誠信》。

[2] 《通典》卷二○○《北狄七‧鹽漠念》。

突厥，伊吾（今新疆哈密）歸唐，高昌（今新疆吐魯番）王曲文泰入朝。「伊吾之右，波斯以東，職貢不絕，商旅相繼。」[1]中西交通的通道初步打開，絲路交通重新恢復。不久高昌又在西突厥的支持下，東擊伊吾，西破焉耆，阻撓西域諸國與唐交通。貞觀十四年唐攻佔高昌，以高昌之地為西州，以原為西突厥所據的可汗浮圖城為庭州（今新疆吉木薩爾北），並置安西都護府於交河城，留兵鎮守。這時唐在西域的勢力，西至焉耆。[2]龜茲、于闐、疏勒（今新疆庫車、和田、喀什）等地仍處在西突厥的控制之下。西突厥內部矛盾重重，各部互爭雄長，無力嚴密控制各國。因此，西域各國一方面臣於西突厥，同時又與唐建立了朝貢關係。貞觀十八年玄奘西行返國，到達于闐後，國王即遣高昌人馬玄智隨商旅奉表入朝，唐太宗命于闐等國派人和馱馬把玄奘護送到且末。玄奘得以順利地到達敦煌。

貞觀二十二年，阿史那社爾為昆山道行軍大總管，率唐軍攻破龜茲。西突厥、于闐、安國爭送馱馬軍糧。同年，唐把安西都護府從西州遷到龜茲，統焉耆、疏勒、于闐和龜茲四鎮。從敦煌、且末、于闐越蔥嶺而西的絲綢之路南道和出玉門關經西州、疏勒越蔥嶺而西的絲綢之路中道可以通行無阻，唐與西方的交通更加暢通。

唐在西域的統治主要依靠各族酋長。安西四鎮所駐的軍隊不多，唐在西州只駐守了千餘人；破龜茲後，立葉護為王，亦未派軍隊戍守。貞觀二十二年十二月，以左驍衛將軍阿史那賀魯為泥伏沙缽羅葉護，賜以鼓纛。次年二月，置瑤池都督府，隸安西都護，以阿史那賀魯為瑤池都督，委以招討西突厥未服者和統治北疆的重任。

不久，東北地區原來隸屬突厥的契丹及奚、室韋等十餘部也都內

---

1   《唐大詔令集》卷一三〇《討高昌王趙文泰詔》。

2   《新唐書》卷三七《地理志》，《資治通鑑》卷一九五唐太宗貞觀十四年九月乙卯條、卷一九八唐太宗貞觀二年六月丁卯條。

附於唐。

對於南下的突厥人，唐太宗把他們安排在東自幽州（今北京市），西至靈州（今寧夏靈武南）的廣大土地上，又在原突厥境內設立都督府，由突厥貴族任都督，統領突厥之眾。還有許多酋長到朝廷擔任將軍、中郎將，成為皇帝的宿衛官。當時入居長安的突厥人近萬家，擔任五品以上官的有百餘人。

對於隋末沒於突厥的漢人，唐太宗也沒有強令送還，而是派人以金帛贖回，共得男女八萬口。

貞觀八年，吐谷渾進攻涼州（今甘肅武威），威脅河西走廊，影響絲綢之路的交通。唐太宗派李靖、侯君集打敗吐谷渾，以原可汗伏允子慕容順為西平郡王。不久，慕容順為部下所殺，子諾曷鉢立，唐以其為河源郡王。貞觀十三年諾曷鉢入朝，唐太宗把宗女弘化公主嫁給他。唐的這些措施對於進一步穩定西域形勢，保護絲路交通，具有重要意義。

7世紀初，吐蕃統一了西藏高原。貞觀十四年，吐蕃贊普（王）松贊干布派其相祿東贊獻金五千兩及珍玩數百，向唐請婚。唐太宗答應把文成公主嫁給他。第二年正月，命禮部尚書江夏王李道宗護送文成公主入藏。松贊干布親至柏海（青海鄂陵湖和扎陵湖）迎接。從此，唐蕃建立了密切的政治關係，經濟文化上的交流，也不斷得到發展。吐蕃的貴族子弟被派到長安國子學學習。內地許多擅長養蠶、釀酒、製造碾磑和造紙、制墨、制筆的工匠也被派到吐蕃傳授技藝。

唐朝是在魏晉南北朝時期民族大融合的基礎上建立起來的，社會上民族隔閡不深。北周、隋和唐初的統治集團都是胡漢結合組成的。唐太宗的祖母、母親和妻子就都是鮮卑貴族。唐太宗本人曾與處羅可汗之姪突利可汗結為兄弟。因此，唐太宗對各民族沒有多少歧視的心理。在擊敗突厥、吐谷渾後，唐太宗沒有懲處其首領，也沒有將其男女沒為奴婢，並繼續讓突厥、吐谷渾貴族統領其部落。對於南下

的突厥人和入朝的突厥貴族，也進行了妥善的安置。唐太宗所實行的民族政策是比較開明的。

　　唐朝初年，高句麗仍跨鴨綠江兩岸。居住在遼東的高句麗人從事農業。高句麗東部大人泉蓋蘇文殺高句麗王建武。貞觀十七年，高句麗與百濟聯合攻打新羅，新羅請唐救援。唐派使臣勸阻，高句麗莫離支泉蓋蘇文不從，唐太宗乃以此為借口，下令攻打遼東。貞觀十九年，唐太宗就曾以泉蓋蘇文殺害高句麗王作為借口，親征遼東。三月，他在定州對侍臣說：「遼東本中國之地，隋氏四出師而不能得。朕今東征，欲為中國報子弟之仇，高麗雪君父之恥耳。且方隅大定，惟此未平。故及朕之未老，用士大夫餘力以取之。」[1]因此，他雖然同時派張亮泛海趨平壤，而主攻方向還是放在遼東，進一步完成統一的意圖是很明顯的。這是從隋文帝開始，最高統治者的一個追求。貞觀十九年，李帥軍從陸路，張亮帥舟師從水路，分兩路進攻高句麗。唐太宗親自到遼東前線督戰。高句麗人民據城堅守。唐軍在攻下遼東、蓋牟後，與高句麗軍民相持於安市（今遼寧海城東南營城子）城下，雖然運用了巨大的攻城撞車和可將三百斤的巨石拋於數里之外的拋車等最新武器，自六月二日至九月十八，歷時三月，仍不能攻下。東北冬天來得早，天寒糧盡，草枯水冰，人無糧，馬無草，唐太宗只好撤軍。

　　貞觀二十一年、二十二年，唐太宗又根據朝臣們的意見，兩次派偏師泛海到高句麗進行騷擾，令其疲於奔命，農時荒廢。高句麗困弊，唐太宗認為時機成熟，準備發三十萬兵，一舉擊滅高句麗，並下令在劍南道伐木造船艦。這時正好唐太宗去世，唐對高句麗的戰爭暫時停了下來。

　　正當唐朝集中力量進攻遼東的時候，漠北原已臣屬於唐的薛延陀

1　　《資治通鑑》卷二九四唐太宗貞觀十九年三月丁亥條。

乘機到河套騷擾。唐太宗於貞觀二十年，派江夏王李道宗等分道擊滅薛延陀，又派李招降原來服屬於薛延陀的鐵勒諸部。九月，唐太宗親自到靈州。敕勒諸部俟斤遣使相繼詣靈州者數千人，咸云：「願得天至尊為奴等天可汗。」[1]貞觀二十一年正月，在敕勒各部設立瀚海府等六府、皋蘭州等七州，各以其酋長為都督、刺史。回紇等部請於回紇以南、突厥以北開一道，稱為參天可汗道。置郵驛六十六所，以通北荒，驛站備有馬及酒肉以供往來使人。四月十日，置燕然都護府，以揚州大都督府司馬李素立為都護，瀚海等六都督、皋蘭等七州並隸焉。

天可汗的觀念，既是草原各部和綠洲國家由於國小分散，彼此紛爭，因而總是要依附一個強大的汗國，以保持自身的安全和地區的穩定這樣一個傳統的繼續；也是西北各國對唐心悅誠服的表現，並不都是以武功造成的。當時唐在這些地區設置都護府，統領由各族人擔任都督、刺史的羈縻府州。在唐的維繫下，各國間的爭執，固然由天可汗裁決，就是唐遇有戰爭，亦可徵發各國軍隊。開元二十九年，石國國王伊吐屯屈勒遣使上表，對唐朝皇帝仍以天可汗相稱，並請求天可汗討伐於西為患的大食，「討得大食，諸國自然安貼。」[2]天寶四年，曹國國王哥邏僕羅上表自陳，曾祖以來，「奉向天可汗忠赤，常受徵發」。請求「將奴土國同於唐國小子。所須驅遣，奴身一心為國征討」。[3]

1　　《資治通鑑》卷一九八唐太宗貞觀二十年九月庚辰條。

2　　《唐會要》卷九九《石國》。

3　　《唐會要》卷九八《曹國》。

走向盛唐

經歷了唐太宗貞觀之治，以及唐太宗末年和唐高宗初年最高統治集團構成的微妙變化，社會經濟和新興一般地主的發展獲得了良好的條件。而隨着一般地主的發展和土地的兼併和集中，經濟社會在新的條件下有了全面的發展，出現了開元、天寶時期經濟的高度繁榮和文化的燦爛輝煌。這就是唐朝前期經濟社會發展的主要脈絡。

一、關隴貴族統治的結束

1. 關隴貴族權勢的消長

唐朝建立以後，就把關隴貴族作為統治的核心力量。

在貞觀之治局面初步形成以後，唐太宗開始考慮怎樣把唐王朝的統治長期延續下去的問題。為了避免西魏、北周和隋等幾個朝代不斷更迭的重演，他曾想封功臣為世襲刺史，由於遭到大臣們的反對，沒有實行。

貞觀十二年，唐太宗下令修撰的《氏族志》修成。《氏族志》把各氏族按照唐朝官品的高低分為九等，以皇族為首，外戚次之，黃門侍郎崔民幹為第三等。崔民幹屬博陵崔氏，是山東士族中的第一等高門。由於他仕唐為黃門侍郎，貞觀時為正四品下階，故只得三等。而那些身未免於貧賤，沒有獲得官職的山東士族則不能列入《氏族志》。唐太宗想通過編定《氏族志》，來樹立新的門閥，提高以關隴貴族為

核心的當朝新貴們的社會地位。他還想通過婚姻關係，來加強皇室和大臣之間的聯繫。諸王之妃、公主之婿，皆取自當世勳貴名臣家。但是，由於傳統的門閥觀念的影響，一般家庭出身的官僚子弟都沒有被選為王妃主婿。修訂《氏族志》時，負責的高士廉雖然是唐太宗長孫皇后的舅舅，但他出身山東士族，因此在編撰時，也是着意考辨士族的真偽，不敍新貴的郡望，使人一看便知是不是原來的士族。因此，唐太宗「崇樹今朝冠冕」[1]的目的便不可能實現。許多非士族出身的高官乃競相與山東士族通譜聯姻，利用政治權勢，把自己的家譜連接在山東士族的家譜上；以重金作聘禮，與山東高門通婚，藉以提高自己的社會地位。這樣，唐太宗原來想通過婚姻和《氏族志》樹立新的門閥，結成一個以皇室為核心的新的統治集團的目的，也就沒有能夠達到。

　　隨着一般地主官僚地位的提高和勢力的擴大，關隴貴族集團和普通地主出身的官僚之間的矛盾日益尖銳化。魏晉以來的豪強士族，西魏、北周以來的關隴貴族，唐朝初年都已經衰落。社會上存在着大量的自耕農，一般地主正在興起。唐太宗採取的是排斥山東士族，依靠關隴貴族，重用一般地主官僚的策略。但是唐太宗對出身寒微的大臣存在着疑忌的心理，對一般地主官僚只是重用，並沒有把他們視為皇權的依靠。這在貞觀中期已有所表露。而到貞觀十七年太子廢立事件以後，這種疑忌進一步加深。唐太宗原已立長子承乾為太子。承乾不為太宗所喜愛，又有足疾。而魏王泰聰明好學，頗得太宗寵愛，禮遇甚至超過承乾。魏徵在世時，極力維護承乾的太子地位。魏徵死後，承乾企圖謀殺魏王泰事暴露，與承乾有牽連的大將侯君集被殺。中書侍郎兼太子左庶子杜正倫也因此得罪。由於魏徵生前曾推薦杜正倫和侯君集有宰相才，並請以侯君集為僕射，專知諸衛兵馬，唐太宗懷疑他們結為朋黨。加之有人散佈流言蜚語，詆毀魏徵，說他將

1　《貞觀政要》卷七《論禮樂》。

自己前後的諫辭，錄示起居郎褚遂良。唐太宗乃解除魏徵之子叔玉與公主的婚約，並下令推倒自己親自撰文並書寫的魏徵碑。

當時文武大臣各有附託，各集團都支持一個皇子爭奪皇位。最後，在太宗妻弟長孫無忌和江南士族褚遂良的支持下，立晉王李治為太子。宰相劉洎曾支持魏王泰做太子，太宗對他很不放心。褚遂良無中生有，誣告劉洎曾說太宗死後，他要像伊尹、霍光那樣輔少主而自專朝政。唐太宗便以此為借口，把劉洎殺掉。

此後，唐太宗便精心安排後事。除了加強對李治怎樣做皇帝的教育，還採取了三個方面的措施。

一是打遼東。他認為他這個兒子比較懦弱，「及朕之未老」，想乘自己還有力量的時候，解決東北問題，完成統一全國的大業。

二是給他安排了宰相等重要大臣。高宗即位後，以太子左庶子于志寧為侍中，少詹事張行成兼侍中，以檢校吏部尚書、右庶子兼吏部侍郎高季輔兼中書令，並以長孫無忌為太尉，同中書門下三品，李為開府儀同三司、同中書門下三品，褚遂良仍為中書令。這是唐太宗晚年精心安排的一個宰相班子，其中有長孫無忌這樣的皇親國戚、于志寧這樣代襲箕裘的關隴軍事貴族，也有作為開國功臣和山東一般地主代表人物的張行成以及具有功臣、武將和一般地主三重身份的李。他既考慮到關隴貴族的核心地位，也考慮到一般地主在政權中的作用，基本上保持了各派政治力量的平衡。

三是單獨向李勣「託孤幼」。李勣原為李密部下，在投歸唐時，他把李密原統轄區的戶口、士馬之數呈給李密，讓李密上表獻給唐。李密反唐被殺後，他又表請收葬。這些事給唐太宗留下深刻的印象。李治剛立為太子時，太宗就當面向他「託孤幼」。李勣嘗得暴疾，方云「須灰可療」。唐太宗親自剪下鬍鬚，為他和藥。一次李勣侍宴時，唐太宗從容對他說：「朕求群臣可託幼孤者，無以逾公，公往不負李密，豈負朕哉！」他去世前不久對太子李治說：「李世勣才

智有餘，然汝與之無恩，恐不能懷服。我今黜之，若其即行，俟我死，汝於後用為僕射，親任之；若徘徊顧望，當殺之耳。」[1]五月，把時為同中書門下三品的李世勣貶為疊州都督。李世勣是何等聰明，受到詔命，不至家而去。

2. 廢王立武與關隴貴族統治的結束

廢王立武，就是唐高宗廢除王皇后，立武則天為皇后。

唐高宗即位後，朝政被以唐高宗的舅舅長孫無忌為首的關隴貴族把持。長孫無忌在褚遂良的支持下，排斥一般官僚。從永徽元年（650）六月到永徽三年九月，在兩年零三個月的時間裏，先後把宇文節、柳奭、韓瑗、來濟等關隴貴族官僚提拔為宰相，連唐太宗生前特別安排擔任尚書左僕射的李勣，被招回擔任尚書左僕射後，很快也被迫辭去這個職務，被剝奪了實權，成了掛名的宰相。隨着張行成、高季輔在永徽四年先後死去，一般地主在朝廷中的力量受到很大的削弱。

長孫無忌排斥一般地主出身的大臣，擴大關隴貴族權勢的做法，和當時的社會現實是很不相稱的。社會上一般地主正在發展，要求朝廷中有他們的代表人物。地方和朝廷中的中下級官吏，已大多由一般地主子弟擔任。高級官吏乃至宰相中，一般地主出身的，也佔有相當的比重。因此，長孫無忌竭力擴大宰相中關隴貴族成員的人數，壟斷政權，並不是關隴貴族集團強大的結果，而是他們在日益壯大的一般地主勢力面前虛弱和恐懼的表現。這種情況和社會上的實際情況大為脫節，也勢必要引起廣大一般官僚的不滿。他們可以利用自己在最高統治機構中的核心地位得逞於一時，但是，這種缺乏基

---

[1]　《資治通鑑》卷一九七唐太宗貞觀十七年四月丁亥條、卷一九九唐太宗貞觀二十三年夏四月上謂太子曰條。

礎、和現實脫節的情況，是不可能維持多久的。

這時正好出現了廢王立武的問題。

武則天從十四歲進入皇宮，三十歲做了皇后，六十歲掌握了最高統治權，最後在她六十五歲的時候做了女皇帝。武則天是中國歷史上唯一的、名副其實的女皇帝。

唐初皇后均出自關隴貴族高門。高宗原來的王皇后，是西魏大將王思政的玄孫女，唐高祖的妹妹同安長公主是她的從祖母，家世是很顯赫的。遺憾的是她嫁給高宗多年，一直無子。後來這就成為高宗廢掉她的借口。

武則天的父親武士彠，并州文水人，家富於財，頗好交結。李淵在汾晉間作戰時，在他家住過，後來參加了太原起兵，為大將軍府鎧曹。貞觀初做過利州（今四川廣元）都督和荊州（今湖北江陵）都督，武則天的少女時代就是在利州度過的。貞觀十年太宗長孫皇后去世後，唐太宗聽說武則天長得很美，便在十一年把她召進宮，做了才人。

唐朝初年，參照隋制，建立了「內官」制度，規定皇帝除了皇后，還有妃嬪，也就是皇帝的姜。妃嬪包括貴妃、淑妃、德妃、賢妃等四妃，昭儀、昭容、昭媛、修儀、修容、修媛、充儀、充容、充媛等九嬪，此外還有婕妤、美人、才人各九人，寶林、御女、采女各二十七人，合一百二十一人，各有品位，並各有一定職掌。除了「內官」，還有宮官，她們是負責管理後宮各項宮廷事務的職事官，也各有品位，並有專門職掌。此外，還有眾多的宮女，負責侍奉皇帝、妃嬪，擔負宮中各種事務。

才人為內官正四品，掌序燕寢，理絲枲，地位在后、妃、九嬪、美人之下，在妃嬪中地位不算很高，在內官中，地位也是很低的。在唐太宗死後，武則天和後宮沒有子女的內官一起，被送到感業寺為尼。

高宗為太子時，就很喜歡這位比他大三歲的姑娘。即位後，高宗在太宗忌日到感業寺燒香，見到了武則天，二人都很傷感，武則天被重召入宮。當時蕭淑妃受到高宗的寵愛，王皇后要借助武則天與蕭淑妃爭寵，武則天也對王皇后卑躬屈膝，表現得非常恭順，得到了王皇后的喜愛。王皇后幾次在高宗面前稱讚武則天，武則天很快就取代了蕭淑妃的地位，被進封為昭儀，成為「九嬪」之首，地位僅次於后、妃。

武則天做昭儀後，利用自己給高宗生了一個兒子的有利條件，用種種手段，爭取做皇后。有人說她扼死自己親生的幼女，嫁禍於王皇后，促成高宗廢王立武的決心。她偕同高宗到高宗的舅舅長孫無忌家，給長孫無忌的三個庶出的兒子拜官，賜金寶繒帛十車，想收買無忌同意廢掉王皇后。又讓自己的母親楊氏到長孫無忌處活動。同時，還在大臣中網羅了許敬宗，去勸說長孫無忌。長孫無忌都沒有同意。

關隴貴族集團，是依靠軍事力量形成的，不是社會經濟發展的產物。關隴貴族集團形成後，就一直依靠婚、宦，即婚姻和官位來維繫集團的發展。與皇室通婚，更是擴大他們家族和集團勢力的一種重要手段。因此，在當時關隴貴族力量已經大為削弱的情況下，維護王皇后的地位，就成為穩定長孫無忌、柳奭等關隴集團成員和依附關隴集團的褚遂良等在朝廷中統治地位的關鍵問題。而武則天，雖然出身功臣家庭，母親又是隋宗室宰相楊士達之女，[1] 但她父親本來是一個木材商人，沒有什麼門第。在出自關隴貴族或士族世家的大臣看來，武則天的門第、身份都有問題，如果立她為皇后，必將動搖關隴貴族在朝廷中的核心地位。因此，褚遂良、韓瑗、來濟公開表示堅決反對立武則天為皇后。褚遂良甚至公開對高宗說：「陛下必欲易皇后，伏請妙

---

[1]　《新唐書》卷一○○《楊執柔傳》、《隋書》卷四三《觀德王雄弟達傳》。

擇天下令族，何必武氏！」這就是說，皇后是可以換的，王皇后實在要廢也是可以的，但是新的皇后必須在關隴貴族家族中挑選。這真是一語道破了天機。

褚遂良既是顧命大臣，背後又得到長孫無忌和一些宰相的支持，高宗也感到無可奈何。一天李進見，高宗問他，我要立武昭儀為皇后，褚遂良反對，這件事難道就這樣了結麼？李回答說：「此陛下家事，何必更問外人。」[1] 李同時兼有功臣、武將的雙重身份，是當時山東豪傑，即一般地主官僚最重要的代表人物，在朝野都有着重大影響。而更重要的是他對唐高宗指出，皇后的廢立是皇帝的家事，也就是皇帝的私事，而不是國家大事，不需要徵求別人的意見。這裏所說的他人、別人，主要是指宰相。西漢中期以來，不論是豪強大族佔據統治地位的漢族政權，還是進入中原的少數民族政權，皇帝總是和當時最有實力、最有影響的豪強大族聯姻，以此作為皇帝貴族體制的重要組成部分。因此，皇后的廢與立絕不是單純的皇帝的家事，而是國家大事。高宗所以要徵求宰相的意見，也正是因為他仍把這看成是國家大事。而當時隨着山東士族的崩潰和關隴貴族的衰落，社會結構發生了深刻的變化，過去的聯姻方式已經失去了意義。李的話不過是點破了這一點。聽了李的這一番話以後，高宗立即決意立武則天為皇后。

永徽六年九月，褚遂良被貶出。十月十三日，王皇后、蕭淑妃同時被廢為庶人。十九日，立武則天為皇后。廢王立武，這是關隴貴族和一般地主官僚之間關鍵的一戰，兩派政治力量之間的勝負已經揭曉。但是，清除關隴貴族集團在政治上的影響，特別是把他們全部清除出朝廷，還需要一個過程。雖然新任命了中書侍郎李義府參知政事，度支侍郎杜正倫為黃門侍郎、同三品，但是，韓瑗、

---

[1]　《資治通鑑》卷一九九唐高宗永徽六年九月上一日退朝條、他日李入見條。

來濟還擔任着侍中、中書令的要職。顯慶元年（656）韓瑗還利用這種地位為褚遂良被貶出訴怨，鬥爭並沒有結束。顯慶二年八月，許敬宗、李義府誣奏韓瑗、來濟與褚遂良潛謀不軌，高宗將韓瑗、來濟貶出。已貶出的褚遂良、柳奭再貶為邊遠州刺史，並以許敬宗為侍中，杜正倫為中書令，從廢王立武開始的這一場鬥爭才基本上告一段落。顯慶四年四月，長孫無忌也以謀反罪被削去太尉官職和封邑，得到一個揚州都督的空銜，於黔州（今四川彭水）安置。褚遂良已死，被追削官爵。柳奭、韓瑗被除名。太子太師、同中書門下三品于志寧也因議廢王皇后時中立不言，在這時被免官。不到三個月，高宗又派人去黔州逼令長孫無忌自殺，下令殺柳奭、韓瑗，三家的財產一律沒收，近親皆流嶺南為奴婢。不久，又把于志寧貶為榮州（今四川榮縣）刺史。這些就都是尾聲了。

關隴貴族本來人數就不多，經過朝代變遷和隋末動亂，正如唐高祖在《選用前隋蔡王智積等子孫詔》中所說：「近世以來，時運遷革，前代親族，莫不誅絕。」[1] 所餘家族已經不多。因此，在廢王立武的鬥爭中，完全喪失了抵抗的能力，處在被動挨打的地位。經過這一段大規模的貶殺，只剩下了少數幾個家族，已經不成其為一個集團了。西魏、北周以來關隴貴族集團控制中央政權的局面終於結束。

二、「開邊服遠」和「富貴寧人」

在廢王立武以後，唐高宗親自掌握了政權。「開邊服遠」和「富貴寧人」是他統治期間的主要業績。「開邊服遠」和「富貴寧人」見於以睿宗名義發佈的《改元光宅赦文》：「高宗天皇大帝 …… 所以開邊服

---

[1]　《全唐文》卷一。

遠，更闢宇於先基；富貴寧人，重增輝於前烈。」[1]當時武則天臨朝稱制，是政權的實際掌握者，因此這就是武則天對唐高宗李治的評價。

1.「開邊服遠」

為鞏固和發展統一多民族國家，從隋文帝開始到唐太宗幾代帝王作了堅持不懈的努力。唐太宗時基本解決了北邊的突厥、薛延陀，西邊也取得了很大的成就，但還不穩定。留下來的還有東邊的高句麗。唐高宗完成了從隋文帝到唐太宗幾代帝王鞏固和發展統一多民族國家的未竟事業。在他的手中，唐朝的疆界擴展到最大。

（1）征討西突厥

唐高宗永徽元年，剛被唐任命為瑤池都督並負責招撫西突厥未服者和統治北疆重任的原西突厥葉護阿史那賀魯，聽到唐太宗的死訊後，便自號沙鉢羅可汗，征服了西突厥各部，於次年七月攻陷庭州金嶺城及蒲類縣。唐趕緊把安西都護府遷回西州。這時唐正處在三征高句麗之後的恢復時期，無力進行大規模討伐。剛剛設置不久的安西四鎮就這樣廢棄了。

顯慶二年，唐以蘇定方為伊麗道行軍總管，平定了阿史那賀魯的叛亂。唐於碎葉（今楚河）東西分置昆陵和蒙池都護府，原來西突厥所役屬的諸國也都設立都督府和州，由各族酋長擔任都督、刺史，並隸安西都護府。次年，唐在討平了龜茲大將的叛亂以後，於五月移安西都護府於龜茲，安西復為西州。這是第二次把安西都護府遷到龜茲，故《舊唐書‧高宗本紀》標明是「復於龜茲國置安西都護府」。安西四鎮也同時恢復。據《唐會要‧安西都護府》引蘇冕論及《資治通鑑》卷二〇一咸亨元年記事，此時所恢復的四鎮仍為龜茲、于闐、疏勒和焉耆，碎葉（今吉爾吉斯斯坦托克瑪克南）仍未列於四鎮。但

1　　《全唐文》卷九六。

是，由於唐的軍事力量已及於碎葉地區，唐在原西突厥統治區又都設立了州府等行政機構，這樣，無論是從南道或中道越蔥嶺而至中亞，還是經庭州或龜茲而至弓月（今新疆伊寧東北）、碎葉一帶的絲綢之路就都暢通了。吐魯番出土的麟德二年(665)《高昌縣上安西都護府牒》中關於京師人李紹謹在弓月城一次就舉借了二百五十匹絹去龜茲，以及證人畢婆從弓月西走等記載，[1]具體反映了當時此道上絲綢運輸和商旅往來的情況。

（2）攻打高句麗

高宗即位後，朝鮮半島上三國之間的攻戰更加激烈，高句麗和百濟的聯軍屢次攻打早在貞觀時就已臣附於唐的新羅。顯慶五年(660)，新羅王金春秋上表求救，唐高宗不僅想要完成父親沒有完成的統一全國的任務，而且還企圖乘機控制朝鮮半島，於是派蘇定方率水陸軍十萬，自成山（今山東成山角）渡海，攻佔百濟都城，百濟王義慈投降。百濟故將福信據周留城，從倭國迎回故王子豐。豐為百濟王后，向倭國請求救兵。龍朔三年(663)，唐將孫仁師、劉仁願與新羅王法敏率陸軍進攻周留城，帶方州刺史劉仁軌率水軍及糧船準備與陸軍會師途中，在白江口（錦江口）與倭國水軍遭遇，四戰皆捷，焚倭軍船四百艘。百濟王扶余豐逃奔高句麗，王子忠勝等率眾投降，唐軍佔領了百濟全境。乾封元年(666)，高句麗泉蓋蘇文死，長子泉男生繼為莫離支。泉男生與弟男建、男產發生爭鬥，走保國內城（今吉林輯安），派子泉獻誠向唐求援。唐高宗派李為遼東道行軍大總管，統轄諸軍攻打高句麗。總章元年（668）三月，唐將薛仁貴攻拔扶余城（在今吉林懷德一帶）。九月，李攻佔高句麗首都平壤。唐在高句麗設立都督府和州縣，並在平壤置安東都護府進行統轄。

---

[1]　《吐魯番縣阿斯塔那—哈拉和卓古墓群清理簡報》，《文物》1972 年第一期。

（3）邊疆形勢的變化

進入 7 世紀 70 年代以後，邊疆形勢發生了很大的變化。唐的統治引起了高句麗和百濟人民的不斷反抗，他們和新羅聯合起來，抗擊前往鎮壓的唐軍，唐在高句麗和百濟的統治很難維持下去了。

吐蕃的興起，對唐構成了更大的威脅。7 世紀初，吐蕃贊普松贊干布統一了西藏高原，力量強大起來。貞觀十五年，唐太宗把宗女文成公主嫁給了松贊干布，雙方關係密切起來。永徽元年（650）松贊干布死後，大相祿東贊執掌大政，吐蕃開始把勢力伸到青海高原，吞併了吐谷渾的牧地。龍朔三年（663）吐谷渾可汗諾曷鉢與弘化公主被迫率數千帳走依涼州（今甘肅武威）。咸亨元年（670）吐蕃攻陷西域十八州，又與于闐（今新疆和田）攻陷龜茲撥換城（今新疆阿克蘇），唐罷安西四鎮。唐派薛仁貴為邏些道行軍大總管，準備在青海反擊吐蕃。祿東贊之子論欽陵率兵數十萬迎戰，大敗唐軍於大非川。此後，唐與吐蕃在青海開始了長期的爭奪。唐在對少數民族和對外的戰爭中開始處於守勢。

從顯慶二年（657）蘇定方率兵攻打西突厥，到 60 年代對高句麗的戰爭，唐一直處於主動進攻的地位。這時朝野皆以征戰為意。唐高宗要完成太宗未竟之業，銳意在邊疆上進取。朝廷大臣也鼓動高宗進行戰爭。一般地主和富裕農民最初也是積極參加這場戰爭的。但隨着戰爭的曠日持久，勳賞日益減少，戰死者也不再有人過問。一般地主富裕起來以後，不再願意從事這種無利可圖的以生命作賭注的遊戲。一般百姓也對從軍不感興趣，對外戰爭從內部也逐漸失去了支持。

2.「富貴寧人」

「富貴寧人」也不是一句空話。我們從這個時期農村社會發生的巨大的變化可以感受到這一點。在邊疆形勢發生變化後，唐高宗比較

及時地完成了基本國策的轉變，可以看出他在「富貴寧人」這個問題上的政策走向。

（1）農村社會在這個時期發生了巨大的變化

農村社會從唐高宗時期開始了兩個方面的變化。一是農村兩極分化，二是數量巨大的農村人口的遷徙。

這裏主要談農村的兩極分化，主要是說開始出現了一批比較富裕的農村居民。

從唐太宗晚期到唐高宗前期，隨着經濟的恢復和社會的安定，農村中一些人開始想要改變自己的地位。薛仁貴就是其中的先行者。薛仁貴，絳州龍門人。少貧賤，以田為業。將改葬先人，妻子柳氏說：「夫有高世之材，要須遇時乃發。今天子自征遼東，求猛將，此難得之時，君盍圖功名以自顯？富貴還鄉，葬未晚。」仁貴乃往見將軍張士貴應募。[1] 在遼東安地城戰役中，薛仁貴身穿白衣，持戟，腰鞬兩弓，呼而馳，所向披靡；唐軍乘之，高句麗軍隊遂奔潰。唐太宗望見，遣使馳問：「先鋒白衣者誰？」曰：「薛仁貴。」太宗立即召見，「賜馬兩匹、絹四十匹，擢授游擊將軍、雲泉府果毅，仍令北門長上……及軍還……尋遷右領軍郎將，依舊北門長上。」[2] 游擊將軍為從五品武散官，果毅則為從五品下階或正六品上階、從六品下階武職事官，郎將為正五品上階武職事官。這樣，薛仁貴就以軍功由一介布衣而進入五品高級官吏的行列，真可謂一步登天。

這種情況在唐高宗時期得到了進一步的發展。「貞觀、永徽年中，東西征役，身死王事者，並蒙敕使弔祭，追贈官職，亦有迴亡者官爵與其子弟。」[3] 唐朝對於戰爭中死亡的將士都要派敕使弔祭，追贈

---

[1] 《新唐書》卷一一一《薛仁貴傳》。

[2] 《舊唐書》卷八三《薛仁貴傳》。

[3] 《舊唐書》卷八四《劉仁軌傳》。

官爵，並把死亡者的官爵授給他的子孫。戰士經過一次戰役就可以得到一轉勳官。

　　勳官是唐朝用來獎勵軍功的。共分為十二轉：十二轉上柱國，比正二品；十一轉柱國，比從二品；類推至二轉雲騎尉，比正七品；一轉武騎尉，比從七品。勳官有勳田，佔有土地的數量可以因此而提高。上柱國、柱國並享有門蔭特權。勳官輪流到兵部或本郡服役，期滿由兵部送吏部或在兵部應選，合格的可以獲得官職，可以做官。當然由於文化水平的限制，勳官獲得官職的微乎其微。但是勳官的服飾、笏、犯罪後的減、贖，都與同品的職事官、散官相同。這些政治特權對提高他們的社會地位還是有很大意義的。敦煌戶籍簿、差科簿中不少人即具有上柱國、柱國等勳官身份。吐魯番阿斯塔那出土的《唐永淳元年氾德達飛騎尉告身》《武周延載元年氾德達輕車都尉告身》，就具體記載了氾德達參加戰爭獲得勳級的情況。勳官制度在唐朝前期對吸引百姓從軍，提高軍隊戰鬥力起了有力的作用。

　　因此在唐高宗對高句麗戰爭初期，「百姓人人投募，爭欲征行，乃有不用官物，請自辦衣糧，投名義征」。[1] 投名義征不是個別的現象。這些人都希望在戰爭中獲得勳賞和官職，使自己富貴起來。戰爭是這個時期政治生活的中心。

　　從顯慶五年（660）以後，隨着農村兩極分化的發展，周邊形勢變化，以及政府不再採取獎勵軍功的政策，已經富裕起來的農村居民不願意當兵了，貧苦農民也不願意白白去送死。顯慶五年以後，「征役身死，更不借問。……州縣發遣兵募，人身少壯，家有錢財，參逐官府者，東西藏避，並即得脫。無錢參逐者，雖是老弱，推背即來」。[2] 農村則出現了每逢徵兵的時候，富戶勾結地方官吏逃避兵役，

1　　《舊唐書》卷八四《劉仁軌傳》。

2　　同上。

貧苦農民推背即來的情況。

農村的變化影響到整個社會。一些富裕的農村居民開始在政治上謀求出路。儀鳳（676—679）中，吐蕃頻犯塞，魏元忠赴洛陽上封事，就談到，「夫有志之士，在富貴之與貧賤，皆思立於功名，冀傳芳於竹帛」。又曰：「夫建功者，言其所濟，不言所起；言其所能，不言所借。若陳湯、呂蒙、馬隆、孟觀，並出自貧賤，勳濟甚高，未聞其家代為將帥……以四海之廣，億兆之眾，其中豈無卓越奇絕之士？臣恐未之思也，夫何遠之有。」[1] 就表達了他們的這種願望。隨着經濟實力的增長，他們有了讀書學習的經濟基礎。唐朝的選舉制度又給他們提供了這種可能。從唐高宗到武則天的政策，特別是武則天「以爵祿收人心」的做法，更是推動他們大規模地進入了各級政府，並且迅速升遷到各級政府的負責崗位。

農村富裕階層的發展和一般地主經濟的成長，這是農村社會變化的一個方面。農村社會變化的另一個方面，即數量巨大的人口遷徙這個問題，在下面武則天部分再進行介紹。

（2）基本國策的轉變

邊疆形勢的變化和農村社會的變化，特別是兩極分化的發展，都要求改變原來的方針政策。武則天的建言十二事幫助唐高宗完成了基本國策的轉變。

上元元年十二月二十七日（675 年 1 月 28 日），武則天上表建言十二事：一、勸農桑，薄賦徭；二、給復三輔地；三、息兵，以道德化天下；四、南北中尚禁浮巧；五、省功費力役；六、廣言路；七、杜讒口；八、王公以降皆習《老子》；九、父在為母服齊衰三年；十、上元前勳官已給告身者無追核；十一、京官八品以上益稟入；十二、

---

[1]　《舊唐書》卷九二《魏元忠傳》。

百官任事久，材高位下者得進階申滯。[1]

在十二事中，武則天提出，「國家聖緒，出自玄元皇帝（指老子李耳），請令王公以下皆習《老子》，每歲明經准《孝經》《論語》策試」[2]。這一方面是要表明自己是李唐皇權的忠實維護者，更重要的卻是提出了要以道家思想作為統治思想的理論基礎，實行無為而治。而無為而治在當時最重要的是停止戰爭。第三事「息兵，以道德化天下」，就把這兩者具體而微妙地結合在一起了。一、二、四、五等事中提出的輕徭薄賦，發展生產，都是在這個思想指導下展開的。六、七事提出的廣開言路，杜絕讒言，要求建立良好的政治風氣，也是為了保證這個方針的實行。

其中第九事，父親健在，為母親的服喪期由一年改為三年。表面是要把女性的地位提高到和男性一樣，實際是要為自己以一個女子掌權製造輿論。

最後三事中提出的勳官已給告身（證書）的不再追核，八品以上官員增加俸祿，低級官員久不提升者晉級，則是滿足中小地主和下級官吏的要求。

建言十二事具有很強的針對性，適應了唐在邊疆由進攻轉為防禦，中小地主和中下級官吏要求在政治上進一步發展的客觀形勢。唐高宗接受了武則天的建言十二事，藉此及時完成了基本國策的轉變，「富貴寧人」再一次落到實處。在此後一段時間裏，唐王朝基本上就是按照建言十二事行事的。

3. 關於唐高宗

一般都認為唐高宗軟弱無能，優柔寡斷。在某些時間，某些問

---

[1]　《新唐書》卷七六《則天武皇后傳》。

[2]　《資治通鑑》卷二○二唐高宗上元元年十二月壬寅條。

題上，他確實表現得優柔寡斷。但那或者是礙於當時的政治體制，或者是因為夫妻情深。但是當他完全掌握政權的時候，在重大的問題上是不糊塗的。在重大政策的制定和宰相的任用上，他始終掌握了主動權。有一個現象很值得注意，那就是高宗時期宰相的任用，和唐太宗以及後來的武則天、唐玄宗統治時期一樣，完全是根據各個時期政治、經濟和軍事上的需要來確定的。從各個時期的宰相人選就可以看出當時的政策走向。這是唐朝前期一個顯著的特點。關於這方面的情況，可以參考我寫的《唐前期宰相人員的配置》。[1] 為什麼會出現這樣的特點，大家可以進行一些研究。

　　儘管這種情況不是高宗時所特有的，但是這也表明，唐高宗能夠不受干擾地，根據時代的需要來任用宰相，他在政治上完全掌握了主動權。特別有意思是他還任用反對武則天的人來擔任宰相，執行通過武則天提出來的政策。這是需要很寬廣的政治胸懷和很高的政治智慧才能做到的。至於在政治上他對武則天的信任和依靠，應該說在當時還是一個明智的選擇，因為武則天確實值得他信任和依靠。

三、一代女皇

1. 武則天其人

　　武則天是中國歷史上唯一的、名副其實的女皇帝。這樣說是因為中國歷史上也還曾經有過名不副實的女皇帝。大家都很想了解武則天。凡是要了解一個人，姓名、年齡、籍貫，這三項是首先需要知道的。武則天，這個名字大家都很熟悉。她還有兩個名字，一個叫武

---

[1] 吳宗國主編：《盛唐政治制度研究》第二章第五節「唐前期宰相人員的配置」，上海辭書出版社，2003 年 3 月。

媚，一個叫武曌。其實這些都不是她原來的名字。武媚是她十四歲那一年唐太宗召為才人時賜給她的名號，武曌是她做皇帝前自己所起的名字。則天是她傳位皇太子以後，新即位的皇帝即唐中宗給她上的尊號，當時叫則天大聖皇帝。她臨終前，令去帝號，稱則天大聖皇后。所以後世稱她武則天。那麼武則天到底叫什麼名字呢？根據雷家驥先生的研究，她小時的名字可能叫約，字明空。她在做皇帝前，曾經公開宣佈：「朕宜以明空為名。」[1]

關於武則天的享年有幾種不同的說法，八十一歲、八十二歲、八十三歲。武則天死於唐中宗神龍元年（705）十一月，史書記載很明確，這是沒有什麼爭議的。問題是生年。有學者認為武則天生於唐高祖武德七年（624），享年八十二歲。有學者認為生於武德八年年底，享年八十一歲。

至於籍貫，武則天的出生地是京城長安。在山西文水的南徐村，有一座始建於唐的則天皇后廟，這裏是武則天父親的故鄉。所以《舊唐書·則天皇后本紀》寫道：「則天皇后武氏諱曌，并州文水人也。」在四川廣元有一座始建於唐的皇澤寺，寺中至今保存了一尊五代時雕造的武則天真容石像。在廣元的千佛洞，還保存了據說是唐高宗和武則天兩個人並排坐着的塑像。這裏是她童年生活過的地方。貞觀二年到五年，她的父親武士彠擔任利州都督，在三歲到七歲期間，小明空可能就生活在這樣一個山清水秀的地方。

儘管早在漢朝就有為皇帝在其活動過的地方立廟的做法，唐朝也有為皇帝在其活動過的地方立廟塑像的傳統，但是隨着王朝的滅亡，這些廟和塑像也同時灰飛煙滅，唯有武則天的廟一直保存到今天。也許是一種巧合，武則天時期的大臣狄仁傑的廟也一直保存下來。在北京昌平雪山村，直到 20 世紀 60 年代，還有狄公祠的遺跡。

---

[1]　《唐大詔令集》卷四《改元載初赦》。

古人的廟能不能保存下來，不是一個簡單的問題。儘管這些廟中許多是由官府建立的，在當時各級官府自然是要管的；但是改朝換代以後，能不能保存下來，則要看新王朝的態度；而能不能長期保存下來，就完全要看當地老百姓的態度。因此，武則天和狄仁傑的廟能夠保存到今天，說明他們還是很有人緣的。老百姓對他們還是有着一種崇敬和懷念的心情，也可以看作是普通老百姓對他們的一種評價吧。這與歷史文獻中一些人對武則天的評價有着天壤之別。

武則天，不論在唐高宗後期提出建言十二事，還是在唐高宗李治去世以後穩定政局，以及她執政以後的作為，都是應該肯定的。即使是後來，她實行酷吏政治，也是亂於上而治於下。

武則天首先是一個傑出的女政治家，是一個有作為的，對歷史有貢獻的，對老百姓有好處的女皇帝。

她上承貞觀之治和高宗「開邊服遠」「富貴寧人」的偉績，下啟開元之治。其才識、遠見，在隋唐的皇帝中，只有隋煬帝、唐太宗和唐玄宗可以與之並肩。

武則天掌權以後，任威刑以禁異議，壓制反對自己掌權的人。同時利用禮儀制度和選舉制度放手任官，破格提拔，收買人心。主要手段一是慶典時大赦的恩典，一是制科。前者可以擴大官僚子弟的入仕面，後者不僅可以使平民順利進入官場，同時可以破格提拔在職的官員。

她能把當時最傑出的人才都吸引到自己的周圍，其中有大家熟悉的狄仁傑、姚崇。她為開元之治準備了人才，晚年還通過張易之兄弟團結了一批文人。

2. 三股潮流把武則天推向最高權力的寶座

「長風破浪會有時，直掛雲帆濟滄海。」這對於詩人李白來說，是一個永遠不能實現的夢想，而對於武則天來說，卻是她一步步走向

最高權力寶座的寫照。

武則天十四歲進入皇宮，三十歲做了皇后，六十歲掌握了最高統治權，最後在六十五歲的時候做了中國歷史上唯一的女皇帝。武則天可以以她的美貌和特殊的素質贏得年輕的高宗皇帝的寵愛，當上皇后。但是要掌握最高統治權並最終當上皇帝，卻絕非只依靠個人的美貌和素質所能完成。在這個問題上，個人條件當然很重要，但更重要的還是客觀條件和機遇。從個人的條件來說，最大的挑戰，也是最重要的一點，就是看你能不能抓住機遇。

武則天所處的時代是一個社會變化激烈的大時代。正是這種社會變化所形成的幾股潮流，把武則天推上了最高權力的寶座。

第一股潮流，是關隴貴族集團和普通地主出身的官僚之間的矛盾尖銳化。山東士族、關隴貴族，在唐朝初年都已經衰落。唐高祖已經聯合山東士族、江南貴族進行統治，不再由關隴貴族一統天下。唐太宗由於受門閥思想的影響，仍然要以關隴貴族為核心，而又不得不重用新起的山東豪傑和江南士人。皇帝不再受制於某個階層和集團。但是這種情況不是一帆風順的。在唐太宗貞觀後期，朝廷中關隴貴族及其依附者和一般家庭出身的官僚之間形勢微妙，並在高宗即位後很快形成了關隴貴族的一統天下。這種情況和社會上的實際情況大為脫節，也勢必要引起廣大一般官僚的不滿。最後，雙方的鬥爭圍繞皇后的廢立展開。

皇帝既然不需要再依靠某個階層和集團，皇后的廢立自然也就是皇帝的家事而非國事。廢王立武是統治階級內部一場嚴重的復辟反復辟鬥爭。通過這場鬥爭，唐高宗親自掌握了政權，而且最終結束了關隴貴族的一統天下，割去了貴族門閥政治的最後一根尾巴。而武則天則藉此做到了皇后。

第二股潮流是國內和周邊形勢的變化。唐高宗即位後，先後對西突厥、高句麗進行了長期的戰爭，取代了西突厥對西域的統治，

把唐的疆域擴大到巴爾喀什湖一帶。以後由於被統治民族的反抗和吐蕃的強大，唐在邊疆地區由攻勢變成守勢。繼續實行戰爭的政策行不通了，國內廣大老百姓從積極參加戰爭，求取勳賞富貴，變為要求停止戰爭。同時，由於土地集中的發展，一般地主的經濟力量也有了很大的增長，他們希望在政治上也得到相應的地位。沒有做官的希望能夠獲得一官半職，已經做官的希望能夠升到高位，以便通過政治權勢來保護和發展自己的經濟利益。形勢的變化，要求唐朝政府改變國策。在這種情況下，武則天提出了建言十二事。

武則天建言十二事，還有她個人的背景。

武則天採取種種手段做了皇后以後，在一段時期內，曾通過擔任宰相的李義府和許敬宗對朝政發生過較大影響。顯慶五年（660）高宗風眩頭重，目不能視，百司奏事，或使武則天決之，武則天開始直接參與政事的處理。但其地位，並不是十分穩固的。武則天「及得志，專作威福，上欲有所為，動為后所制」的做法，以及李義府恃中宮之勢，專以賣官為事，且不把高宗的警告放在眼裏，都引起了高宗的不滿。龍朔三年（663）十月，詔太子每五日於光順門內視諸司奏事，其事之少者，皆委太子決之。麟德元年高宗更命上官儀草詔廢武則天。雖然經過武則天的「自訴」，沒有廢成，上官儀也被殺掉，但《通鑑》所云，自是「天下大權，悉歸中宮，黜陟、殺生、決於其口，天子拱手而已」，[1] 也並不盡然。在麟德至咸亨年間，在國家基本國策的確定上，從現存史料，還看不出武則天到底起了什麼作用。高宗用人，也並不以對武則天的態度為標準，曾經反對立武則天為皇后的裴行儉，就受到高宗的一再提拔。咸亨元年（670）許敬宗致仕（退休）後，宰相中不再有武后的心腹。咸亨四年三月丙申，詔劉仁軌等改修

1　《資治通鑑》卷二〇一唐高宗麟德元年冬十月初武后能屈身忍辱條、自是上每視事條。

國史，以許敬宗等所記多有不實；上元元年（674）九月癸丑，詔追復長孫晟、長孫無忌官爵，也都不符合武則天的利益。

武則天長期不能執掌大權有各方面的原因，諸如女子不能參政的傳統觀念的影響等。其中，政治威望不夠導致缺乏官僚和下層的廣泛支持，以及唐朝的政府結構和宰相制度兩點，尤有很大關係。

唐朝實行三省體制，並且確立了宰相政事堂議事的制度。凡軍國之務和五品以上官員的任免，均需先由宰相在政事堂議決，然後由中書省起草制詔，經門下省審核，呈皇帝批准後頒布執行，不經過中書省和門下省，皇帝不能直接發號施令。這樣，軍國大事的最後決定權雖仍操縱在皇帝手中，但在決策時宰相和中書省、門下省官員的發言權都是很大的。特別是給事中、黃門侍郎和侍中有封駁否決之權，更是對君權的一種限制，這對於防止皇帝越出常規行事，具有重大意義。武則天如果不掌握相權，就很難在政治上有任何作為。

隨着唐高宗健康情況的惡化，武則天謀取最高統治權的活動也更加緊張了。在她做皇后進入第三個十年的時候，武則天上表建言十二事。

建言十二事幫助唐高宗完成了基本國策的轉變，滿足了中小地主和下級官吏的要求，說明武則天能夠高瞻遠矚、統觀全局，能夠敏銳地抓住時代的潮流和發展趨向，抓住發展中的關鍵問題，具有很高的政治智慧。高宗臨終前發佈的《改元弘道詔》中說：「比來天后事條，深有益於為政，言近而意遠，事少而功多，務令崇用，式遵無怠。」[1]正是由於建言十二事的實行，武則天才逐步掌握了人心，威望也因此大為提高。這就為她在高宗死後接掌政權創造了條件。

武則天為了登上最高權力的寶座，還必須掃除障礙。對高宗來說，把政權交給武則天來執掌，倒是放心的。這與他十年前甚至想廢

---

[1]　《唐大詔令集》卷三。

掉武則天，發生了很大變化。上元二年（675），高宗苦風眩甚，甚至想讓武后攝政，但遭到大臣反對，於是想禪位皇太子。這對武則天掌握最高統治權是極大的威脅。太子弘不明不白地死去，有人懷疑是武則天用毒酒毒死的。調露二年（680），她又找借口廢掉處事明審又有威望的太子賢，改立懦弱、糊塗的三子英王哲為太子，掃除了自己掌握最高統治權的最大障礙。

第三股潮流，也是至關重要的一點，就是唐高宗末年宰相的新老交替。唐高宗歷來任用的宰相都是資歷深、能力強的大臣，他們能夠出將入相，武則天很難掌握他們。這對武則天掌權是一個極大的障礙。因此控制相權就成為武則天掌握最高統治權的關鍵。這時恰逢一些宰相年事已高，宰相班子正面臨着新老交替。武則天鼓動高宗引用資歷淺的文士為宰相，僅永淳元年（682），就任命了四個四品官為宰相，以黃門侍郎（正四品上）郭待舉、兵部侍郎岑長倩（正四品下）、吏部侍郎魏玄同和祕書員外少監、檢校中書侍郎郭正一併與中書門下同承進止平章政事。這時，官吏從科舉出身者，累計已在千人以上。在各級官吏，特別是在中下級官吏中，一般地主出身的官吏已成為一股強大的力量，他們不僅強烈地要求自己政治上有所發展，進入各級政權機構，而且要求在最高統治核心中有自己的代表人物。郭正一、魏玄同這批人上臺，首先就是反映了一般地主的這種要求。在此之前，中書令李敬玄以兵敗被貶出；永淳二年，宰相李義琰也因迫其舅氏遷舊墳，以銀青光祿大夫致仕。這樣進進出出，擁武的進來了，反武的出去了。出去的，都是資歷深，能夠出將入相的；進來的，都是資歷淺的文士。不論他們的真實思想和主觀意圖如何，在他們腳跟沒有站穩前，都將是武則天的支持者。武則天就這樣控制了相權。弘道元年（683），唐高宗死。過去皇帝死後，新皇帝都是立即接掌政務。武則天則在裴炎的配合下，臨朝稱制。684 年廢中宗為廬陵王，遷於房州，立小兒子李旦為帝，武則天仍臨朝稱制。

　　這幾股潮流都是社會變遷和當時政治經濟發展的結果。當生產和經濟的發展達到一定程度後，必然要為自己的發展開闢道路，任何人都是抗拒不了的。武則天不過是利用了這個潮流，充當了這個潮流的工具。沒有第一股潮流，她做不了皇后。沒有第二股潮流，她不可能擴大政治影響，掌握人心。沒有第三股潮流，沒有品位較低的宰相的出現，她也很難掌握最高統治權。武則天正好碰上了這幾股潮流，而且她做皇后之後，又不失時機地巧妙利用這幾股潮流，戰勝各種阻力，才掌握了最高統治權。然後，她利用手中的權力，嚴厲打擊各種反對力量，並採取各種措施，調動各種力量支持自己，終於登上了聖神皇帝的寶座，成為中國歷史上唯一的女皇帝。

　　而總的來說，這些都離不開一般地主的發展。如果說，武則天做皇后依靠的還是作為開國功臣的少數普通地主出身的新貴和一部分剛進入高官行列、地位不穩的普通地主官僚的話，那麼，她在高宗晚年所依靠的就是已經登上政治舞臺的廣大普通地主了。整個一般地主集團都站在了她的背後，這也是武則天能勝利地登上最高權力寶座的重要條件。這就是高宗末年宰相配置變化的背景和意義所在。

　　武則天的性格有助於她抓住機遇。她曾經說過：「太宗有馬名師子驄，肥逸無能調馭者。朕為宮女侍側，言於太宗曰：『妾能制之，然須三物，一鐵鞭，二鐵檛，三匕首。鐵鞭擊之，不服，則以檛其首，又不服，則以匕首斷其喉！』太宗壯朕之志。」[1] 這段話提供了有關武則天的什麼信息呢？我想至少自信與果斷，為達目的可以不擇手段這兩點與她後來的行為有着密切的關係。有了這兩點，她就能夠無所顧忌，抓準時機，及時採取行動，使用一切可以採取的手段，來達到自己的目的。

---

[1]　《資治通鑑》卷二〇六則天順聖皇后久視元年正月太后以項有干略條。

3. 中國歷史上唯一的女皇帝

中國歷史上后妃參政的事不斷發生，西漢的呂后、竇后，北魏的馮太后都曾對當時的政治發生過重大的影響，但只有武則天做了皇帝。這是與當時東亞的大氣候和唐朝特殊的歷史條件分不開的。

在六七世紀之交的亞洲，不止一個國家出現過女皇。日本先後出現過八代六位女皇，其中四位在七世紀。[1] 新羅也先後出現過幾個女皇。[2]

貞觀二十二年（648），新羅女王金真德就曾派堂侄金春秋來唐。甚至在中國的浙江，一個農村婦女陳碩真，也自稱文佳皇帝。這是公元 653 年的事。當時武則天還在為她做皇后進行着緊張的活動。最有意思的是 690 年，日本第 41 代天皇持統女皇與武則天同一年即位。持統女皇是日本天武天皇的皇后，自 686 年天武天皇去世後臨朝稱制。

這些事對武則天到底有沒有啟發，誰也說不清楚。但至少可以說明，當時確實存在着女人可以稱帝的條件。這在東亞的歷史上，也是稍縱即逝的機遇。

從唐朝本身來說，當時正處在豪強士族和貴族門閥已經衰落，社會等級正在重新編制的過程中。一般地主的發展，既不借助祖先，也不借助神仙和佛道，而是依靠自身的努力。因此，在思想上有一個從傳統的儒家禮法思想和門閥等級思想下解放出來的過程。傳統的男尊女卑觀念同時受到衝擊。唐代婦女因此具有比較獨立的社會地位，有一個比較寬鬆的社會環境。婦女可以自由地進行社交活動，在男女關

---

[1] 第一位，推古天皇（592—628）；第二位，皇極天皇（642—645）、齊明天皇（655—661，皇極、齊明為一人）；第三位，持統天皇（686—697）；第四位，元明天皇（707—715）；第五位，元正天皇（715—724）；第六位，孝謙天皇（749—758）、稱德天皇（764—770；孝謙、稱德為一人）。

[2] 632—647 年善德女王在位，647—654 年真德女王在位。

係上形成一種比較開明、開放的社會風氣。唐太宗曾經鼓勵過寡婦再嫁，離婚和再婚至少在上層社會是很平常的事。唐代的婦女還沒有後來那麼多的禮教束縛。

同時，唐朝處在於十六國、南北朝時期的民族融合之後，李唐皇室又具有鮮卑血統，唐高祖李淵的皇后竇氏、唐太宗李世民的皇后長孫氏，都出自鮮卑貴族。因此，北方民族女尊男卑的社會習俗對唐的社會風氣也產生了很大的影響。總之，禮法束縛比較微弱，婦女有較多的發揮才能的機會。皇太后干權專政在歷史的不同時期有不同的反響。西漢呂后專權在歷史上頗受非議，而對於北魏馮太后則似乎沒有多少不同的聲音。這可能和北方少數民族的傳統有關。而隋文帝的獨孤后和唐太宗的長孫皇后、徐妃也都對朝政有所涉足。因此武則天協助唐高宗處理朝政，乃至於臨朝稱制，阻力都不是太大的。

這是武則天能以女子做皇帝的客觀條件。

武則天本人的素質和自覺提高婦女地位的努力，也起了重要作用。武則天自幼受到良好的家庭教育，七歲能詩。入宮後文化素養進一步提高，《舊唐書‧則天皇后本紀》稱她「素多智計，兼涉文史」。《新唐書‧藝文志》集部著錄有武后《垂拱集》一百卷、《金輪集》十卷，可惜沒有流傳下來。現存的只有《文苑英華》《唐詩紀事》等書中所收的詩文一百餘篇。武則天不僅善於詩文，還醉心書法。她所書《昇仙太子碑》，確實是大手筆。

武則天不僅具有很高的文化素養，她對於統治理論也下功夫進行研究。她主持編寫了《臣軌》一書，「為事上之軌模，作臣下之繩准」。[1] 而在長期協助唐高宗處理政務的過程中，更培養了她敏銳的觀察能力和卓越的政治才能。還有就是武則天有意識地提高婦女的地位。除了建言父在，子為母服喪三年，她還在并州宴親族鄰里時，在

1　　《全唐文》卷九七《臣軌序》。

內殿會見與會的婦女。武則天還命文學之士編撰了《列女傳》，大力宣揚婦女中的傑出人物。過去后妃參政，都是作為一種個人行為，因此她們最多也只能走到臨朝聽政這一步。武則天提高婦女地位的做法，雖然不能從根本上改變社會上男尊女卑的局面，但也確實使當時婦女有一個比較寬鬆的社會環境。而武則天本人則藉此突破了女子不能稱帝的禁區，堂而皇之地做上了女皇帝。

以上幾點都是最基本的條件。武則天在利用這些條件實現自己做女皇的理想時，還利用了宗教。特別是佛教的《大雲經》，其中有菩薩轉生為女子當國王的經文，還有無明國王之女繼承王位的記載。在她稱帝前一個多月，僧法明等上《大雲經》，在表中稱武則天乃彌勒下生，當代唐為人世主。武則天立即把《大雲經》頒示天下，並令諸州建大雲寺，向天下百姓宣傳她做皇帝的必然性和合理性。

垂拱四年（688），武則天自稱聖母神皇，擺出了稱帝的架勢。越王李貞父子起兵反對，很快失敗。

載初元年（690）九月初三，「侍御史（從六品下）汲人傅遊藝帥關中百姓九百餘人詣闕上表，請改國號曰周，賜皇帝姓武氏，太后不許。擢遊藝為給事中·（正五品上）。於是百官及帝室宗戚、遠近百姓、四夷酋長、沙門、道士合六萬餘人，俱上表如遊藝所請，皇帝亦上表自請賜姓武氏」。初五，「群臣上言：有鳳皇自明堂飛入上陽宮，還集左臺梧桐之上，久之，飛東南去，及赤雀數萬集朝堂」。初七，「太后可皇帝及群臣之請」。

九月初九，「御則天樓，赦天下，以唐為周，改元。」[1] 武則天終於登上了皇帝的寶座，改國號為周，改元為天授。十二日，加尊號為聖神皇帝，降皇帝為皇嗣。

武則天在戰勝各種阻力登上皇帝寶座前後，除了運用各種暴力手

---

[1]　《資治通鑑》卷二○四則天順聖皇后天授元年九月庚辰條。

段，包括酷吏，來鎮壓反對她的力量，還採取種種努力，來證明自己做皇帝的神聖性和合理性。她修建明堂，鑄造天樞。第一次修建的明堂在垂拱四年（688）建成，高294尺，方300尺，上面還有一個高一丈（第二次修造的高二丈）的塗金鐵鳳，號萬象神宮。又於明堂北起天堂五級，以貯夾紵大像，至三級，即俯視明堂。明堂、天堂遭焚燬後，又第二次修建明堂，萬歲通天元年（696）建成，號通天宮。前一年四月還建成天樞，高105尺，逕12尺。她還不斷地給自己加尊號，改年號，以表示自己是彌勒下凡（慈氏越古），自己的皇位是天授予的，因而自己是與天相通的。年號從天授、天冊萬歲、萬歲登封到萬歲通天，表示的都是這個意思。

4. 武則天統治時期復辟與反復辟的鬥爭

武則天掌權以後，以暴力重法壓制異議，壓制反對自己掌權的人。

大家都知道，「洛陽牡丹甲天下」。那麼洛陽的牡丹為什麼那麼有名呢？這要歸功於有名的小說《鏡花緣》。書中說有一天下雪，武則天游上苑，一時興起，便下了一道詔書：「明朝游上苑，火速報春知。花須連夜發，莫待曉風催。」詔書下了以後，武則天也有一點後悔，可是第二天一早就有人來報告，上苑百花盛開。武則天趕緊來到上苑，只見梅花、菊花都開放了，惟有她最喜愛的牡丹還沒有開。儘管後來牡丹還是開了，武則天還是很生氣，便下令把牡丹貶到洛陽。這當然只是一個故事，時間、地點和情節都是由作家自由安排的，但是這個故事也不是全無所本。這個故事最早出於宋人計有功的《唐詩紀事》卷三：「天授二年（691）臘，卿相欲詐稱花發，請幸上苑，有所謀也。許之。尋疑有異圖，乃遣使宣詔曰：『明朝游上苑，火急報春知。花須連夜發，莫待曉風吹。』於是凌晨名花布苑。群臣咸服其異。後託術以移唐祚，此皆妖妄，不足信也。」其實這個故事

還是有可信的地方。首先是名花布苑，請注意這裏說的是名花，而沒有提到牡丹。十二月的洛陽開花是有可能的，根據不完全記載，唐朝先後出現過四個暖冬，都出現過十二月開花的現象。名花布苑是不需要妖術的。其次，故事所云卿相欲有所謀，以及「莫待曉風吹」這一句，也是符合這個時期的歷史情況的。

武則天從做皇后到做皇帝，不斷受到各種勢力的反對。最初是還掌握着政權的關隴貴族，在廢王立武的部分我們已經講到。接着是在權力交替過程中受到影響的，參加唐朝建立的功臣的子孫和失意的官僚文人。其中為首的李敬業（徐敬業），是在武則天被立為皇后過程中起了關鍵作用的元老重臣李勣的孫子。武則天臨朝稱制後，他公然糾合了一些人在揚州起兵，著名詩人駱賓王也捲了進去，並寫了有名的《代李敬業討武氏檄》。檄文儘管內容蒼白無力，但文章還是寫得蠻好的，無怪乎武則天看過後說，這是宰相的過失，這個人有這樣的才幹，怎麼能讓他這樣不得志呢！並派人收集他散失的詩文。在這個過程中，曾經支持武則天臨朝稱制，並且在武則天廢除第三個兒子李旦的皇位中起了重要作用的中書令裴炎也採取觀望的態度，最後被殺。當武則天稱帝的企圖越來越明顯的時候，唐的宗室也起來反對。

在武則天稱帝前後，為了壓制各種反對力量，打擊對她稱帝表示不滿的人，大開殺戒。宰相也不例外，從垂拱四年九月到載初元年十一月的兩年時間裏，擔任宰相的有騫味道、張光輔、魏玄同、裴居道、范履冰等五人被殺，韋待價、韋方質二人被流放，武承嗣、武攸寧是武則天的侄子，此外蘇良嗣和王本立罷相後不久死去，算是幸運的。當時的情況就是這樣複雜而微妙，這也就是「天授二年（691）臘，卿相欲詐稱花發，請幸上苑，有所謀也」的背景。

公開反抗的或者看着礙事的，好辦，動用武力鎮壓就是了。而對那些心懷不滿而又沒有公開表露的，就不太好辦。武則天便任用酷吏，來打擊那些對她不滿的人。司馬光在《資治通鑑》卷二○五長壽

元年（692）五月寫道：「右補闕新鄭朱敬則以太后本任威刑以禁異議，今既革命，眾心已定，宜省刑尚寬，乃上疏……」指出武則天的本意是「任威刑以禁異議」，製造一些恐怖氣氛，壓制反對她掌權稱帝的各種輿論。但由於她過高地估計了反對她的力量，因而也濫殺了許多無辜者。但她誅殺的，主要還是貴族官僚及其黨羽和家屬，並不是一般的老百姓。本來到長壽元年恐怖政治就完成了它的任務，在大臣的建議下武則天也準備結束恐怖政治，對一些酷吏也開始進行處置。但是由於武則天稱帝后，在皇位到底是傳給兒子還是傳給侄兒的問題上一度動搖，她的侄子們與酷吏勾結，打擊反對他們掌權的大臣，酷吏政治因此又延續了四五年，直到神功元年（697）年才告結束。如果從她臨朝稱制算起，前後持續了 14 年。

酷吏集中反映了武則天時期統治階級內部政治鬥爭的複雜性和殘酷性，許多貴族和官僚受到迫害，但是這種迫害沒有觸及下層，更沒有觸及普通百姓，因而社會是穩定的，經濟持續向前發展。

5. 天下英賢競為之用

武則天是一個傑出的政治家，她懂得僅僅依靠嚴刑酷法，只能打擊那些反對自己的人，壓制那些不利於自己的輿論，但並不能獲得廣泛的支持。因此，武則天還以祿位收天下人心，利用禮儀制度和選舉制度放手任官，打破常規、破格提拔，以爭取廣大官吏和民眾的支持。同時，使自己的政策更加順應廣大百姓和地主官僚的要求，把國家治理好。武則天在《臣軌上》中談道：「天下至廣，庶事至繁，非一人之身所能周也。」認識到必須依靠賢臣之力。她廣開入仕之門，「進用不疑，求訪無倦」[1]。司馬光在《資治通鑑》卷二〇五則天順聖皇后長壽元年一月丁卯條中說：「太后雖濫以祿位收天下人心，

---

[1] 《舊唐書》卷一三九《陸贄傳》。

然不稱職者，尋亦黜之，或加刑誅。挾刑賞之柄以駕御天下，政由己出，明察善斷，故當時英賢亦競為之用。」武則天不僅發現和培養了一大批人才，而且「當時英賢亦競為之用」，把一大批英賢團結在自己周圍，把經濟、社會和國家推向繁榮昌盛。我們必須從這幾個方面來理解武則天在人才方面的政策和措施，並從中得到有益的啟發。

經過半個多世紀的發展，一般地主大量湧現出來，他們在經濟上有了一定的勢力以後，便要求有相應的政治權勢，以便保護和擴大他們的經濟力量。地主士人要求做官的越來越多。

唐代一般地主可以通過雜色入流和科舉及第獲得做官的資格，但真要獲得一個官職是很不容易的。

雜色入流，入流就是獲得做官的資格。雜色入流主要有流外入流和勳官通過上番入流。高宗、武則天時期戰爭不息，獲得勳官的人很多，但由於他們缺乏文化教養，到中央各個部門或在地方輪番承擔各種任務，上番滿一定年限後，很難通過考試，因此，勳官很少能獲得出身。流外入流者，就是流外官入流。從隋朝開始，官吏開始分流。官分散官和職事官。散官表明品階和身份地位，職事官則表明實際擔任的官職。中央和中央直屬部門的吏稱為流外官。他們負責政府各部門的文書處理和各項具體事務，也分為九品，稱為流外品。流外官在擔任中央各官府的掌固、亭長、佐史、府史、令史以及諸倉、關、津的計史、府史和諸牧、苑圍的監史等後，首先要通過每年一次的考課和三考一次的轉選，才能一級一級升上去。流外官九品，三年一轉選，如果從最低一級九品開始，需二十七年才能獲得入流的機會。即使從六、七品開始，也需要十年上下才能入流。入流後，升遷也非常困難，而且一般不能擔任五品以上的高級官吏。

科舉出身者雖可位至高官，但科舉錄取名額很少。尤其是進士科，貞觀時期的二十三年中，共取二百零五人，平均每年不足十人；高宗、武則天時期增加了一倍，平均每年也只有二十人。一般地主士

人既無世傳經學，又無門第可以憑借，在考試上處於不利地位，錄取者多為高官權貴子弟。高宗時常舉出身的十名宰相中，進士八人，明經二人，其中貴族和五品以上高官子弟六人，縣令子二人，出身於父祖沒有官位的一般地主家庭的只有兩人。錄取名額雖然有所增加，一般地主子弟及第的也有所增加，但是應舉的人也更多了。

即使通過上述兩個途徑獲得出身即做官的資格，最後還要通過「應選」才能獲得官職。高宗、武則天時期每年需要補充的官員只有四五百人，而獲得做官資格即入流的「年以千計」，加上其他候選的官吏，每年到長安應選，等待分配官職的就大大超過此數。「選集之始，霧積雲屯，擢敘於終，十不收一。」[1]往往需要經過長期等待，才能獲得一個官職。

一般地主子弟通過各種途徑獲得一官半職後，升遷也是極為困難的。唐代官吏每年進行一次考課，在任四年中每年的考第都不下於中中，應選時才能進一階。一個從九品下階的小官，每考必中，每選必中，也需要六十四年才能進入五品。至七品，共八階，也需要三十二年。而貴族和高級官吏的子弟，由於享有門蔭的特權，還是小孩子，就做上六、七品官，繫上了銀腰帶；尚未成年，即位至五品、三品，穿上了朱色、紫色的袍子，完全壟斷了通往高官的道路。

在上述情況下，一般地主子弟對貴族高官子弟借蔭得官，壟斷仕途是深為不滿的。唐代只有官吏才有免除賦役的特權，九品以上官可以免除本人的賦役，五品以上官則可免除全家的賦役，官位越高，免除的範圍越大。也就是說，經濟上的特權只有獲得相應的政治地位以後才能獲得，而獲得政治地位以後，又可以藉此擴大自己的經濟力量。正因為如此，大量湧現出來的一般地主，沒有做官的，要求進入各級政權機構；已經做官的，要求迅速升遷；已經做到七品以上中級

---

[1]　《舊唐書》卷八七《魏玄同傳》。

官吏的，要求進入高級官吏的行列。總而言之，都要求擴大自己的政治權勢。

武則天在上元元年提出的建言十二事中的「上元前勳官已給告身者無追核」和「百官任事久，材高位下者得進階申滯」，就在一定程度上反映了這種要求。但不能說這時她已充分認識到這個矛盾，同時，當時她也不可能去解決這個問題。

武則天臨朝稱制後，採取了一系列打破常規、破格用人的措施，客觀上滿足了一般地主和廣大官吏的要求，而從武則天來說，這是為了取得地主官僚對她的支持。

第一，破格用人，廣開入仕之門。

除了通過雜色入流獲得官職外，武則天還為一般百姓、地主新開了幾條門路。

垂拱元年，武則天「詔內外文武九品以上及百姓，咸令自舉」。[1]凡是有才能者，百姓也可以和官吏一樣自我推薦，以求進用。天授元年做皇帝以後，她又派存撫使[2]十人分巡各地，「殘明經、進士，及下村教童蒙博士，皆被搜揚」。沒有考上明經、進士的士人，以及農村的教書先生都被舉薦上來。長壽元年一月，武則天親自接見存撫使所舉人，不問賢愚，一律破格加以任用。正額安置不下，給予試官名義，高的試鳳閣舍人、給事中，其次試員外郎、侍御史、補闕、拾遺、校書郎。當時有人作諷刺詩：「補闕連車載，拾遺平斗量。欋推侍御史，碗脫校書郎。」意思是說補闕、拾遺已經多到可以車載斗量，耙子推來推去，推出了一大堆侍御史，模子翻來翻去，翻出了好多的校書郎。舉人沈全交續詩：「糊心存撫使，瞇目聖神皇。」存撫使吃了糨糊，糊里糊塗，連聖神皇帝也瞇了眼睛，分不清賢愚。此事

---

[1]　《舊唐書》卷六《則天皇后本紀》。

[2]　《朝野僉載》卷一。

被新提拔的御史紀先知當場抓住，便彈劾他誹謗朝政，請先在朝堂杖打，然後交給法司處理。武則天聽後笑道：「但使卿輩不濫，何恤人言，宜釋其罪。」[1]只要你們不濫，何必怕別人說閒話呢？十道存撫使搜羅上來的多為下層失意知識分子，以及一部分下層官吏。

至於那些文化程度不高或者沒有文化而又急於仕進的地主階級中下層，除了可以通過雜色入流、自薦入仕，甚至告密也是一條入仕的途徑。告密者臣下不得過問，皆給驛馬，供五品食，使其前往武則天所在地。「雖農夫樵人，皆得召見，廩於客館，所言或稱旨，則不次除官。」[2]告密者往往得五品。這對於那些文化不高或沒有文化而又急於仕進的下層人物，無疑是一條便捷的入仕之途。

第二，賜階勳。

對於廣大官吏，主要是賜階勳。睿宗即位，改元文明，賜文武官五品以上爵一等，九品以上勳兩轉。垂拱二年（686）正月大赦，賜內外官勳一轉。證聖元年（695）劉知幾上表說：「今皇家始自文明，迄於證聖，其間不過十餘年耳。海內具寮，九品以上，每歲逢赦，必賜階勳。」「每論說官途，規求仕進，不希考第取達，唯擬遭遇便遷。或言少一品未脫碧衣，待一階方被朱服，遂乃早求笏帶，先辦衫袍。今日御則天門，必是加勳一轉；明日饗宣陽觀，多應賜給一班。既而如願果諧，依期必獲。」[3]這說明，自文明以後，賜階勳是每年都要進行的。儘管劉知幾建議不要濫賜階勳，但賜階勳仍繼續進行。登封元年臘月又制內外官三官以上通前賜爵二等，四品以下加兩階。

唐代文武散官均為九品二十九階，四考中中，始能升一階。表現好的，有一中上考，進一階，一上下考進二階，但這終究是極

---

1   《資治通鑑》卷二〇五則天順聖皇后長壽元年一月丁卯條。

2   《資治通鑑》卷二〇三則天順聖皇后垂拱二年三月太后自徐敬業之反條。

3   《唐會要》卷八一《階》。

少數。按部就班升上去，即使有門資的三品子孫，由從七品上階出身，升入五品，需經過六階。如果表現一般，每考每中，至少也需要二十四年。其他官員子弟和通過雜色入流和科舉出身的，所需時間更長，而武則天每年給官員賜階，讓他們普遍升級，雖然他們所擔任的職事官不一定改變，但地位和俸祿卻是迅速提高了。有些人出身不到十三年，就做到了五品，不到二十五年就進入三品。賜階大大提高了官員升遷的速度，特別是中級官吏升為高級官吏的速度。

賜勳對於低級官吏的意義更大。唐代勳官共分十二轉，由最低的武騎尉（比從七品上）到比從五品上階的騎都尉，只需要四轉，只要經過五次賜勳，八、九品的散官、職事官都可以在服色、持笏、官當等方面享受五品以上官的待遇，這也就是劉知幾在所上表中說的：「至於朝野宴集，公私集會，緋服（四品深緋，五品淺緋）眾於青袍（八品深青，九品淺青），像笏（五品以上象笏）多於木笏（六品以下木笏）。」[1] 此外，二品勳官子有蔭，三品至五品子可充當品子，只要能獲得五品以上勳官稱號，就為下一代做官創造了條件。因此，賜勳雖不陞官，但能迅速提高社會地位，並享受某些政治經濟特權，這對於急於擴大自己政治經濟權勢的中下級官吏來說，自然是意外的收穫。對高官子弟，還經常利用南郊祭圜丘、祠明堂、拜洛、封嵩岳等各種慶典儀式，取弘文生、國子生為齋郎，到時幫着捧一捧祭祀的禮器，過後皆可獲得出身。弘文生三十人，國子生三百人，只有三品以上親貴子孫才能充任，一部分國子生亦可由太學生升任。因此，其中也包括五品以上通貴子孫。垂拱以後，盛典頻繁，每次都有一批高官子弟通過擔任齋郎獲得出身，取得官職。這樣一批接着一批，前後不可勝數。這也是武則天能夠取得高級官吏支持的一個重要原因。

第三，大開制科。

---

[1]　《唐會要》卷八一《階》。

通過上述各種辦法，解決了一部分地主士人進入各級政權的問題，各級官員官階亦可有所升遷。但是僅用這些辦法還不能解決那些富有文學才能和卓越政治才幹的人才的選拔和迅速升遷問題。為此，從垂拱四年起，武則天繼續舉行制科，其中垂拱四年至天授二年和長壽三年至萬歲通天二年都是連年舉行。前一個四年，恰好是武則天稱帝前後，大開制舉是她以祿位收天下人心政策的一部分。永昌元年（689）賢良方正科，進士出身的青城縣丞張柬之前往應舉，同時對策者有一千餘人。說明知識分子的確被武則天調動起來。後一個四年則是在武則天任威刑以禁異議，革命成功，恐怖政策開始終結的時候，除了收取人心，從科目設置有賢良方正、超拔群類、經邦等科來看，選拔政治人才的色彩更加濃烈。張說、張柬之、崔沔、蘇頲、盧從願、劉幽求、張九齡等著名政治家都是通過制科而被選拔出來的。制科可以一再應舉，每次中舉，都可陞官，同時制舉及第者可以破格提升，有官者可破格升遷，並多授予清官，無官者亦可應舉。這就為低級官吏升遷打開了道路，給那些文化程度高，政治素質好的士人和官吏提供了一條便捷的升遷之途，並為一般士人在常舉之外提供了一條入仕途徑，使平民可以進入官場。

　　第四，不肖者旋黜，才能者驟升。

　　武則天以上措施並不能同時把更多的地主士人吸收到各級政府中去，但是，由於破格用人，迅速升遷，這就打破了貴族和高官子弟對高級官位的壟斷，使一般地主和中小官吏的子弟有可能進入高級官僚的行列。武則天稱帝期間，宰相中明經出身的十人，其中狄仁傑、李昭德、姚璹、韋安石等四人為貴族高官子孫，陸元方、唐休璟、崔玄等三人為中下級官吏子弟，楊再思、格輔元、杜景儉等三人父祖無官。進士出身的十人，其中宗楚客和李迥秀是貴族高官子弟，李嶠為縣令子，韋嗣立、韋承慶兄弟雖為故相韋思謙之子，但韋思謙的父祖皆為縣令，其餘婁師德、騫味道、周允元、吉頊、張柬之等五人都

是平民出身。科舉出身的宰相中，普通地主和中下級官吏家庭出身的，開始佔據大多數。這是一個有歷史意義的變化。

武則天雖如司馬光所言，「濫以祿位收天下人心，然不稱職者，尋亦黜之」，對官吏的監督和考核是很嚴格的，不稱職的，不僅要罷官，嚴重的還要殺頭。在大量一般地主湧入朝廷的情況下，有效地控制這些暴發戶，使這些急功近利者不能為所欲為，是一件很不容易的事。武則天「挾刑賞之柄」，嚴於課責，把他們的破壞降到最低限度。而對真有才能的則進用不疑，迅速把他們提拔到負責的職位上去。這就有力地保證了整個統治機構的正常運轉和較高的辦事效率。

官吏雖然「進退皆速」，不能長期安於其位，但是，地主入仕面卻因此而擴大。唐代官吏被罷官分為幾種情況，除名者官爵悉除，六年後降若干階重新敍階，如原為正四品散官，重敍為從七品下階。免官者職事官、散官和勳官統統免掉，三年後降二等敍階。免所居官者，一年後降一等敍。總之，只要不被殺頭，罷官後，官的身份最終都可以保留下來。進退愈速，入仕面愈大。地主階層的入仕人數，較之正常情況下就大為增加了。他們獲得了官的身份，社會政治地位相應提高，在地方能與地方官平起平坐，在鄉里可以對農民作威作福。一般地主兼併土地，擴大經濟實力，由此獲得了更加可靠的政治保障。

對武則天放手用人，唐德宗時宰相陸贄有這樣一段評論：「往者則天太后踐祚臨朝，欲收人心，尤務拔擢，弘委任之意，開汲引之門，進用不疑，求訪無倦，非但人得薦士，亦許自舉其才。所薦必行，所舉輒試。其於選士之道，豈不傷於容易哉！而課責既嚴，進退皆速，不肖者旋黜，才能者驟升。是以當代謂知人之明，累朝賴多士之用。此乃近於求才貴廣，考課貴精之效也。」[1]

---

[1] 《舊唐書》卷一三九《陸贄傳》。

《新唐書‧則天皇后傳》亦云:「太后不惜爵位,以籠四方豪傑自為助,雖妄男子,言有所合,輒不次官之,至不稱職,尋亦廢誅不少縱,務取實才真賢。」

陸贄的話最後落在「求才貴廣,考課貴精」上,着眼的是用人之道。《新唐書》強調的是務取實才真賢,指明武則天用人不濫。而司馬光特別指出「故當時英賢亦競為之用」,講的則是她能把當時最傑出的人才吸引到自己的周圍。從李昭德、狄仁傑、徐有功、李嶠到姚崇、宋璟、張說,都是武則天發現和提拔起來的。他們對武則天忠心耿耿,這是僅僅靠祿位和刑賞之柄辦不到的。只有從武則天的政策措施中看到自己和社會的希望,他們才能競為之用。她不僅把當時最傑出的人才都吸引到自己的周圍,還為開元之治準備了人才。

6. 武則天時代

武則天能高瞻遠矚,廣泛了解情況,洞察形勢發展,提出解決方針。她統治期間,在政治和軍事上進行了一些改革(如把御史臺分為左右、設立屯田和軍鎮),社會安定,經濟和文化有了很大發展,人口增加到 615 萬戶,國力也得到加強。

對於武則天,從唐朝開始,歷來有各種不同的評價,角度也各不相同。那麼,到底應該怎樣評價她呢?她對歷史的發展做出了哪些貢獻呢?

徐敬業叛亂後,宰相裴炎、將軍程務挺先後被殺。「既而太后震怒,召群臣謂曰:『朕於天下無負,群臣皆知之乎?』群臣曰:『唯。』太后曰:『朕事先帝二十餘年,憂天下至矣!公卿富貴,皆朕與之;天下安樂,朕長養之。及先帝棄群臣,以天下託顧於朕,不愛身而愛百姓。今為戎首,皆出於將相群臣,何負朕之深也!且卿輩有受遺老臣,倔強難制過裴炎者乎?有將門貴種,能糾合亡命過徐敬業者乎?有握兵宿將,攻戰必勝過程務挺者乎?此三人者,人望也,不利於

朕，朕能戮之。卿等有能過此三者，當即為之；不然，須革心事朕，無為天下笑。』」[1] 這既可看作是武則天的理想、抱負與追求，也可看作是她當時對自己的評價。

真正的評價只有後來的人才能做出，但也不是一步就能到位的，其間經過多次的反覆。但是有一點，前面我們已經談到，武則天還是蠻有人緣的。二十年的統治，不是一段短暫的時間。武則天可以通過種種手段奪取最高統治權，但是這個統治能不能維持下去，就全看武則天怎樣進行統治了。唐太宗曾經引用西漢初年陸賈的《新語》中一句很有意思的話：「取之或可以逆得，而守之不可以不順。」[2] 在武則天統治的二十年中間，社會安定，經濟發展，除了一些貴族官僚，沒有誰想推翻她。這就是因為她守得順，所以會有人緣。也就是說，武則天確實做了一些對社會發展，特別是對老百姓有好處的事。也就是武則天自己所說的「天下安樂，朕長養之」，「不愛身而愛百姓」。下面談談我們對武則天對歷史發展的貢獻的一點看法。

（1）打擊了保守的門閥貴族。武則天被立為皇后以後，把反對她做皇后的長孫無忌、褚遂良等人一個一個地都趕出了朝廷，貶逐到邊遠地區，最後尋找借口，把沒有死的統統殺掉。這對於武則天來說，純粹是一種報復，但這些關隴貴族和他們的依附者，在當時已經成為一種保守的力量，把他們趕出政治舞臺，標誌着關隴貴族自北周以來長達一個多世紀統治的終結，也為社會進步和經濟發展創造了一個良好的條件。

（2）加強對地方的監督管理。武則天把御史臺分為左右，專門負責對地方的監察。她還經常派大臣到地方巡視。這些人到地方不是看

---

1 《資治通鑑》卷二〇三則天順聖皇后光宅元年十二月初裴炎下獄條考異引《唐統紀》。

2 《資治通鑑》卷一九二唐太宗貞觀元年六月戊申條。

看了事，而確實是了解情況，解決具體問題。例如狄仁傑由寧州刺史「征為冬官侍郎，充江南巡撫使。吳、楚之俗多淫祠，仁傑奏毀一千七百所，唯留夏禹、吳太伯、季札、伍員四祠」。[1]

武則天很注意了解下情，除了要求臣下上書反映問題，還專門設立了「匭」，也就是意見箱。其器共為一室，中有四隔，上各有竅，以受表疏，可入不可出。「其東曰『延恩』，獻賦頌、求仕進者投之；南曰『招諫』，言朝政得失者投之；西曰『伸冤』，有冤抑者投之；北曰『通玄』，言天象災變及軍機祕計者投之。」[2]

（3）通過設立屯田和軍鎮，穩定了邊疆形勢。武則天當權後，邊疆並不太平。西邊的西突厥攻佔了安西四鎮，吐蕃也不斷在青海一帶對唐展開進攻。北邊的突厥和東北的契丹一直打到河北中部。武則天一方面組織反攻，恢復了安西四鎮，打退了突厥、契丹的進攻，同時在邊地設立軍鎮，常駐軍隊，並把高宗末年在青海屯田的做法推廣到現甘肅張掖、武威、內蒙古五原和新疆吉木薩爾一帶。對於在屯田工作上做出了巨大貢獻的婁師德，武則天特致書嘉勉。書中特別指出，由於屯田，北方鎮兵的糧食可以支給數年。

（4）安定農村形勢，促進經濟的發展帶來了數量眾多人口的遷徙。武則天提出建言十二事，促成了唐的基本國策的轉變，這對保證唐朝經濟持續發展起到關鍵的作用。建言十二事中就建議「勸農桑，薄賦徭」。

高宗末年，吐蕃犯邊，突厥反唐，戰爭頻繁，加上連年水旱，生產受到相當的破壞。武則天臨朝稱制後，儘管發生了徐敬業揚州叛亂事件，她仍然沒有放鬆生產的恢復和發展。她在文明元年四月頒布了《誡勵風俗敕》，要求地方官「肅清所部，人無犯法，田疇墾闢，

1　　《舊唐書》卷八九《狄仁傑傳》。

2　　《資治通鑑》卷二○三則天順聖皇后垂拱二年三月戊申條。

家有餘糧」，[1] 並以此作為考核地方官吏的標準。垂拱元年（685）她又撰寫了《臣軌》，在《利人章》中指出「建國之本，必在於農。忠臣之思利人者，務在勸導。家給人足，則國自定矣」。把勸農提到建國之本的高度。她還編發了農書《兆人本業記》，發到州縣，作為地方官指導農業生產，推廣先進技術的依據。光宅元年九月還增設了右肅政臺（御史臺），每年春秋發使「分巡天下，察吏人善惡，觀風俗得失」。[2] 從制度上監督地主官吏執行恢復發展生產政策的情況。

關中地區地少而人口過多的問題長期存在。但是由於關中兵府很多，農民不能隨便移動。而關東地區，特別是在隋末動亂中爭奪最激烈的河南中部，地廣人稀的情況長期沒有改變。關中有許多農民逃亡到河南。天授二年，武則天發佈《置鴻、宜、鼎、稷等州制》，決定關中雍州舊管及同、太等州百姓無田業者及自願遷徙者，由政府有組織地遷徙到洛陽及懷、鄭、虢、許、汝等州附貫。原有逃亡到這個地區的農民，也可以在當地申請附貫。[3] 結果，有幾十萬農民由關中遷徙到河南。關中「土狹人稠」的壓力得到緩解。河南中部的勞動力也得到了補充。

武則天長期住在洛陽，並且擴大漕運範圍，在開封開石湛渠，引汴水注白溝，以通漕曹、兗等山東州縣賦稅；在泗州漣水新開漕渠，南連淮水，以通海、沂、密（今江蘇連雲港，山東臨沂、諸城）等州。這也減輕了關中、河東地區的壓力，有利於這些地區農業生產的發展。

天冊、神功（695—697）時，契丹、突厥相繼進入河北中部騷擾，軍事調發過重使許多農民「家道悉破」，而州縣修築城池、鑄造

---

1   《唐大詔令集》卷一一〇。

2   《舊唐書》卷九四《李嶠傳》。

3   《唐大詔令集》卷九九。

兵甲的役使，更是「十倍軍機」。許多農民被迫「露宿草行，潛竄山澤。」[1]蜀漢和江淮以南也因為官府徵求不息，存在着許多逃亡的農民。

農民逃亡後，土地和財產「旋被兼併」。在「歸又無依」的情況下，這些離開了原有土地的農民，有的成為地主隱藏的佃戶，有的則逃到山林和地廣人稀的地區去開荒墾種。他們在當時都被稱為「客戶」。證聖元年（695）韋嗣立上疏說：「天下戶口，亡逃過半。」[2]客戶作為一個新的農村下層群體出現。這實際上是一個規模巨大的人口遷徙運動，不僅促進了國土開發和農業生產發展，也加速了新的社會階層的發展成熟。

面對如此大規模的人口遷徙運動，當時唐朝政府採取了務實和放縱的政策。

漢武帝時期由於對匈奴的戰爭，農民大量脫離土地，土地兼併以空前的規模發展起來。面對這種情況，晁錯把土地兼併的罪過歸之於商人，「今法律賤商人，商人已富貴矣；尊農夫，農夫已貧賤矣」。[3]他提出「限民名田」，即由國家規定土地佔有的最高數量，限制土地兼併的發展。

武則天時期也不斷有人提出這個問題。但是武則天對地主隱藏佃戶沒有採取什麼措施，事實上採取了放任的政策。所謂放縱，就是對於地主的兼併不加以限制，對於農民逃亡，特別是逃亡到地廣人稀或者山溝裏開荒的農民不橫加干涉。即使到了必須加以干涉的時候，也對原有的制度加以變通。證聖元年鳳閣舍人李嶠上表曰：

1   《舊唐書》卷八九《狄仁傑傳》。

2   《舊唐書》卷八八《韋嗣立傳》。

3   《漢書》卷二四上《食貨志上》。

……今天下流散非一，或違背軍鎮，或因緣逐糧……或出
入關防，或往來山澤，非直課調虛蠲，關於恆賦，亦自誘動愚
俗，堪為禍患，不可不深慮也。或逃亡之戶，或有檢察，即轉
入他境。……今縱更搜檢，委之州縣，則還襲舊蹤，卒於無益，
臣以為宜令御史督察檢校，設禁令以防之，垂恩德以撫之，施
權衡以御之，為制限以一之，然後逃亡可還，浮寓可絕……所
謂恩德者，逃亡之徒久離桑梓，糧儲空闕，田地荒廢，即當賑其
乏少，助其修營。雖有缺賦懸徭，背軍離鎮，亦皆捨而不問，
寬而勿徵。其應還家而貧乏不能致者，乃給程糧，使達本貫。
所謂權衡者，逃人有絕家去鄉，失離本業，心樂所住，情不願
還，聽於所在隸名，即編為戶。夫顧小利者失大計，存近務者喪
遠圖。今之議者，或不達於變通，以為軍府之地，戶不可移，
關輔之人，貫不可改。而越關繼踵，背府相尋，是開其逃亡而禁
其割隸也。就令逃亡者多，不能總計割隸，猶當計其戶等，量為
節文，殷富者令還，貧弱者令住。檢責已定，計料已明，戶無失
編，人無廢業。然後按前躅，申舊章，嚴為防禁，與人更始。所
謂限制者，逃亡之人應自首者，以符到百日為限。限滿不出，依
法科罪，遷之邊州。如此，則戶無所遺，人無所匿矣。[1]

李嶠提出的「設禁令以防之，垂恩德以撫之，施權衡以御之，為
制限以一之」的方針，實際上成為唐朝政府解決農民逃亡問題的基本
方針。

正是根據這樣的方針，唐政府在稍後搜括逃戶時，採取了審慎的
政策，赦免逃戶脫戶避役之罪，准許農民在所在地登記戶籍，並免
除兩年的賦稅，甚至由官府貸給種子，幫助逃亡農民在異鄉重建產

業，投入生產。租佃制的發展和荒地的大量存在使農民可以重新回到土地。武則天的放任和安輯的政策使農民可以安心地去重新安排自己的生活。到長安三年（703），農村的形勢基本上安定了下來。

對由於土地兼併而逃亡的農民，採取比較寬容的政策，這保證了農業的發展。因此，武則天統治時期，社會是比較安定的，農業、手工業和商業都有了很大發展，人口也由高宗初年的 380 萬戶增加到 615 萬戶，平均每年增長 0.91%。這在古代，是一個很高的增長率，也是武則天時期經濟發展的集中表現。

（5）文化有了很大的發展。唐人沈既濟在談及科舉制度時說道：「太后頗涉文史，好雕蟲之藝。」「太后君臨天下二十餘年，當時公卿百辟，無不以文章達，因循遇久，浸以成風。」[1] 沈既濟的這些話包含了豐富的內容。一是武則天重視科舉，大開制科。二是當時進士科和制科考試主要都是考策問，也就是做文章。文章的好壞是錄取的主要標準。這實際上反映了對官員文化上的要求，也是當時做官的基本條件。三是武則天用人不看門第，不問你是否是高級官吏的子孫，而是看你是否有實際政治才能。因此特別注意從科舉出身者中間選拔確有才能，能夠解決實際問題的士人擔任高級官吏。科舉出身者做到高級官吏的越來越多。這就大大刺激了士人參加科舉的積極性，更刺激了一般人讀書學習的熱情。天授中，左補闕薛登在上疏中談到當時舉人的情況稱，「策第喧競於州府，祈恩不勝於拜伏。或明制才出，試遣搜揚，驅馳府寺之門，出入王公之第。上啟陳詩，唯希欬唾之澤；摩頂至足，冀荷提攜之恩。故俗號舉人，皆稱覓舉。覓為自求之稱，未是人知之辭」[2] 他們都希望在科舉考試中得到達官貴人的賞識和提拔。各級官吏雖然隨時都有被酷吏羅織丟掉腦袋的危險，有的做官不旬月

1　《通典》卷一五《選舉三·歷代制下》。
2　《舊唐書》卷一〇一《薛登傳》。

輒遭掩捕族誅，但也還是「競為趨進」。這種情況一直延續下去，也就是沈既濟所說的「浸以成風」。開元、天寶年間「父教其子，兄教其弟」，「五尺童子，恥不言文墨焉」[1]的社會風氣，就是從武則天時期開始的。正是文化的普及，推動了文化的全面發展。著名的詩人和文學家崔顥、李嶠、宋之問、沈佺期、杜審言、陳子昂，都是在這個時期湧現出來的。雕塑、繪畫、音樂、舞蹈，也達到前所未有的水平。

7. 中宗復辟

聖曆元年（698），武則天把三兒子廬陵王李顯接回洛陽，立為太子，終於停止了在傳子傳侄上的動搖。

神龍元年（705）初，武則天病情加劇，身邊只有內寵張易之、張昌宗兄弟。

二張和一些科舉出身的大臣、文學之士有密切的聯繫。實際上成為以文學進身的一部分大臣和中下級官吏、文人的代表，代表了一派政治勢力。

宰相張柬之、崔玄等怕大權落入二張一派手中，匆忙發動政變，殺二張，逼武則天退位。中宗即位後不到一年，武則天病死洛陽。死前遺制去帝號，稱則天大聖皇后，並指令與高宗合葬，表示自己不願做孤獨的皇帝，還是要回到唐高宗那裏去做皇后。

根據武則天的遺願，唐中宗不顧一些大臣的反對，把武則天的靈柩從洛陽護送到長安，與唐高宗合葬於乾陵，夫妻終於在地下團圓。在乾陵朱雀門東西闕樓之前，有兩座高達 7.5 米的大碑。一座是唐高宗死後武則天親自撰文，唐中宗李顯書寫的述聖記碑。另一座則是無字碑。武則天在中國古代政治舞臺上活動了半個世紀以後，留下一座無字碑，讓後人去評說她的功過是非。

---

[1]　《通典》卷一五《選舉三‧歷代制下》。

開元、天寶時期

先天元年（712），李隆基終於登上了皇帝的寶座，死後諡號「至道大聖大明孝皇帝」，廟號玄宗，所以後來稱為唐明皇、唐玄宗。第二年改元開元，唐朝歷史進入了一個新時期。而這個時期的出現是很不容易的。

一、武則天給唐玄宗留下了什麼？

1. 唐玄宗和他的祖母武則天

垂拱元年（685）八月初五李隆基出生在洛陽。前一年的二月，武則天立他的父親李旦為皇帝，取代李旦剛剛被武則天拉下皇位的兄長李顯。父親做了皇帝，並沒有給兒子們帶來好運。李旦諸子皆幽閉宮中，不能步出門庭一步，行動受到了很大的限制。李隆基小的時候武則天還是蠻喜歡他的。在他七歲的時候，有一天李隆基去朝堂，金吾將軍武懿宗看到他的車騎儀仗威嚴而整齊，便橫加阻撓。李隆基義正詞嚴地斥責道：「吾家朝堂，干汝何事？敢迫吾騎從！」[1]武則天聽到以後，對他特加寵異。武則天還賜給他兩部樂隊。他後來在音樂舞蹈上的修養，就是從這裏打下的基礎。

長壽二年（693），他的母親竇氏被武則天殺死，李隆基兄弟又

---

[1] 《舊唐書》卷八《玄宗本紀上》。

失去了自由。

聖曆元年（698），改名李哲的盧陵王回到了洛陽，並被立為太子。十四歲的李隆基才重新恢復了自由。

神龍元年（705），中宗即位，二十一歲的李隆基被封為臨淄王。景龍元年（707）出為潞州（山西長治）別駕。在這裏他接觸到了社會，積累了政治經驗。

2. 武則天給唐玄宗留下了什麼？

首先是頻繁的政變。

從神龍元年（705）張柬之推翻武則天，中宗復辟開始，各個利益集團，包括皇室內部和各個大臣集團之間展開了長達八年的復辟反復辟鬥爭。皇后、皇子、公主、外戚都想奪取皇位，湧進朝廷的大批官吏分別依附他們，並協助他們從事祕密攫取皇位的勾當，政變就頻繁起來了。到先天二年(713)太平公主謀廢玄宗止，前後不過八年半的時間，就發生了七次政變，更換了四個皇帝，政局長期處於動盪不安。

第二次政變，在景龍元年(707)。中宗太子重俊非韋后所生，受到安樂公主凌逼，於是發羽林軍殺武三思，未能攻下玄武門而敗死。

第三次政變，在景雲元年(710)。安樂公主謀為皇太女，慫恿韋后毒殺中宗。立中宗子重茂為帝，韋后臨朝稱制。

第四次政變，景雲元年李旦子李隆基、妹太平公主合謀，利用萬騎兵殺掉韋后和安樂公主，擁李旦即位，是為睿宗。睿宗立在平亂中立下了大功的李隆基為太子。

第五次政變，睿宗即位不久，中宗子譙王重福謀從東都起兵，自立為帝，事敗投水死。

第六次政變，睿宗太極元年（712）七月，彗星出西方。太平公主使術者對睿宗說：「彗所以除舊布新，又帝座及心前星皆有變，皇

太子當為天子。」[1]企圖以此動搖李隆基的太子位。睿宗怕再度發生政變，便把皇位傳給了李隆基。這是太平公主始料未及的，只好勸睿宗雖傳位，猶宜自總大政。上乃謂太子曰：「朕雖傳位，豈忘家國？其軍國大事，當兼省之。」[2]八月，李隆基即位，是為玄宗。尊睿宗為太上皇。上皇自稱曰朕，五日一受朝於太極殿。皇帝自稱曰予，命曰制、敕，日受朝於武德殿。三品以上除授及大刑政決於上皇，余皆決於皇帝。這就是說李隆基雖然做了皇帝，但是睿宗並沒有把軍國大權完全交給他，並沒有取得皇帝的全部權力。

第七次政變，當時太平公主仗着上皇之勢，擅權用事，宰相七人，五出其門。文武之臣，大半都依附於她。即使是這樣，太平公主也仍不滿足，與竇懷貞、岑羲、蕭至忠、崔湜及太子少保薛稷及僧慧範等謀廢立，又與宮人元氏謀於赤箭粉中置毒進於玄宗。先天二年七月，魏知古告公主謀於七月四日以羽林軍發動政變。玄宗乃與岐王范、薛王業、郭元振及龍武將軍王毛仲、內給事高力士等定計捕殺與她同謀的宰相岑羲、蕭至忠，竇懷貞自殺。上皇誥：「自今軍國政刑，一皆取皇帝處分。朕方無為養志，以遂素心。」[3]太平公主逃入山寺，三日乃出，賜死於家。

這些政變，特別是第四、六、七三次政變直接導致玄宗接掌最高統治權，可以說是武則天留給唐玄宗的第一個「禮物」。這裏有一個問題，就是為什麼創造了那麼偉大業績的武則天，在她退位之後會出現如此的混亂局面？這是一個具有普遍性的問題。一個成功的君王身後，往往出現混亂的局面。有的朝代經過各種努力，克服了動亂因素，國家和社會繼續向前發展，例如漢朝初年。也有一些最後導致國

---

[1]　《資治通鑑》卷二一〇唐玄宗先天元年七月太平公主使術者言於上條。

[2]　《資治通鑑》卷二一〇唐玄宗先天元年七月壬辰條。

[3]　《資治通鑑》卷二一〇唐玄宗開元元年七月乙丑條。

家的滅亡或土崩瓦解。最突出的莫如秦始皇和隋煬帝。就武則天而言，唐高宗以後，隨着經濟的恢復和發展，土地兼併、土地集中的過程加速了。農村裏地主、富戶增加，社會上逃戶也相應增加。這造成了兩方面的結果，一是原有的各種制度逐漸和實際情況不相適應，二是崛起的地主富戶要求擴大自己的政治經濟權勢。一開始是勾結官府，逃避兵役，後來又發展到巧取豪奪，兼併農民的土地財產。但是這樣還不能滿足他們的要求。因此，謀取軍功便成為他們進入官場的重要方式，一時間從軍成風。這種辦法快速有效，但是不可能持久。因為隨着邊疆形勢的變化，不僅勳賞不行，弄得不好還要送命。而且這與唐朝初年以才學作為用人的主要標準不合。因此，科舉入仕和流外入流成為一般地主入仕的主要途徑。從科舉出身的一般地主子弟，包括中下級官吏的子弟，在官員中的比重，特別是在高級官吏中的比重迅速上升。而伴隨着這種發展，也出現了一批代表正在發展中的一般地主官僚的高級官員，他們急於進入最高統治集團，力圖在最高統治者周圍尋找依靠。這些人的出現，一方面增加了政府活力，同時也增加了政治上不穩定的因素。從武則天末年到開元初年，在歷次政變中他們雖然不是主角，卻是最活躍的力量。

　　唐朝建立後，皇位繼承制度雖然在原則上是嫡長子繼承，但是從唐太宗開始就沒有一個是由嫡長子繼承。這樣不僅給王子們留下了窺視皇位的希望，而且給那些政治野心家尋找政治上的靠山提供了空間。而武則天以一個女子而做了皇帝，在皇位繼承問題上出現了更多的問題，首先就是傳子還是傳侄的問題，其次是傳給哪一個兒子的問題。還有武則天以女子而做皇帝，因此后妃和公主們也開始做起了掌握全國最高統治權的美夢。皇后、皇子、公主、外戚都想奪取皇位。這樣就給那些急於求得發展的官吏提供了更多的機會，他們各自依附一個王子、后妃或公主，並協助他們從事祕密攫取皇位的勾當，以求成為開創一代新朝的功臣，從而取得豐厚回報。這就是當時

政變頻繁的基礎。

這些宮廷鬥爭具有鮮明的時代特色。因為在這些復辟反復辟鬥爭中，起作用的不是傳統的貴族和世代擔任高級官吏的官僚，而是在唐朝興起的沒有家世背景的新的官僚。雖然鬥爭過程中沒有波及普通老百姓，但是鬥爭的結果是造成了政局不穩定，貪污腐化成風等嚴重的問題，給社會經濟造成了巨大的破壞，後果是嚴重的。睿宗在《勞畢構璽書》中曾經這樣描述當時的情況：

> 咸亨、垂拱之後，淳風漸替。徵賦將急，調役頗繁，選吏舉人，涉於浮濫。省閣臺寺，罕有公直，苟貪祿秩，以度歲時。中外因循，紀綱弛紊，且無懲革，弊乃滋深。為官既不擇人，非親即賄；為法又不按罪，作孽寧逃？貪殘放手者相仍，清白潔己者斯絕。蓋由賞罰不舉，生殺莫行。更以水旱時乖，邊隅未諡，日損一日，徵斂不休，大東小東，杼軸為怨，就更割剝，何以克堪！
>
> 昔聞當官，以留犢還珠為上；今之從職，以充車聯馹為能。或交結富豪，抑棄貧弱；或矜假典正，樹立腹心。邑屋之間，囊篋俱委，或地有椿干梓漆，或家有畜產資財，即被暗通，並從取奪。若有固吝，即因事以繩，粗杖大枷，動傾性命，懷冤抱痛，無所告陳。比差御史委令巡察，或有貴要所囑，未能不避權豪；或有親故在官，又罕絕於顏面。載馳原隰，徒煩出使之名；安問狐狸，未見埋車之節。揚清激濁，涇、渭不分；嫉惡好善，蕭、蘭莫別。官守既其若此，下人豈以聊生。數年已來，凋殘更甚。[1]

這兩段話的文字是艱澀一些，但硬着頭皮看兩遍還是可以大體看懂的。

---

[1] 《舊唐書》卷一〇〇《畢構傳》。

武則天留給唐玄宗的這些「見面禮」，更多的是考驗了他。他如果能夠應對這種局面，恰當地處理這些問題，就可以穩定皇位，保持經濟社會持續向前發展。

武則天留給唐玄宗的還有更重要的兩樣東西，第一是一大批治國人才，其中最著名的莫過於姚崇、宋璟、張說、張九齡。武則天以文學取士，不以文學用人。她所培養和提拔起來的，都是富有政治經驗的經世治國之才。他們一直活躍在開元時期的政治舞臺上。開元二十三年罷相的張九齡是其中最後的一名。

第二是一個正在變化中的制度。制度能夠適時調整，是經濟社會持續發展的一個必要前提，也是一個政府活力的表現。制度的變化往往會受到各種不同利益集團的反對，同時還受到經驗和認識的影響。因此從常態走向改革往往是一個艱苦的過程。改革既然從武則天時期就已經開始，並且有些已經水到渠成，那麼唐玄宗在開展制度調整工作的時候，就會順利得多。

二、不平凡的開元

唐睿宗即位後力圖對弊政加以革除。中宗時官爵渝濫，妃、主都可以墨敕授官，叫作斜封官。睿宗景雲元年八月，姚元之（玄宗即位後，為避開元尊號，改名姚崇，下文徑稱姚崇）、宋璟及御史大夫畢構建言，先朝斜封官悉宜停廢。睿宗接受了他們的建議，罷免斜封官數千人。一次罷去數千人，也稱得上是大手筆了。

為了穩定政局，姚崇還建議把太平公主送到外地安置。這件事雖然由於太平公主大鬧而沒有辦成，但是卻給李隆基留下了深刻的印象。這也是後來玄宗立意要重用他的原因。

唐玄宗殺掉太平公主以後，立即起用協助自己取得皇位的郭元

振、劉幽求、張說等為宰相。唐玄宗還想起用同州刺史姚崇為相，來協助他穩定統治秩序，但受到張說的強烈反對和百般阻撓。張說先是指使御史大夫趙彥昭彈劾姚元之，唐玄宗沒有接受。張說又指使殿中監姜皎向玄宗建議：「陛下常欲擇河東總管而難其人，臣今得之矣。」唐玄宗問是誰，姜皎回答道：「姚元之文武全才，真其人也。」唐玄宗當面揭穿他：「此張說之意也，汝何得面欺，罪當死！」姜皎只好叩頭承認。在張說這些幫助玄宗登上皇位的功臣看來，唐玄宗的皇位既然是他們協助奪取來的，那麼他們就應該和唐玄宗分享政權，朝廷就應該是他們的一統天下。

為了擺脫這些功臣的包圍，十月初九，玄宗去新豐，十三日講武於驪山之下，並以軍容不整，要斬殺兵部尚書郭元振。劉幽求、張說跪於馬前諫道：「元振有大功於社稷，不可殺。」乃流新州。玄宗這是藉此立威，為下一步重用姚崇掃清道路。第二天，唐玄宗到渭川打獵，暗中派中使召見姚元之。姚元之很快來到。玄宗停止了打獵，立刻引見，即拜兵部尚書、同中書門下三品。辦完了這件事，唐玄宗立即起駕還京師。

十二月初一，赦天下，改元開元。改尚書左、右僕射為左、右丞相；中書省為紫微省；門下省為黃門省，侍中為監。壬寅，以姚崇兼紫微令。姚崇吏事明敏，三為宰相，皆兼兵部尚書，緣邊屯戍斥候，士馬儲械，無不默記。玄宗初即位，勵精為治，每事訪於崇，他的回答總是很敏捷很流利，同僚皆唯諾而已，故玄宗專委任之。姚崇請抑權幸，愛爵賞，納諫諍，卻貢獻，不與群臣褻狎，玄宗都接受了。姚崇有一次奏請提升郎吏，玄宗仰視殿屋，姚崇再三提到，玄宗一直不作回應。姚崇有些害怕，就趕快退出來。罷朝後，高力士對玄宗說：「陛下新總萬機，宰臣奏事，當面加可否，奈何一不省察！」玄宗道：「朕任元之以庶政，大事當奏聞共議之；郎吏卑秩，乃一一以煩朕邪？」正好高力士到中書省宣事，把玄宗的話告訴姚崇。姚崇

當然很高興，聽說者也都認為玄宗識君人之體。

姚崇為相，紫微令張說很緊張，於是偷偷詣岐王申款。姚崇知道後，在便殿應對時，行微蹇。玄宗問他「有足疾乎？」姚回答道：「臣有腹心之疾，非足疾也。」上玄宗問其故。對曰：「岐王陛下愛弟，張說為輔臣，而密乘車入王家，恐為所誤，故憂之。」玄宗很快就把張說左遷相州刺史，右僕射、同中書門下三品劉幽求罷為太子少保。張說、劉幽求都是協助玄宗奪取皇位和平定太平公主叛亂的功臣。當他們的利益受到威脅，為了保住個人的權位，他們就可能另謀出路。張說潛詣岐王申款就是一例。因此，唐玄宗利用種種借口，把他們相繼貶逐到遠方。玄宗覺得他的幾個兄弟也可能危及他的皇位，從開元二年起，先後任命他們作外州刺史，不讓他們長期留居長安，又規定他們把州中政務委於長史、司馬，這樣就堵塞了從京城或地方發動政變的可能。

經過姚崇的努力，政治局面穩定下來。開元四年十二月，宋璟守吏部尚書兼黃門監，繼姚崇之後為相。「璟為相，務在擇人，隨材授任，使百官各稱其職；刑賞無私，敢犯顏直諫。」「姚、宋相繼為相，崇善應變成務，璟善守法持正；二人志操不同，然協心輔佐，使賦役寬平，刑罰清省，百姓富庶。」[1]經濟重又走上從恢復到發展的道路。到開元八九年，開元之治的局面形成。唐玄宗繼續勵精圖治，保持清醒的頭腦，時刻注意形勢的變化，及時發現問題。

開元十一年，設立了麗正書院，聚文學之士祕書監徐堅、太常博士賀知章、監察御史趙冬曦，或修書，或侍講，以宰相張說為修書使以總之。開元十三年改為集賢殿書院，書院官五品以上為學士，六品以下直學士，仍以張說知書院事。張說拒不接受唐玄宗授予的大學士；後來學士舉辦宴會，舉杯後，張說不肯先飲，對諸學士說道：「學

---

[1] 以上多出自《資治通鑑》卷二一○至二一一，不一一註明。

士之禮，以道義相高，不以官班為前後。」[1]命大家舉杯同飲。當時中書舍人陸堅對唐玄宗這樣優禮學士很不理解，認為無益於國。張說對他說：「自古帝王於國家無事時，莫不崇宮室，廣聲色。今天子獨延禮文儒，發揮典籍，所益者大，所損者微。」[2]

唐玄宗還提倡詩歌的寫作，經常與大臣唱和。一批詩人在開元時期進士及第，一批進士出身的大臣擔任了中央要職。對音樂、舞蹈的提倡，他更是不遺餘力。這些活動有力地推動了開元時期文化藝術的繁榮。

對於開元之治，天寶初年李璉是這樣寫的：

> 我皇上分憂列岳，委鎮藩維，二畿託以腹心，三輔成其手足。天平海晏，國富人安。均雨露於萬方，布風猷於百郡。[3]

「天平海晏，國富人安。」這與後來杜甫《憶昔》詩中的描述是一致的。這段文字出自出土墓誌，是一千二三百年前寫的難得一見的非常珍貴的第一手材料。

唐玄宗李隆基這樣描述他執政十四年所取得的成就：

> 今百穀有年，五材無眚，刑罰不用，禮義興行，和氣氤氳，淳風淡泊。蠻夷戎狄，殊方異類，重譯而至者，日月於闕廷；奇獸神禽，甘露嘉醴，窮祥極瑞，朝夕於林御。王公卿士，罄乃誠於中；鴻生碩儒，獻其書於外。莫不以神祇合契，億兆

---

[1]　《大唐新語》卷七《識量》。

[2]　《資治通鑑》卷二一二唐玄宗開元十一年五月上置麗正書院條。

[3]　《韋貞范墓誌》（七四二），《大唐西市博物館藏墓誌》中，北京大學出版社，2012年，第524—525頁。

同心。[1]

開元十二年，文武百官及四方文學之士以治化昇平，連年豐收，不斷上書建議封禪。書請修封禪之禮並獻賦頌者，前後千有餘篇。玄宗謙沖不許。中書令張說又累日固請，乃下制表示「敬奉群議」，「可以開元十三年十一月十日，式遵故實，有事太山」。[2]

杜佑在《通典》中這樣概括了開元年間的繁盛景況：

> 至十三年封泰山，米斗至十三文，青、齊穀斗至五文。自後天下無貴物，兩京米斗不至二十文，麪三十二文，絹一匹二百一十二文。東至宋、汴，西至岐州，夾路列店肆待客，酒饌豐溢。每店皆有驢賃客乘，倏忽數十里，謂之驛驢。南詣荊、襄，北至太原、范陽，西至蜀川、涼府，皆有店肆，以供商旅。遠適數千里，不持寸刃。二十年，戶七百八十六萬一千二百三十六，口四千五百四十三萬一千二百六十五。
>
> 天寶元年，戶八百三十四萬八千三百九十五，口四千五百三十一萬一千二百七十二。[3]

三、政策、制度和法令的調整

隨着經濟的發展繁榮，特別是城市、手工業商業和對外貿易的發展，一方面社會面貌有很大變化，另一方面社會矛盾也有很大的發

---

1 《唐大詔令集》卷六六《典禮》。

2 《冊府元龜》卷三六《帝王部・封禪第二》。

3 《通典》卷七《食貨七・歷代盛衰戶口・丁中》。

展。土地兼併和土地集中以及由此帶來的農民失去土地，使得唐初建立在自耕小農比重很大而且土地相對平均基礎上的各種制度不再適應。從開元八九年開始，到開元二十五年前後，經歷了兩次對制度和法令的調整。

開元九年至十二年，重用宇文融進行括戶，並調整對逃亡農民的政策，解決了農民大量逃亡的問題。

開元十二年，改政事堂為中書門下，這是對中樞體制的一次重大變革。

開元初年，在邊地普遍設立節度使，並改革了兵役制度，停止府兵輪流到長安宿衛。開元二十五年停止府兵戍邊，邊鎮兵由主帥招募。軍事制度的變化，又引起政府財政支出的增加。

賦稅制度開始發生變化，開元二十五年改變地稅徵收方法，並開徵戶稅，普遍推行折納制度。開元二十二年設立江淮河南轉運使，由宰相裴耀卿兼任，開始南糧北運。

法律制度方面，律令體系發生重大變化。開元二十五年以後，由於和現實情況差距越來越大，律令基本不再修訂。由制敕整理而成的格式成為日常政務的準繩。

這些措施都有力地保證了社會經濟的持續發展。具體情況將在相關章節加以介紹。

四、繁榮下的潛流

1. 土地集中和貧富分化

土地集中和貧富分化是一個不能迴避的問題，但是對於問題要有恰如其分的估計。

武則天統治時期，土地兼併就日益加劇，但由於武則天對此採取

放縱的政策，因此在當時的詔令中始終以「農民逃亡」和「租賦頗減」等詞句來掩蓋土地兼併的事實。唐玄宗時土地兼併繼續發展。唐玄宗對農民逃亡，對地主官僚兼併土地和把逃亡農民變成自己的佃戶是很在意的。開元九年到十二年的括戶就是制止這種趨勢蔓延和滋長的一次努力。在這以後又屢次下詔不許買賣、典貼口分、永業田，但都沒有收到具體的成效。開元二十三年九月，詔：「天下百姓，口分、永業，頻有處分，不許買賣典貼。如聞尚未能斷，貧人失業，豪富兼併，宜更申明處分，切令禁止。若有違犯，科違敕律。」[1]詔令明確提出了豪富兼併問題，並且規定違反者按違敕律處分。

按照《唐律·戶婚律》：買賣口分、永業田，賣者最多杖一百，買者也頂多徒一年。而玄宗在開元二十三年詔中卻臨時處分科違敕罪，要受徒二年的刑罰，處罰大大加重，想用重刑來制止這種趨向。

開元二十五年在頒行新修定的律、令、格、式時。也重新頒布了田令。但正如杜佑所說：「雖有此制，開元之季，天寶以來，法令弛寬，兼併之弊。有逾於漢成哀之間。」[2]君主的法令，無法改變經濟規律的客觀運行。有關土地問題的律、令都成為一紙具文。按違敕律科罪自然也不可能實行。此後，土地兼併愈演愈烈。開元年間，盧從願廣占良田，至有百餘頃。

到天寶十一載（752）玄宗詔：

> 如聞王公百官，及富豪之家，比置莊田，恣行吞併，莫懼章程。借荒者，皆有熟田，因之侵奪；置牧者，唯指山谷，不限多少。爰及口分永業，違法買賣，或改籍書，或雲典貼，致令百姓無處安置，乃別停客戶，使其佃食……遠近皆然，因循日久，

[1]　《全唐文》卷三〇《禁買賣口分永業田詔》。

[2]　《通典》卷二《食貨二·田制下》。

不有釐革，為弊慮深。[1]

這份詔書，對當時土地兼併的情況做了全面的分析。

詔書首先指出「王公百官，及富豪之家，比置莊田，恣行吞併，莫懼章程」，肯定了地主、官僚和貴族對土地恣行吞併的事實。

詔書中概括了當時土地兼併的幾種形式：一是以借荒為借口，侵奪農民的熟田；二是用設置牧場的名義，指占或霸佔山谷間的大片良田；三是以典貼的方式賤買或掠取農民的土地；四是乘農民逃亡之機，用「破除」農民的產業或買賣的形式，強佔農民的土地。

詔書還指出了農民土地被兼併後的出路，就是由地主「別停客戶，使其佃食」，成為地主的佃戶。

詔書最後還指出，這種情況「遠近皆然，因循亦久」，長期以來就是一種普遍現象。

詔書中所指的客戶，是指外來戶。由於他們大多是逃亡的農民，被地主「阿隱相容」成為佃戶，因此客戶就逐漸成為佃戶的同義詞。

土地集中對農業生產發展的影響，留待唐代農業發展有關章節中具體介紹。

土地集中、地主經濟的發展，使財富的積累成為可能，從而為社會分工的進一步擴大提供了條件。農民生產出來的財富通過地租集中到地主手中後，地主不可能全部用於直接消費。他們需要把糧食和各種物資投入市場以換取貨幣，同時從市場購入他們所需要的各種日用必需品和奢侈用品。這樣，就提供了數量可觀的商品糧，使得更多的人可以從事經濟作物的種植，從事手工業生產和各種商業運輸活動；提供了大量的原料和廣闊的市場，從而使手工業、商業得到迅速的發展。

開元、天寶時期社會經濟空前繁榮的局面，在很大程度上就是建

1　《冊府元龜》卷四九五《邦計部・田制》。

立在這樣一個基礎之上的。

雖然出現了天寶十一載詔所述的嚴重情況，雖然出現了「朱門酒肉臭，路有凍死骨」的社會現實，但從總的情況來看，土地集中和貧富分化在當時還只是一個嚴重的社會問題，還不會因此發生嚴重的社會危機。

2. 制度上的失調

（1）文學、政事的分離，教育和選舉制度的失誤

天寶末年，唐朝經濟繁榮、國勢昌盛的情勢突然出現逆轉，發生了安史之亂。而安史之亂之所以能夠出現，關鍵還是制度上的失調和思想上的失衡。這是一個重要的歷史教訓。制度上的失調包括教育、選舉、軍事和政治制度幾個方面。這些方面的失誤有歷史原因，也有人為的因素。但是從所造成的後果的嚴重性來看，這些失誤是都是值得我們研究的。

開元後期，出現了文學、政事的分離。這其實是一個教育和選舉制度失誤的問題。教育和選舉制度在古代說到底就是一個用人的問題，主要是官吏的培養、選拔和升遷的問題。

隋文帝廢除了九品中正制，門第不再是選官用人的標準。隋朝建立了科舉制度，初步建立了按照才學的標準通過考試選拔官員的制度。唐朝繼續實行科舉制度，並且把它和傳統的學校制度結合起來，進入學校逐步成為科舉的預備階段。學生在學校學成以後一般不直接委派官職，只能參加科舉。學校和選官開始分離。

唐玄宗開元時期在人才的培養上主要是通過學校和科舉。而人才的選拔則通過科舉和銓選。這些和武則天時期相比基本上沒有大的變化，但是也有一個很大的不同，那就是武則天通過進士科以文學取士，但不以文學用人。受到武則天提拔和重用的官吏，都具有實際的政治才能。他們或有吏才，或有文學，或文學、政事兼長，其中姚

崇、張說都是能夠出將入相的卓越政治家。

開元時期，這批人仍然健在。因此，玄宗可以根據不同需要，選用不同人才。值得注意的是唐玄宗李隆基沒有像武則天那樣通過制科來選拔經世治國的人才。在原有人才不足以解決實際問題時，玄宗採取的辦法是從下層發現人才，不拘一格地把他們提拔上來。如在解決農民逃亡問題時，玄宗就把一個正八品上階的監察御史宇文融破格提拔為從六品的兵部員外郎兼侍御史，來負責此事。

但在開元之治形成以後，唐玄宗為了粉飾文治，也從開元時期科舉出身的文學之士中選拔一些人，破格提拔到給事中、中書舍人一類的高級職位。因而替皇帝起草詔敕，便成為文士最大的榮耀和最後的歸宿。開元二十三年孫逖掌貢舉，「拔李華、蕭穎士、趙驊登上第。逖謂人曰：此三人便堪掌綸誥」。[1] 張九齡也是以「踐臺閣，掌綸誥」來作為自己擔任宰相的同義語。這樣做固然滿足了當時玄宗在政治上的需要，對於提高文人的社會地位，推動文化學習的普及有積極意義，但也導致了進士科向文學之科發展，以及文學、政事的分途。

開元年間成長起來的科舉出身的官吏雖然具有文學才能，善詩能文，但是他們「以聲律為學，多昧古今」，「六經則未嘗開卷，三史則皆同掛壁」。[2] 不學習儒家經典，歷史知識也極其貧乏，更缺少實際從政經驗，對現實的社會問題沒有深切的了解。比起高宗、武則天時期他們的先輩來，他們大多數缺乏政治才能。在玄宗注意粉飾文治時期，他們中的一些人仕途還比較順利，可以做到中書舍人。但玄宗欣賞他們的，也無非是文學的才華。例如王維，開元十年進士及第，早已詩畫聞名，又得到張九齡的提拔，天寶元年（742）即由左補闕（從七品上）超升庫部郎中（五品上）。是年王維作有《三月三日曲江侍

1　《舊唐書》卷一九〇中《孫逖傳》。

2　《舊唐書》卷一一九《楊綰傳》。

宴應制詩》，說明已得取了應制奉和的資格。

　　但到開元後期，科舉出身者仕途就不那麼順利了。開元時期的科舉出身者沒有一個被提拔為三省高級官員的。從玄宗主觀上來說，還是想用張說那樣既有文學才華，又有政治才能的人來執掌朝政。張九齡實際上就是作為第二個張說而在開元二十二年被重用為中書令的。張九齡是武則天時期成長起來的最後一個政治家。玄宗欣賞他的器識、文辭和風度，曾經對侍臣說：「張九齡文章，自有唐名公皆弗如也。朕終身師之，不得其一二。此人真文場之元帥也。」[1]張九齡雖然在總體素質上已不如張說那樣能文能武，能解決面臨的各種政治軍事問題，但還是具有獨立的政治見解。

　　開元中年以後，政事日益紛繁，邊疆日益緊張，制度需要不斷調整，許多問題需要進一步解決。而開元時期科舉出身的文學之士，雖然到開元二十年前後許多人也已廁身高位，但由於他們是沿着文學之路上升的，普遍地缺乏政治才能，因而無力解決日益複雜的各種政治、軍事問題。而這些也是大多數文學之士不願也無力解決的。這不僅是由於他們的素質，而且是因為他們代表了那些在唐朝興起並已取得了政治經濟權勢的上層地主官僚。他們不僅要求繼續實行高宗、武則天以來在農村的放縱政策，而且反對一切損害他們政治經濟利益的政策和措施。張說反對過括戶，張九齡曾請不禁私鑄錢，而對一切具有變革舊制意義的措施，他們大部分也都採取消極態度。這樣，把開元中期開始的各項變革繼續下去並加以總結、規範的任務便歷史地落到了以李林甫為代表的吏治派官吏身上。

　　開元二十二年以後，以李林甫為代表的吏治派官吏逐步取代文學派官吏執掌了朝政。

　　李林甫雖然缺乏文學修養，口蜜腹劍，人品也不好，但卻有卓越

1　《開元天寶遺事》卷下《文帥》。

的政治才能。他擔任中書令後，「條理眾務，增修綱紀」，[1] 協助玄宗在財政、軍事、用人以及政治、法律制度等方面採取了一系列改革和調整措施，對於保持玄宗統治的第三個十年和第四個十年期間社會的安定、經濟的繁榮和國勢的昌盛，起了積極的作用。

但是，李林甫畢竟缺乏經史知識，在實行一些重大措施時，缺乏理論上的指導，也不能從歷史上吸取經驗教訓，不能從理論、歷史和現實結合的基礎上來制定政策措施，結果造成嚴重失誤。其中後果最嚴重的是軍事制度上的一些舉措，導致了軍事佈局上外重內輕的態勢。「尾大不掉之患」是大家共知的一個歷史教訓。地方的兵力不能太多，地方的勢力不能太大，否則到最後就尾大不掉了。而唐玄宗在李林甫幫助下調整軍事制度的時候，恰恰就犯了這個錯誤。安史之亂的爆發當然還有很多原因，但是軍事制度的失調是一個很重要的因素，而軍事制度之所以失調和李林甫等中央要吏缺少統治理論的修養和歷史知識，缺乏遠見有着直接的關係，是和當時主持這個工作的人的素質有直接關係的。所以說在人才培養和教育上政策的失誤導致的後果是非常嚴重的。

《資治通鑑》說李林甫「凡在相位十九年，養成天下之亂，而上不之寤也」。[2] 是有一定道理的。玄宗在開元年間沒有注意培養和選拔既精通經史，又長於政事的人才的惡果，通過安史之亂充分地顯示了出來。從這個意義上來講，可以說，玄宗在教育、人才的培養和選用上的失誤，導致了在某些重大問題的決策上的失誤；而決策上的失誤，終於導致了安史之亂這場悲劇的產生，給開元天寶盛世來了一個不平凡的結尾。唐代在教育和人才選拔中忽視素質所造成的嚴重後果是一個深刻的歷史教訓！

1　　《舊唐書》卷一○六《李林甫傳》。

2　　《資治通鑑》卷二一六唐玄宗天寶十一載十一月上晚年自恃承平條。

（2）失在於邊，邊鎮制度失調

天寶十四載（755），唐朝的經濟和文化正處在巔峰時期，儘管詩人們開始牢騷滿腹，對於長期戍邊西北和在雲南對南詔軍事上的失利表現出很大的不滿，但內地還是歌舞昇平，人們各自忙着自己的追求。唐玄宗也依然在驪山華清宮過着「緩歌慢舞凝絲竹，盡日君王看不足」這樣神仙般的日子。就是在這樣一個繁榮和平的時候，突然「漁陽鼙鼓動地來，驚破《霓裳羽衣曲》」，安祿山從范陽起兵，很快渡過黃河，攻佔洛陽，最後佔領了長安，唐玄宗倉皇出逃。情況為什麼會發生這樣的逆轉？為什麼會發生安史之亂？安史之亂以後為什麼接着又出現了藩鎮割據的局面？

有些人把這些歸因於唐玄宗個人，歸因於他「置相非其人」，用人不當，還有人歸因於楊貴妃。如果說歸因於唐玄宗個人，歸因於他用人不當還有道理，那麼歸之於楊貴妃，完全是沿襲了傳統的女禍說。男人們把政治搞壞了，使國家瀕於危亡，還要把責任推到女人身上。當事人如果這樣說還可以理解為推卸責任，為自己辯解，而一些歷史家也這麼說，這就是傳統思想中消極的東西在作怪了。從這裏我們可以看出，對傳統文化要加以分析，吸取其中的精華，拋棄那些消極的錯誤的東西。當時還有人認為是因為沒有實行分封制度，皇室缺少屏藩。

對於唐朝所以出現安史之亂和藩鎮割據，當時也有另外一種聲音，柳宗元在《封建論》中提出：「失在於兵，不在於政。」認為問題不是出在政治體制，而是出在軍事制度，出在軍事制度失調上。這個提法是非常深刻，非常有見地的。鎮戍制到節度使制，府兵制到募兵制，不僅改變了整個軍事佈局，改變了內重外輕的局面，而且改變了士兵和主帥的關係，使主帥利用自己手中的軍隊發動叛亂有了可能。這是總的趨勢。

而天寶末年是安祿山而不是其他的節度使叛亂，這又與各個地區

的特殊條件，以及唐王朝的整個戰略部署有關。

通過什麼方式來控制地方，隋唐五代經歷了一個漫長的探索過程。隋文帝命親王出鎮，幾個兒子各鎮一方，楊廣先在太原，後來又到揚州，結果引起了兄弟相爭。唐朝初年，繼續實行府兵制，兵府大部分集中在長安和洛陽附近，中央可以隨時調集重兵。唐朝政府這樣通過兵府的設立，舉關中以臨四方，不僅可以隨時應付周邊發生的問題，也可以有效地控制地方。唐高宗去世後，武則天剛剛掌握了政權，就發生了徐敬業的叛亂。徐敬業固然利用府兵制度徵發了軍隊，但是朝廷也利用府兵系統迅速徵集軍隊，很快把叛亂平息下去。除了人心歸向，這樣的軍事佈局也是一個重要的原因。

唐玄宗時期，在周邊形勢發生變化，兵役制度發生變化的情況下，節度使制度最後確立下來，而且節度使所統轄的邊防軍人數越來越多。而中央既沒有建立強大足以控制全國的中央常備軍，也沒有建立起對節度使有效的制約制度。這種尾大不掉的軍事佈局，終於導致了安史之亂。安史之亂以後，監軍制度有了很大發展。

開元初年，為了加強邊防，在北方沿邊普遍設立了節度使。戍邊的士兵仍然由府兵輪流充當。節度使也經常進行調動，很難擁兵自重。開元二十六年（738）邊地兵改為招募，變成了職業兵，而不再是義務兵。為了應付日益嚴重的邊疆形勢，唐朝政府還不斷增加節度使的兵員。節度使手下的兵力不斷增加。天寶元年（742）邊鎮兵達到四十八萬人，而中央禁衛軍只有七八萬人，多由市井無賴子弟組成，沒有什麼戰鬥力。內地各州幾乎就沒有軍隊。中央除了禁衛軍以外，不再像實行府兵制時期一樣，有隨時可以調動的軍隊。軍事佈局上這種外重內輕的情勢本來就潛伏着對中央的威脅，而唐玄宗和李林甫為了進一步提高邊防軍的戰鬥力，改變了邊帥不久任、不兼統的做法。安祿山從天寶元年擔任平盧節度使起，十餘年不易其任，還先後兼任了范陽（治今北京市）、河東（治今山西太原）節度使。一人專

制三道，統領了今山西、河北和東北廣大地區的軍隊。安祿山還兼任了河北道採訪處置使，河北道在行政上也成為他的勢力範圍。

唐朝政府賦予節度使這麼大的權力，為了防止節度使擁兵自大，唐玄宗和李林甫採取了幾項措施：

一是重用蕃將，並保持節度使之間力量的平衡，主要是范陽與朔方和河西、隴右三方面節度使的平衡，也就是安祿山、突厥人安思順和突騎施人哥舒翰三個節度使的平衡。

二是採取籠絡、權術和暗中監視的辦法。由於當時唐朝廷對外戰略的重點主要是在西方，因此，對於形勢日益嚴重的東北，唐玄宗就交給了他認為值得信任的安祿山。

三是用宦官監軍。天寶六載（747）安西副都護兼安西四鎮節度副使高仙芝率軍擊依附吐蕃的小勃律（在今克什米爾西北部）的作戰，玄宗派內侍邊令誠監軍「監軍則權過節度」。[1]

這幾項措施是沒有辦法的辦法。只要有一個節度使的力量超過了其餘兩方，平衡也就失去了。籠絡也好，權術也好，暗中監視也好，這些都只能收效於一時，隨着節度使力量強大也就不起作用了。至於監軍，那更是成事不足，敗事有餘，起不了防止節度使擁兵自大的作用。事實上是唐玄宗沒有從制度上找到有效的限制和防範的辦法，安祿山終於憑借自己手中的兵力發動了叛亂。這是沒有吸取歷史上尾大不掉之患的教訓，缺乏遠見的結果。而這又與李林甫等中央要吏缺少統治理論的修養和歷史知識有着直接的關係。從這個意義上可以說，玄宗在人才培養和選擇上的失誤，導致了在某些重大問題的決策上的失誤。而決策上的失誤，終於導致了安史之亂這場悲劇的產生。

至於玄宗本人，天寶以後認為天下太平，朝事付之宰相，邊事付之諸將，追求長生享樂，頭腦不再保持清醒，閉塞言路，獨斷專

1   《舊唐書》卷一八四《高力士傳》。

行，更使得決策發生失誤成為必然。

（3）權力過於集中

從武則天開始，由於經濟社會的快速發展，原有的政府機構和制度法令往往不能應付新出現的問題，許多問題需要皇帝根據新的情況做出決策，許多事物需要宰相及時進行處理，因此決策權向皇帝集中，而宰相也逐步取得了完整的行政權。從開元初年開始，宰相不僅取得了一般事務的決定權，而且取得了一定的發令權，可以直接向州刺史下牒。李林甫為相，「諫官言事皆先白宰相」，「御史言事須大夫同署」。[1]

開元二十四年唐玄宗自東都還。李林甫與牛仙客謀增近道粟賦及和糴以實關中。數年，蓄積稍豐，因而唐玄宗也就不再需要去東都「就食」。天寶初，玄宗從容謂高力士曰：「朕不出長安近十年，天下無事，朕欲高居無為，悉以政事委林甫，何如？」對曰：「天子巡狩，古之制也。且天下大柄，不可假人；彼威勢既成，誰敢復議之者！」上不悅。力士自是不敢深言天下事矣。[2]

玄宗長期與大臣疏遠。太宗以來，皇帝經常召見大臣，了解情況，商討問題。玄宗初年也是這麼做的。但到開元末年以來玄宗就很少召見大臣聽取意見了。一開始還是出於政見上的分歧，對部分大臣的意見聽不進去，後來就習慣於只聽身邊人的話。偏聽偏信既已成為一種習慣，大臣將相的話他也就既不想聽，也聽不進去了。只有楊國忠和諸楊姊妹的話可以影響他的行動，這不能說是小人包圍，只能說是玄宗自己作繭自縛。封常清在洛陽被安祿山打敗後，曾三次派人奉表入朝，向玄宗報告敵人形勢，而玄宗卻拒不接見。封常清不得已親赴長安，走到渭南，也被打發回去。唐玄宗只聽信作為監軍的宦官傳

1　　《資治通鑑》卷二一九唐肅宗至德元載十月初李林甫為相條。

2　　《資治通鑑》卷二一五唐玄宗天寶三載十二月初上自東都還條。

回來的報告，而不願意親自了解有關敵人形勢和敵我雙方作戰情況的第一手材料，從而不能統觀全局、對時局做出正確的判斷。加之他「久處太平，不練軍事」，因而也就不能審時度勢，正確指揮，完全喪失了控制局勢的能力。

3. 思想上的失衡、道德信仰的缺失

道德行為規範是和社會價值觀緊密聯繫在一起的，也是和經濟社會的發展、社會結構的變化聯繫在一起的。王朝走向繁盛的時候，往往會出現道德信仰問題。唐朝也不例外。下面回顧一下唐朝的道德信仰危機是怎樣產生的。

唐朝初年把三代和堯、舜時期作為理想的社會，以帝道、王道作為執政的理念。唐太宗對高級官吏提出了「堅守直道，滅私徇公」的要求，認為只要「天下太平，家給人足」，就是「比德於堯舜」。這些和老百姓的社會價值觀還是相通的。社會上也出現了前述「外戶不閉……入山東村落，行客經過者，必厚加供待，或發時有贈遺」這樣良好的社會風氣和道德風尚。

即使這樣，唐太宗還是提出「欲盛」問題。他指出：「故人君之患，不自外來，常由身出。夫欲盛則費廣，費廣則賦重，賦重則民愁，民愁則國危，國危則君喪矣。朕常以此思之，故不敢縱慾也。」[1]「昔禹鑿山治水而民無謗者，與人同利故也。秦始皇營宮室而民怨叛者，病人以利己故也。夫靡麗珍奇，固人之所欲，若縱之不已，則危亡立至。」[2]雖然是從君主個人的慾望與國家興亡的角度說的，強調的是最高統治者和官員要節制自己的慾望，但是觸及人性中一個核心的問題——「慾望」。物質慾望和精神追求都是慾望，構成了人性的核

---

[1]　《資治通鑑》卷一九二唐高祖武德九年冬十月上又嘗謂侍臣曰條。

[2]　《資治通鑑》卷一九二唐太宗貞觀元年十二月上謂功卿曰條。

心內容。

　　隨着唐朝前期經濟的快速發展，社會的道德風尚也隨着時代的發展而發生了變化。不同的人群根據自身的處境和時代提供的機遇，積極追求自己的發展。唐太宗和唐高宗初年，農民和一些社會下層人士，往往選擇參加軍隊，建立軍功的道路。薛仁貴就是其中最典型的人物。隨着經濟的發展和農村富裕階層的成長，參加科舉考試，進入官場，步步高陞，以求富貴，成為各個階層追求的目標。在追求個人發展過程中，大多數人能堅守傳統的道德規範。但也有些人見利忘義，社會理想、百姓民生、道德行為規範全被拋到腦後，追求富貴就是他們唯一的理想。

　　武則天以來，即 7 世紀後期到 8 世紀初年，科舉和銓選中不正之風和相互競爭愈演愈烈。在選官過程中出現了「覓舉」現象。當時有識之士就指出「徇己之心切，則至公之理乖；貪仕之性彰，則廉潔之風薄」。[1] 但是沒有引起普遍重視。到了武則天晚年，隨着通過科舉做到高級官員的人越來越多，「趨競」之風也越演越烈。一些沒有家世背景的新貴為了鞏固自己的權力地位和謀求更大的發展，積極在皇帝家族中尋求一個可以支持和扶持自己的人物。在武則天晚年到唐玄宗初年八年半時間裏的七次頻繁政變中，一部分高級官吏扮演了重要的角色。「趨競之徒強相託附」，託附的是皇子，影響及於政局的在當時還只限於皇室內部的鬥爭。這雖然對社會、國家還不至於造成致命的傷害，但也引起了政局的不穩和社會的嚴重動盪。在追求個人發展中道德的缺失及其嚴重後果，開始顯現出來。

　　玄宗初年，中書侍郎王琚為玄宗所親厚，群臣莫及。每進見，侍笑語，逮夜方出。或時休沐，往往遣中使召之。有人對玄宗說：「王

---

[1]　　《舊唐書》卷一〇一《薛登傳》。

琚權譎縱橫之才，可與之定禍亂，難與之守承平。」[1]玄宗深有同感，因此慢慢地疏遠他。王琚這樣的權譎縱橫之士在當時絕不是孤例。左拾遺曲江張九齡在姚崇剛剛掌權的時候就曾對他說「自君侯職相國之重，持用人之權，而淺中弱植之徒，已延頸企踵而至，諂親戚以求譽，媚賓客以取容，其間豈不有才，所失在於無恥」。[2]這些權譎縱橫之士和無恥之徒在才能上可能有高有低，但是在為了自己的前途和利益而不講究道德規範，沒有既定的原則這一點上是相同的。他們總是想通過某種力量來保證自己仕途的順利和權位的鞏固。

一般士人積極參加科舉和銓選為的是實現個人的夢想和抱負。為了能夠考中科舉或謀得一官半職，請託之風大盛，李白的《與韓荊州書》便是一篇生動的請託文書。在文學領域中，不論是張揚個性的浪漫主義，還是關心民生的現實主義，都是為了表達個人的追求和情懷，是人性的張揚，思想的解放。他們都沒有把個人和社會、國家隔離開來。李白就有「長風破浪會有時，直掛雲帆濟滄海」這樣的宏偉抱負。王維為安祿山所得，他先是服藥取痢，偽稱喑病，後雖迫以偽署，但他聽到祿山宴其徒於凝碧宮，其樂工皆梨園弟子、教坊工人，很是悲惻，偷偷地寫詩道：「萬戶傷心生野煙，百官何日再朝天？」表明他並沒有忘記國家和朝廷。杜甫更是從個人的經歷中感受到現實中的種種問題，寫出了《兵車行》《自京赴奉先縣詠懷五百字》《茅屋為秋風所破歌》等千古名篇。由於唐朝是一個詩歌的王國，廣大官吏和士大夫都從事詩歌創作，因此這也代表了當時主流的社會思潮。

但也有少數人，完全喪失道德信仰，不擇手段地去追求個人的發展。如幽州雍奴人高尚，曾為高力士門人，曾經歎息道：「高不危寧

1 　《資治通鑑》卷二一〇唐玄宗開元元年十一月中書侍郎王琚為上所親厚條。
2 　《資治通鑑》卷二一〇唐玄宗開元元年冬十月左拾遺曲江張九齡條。

當舉事而死，終不能咬草根以求活耳！」[1]表明他為了個人發展可以不顧一切做人原則。天寶六載他被安祿山奏為平盧掌書記，便力勸安祿山作亂，成為安祿山發動叛亂最重要的謀臣之一。

唐玄宗提出「孝」，強調的是行動，還沒有把個人、社會和國家聯繫起來，沒有把社會責任、國家命運和個人聯繫起來。新的倫理思想還沒形成。唐朝初年為民的思想已經淡薄了，「修身齊家，治國平天下」的思想還沒有成為大臣行為的最高準則。

由於唐朝社會處在一個不斷變動的過程中，各種力量也處在一個不斷消長的過程之中。因此，他們既成為政局變動的推波助瀾者，又總是竭力通過政局的變動來達到鞏固和提升自己地位的目的。這在唐朝已經成為一種傳統。因此，儘管皇帝備加防範，但到皇帝也控制不了局勢時，他們就會充分地表現自己。武則天去世以後，他們已經有過充分的表現，而在安祿山進入長安以後，高級官吏們又有了驚人表現。

安祿山進入長安後，一些高級官吏積極投靠。這一次，唐玄宗既然拋棄了群臣，群臣自然也可以不效忠這樣的皇帝。棄暗投明，另立一個皇帝，甚至改變國號，這些事此前在唐代都曾經出現過，其中都貫徹了一個去逆從順的原則。雖然從傳統的倫理道德觀念來說，可能是不合適的，但是基本上都還適應了社會發展的趨勢和要求。而這一次安祿山發動叛亂，是沒有任何正義性可言的。安祿山攻下洛陽後，河南留守李憕、御史中丞盧奕及採訪判官寧死不屈，盧奕大罵安祿山，對賊黨說：「凡為人當知逆順。我死不失節，夫復何恨！」[2]平原太守顏真卿與常山太守顏杲卿在河北舉起義旗，顏真卿招募勇士，旬日至萬餘人，與顏杲卿連兵，幾乎斷絕了安祿山的歸路，迫使

---

[1] 《舊唐書》卷二〇〇上《高尚傳》。

[2] 《資治通鑑》卷二一七唐玄宗天寶十四載十二月河南尹達奚珣降於祿山條。

安祿山放棄了立即進攻潼關的計劃。張巡死守睢陽（今河南商丘睢陽區），阻止了叛軍的南進。說明當時廣大人民和士大夫並沒有屈服於安祿山。因此留在長安的高級官吏屈服於安祿山的淫威，臣附於他，完全是一種喪失氣節的從逆行為。儘管牽涉其中的只是少數高級官僚，但也說明，一部分士人和官僚為了追求個人的利益，保持和發展自己的權力地位，已經喪失了信仰，陷入了道德危機，並且已經成為當時一個關係到國家存亡和社會穩定的嚴重的問題。

五、安史之亂

營州柳城（今遼寧錦州）胡人安祿山在對東北各族的戰爭中，立下軍功，受到唐玄宗的重視，以一身兼領范陽、平盧、河東三鎮節度使，控制了經濟文化素稱發達的河北和河東地區。他不斷招兵養馬，積聚財富，奏請提升許多胡族將領做大將，引用不得志的漢族地主做幕僚。天寶十二載（753），他誘降了被回紇攻破的突厥西葉護阿布思的殘部，加強了自己的軍事力量。天寶十三載，「楊國忠任用之後，即與蠻王羅鳳結釁，征關輔、河南、京兆人討之，去者萬不一全，連枷赴役，郡縣供食。於是當路店肆多藏閉，以懼撓亂，驢馬車牛，悉被虜奪，不酬其直，數年間，因漸減耗」。[1]安祿山與身為宰相的楊國忠個人之間的矛盾也迅速激化，於是利用唐中央兵力空虛的機會，於天寶十四載冬十一月，以誅楊國忠為名，從范陽起兵，帶領所部及由同羅、奚、契丹和室韋人組成的軍隊共十五萬人南下，準備奪取中央政權。安祿山的軍隊沒有遇到多少抵抗，很快就渡過黃河，進到洛陽附近。唐玄宗急派封常清前往洛陽募兵抵禦，在武牢關和洛陽

---

[1]　《通典》卷七《食貨七·歷代盛衰戶口·丁中》。

城下接連被叛軍打敗。安祿山很快佔據洛陽，高仙芝退守潼關。

天寶十五載正月，安祿山在洛陽稱帝，國號燕。

唐軍在潼關一帶與叛軍相持了將近半年以後，唐玄宗強令哥舒翰帶兵東出潼關，收復陝洛。叛軍敗唐軍，乘勝攻入潼關。

安史叛軍逼近長安，六月十三日，唐玄宗逃離長安，走到馬嵬坡發生兵變，嘩變的士兵殺了楊國忠，並要求處死楊貴妃。唐玄宗以楊貴妃的死換取了自己的平安，繼續逃往成都。太子和他分道揚鑣，跑到靈武（今寧夏吳忠），並且在七月十二在靈武即皇帝位，制曰：「今群工卿士僉曰：『孝莫大於繼德，功莫盛於中興。』朕所以治兵朔方，將殄寇逆，務以大者，本其孝乎。須安兆庶之心，敬順群臣之請，乃以七月甲子，即皇帝位於靈武。」[1] 承擔起指揮平定叛亂的重任，平叛才重新開始。

就在這一天，經過了一個月的奔波，唐玄宗李隆基一行經過劍門關，到達了劍閣，終於進入了一個相對安全的地區。玄宗這才想起已經佔領了長安的叛軍，於十五日丁卯，下詔以皇太子充天下兵馬元帥，都統朔方、河東、河北、平盧等節度兵馬，收復兩京；永王璘江陵府都督，統山南東路、黔中、江南西路等節度大使；盛王琦廣陵郡大都督，統江南東路、淮南、河南等路節度大使；豐王珙武威郡都督，領河西、隴右、安西、北庭等路節度大使。在唐玄宗看來，這是一個四平八穩的決策，最後不論哪一個兒子成功，都是李家的天下。然而在皇太子已經在靈武即位的情況下，實際上只能引起皇子們的兄弟相爭，而多少有一些野心的永王璘就成了最大的犧牲品，中間還搭進了愛國激情有餘，而不諳官場形勢險惡的大詩人李白。李白在宣州謁見李璘，被闢為從事。永王謀亂，兵敗，白坐長流夜郎。後遇赦得還，竟以飲酒過度，醉死於宣城。

1　　《舊唐書》卷一〇《肅宗本紀》。

唐肅宗在靈武（今寧夏靈武西北）即位後，任用李光弼、郭子儀為統將，集合了朔方、隴右、河西、安西和西域的軍隊，又得到回紇的援助，於至德二年（757）奪回了長安和洛陽。安慶緒退保鄴郡（今河南安陽）。

　　乾元元年（758），唐王朝以李光弼、郭子儀等九節度使之兵攻鄴，不設統帥，以宦官魚朝恩為觀軍容使。唐方軍令不一，各節度使又互不為謀，以致圍攻數月而不能下。次年三月，降唐復叛的史思明自范陽引兵救鄴，大破九節度使之兵，諸節度使各潰歸本鎮。史思明殺安慶緒，即帝位於范陽。這年秋天，他又領兵南下，再度佔據洛陽。後來，史思明又被他的兒子史朝義殺死。

　　寶應元年（762），新即位的唐代宗借回紇兵收復洛陽。接着，叛軍的幾個主要將領相繼降唐。寶應二年正月，史朝義窮蹙自殺。

　　安史之亂雖然結束，但由於唐廷已無力消滅安史殘餘勢力，只能繼續任用投降的安史部將為節度使，在河北、山東形成了藩鎮割據的局面。在劍南、山南、河南、淮南和嶺南，甚至京畿之內，也時常發生節度使或軍將的叛變。

07
——
從中興到衰亡

　　經過安史之亂的動盪和代宗、德宗時期的恢復調整，唐德宗後期開始進入了一個新的階段。這個階段大體上包含了從貞元後期到元和前後的二十多年時間。在這個時期，唐中央政府一定程度上解決了藩鎮問題。歷史上稱這個時期為「元和中興」。

　　從唐玄宗到唐憲宗，這個時期大起大落，特別是肅宗、代宗以後，看起來比較亂，實際上卻是一個重要的調整時期。隨着經濟的發展，新的社會階層發展壯大，新的社會結構發展成熟，適應於這種新情況的各種政治制度在這個時期進行了調整。許多變革都是在這個時期逐步完成的。許多新的東西都是在這個時期出現的。從開元初年開始一直到唐憲宗初年，唐朝在財稅制度、土地制度、軍事制度方面先後完成了變革。按時間先後來說，唐玄宗時期，完成了募兵制取代徵兵制的變化，並且在地方上普遍設立了節度使，這是軍事制度上一個劃時代的變化。在這以後，儘管還有很多變化，但募兵制已經成為軍事制度的特徵了。唐德宗初年完成了賦稅制度的改革，具有劃時代的意義。唐憲宗恢復和完善了中書門下體制下的宰相制度。各項制度基本理順，這也是藩鎮問題基本解決的前提。

一、唐朝後期的藩鎮割據和元和中興

　　社會經濟的發展、百姓的生活狀態是和國家政局緊緊聯繫在一起

的，國泰民安往往是論者首要的關注點，而國家的統一狀況則是重中之重。

唐玄宗天寶十三載，發生了安史之亂。有人說唐朝從此中衰，其實情況並沒有那麼嚴重。所以有這樣的誤解，與各種著作中的那句大家都很熟悉的安史亂後，「天下盡裂於方鎮」有很大的關係。有一種說法稱這句話出自《新唐書·兵志》。《新唐書》卷五〇《兵志》相關的原文是：「及其末，朱全忠以梁兵，李克用以晉兵更犯京師⋯⋯自國門以外，皆分裂於方鎮矣。」文意和文字均與這句話相去甚遠。其後趙翼在《廿二史札記》卷二《唐節度使之禍》中寫道：「迨至末年，天下盡分裂於方鎮，而朱全忠遂以梁兵移唐祚矣。」與「天下盡裂於方鎮」文字相近但所指時間亦不同。這句話是否脫胎於此尚待考證。

安史之亂後，唐朝確曾一度陷入混亂，經濟受到很大破壞，地方出現了藩鎮割據。但是這些問題都逐步解決了，並且出現了元和中興。元和中興是一個過程，這個過程從安史之亂結束以後就開始了。

不論是唐朝初年貞觀時期，還是安史之亂以後的唐朝後期，和開元、天寶時期相比都缺了一點東西。唐朝初年可以稱得上是昌盛，但是經濟並不繁榮；唐朝後期，經濟繁榮大大超越了開元、天寶時期，但又談不上昌盛。而開元、天寶時期，經濟發達，文化繁榮，對外開放，國勢昌盛，是真正的黃金盛世。而唐朝真正出現衰相是在 9 世紀中期。

1. 藩鎮割據局面的形成

安史之亂以後在地方上出現了三種情況：[1]

第一種情況，在河北地區和山東地區，出現了藩鎮割據的局面。

---

[1]　參見汪籛《隋唐史雜記·唐代方鎮的三種情況》，《汪籛漢唐史論稿》，北京大學出版社，2017 年。

第二種情況，在有些地區，節度使帶有很強的割據傾向。他們表面上服從中央，但在實際上並不完全聽命於中央。在劍南、山南、河南、淮南和嶺南，甚至京畿之內，也時常發生節度使或軍將的叛變。

第三種情況，在廣大地區特別是在南方，雖然也設有節度使或觀察使，但他們完全服從中央。

現在主要談一談藩鎮割據問題。寶應二年（763）初，唐朝中央政府打敗史朝義，安史之亂結束。同時，唐代宗承認了安史降將在河北的勢力，任命李寶臣為成德節度使（統恆、趙等州），李懷仙為幽州盧龍節度使，田承嗣為魏博節度使，薛嵩為相衛節度使。他們與山東淄青節度使李正己，山南東道節度使梁崇義緊密聯結，各自割據一方。這些節度使父死子襲，官爵自為，甲兵自擅，刑賞自專，戶籍不報中央，賦稅不入朝廷。

他們能夠長期割據一方，有以下幾個條件：

第一，憑恃河北「出則勝，處則饒，不窺天下之產，自可封殖」[1]的經濟條件。河北地理條件好，背山面海，有礦有鹽；經濟發展水平較高，在唐朝前期是全國經濟發達的地區之一，在安史之亂中和安史之亂以後雖有破壞，戰爭停下來以後很快得到恢復。這些藩鎮可以自給自足，彼此也可以互通有無。

第二，唐朝前期，和其他地區相比，河北地區土地兼併程度較低，還保留了比較多的自耕農民。這樣藩鎮就可以控制相當數量的自耕農，保證兵員和財政來源，並且把賦稅保持在一定的限度之內。李正己雖然「為政嚴酷，所在不敢偶語」。但是他能做到「法令齊一，賦稅均輕」，[2] 農民的負擔比唐朝中央政府直接統治的地區相對來說還要輕一些，生產和生活要安定一些。這樣就能保持他們的統治區內基

---

[1]　《樊川文集》卷五《戰論》。

[2]　《舊唐書》卷一二四《李正己傳》。

層社會比較安定。

第三，他們抓住了時機。這些藩鎮乘唐朝政府平定京畿叛亂和西御吐蕃無力東顧的時機，治兵繕邑，選軍中強健者，豐給厚賜以自衛，建立了以牙兵為核心的強大的武裝力量。後來，他們父子相襲，親黨磐結，便形成一個特殊的軍人集團，節度使的廢立，往往也要由他們決定。有了強大的武裝力量，他們便可以長期與中央對抗。

唐德宗曾試圖裁抑藩鎮力量，建中二年（781），成德節度使李寶臣死，其子李惟岳自為留後，請求繼任，為德宗所拒絕。於是李惟岳就和魏博、淄青、山南東道等節度使連兵叛變。淮西節度使李希烈也起兵反唐，出現了五鎮連兵的局面。

建中四年，唐軍被淮西軍圍困於襄城，唐王朝調涇原兵前往援救。涇原兵在長安叛變，擁朱泚為秦帝，德宗出奔奉天（今陝西乾縣）。興元元年（784），德宗在奉天詔赦李希烈等五鎮節度使，專討朱泚。不久，自河北前線入援奉天的朔方節度使李懷光又反，與朱泚聯合起來，於是德宗又逃奔梁州（今陝西漢中）。這種大紛亂的局面，直到貞元二年（786）李希烈死，才告結束。唐王朝與河北、河南強藩妥協，藩鎮割據的局面，繼續存在。

2. 中央軍事力量的加強

安史之亂以及其後不斷的兵變，使中央直轄軍隊不斷擴大。

唐德宗裁抑藩鎮雖然受到了嚴重的挫折，但是削平藩鎮的準備工作並沒有停息。

建中時期朝廷在削藩戰爭中受挫，使德宗認識到必須建立一支完全由朝廷掌握的強大的軍隊。涇原兵變和李懷光叛亂更表明，成為朝廷心腹之患的，首先還不是河北藩鎮，而是那些表面上服從朝廷的內地節度使。因此，德宗在與河北、淮西、山東節度使妥協和壓平李懷光叛亂後，便不斷擴大神策軍。

神策軍是玄宗天寶年間設立的，駐守在臨洮（今青海樂都），屬隴右節度使。安史之亂中奉調入援，後駐守陝州。廣德元年（763），吐蕃進入長安，唐代宗逃奔陝州。其後神策軍隨代宗進駐長安御苑中，成為禁軍。神策軍自有統帥，但由宦官監領。代宗殺魚朝恩後，一度禁止宦官典兵。在涇原兵變德宗出逃的過程中，宦官竇文場等人又掌握了神策軍，但也還是監領。貞元以後，德宗不斷擴大神策軍，另一方面又逐步罷去領兵大將的兵權，並於貞元十二年（796）設立左右神策護軍中尉，由宦官竇文場、霍仙鳴擔任，將禁軍的統帥權交給了宦官。在宦官主持下，神策軍的力量迅速發展。神策軍待遇優厚，許多地方將領都請求遙隸神策軍，稱為「神策行營」，受中尉節制。許多內地軍鎮的將帥都出自神策軍。這樣，皇帝通過神策中尉控制了一支龐大的軍事力量，當時號稱 15 萬人。

神策軍既是禁軍，又統轄着戰鬥部隊。除了捍衛京師，還以神策軍出鎮京西、京北地區，一方面備禦吐蕃，使與西北節度犄角相應；另一方面又加強禁軍對近畿的控制，穩定中央政府在關中的地位。這樣就為進一步解決藩鎮和吐蕃問題創造了條件。在許多內地節度使擁兵自重的情況下，這樣一支強大的軍隊，也為朝廷處理與他們的關係贏得了很大的主動。

神策軍中還培養了一批優秀的將領，為元和削藩準備了軍事指揮人才。打敗朱泚，收復長安，被德宗授為奉天定難首席功臣的李晟，自大曆時起為神策軍將。其子李愿、李愬等也在神策軍中成長，皆成為有功於元和時期的大將。

神策軍應運而出，不僅成為穩定政局的一個重要因素，也是宦官能夠長期專權的基礎。唐後期還有樞密使二員，以宦官充任，得知機密。他們與兩中尉合稱四貴。

3. 元和中興

貞元二十一年（805）八月唐順宗傳位唐憲宗，改元永貞。次年正月，改元元和。唐憲宗繼位以後，很快就開始了政治上的革新，並逐步削平了藩鎮，使全國都歸於中央政府的控制，全國重又歸於統一，史稱「元和中興」。

元和中興的標誌標是削平藩鎮，其實削平藩鎮只是元和中興的一個方面，元和中興還包含了其他方面的豐富內容。

首先是中興思潮的興起。經過代宗、德宗時期二十年的努力，經濟繼續發展，城市更加繁榮，政治也開始走上軌道。但隨着土地集中進入一個新的階段，賦稅不均，選舉不平，吏治敗壞，農民逃亡，社會矛盾更加複雜，增加了許多不安定的因素。因此，貞元、元和之際在思想領域是非常活躍的，出現了一個鼓吹改革、要求中興的高潮。廣大士大夫，特別是年青士人紛紛通過文字來表達自己的見解，鼓吹中興，揭露時弊，要求革新。白居易致力於新樂府的寫作。柳宗元不僅參加了順宗時的改革，而且對唐朝的歷史從理論上進行了反思，寫出了著名的《封建論》。韓愈、柳宗元、李翱、劉禹錫還從哲學上和理論上進行了探討和論爭。豐富的思想需要生動的形式來進行表現。他們拋棄了駢體，致力於古文的寫作，並且把寫作與「明道」結合起來，要求文章要宣揚儒道，闡述經世治國和為人之道。這些學者為中興作了輿論的準備和思想上的動員。

不論是古文還是新樂府，作者所表達的內容都涉及社會、政治、思想、文化、軍事等多方面，不僅揭露了當時面臨的各種問題，而且提出了解決的方案；不僅觸及各種實際問題，而且提出了他們的思想理論和社會理想。值得注意的是，唐太宗貞觀政化仍然是他們重要的對比系，寄託了他們的社會理想。與此相應的是進士科考試錄取標準的變化。

其次是代宗和德宗時賦稅制度的改革和神策軍的擴大，為中興在

財政上和軍事上做好了準備。

最後是恢復了宰相作為最高行政首長的制度。

唐順宗時王伾、王叔文在柳宗元、劉禹錫等年青官員支持下，革除弊政，謀奪宦官兵權，由於沒有得到廣大官員的支持，加上宦官的反對，以二王和其他八名官員被貶而告終。但這畢竟是由思潮走向行動，走向中興的重要一步。

唐憲宗即位後的第二年，元和元年（806）正月到四月發生了四件事，正式揭開了元和中興的序幕。

第一件，正月，唐憲宗與宰相杜黃裳論及藩鎮，杜黃裳曰：「德宗自經憂患，務為姑息，不生除節帥。有物故者，先遣中使察軍情所與則授之。中使或私受大將賂，歸而譽之，即降旄鉞，未嘗有出朝廷之意者。陛下必欲振舉綱紀，宜稍以法度裁制藩鎮，則天下可得而理也。」唐憲宗深以為然，於是始用兵討伐西川劉辟的叛亂。「以至威行兩河，皆黃裳啟之也。」

第二件，二月，唐憲宗與宰相論：「自古帝王，或勤勞庶政，或端拱無為，互有得失，何為而可？」杜黃裳對道：「王者上承天地宗廟，下撫百姓四夷，夙夜憂勤，固不可自暇自逸。然上下有分，紀綱有敘，苟慎選天下賢才而委任之，有功則賞，有罪則刑，選用以公，賞刑以信，則誰不盡力，何求不獲哉！明主勞於求人而逸於任人，此虞舜所以能無為而治者也。至於獄市煩細之事，各有司存，非人主所宜親也。昔秦始皇以衡石程書，魏明帝自按行尚書事，隋文帝衛士傳餐，皆無補於當時，取譏於後來，其耳目形神非不勤且勞也，所務非其道也。夫人主患不推誠，人臣患不竭忠。苟上疑其下，下欺其上，將以求理，不亦難乎！」

第三件，四月，杜佑請解其鹽鐵轉運使之職，舉兵部侍郎、度支使、鹽鐵轉運副使李巽自代。自劉晏之後，居財賦之職者，莫能繼之。李巽為度支、鹽鐵轉運使，掌使一年，徵課所入，類晏之多，明

年過之，又一年加一百八十萬緡。

第四件，同月，以元稹為右拾遺，獨孤郁為左拾遺，白居易為盩厔尉、集賢校理，蕭俛為右拾遺，沈傳師為校書郎。」這意味着謀議制度即翰林學士的制度化和諫議制度的恢復，這是制度改革基礎上形成的科學決策機制，同時意味着從貞觀直到開元時期皇帝兼聽納諫，大臣各盡所能，勇於提出建議傳統的恢復。這樣在憲宗元和初年就形成了君臣一心中興的政治氛圍。在削平藩鎮的過程中君臣爭得面紅耳赤，白居易甚至說「陛下錯」，也沒有受到責罰。

不要小看了這四件事。它們之間有着緊密的聯繫，「宜稍以法度裁制藩鎮」，這是削平藩鎮的方針，拉開了削平藩鎮序幕。杜黃裳希望「上下有分，紀綱有紊」，並且指出「獄市煩細之事，各有司存，非人主所宜親也」，秦始皇以衡石程書，隋文帝衛士傳餐，皆無補於當時，是「所務非其道也」。「上深然其言。」在恢復傳統宰相制度上君臣取得了一致意見，邁出了重要的一步。這是恢復了宰相作為最高行政首長的制度。李巽為度支、鹽鐵轉運使，使財政上有了保證。任命元稹、白居易等年輕官吏為諫官，使朝廷的大政方針有了監督。這樣既有了削平藩鎮的方針，又有了負責執行的機關，既有了財政上的保證，又有了輿論監督，削平藩鎮，中興唐朝也就有了堅實的基礎，而且它們本身就是元和中興的重要內容和組成部分。

憲宗首先壓平了劍南西川和鎮海浙西節度使的叛亂。在這以後他接受了翰林學士李絳的建議，密切注意藩鎮之間和各個藩鎮自身矛盾的發展，靜觀其變，等待時機。

元和七年（812），魏博節度使田弘正舉六州之地歸附唐朝，河

1　以上四事紀事和引文據《資治通鑑》卷二三七憲宗元和元年。《舊唐書》卷四《憲宗本紀上》元和元年、卷一四七《杜黃裳傳》，《新唐書》卷一六九《杜黃裳傳》所記大略相同，但文字和內容還是有不少的差異。對照研讀，可以更加全面準確地把握當時的情況。

北形勢發生了變化。

淮西節度使吳少陽死，其子吳元濟自領軍務，拒納唐朝弔祭使者，發兵四出焚掠。元和十年，憲宗下令討伐吳元濟。元和十一年，又下令討伐與吳元濟勾結的成德節度使王承宗。次年，憲宗暫停進攻王承宗，專討吳元濟。宰相裴度親赴淮西督戰。唐將李愬乘雪夜攻下蔡州城（今河南汝南），擒吳元濟，淮西平定。成德王承宗、盧龍劉總也轉歸朝廷。元和十四年唐朝又消滅了淄青李師道，削平藩鎮。

在這個過程中，除了恢復宰相制度，同時停止了宦官的軍權，還賦予宰相軍事指揮權。這對於成功削平藩鎮也有着非同一般的意義。因為只有這樣才能夠把各種力量集中起來，才能統一指揮。

關於軍事指揮權，從唐朝初年開始，軍國大事是宰相在政事堂議決的主要內容，宰相率領軍隊出征也是常有的事。在對外戰爭緊張的時期，往往還任命武將為宰相，但是對整個戰爭的謀劃和指揮，還是由皇帝親自主持的。皇帝把軍事決策權和軍事指揮權牢牢把握在自己的手中。這種情況到唐朝後期發生了重大的變化。經過唐代宗、唐德宗時期的長期搖擺，在唐憲宗削平藩鎮的過程中，宰相李吉甫、武元衡直接參與了策劃和指揮。在武元衡被淄青節度使派來的刺客刺死以後，唐憲宗立即啟用裴度為宰相，繼續主持對淮西的用兵，誅滅吳元濟，取得了削平藩鎮的勝利。在唐武宗統治時期，宰相李德裕在對澤潞和回鶻的戰爭中，發揮的作用更大。這說明，當時雖然沒有成立常設的軍事指揮機構，但是有關軍事指揮的相當一部分權力已經從皇帝轉移到宰相手中。也就是說，皇帝把一部分軍事指揮權分給了宰相。這是由唐朝初年沒有軍事指揮機關到宋代正式設立樞密院作為軍事指揮機關過程中一個重要的中間環節。

再回到唐憲宗削平藩鎮。藩鎮有的被削平，有的投靠朝廷，全國恢復了統一的局面。但是這只是問題的一個方面。還有另外一個方

面，這就是長期戰爭不僅使天下厭苦，而且使國家的財政陷入很大的困難，帑藏虛竭。唐王朝沒有力量進一步消滅河北藩鎮的牙兵集團，只有以高官厚賞來換取驕兵悍將的暫時服從。也就是說藩鎮割據的基礎並沒有被清除。

穆宗即位以後，調換了河北諸鎮的節度使；在河北實行了榷鹽法和兩稅法；又實行銷兵，下令天下軍鎮每年減除百分之八的兵員。這就引起了各鎮兵將的不滿，形成了河朔再叛的局面。長慶元年（821），盧龍、成德發動叛亂。二年，魏博也發生變亂。唐王朝無力壓平叛亂，只好任命叛將做節度使。河北藩鎮的勢力更加鞏固。

雖然發生了河朔再叛，但是藩鎮割據的地區大為縮小。原來藩鎮割據的地區包括河北、山東和河南的廣大地區，河朔再叛後只限於河北中北部的部分地區。而唐朝中央政府則控制了全國大部分地區。

二、科舉、門第與牛李黨爭

唐代科舉制度在發展過程中由於制度還沒有發展完善，也引發了一些嚴重的社會政治問題。

唐朝後期，高級官吏利用進士科和辟舉相結合，世代擔任高官。知貢舉的官員與被錄取的進士之間結成座主、門生關係，進士之間形成同年關係，科舉成為官吏結黨營私的重要紐帶。他們通過請託行卷，結成同年和座主門生的關係，形成或大或小、有形無形的派系，在仕途上互相援引，對子弟彼此照顧，遇到競爭者則一起與之傾軋。[1] 科舉已開始失去選拔稱職官吏和傑出政治家、協調上下層關係、

---

[1] 可參考吳宗國《唐代科舉制度研究》第九章「座主門生關係的形成」，北京大學出版社，2010 年 3 月。

籠絡士人的作用，而成為高級官吏子弟進入官場、世襲高官，以及官僚之間進行黨爭的工具，成為嚴重敗壞唐朝後期政治生活的因素。官僚集團之間的黨爭出現了新的形勢。宋太祖正是有鑒於此，把取士大權收歸皇帝，防止知貢舉官員與及第舉人結黨營私。考試時還實行鎖院、封彌、謄錄制度。

現在簡單介紹一下唐代黨爭和牛李黨爭的問題。

先說牛李黨爭的問題。陳寅恪先生在《唐代政治史述論稿》中篇《政治革命及黨派分野》中把牛李黨爭歸結為，「牛李兩黨之對立，其根本在兩晉、北朝以來山東士族與唐高宗、武則天之後由進士詞科進用之新興階級兩者互不相容」。他還轉引近人沈曾植先生所言：「唐時牛李兩黨以科第而分，牛黨重科舉，李黨重門第。」[1]

陳寅恪先生這個說法提出來以後，認為士族門閥在唐朝繼續存在，並且在政治上發揮着重要的作用，幾十年來便成為一種定論。這是一個牽涉到唐朝歷史發展全局的重大問題。這個問題表面看起來牽涉的是士族問題，即唐代到底存不存在南北朝以來的士族，他們在政治上是否還起着重要作用；而實際上還牽涉到隨着唐代經濟社會的發展，唐朝到底存在哪些社會階層，以及如何看待唐朝的社會等級再編制以及官僚集團之間的鬥爭等一系列問題。早在 20 世紀 60 年代，汪籛先生在《隋唐史雜記・關於牛、李黨爭》中就提出了不同的看法。[2]20 世紀 80 年代以來不斷有學者提出新的意見，並且否定了陳先生的這種看法。

牛黨重科舉，這是事實。陳寅恪先生列舉了很多的歷史材料，很有說服力，大家可以參考。

至於李黨重門第，則不盡然。

---

[1]　陳寅恪：《唐代政治史述論稿》，商務印書館，2011 年，第 276、275 頁。

[2]　汪籛：《汪籛漢唐史論稿》，北京大學出版社，2017 年。

李黨成員中，一些人是山東士族後裔，他們的祖先是士族，但早在齊、隋之際，就已經身未免於貧賤了。

就拿李德裕來看，陳寅恪先生所言，李氏「是北朝數百年來顯著之士族，實可以代表唐代士大夫中主要之一派者」，[1] 以之為以經術禮法為「家學門風」的「山東舊族」。這個看法需要仔細地加以考辨。「李氏為北朝數百年以來顯著之士族」，這是事實。但是李德裕家族是否屬於這個李氏，還是存在很多疑問的。其中最大的一個疑問就是在《新唐書・宰相世系表》上，唯獨缺少其八代祖。這樣李德裕家族就和家譜上他們的祖先失去了聯繫。唐代非士族後裔發達以後與高門通譜聯宗的風氣很盛，李德裕家族是否也屬於這種假冒的士族呢？

姑且不論其是否冒牌貨，李德裕六、七代祖均無官，五代祖李君逸隋時為謁者臺郎。隋謁者臺郎人數眾多，品階從從五品至從九品都有。李君逸後，李肅然、李載都沒有官職。李載是李德裕祖父李棲筠的父親。李肇《唐國史補》記載：「李載者，燕代豪傑，常臂鷹攜妓以獵，旁若無人，方伯為之前席，終不肯仕。」世傳經學和禮法門風連影子也已經蕩然無存。這就是李德裕家族從北朝後期到唐朝前期的情況，完全符合前述唐太宗所說的山東士族敗落的情況，「名雖著於閭裏，身未免於貧賤」。一直到李棲筠，情況發生了變化。據李德裕在會昌四年十二月對唐武宗所說，李棲筠在天寶末年「以仕進無他伎，勉強隨計，一舉登第。自後不於私家置《文選》」。[2] 可見李棲筠所賴以及第的是《文選》，而不是世傳經學，更不是什麼禮法門風。

山東舊族「以經術禮法為家學門風」這個說法也是值得研究的。有兩個材料可以說明這個問題。

第一個材料：《舊唐書》卷一九〇上《文苑上・袁誼傳》：

1　陳寅恪：《唐代政治史述論稿》中篇《政治革命及黨派分野》，第 264 頁。
2　《舊唐書》卷一八上《武宗本紀》。

神功中，為蘇州刺史。嘗因視事，司馬清河張沛通謁，沛即侍中文瓘之子，誼揖之曰：「司馬何事？」沛曰：「此州得一長史，是隴西李亶，天下甲門。」誼曰：「司馬何言之失！門戶須歷代人賢，名節風教，為衣冠顧矚，始可稱舉，老夫是也。夫山東人尚於婚媾，求於祿利；作時柱石，見危授命，則曠代無人。何可說之以為門戶！」

第二個材料：《貞觀政要》卷七《論禮樂》：

貞觀六年，太宗謂尚書左僕射房玄齡曰：「比有山東崔、盧、李、鄭四姓，雖累葉陵遲，猶恃其舊地，好自矜大，稱為士大夫。每嫁女他族，必廣索聘財，以多為貴，論數定約，同於市賈，甚損風俗，有紊禮經。既輕重失宜，理須改革。」乃詔吏部尚書高士廉、御史大夫韋挺、中書侍郎岑文本、禮部侍郎令狐德棻等，刊正姓氏，普責天下譜牒，兼據憑史、傳，剪其浮華，定其真偽，忠賢者褒進，悖逆者貶黜，撰為《氏族志》。士廉等及進定氏族等第，遂以崔幹為第一等。太宗謂曰：「我與山東崔、盧、李、鄭，舊既無嫌，為其世代衰微，全無官宦，猶自云士大夫，婚姻之際，則多索錢物。或才識庸下，而偃仰自高，販鬻松檟，依託富貴，我不解人間何為重之？……」又詔曰：「氏族之盛，實繫於冠冕；婚姻之道，莫先於仁義。自有魏失御，齊氏云亡，市朝既遷，風俗陵替。燕、趙古姓，多失衣冠之緒；齊、韓舊族，或乖德義之風。名不著於州閭，身未免於貧賤，自號膏粱之冑，不敢匹敵之儀，問名惟在於竊貲，結禍必歸於富室。乃有新官之輩，豐財之家，慕其祖宗，競結婚媾，多納貨賄，有如販鬻。或自貶家門，受屈辱於姻婭；或矜其舊望，行無禮於舅姑。積習成俗，迄今未已，既紊人倫，實虧名教。朕夙夜兢惕，憂

勤政道，往代蠹害，咸已懲革，唯此弊風，未能盡變。自今已後，明加告示，使識嫁娶之序，務合典禮，稱朕意焉。」

此詔亦見於《冊府元龜》卷一五九《帝王部·革弊》貞觀十六年六月己酉。《唐會要》卷三六《氏族》、《全唐文》卷六、《資治通鑑》卷一九五貞觀十二年亦有記載。

這兩個材料都說明，隨着山東士族的衰落，「歷代人賢，名節風教，為衣冠顧矚」的情況已不復存在，山東舊族不再「以經術禮法為家學門風」了。「尚於婚媾，求於祿利」，才是他們的家學門風。這是唐朝前期的情況。

因此，陳寅恪先生所述，不論從唐朝前期山東士族的總體情況，還是從李氏家族本身的歷史情況看，都是不能成立的。李棲筠天寶七載（748）進士及第，距唐朝建立已經整整一百三十年，在這一百三十年中李氏都不是以經術禮法為「家學門風」的。

至於李棲筠、李吉甫、李德裕祖孫三代的「家學門風」，我們先看一看這三個人的具體情況。

李棲筠字貞一，世為趙人。幼孤。有遠度，莊重寡言，體貌軒特。喜書，多所通曉，為文章勁迅有體要。不妄交遊。族子華每稱有王佐才，士多慕向。始，居汲共城山下，華固請舉進士，俄擢高第。調冠氏主簿，太守李峴視若布衣交。遷安西封常清節度府判官。常清被召，表攝監察御史，為行軍司馬。肅宗駐靈武，發安西兵，棲筠料精卒七千赴難，擢殿中侍御史。[1]

（李吉甫）少好學，能屬文。年二十七，為太常博士，該洽多聞，尤精國朝故實，沿革折衷……吉甫嘗討論易象異義，附

---

[1]　《新唐書》卷一四六《李棲筠傳》。

於一行集注之下；及綴錄東漢、魏、晉、周、隋故事，訖其成敗
損益大端，目為六代略，凡三十卷；分天下諸鎮，紀其山川險易
故事，各寫其圖於篇首，為五十四卷，號為《元和郡國圖》；又
與史官等錄當時戶賦兵籍，號為《國計簿》，凡十卷；纂《六典》
諸職為《百司舉要》一卷。[1]

（李德裕）幼有壯志，苦心力學，尤精《西漢書》《左氏春
秋》。恥與諸生從鄉賦，不喜科試。年才及冠，志業大成……
穆宗即位，召入翰林充學士。帝在東宮，素聞吉甫之名，既見德
裕，尤重之。禁中書詔，大手筆多詔德裕草之。[2]

他們祖孫三代有幾個共同的特點：第一，均好學，善於寫文章。
第二，他們的學問不論是李吉甫的典章制度、地理、典故之學，或
者是李德裕的縱橫之學，着眼點都是經邦治國，經世致用，而不是
傳統的「經術禮法」。第三，「從李棲筠到李吉甫，再到李德裕，李
氏三代頗多相似之處，均屬政治上的務實派。李氏三代在政治上的
務實，表現為行政過程中的講求實效及對民生的關注，而非空談施
政」。[3]

如果說這些就是陳寅恪先生所說的「家學門風」，那麼這個門風
也不是從北朝數百年以來顯著之士族李氏那裏傳來的，而是適應當時
政治經濟需要的學問。這也正是正在成長的士大夫官僚所必需的素
質。因此這個李氏的「家學門風」不是山東士族禮法門風的繼承，而
是開創了新的士大夫禮法門風的先聲。

再看李黨中的其他一些人。

1　《舊唐書》卷一四八《李吉甫傳》。

2　《舊唐書》卷一七四《李德裕傳》。

3　李文才：《試析唐代贊皇李氏之門風——以李棲筠、李吉甫、李德裕政風之比較
為中心》，《揚州大學學報（人文社會科學版）》2005 年第 5 期。

先看鄭覃，他的情況和李德裕最為相近。鄭覃，父鄭珣瑜，珣瑜父諒，冠縣令。其上四代為縣令、刺史，再上為後周行臺左丞。而《新唐書·鄭珣瑜傳》除言明他是「鄭州滎陽人，少孤」，未言明其家世。因此，雖然他的先祖不一定像李德裕的先祖那樣在齊隋之際就已經衰落了，但在隋唐之際也未擔任高官。鄭珣瑜父為縣令，無蔭子特權，祖父雖為刺史，但早已故去。鄭珣瑜以制科高第，授大理評事。

因此，雖然鄭覃的父親鄭珣瑜可以依靠做刺史的祖父享有門蔭的待遇，但是鄭珣瑜的入仕，是從科舉進身，靠的是自己的才能，而不是祖先的名望。只有到了鄭覃這一輩，才得以靠父親的資蔭入仕，也只有到這時，才可能以經術禮法為家學門風，去重提門第。因此，不論他們怎樣把自己和祖先的門第聯繫起來，結果還是以科舉為基礎成了當朝權貴的。

李黨中還有一些冒牌的士族。如李紳高祖李敬玄，亳州譙人，武則天時任宰相，久居選部，人多附之，前後三娶皆山東士族，又與趙郡李氏合譜。因此，儘管《新唐書·宰相世系表》將之列入趙郡李氏南祖房，但並不能改變其冒牌的性質。而李紳本人也並沒有以趙郡郡望來作為炫耀自己的資本。《舊唐書·李紳傳》所記他的籍貫就是「潤州無錫人」。

李黨中還有一些人，雖然是士族的後裔，也可以和祖先的門第聯繫起來，但是這種聯繫在他們還沒有做到高級官僚以前是沒有意義的。因為他們完全是靠自己的才能，通過科舉進入仕途。如李回，宗室，進士、制科登第，強幹有吏才。李讓夷，進士，隴西人，元和十四年進士。鄭亞，滎陽人，祖、父並登進士第，亞亦以進士出身，制科登第，書判拔萃，李德裕出鎮浙西，闢為從事；鄭亞子鄭畋，會昌二年進士，僖宗時為相，是典型的進士家族。他們都是通過進士科進入官場，步入高級官吏行列，並據此維持家族的地位。他們

更加看重的是科舉而不是門第。

李黨的重要人物李德裕、鄭覃以門蔭出身，並且都算是山東士族的後裔，但李黨其他成員則多為進士出身。就兩黨的多數成員而言，他們的家世和出身沒有顯著的差別。

至於對於科舉的態度，李黨中各人的態度是不一樣的。

鄭覃是堅決反對進士科的。[1]

而李德裕則是反對進士浮華和樹黨背公。

大和七年（833），文宗「患近世文士不通經術，李德裕請依楊綰議，進士試論議，不試詩賦」。[2]（第二年李德裕罷相，進士複試詩賦。）這裏牽涉到的是進士科考試的科目和考試標準，與對進士科的態度無關。

會昌四年十二月李德裕對武宗說：「臣無名第，不合言進士之非……蓋惡其祖尚浮華，不根藝實。」[3]

李德裕提出的進士之非主要是「祖尚浮華，不根藝實」。這與牛黨中一些人的態度並無區別。文宗嘗欲置詩學士，李珏曰：「今之詩人浮薄，無益於理。」[4]乃止。反對浮薄在當時一部分士大夫中已成為一種共識，並非李德裕或李黨所專有。

武宗時，李德裕為相，以「樹黨背公」為由，下令進士及第者，不得呼知貢舉的官員為座主，停曲江大會、雁塔題名。這也並沒有反對科舉制本身的意思。

通過進士科「樹黨背公」由來已久。當時成為最大問題的，還是科舉日益為高官子弟壟斷。貞元、元和之際，科舉出身者擔任朝廷要官的顯著增加。到憲宗元和時，高級官吏主要來源於進士科，進士科

1　　《新唐書》卷四四《選舉志上》、《舊唐書》卷一七三《鄭覃傳》。

2　　《資治通鑑》卷二四四唐文宗大和七年七月上患近世文士不通經術條。

3　　《舊唐書》卷一八上《武宗本紀》。

4　　《資治通鑑》卷二四六唐文宗開成三年十月上好詩條。

成為選拔高級官吏的主要途徑。高官子弟大量通過科舉進入仕途，引起了進士出身而不能迅速升遷的中下級官吏和廣大應舉而不能及第的士子的強烈不滿。競爭中的兩派也都企圖利用下層來反對對方。因此，從穆宗時起子弟問題就經常被提出來。到會昌時，許多主考官為了避免嫌疑，子弟一個不取。會昌三、四年，王起知貢舉時，更是規定凡有親戚在朝者不得應舉。杜牧在會昌、大中之際，所寫的《上宣州高大夫書》中描述了當時的情況：「自去歲前五年，執事者上言，云科第之選，宜與寒士；凡為子弟，議不可進。熟於上耳，固於上心，上持下執，堅如金石。為子弟者，魚潛鼠竄，無入仕路。」[1] 從上到下，形成了一種不放子弟的風氣。正是在這樣的情況下，李德裕出來說話了。

《舊唐書·武宗本紀》記載，會昌四年十二月李德裕對武宗說：「朝廷顯官，須是公卿子弟。何者？自小便習舉業，自熟朝廷間事，臺閣儀範，班行準則，不教而自成。寒士縱有出人之才，登第之後，始得一班一級，固不能熟習也。則子弟成名，不可輕矣。」

李德裕提出「朝廷顯官，須是公卿子弟」，「子弟成名，不可輕矣」。唐朝習稱進士及第為成名。李德裕的這一番話明確表示他並不是反對進士科，而只是要求皇帝解除「不放子弟」的不成文禁令，給高官子弟應舉和及第打開大門。這與陳夷行、鄭覃為相時「請經術孤單者進用」頗為相左，而與李珏、楊嗣復所主張的「地冑、詞采者居先」，[2] 在重用公卿子弟這一點上，倒是一致的。

這裏需要着重說明的是，「公卿子弟」與「門第」並不是同一個概念。「公卿」指的是當朝的高級官僚，而「門第」則是由歷代祖先的政治經濟地位所決定的一種不可逾越的社會等級。李德裕的這段話

---

1   《樊川文集》卷一二。

2   《東觀奏記》上卷「李珏生平」。

恰恰說明，他強調和維護的是當朝的高級官僚子弟，而不是門第。

而從兩黨成員的家世出身來看，基本上是相同的。

因此，「牛李兩黨以科第而分，牛黨重科舉，李黨重門第」，「牛李兩黨之對立，其根本在兩晉、北朝以來山東士族與唐高宗、武則天之後由進士詞科進用之新興階級兩者互不相容」的說法，是不能成立的。

下面先簡單地回顧一下唐代官僚集團之間的鬥爭。

唐代官僚集團之間的鬥爭隨着經濟社會和社會各階層的發展與關係的變化分為幾個階段。

唐太宗時期一開始表現得並不明顯。貞觀中年以後，隨着一般地主官僚力量的發展，關隴貴族和一般地主官僚之間的關係變得微妙起來。因此唐太宗去世之前不僅對未來的班子作了細心地安排，同時對顧命大臣也安排了兩套班子。他的本意是要維持貞觀時期的現狀，也就是要以關隴貴族為核心，同時重用一般地主官僚。

唐高宗即位以後，雖然按照唐太宗的安排招回了李，但很快形成了關隴貴族的一統天下，一般地主官僚受到了排斥。這種情況是和社會上一般地主經濟的發展，和朝廷中大部分官職都已經由一般出身的官員擔任背道而行的。而關隴貴族這個通過軍事力量形成的門閥化的集團，由於沒有現實的經濟基礎，長期以來就是依靠婚姻和官位，也就是所謂婚宦來維持。經過西魏、北周、隋、唐幾個朝代變遷，它的核心家族已經只剩下少數幾家，而且都不擅長軍事，也不掌握兵權。

這種和社會現實嚴重脫節的情況是不可能長期存在的。在唐高宗要廢除王皇后、立武則天為皇后的關鍵時刻，李說：「此陛下家事，無須問外人。」也就是說，關隴貴族已經衰落，皇室通過婚姻維繫與他們的關係已經沒有必要。皇后的廢立已經不再是國家大事。而通過廢王立武，關隴貴族也就最終退出了歷史舞臺。

此後官僚集團之間的鬥爭進入了新的時代。

從唐高宗、武則天，一直到唐玄宗初年，統治集團內部的鬥爭都是圍繞皇權而進行的。特別從武則天晚年到唐中宗、唐睿宗，政變頻頻。

在這個過程中我們隱隱地可以感覺到有兩股相反的力量。

一股力量竭力要把政權穩定下來，使社會安定下來，從狄仁傑到姚崇都是要把當時的政局安定下來。狄仁傑，祖狄孝緒，貞觀中尚書左丞。父狄知遜，夔州長史。狄仁傑本人以明經舉，授汴州判佐，歷并州都督府法曹、大理丞。[1] 姚崇，本名元崇，陝州硤石人也。父善意，貞觀中，任巂州都督。元崇為孝敬挽郎，應下筆成章舉，授濮州司倉，五遷夏官郎中。[2] 二人均從科舉出身，但又都不是從進士科出身，也就是說他們沒有沾染舉進士者的那種追求個人名利、崇尚文學、浮華浮誇的風氣。而且都出生於高級官僚家庭，都享有門蔭的特權。從家庭出身來看，屬於官僚階層。他們的利益更多的是和國家聯繫在一起的。

另外一股勢力，說他們唯恐天下不亂可能有一點過分，但是從武則天晚年一直到唐玄宗初年頻繁的政變中，每次都有他們的身影。把當時的政治搞得混亂不堪。在這股勢力中包含幾個部分，一部分是和武后、韋后家族有密切關係的。如宗楚客，蒲州河東人，則天從父姊之子。紀處訥，秦州上邽人，娶武三思妻之姊。還有的是依附這些家族的，如蕭至忠，祕書少監蕭德言曾孫也，少仕為畿尉，神龍初，武三思擅權，至忠附之，自吏部員外擢拜御史中丞。這些都是為首的頭面人物。

更多的則是武則天以來通過各種途徑，特別是通過科舉進入高級官吏行列，銳意進取的人物。如張說，字道濟，其先范陽人，代居河

---

1   《舊唐書》卷八九《狄仁傑傳》。

2   《舊唐書》卷九三《姚崇傳》。

東，近又徙家河南之洛陽。弱冠應詔舉，對策乙第，授太子校書，累轉右補闕。劉幽求，冀州武強人。聖曆年，應制舉，拜閬中尉。郭元振，魏州貴鄉人。舉進士，授通泉尉。鍾紹京，虔州贛人，初為司農錄事，以工書直鳳閣，則天時明堂門額、九鼎之銘，及諸宮殿門榜，皆紹京所題。景龍中，為苑總監。

這樣的人物在武則天以後大量湧現出來，他們為了謀求自己的發展，往往依靠皇后或王子、公主，支持他們去爭奪最高統治權。8世紀初頻繁的政變就是在這樣背景下出現的。

唐玄宗開元以後上述情況繼續存在，但也有兩個不同於過去的特點：

一是表現為政見之爭。從科舉出身的一般地主子弟，包括中下級官吏的子弟，在官員中的比重，特別是在高級官吏中的比重迅速上升。這些人的出現，一方面增加了政府活力，同時也增加了政治上不穩定的因素。他們在政策和制度變革上，不是說所有的變革都反對，在軍事制度和兵役制度的改變上，他們是頗為積極的。但總的來說，他們更傾向於維持現狀，更主張實行一種放縱無為的政策。吏治派，包括言利之臣，成為穩定局勢、實行變革的實際執行者。從狄仁傑、姚崇、宇文融、韋堅到李林甫、牛仙客。他們包括兩類人。一類是出身較高，父祖都擔任過刺史以上的高官，如狄仁傑、姚崇。一種是以軍功、吏幹被提拔上來的，如宇文融、牛仙客。這兩種人都成為新制度的推行者。

二是表現為文學與吏治之爭。[1]其中最重要的兩個回合，一是玄宗開元九年到十二年的括戶。二是開元二十三年前後張九齡的下臺和李林甫的上臺。而其中李林甫和牛仙客的結合以及裴行儉之子裴光庭循

1   汪籛：《唐玄宗時期吏治與文學之爭》，《汪籛漢唐史論稿》，北京大學出版社，2017 年。

資格的實行都道出了其中一個很重要的祕密，即大部分出身官僚家庭的吏治派官員和進士詞科出身的高級官員在排斥來自下層各種出身的官員時相結合。

安史之亂以後的情況比較複雜。有中央和地方的矛盾和鬥爭，也有官僚集團之間由於出身的不同、政見的不同而出現矛盾和鬥爭。而政見的不同往往還起着很重要的作用。但是這些鬥爭持續的時間都不長，因此還來不及形成明顯的派別，更沒有形成集團，也就是說還沒有形成黨爭。這種情況一直持續到唐憲宗時期。

現在我們再回到牛李黨爭。

穆宗時期，邊疆形勢已經緩和，唐廷與河北藩鎮之間形成了均衡的局面，社會矛盾也還沒有達到激化的程度，而唐朝官僚集團之間卻發生了長達四十年之久的黨爭。

早在唐憲宗元和三年（808）牛僧孺、李宗閔等在制舉對策時批評時政，得罪了宰相李吉甫，久久不得授官。考官楊於陵也被貶出。唐穆宗長慶元年（821），李宗閔子婿蘇巢進士及第，翰林學士李德裕深怨李宗閔譏切其父李吉甫，與翰林同僚元稹、李紳附和段文昌，舉發考官取士不公。考官錢徽和李宗閔都因事涉請託而被貶官。這樣，就揭開了黨爭的序幕。

以牛僧孺、李宗閔為首的「牛黨」和以李德裕為首的「李黨」都與宦官有勾結。文宗時內廷宦官分為兩派，勢均力敵。牛黨、李黨各自依靠一派，相持不下，每逢朝廷議政，雙方總是爭吵不休。文宗曾慨歎說：「去河北賊（指藩鎮）非難，去此朋黨實難。」[1] 武宗時，與李德裕有連的宦官楊欽義為樞密使，李德裕自淮南節度使入相。牛黨的主要人物全被貶逐到嶺南。武宗死，與李黨有連的一派宦官失敗，得勝的一派擁立宣宗，李德裕貶死崖州（今海南瓊山）。黨爭基

---

[1]　《舊唐書》卷一七六《李宗閔傳》。

本結束。

牛李黨爭是官僚集團之間爭權奪利的鬥爭。雙方結黨基本上都不是基於共同的政見，而是通過各種關係建立起來的。李黨的重要人物多為李德裕任翰林學士和宰相時的同僚。牛黨則以科舉為紐帶，來擴大自己的勢力。其黨人經常「為舉選人馳走取科第，占員闕」。[1]個人的權力地位和恩怨得失在黨爭中起了重要作用。

兩黨成員在執政時，都做過一些有益的事。武宗時李德裕當政，解決了澤潞鎮叛亂等一些具體問題。兩派官僚都與宦官有牽連，他們都沒有參加文宗時一些士大夫進行的剷除宦官的鬥爭。他們還有一個共同的特點，就是都不關心民生，對於日益嚴重的社會矛盾都無心去加以解決。

三、漫話唐朝的衰亡：失所以安人之道

乾符元年（784）王仙芝在長垣起兵，拉開了唐王朝覆亡的序幕。但是唐朝直到黃巢退出長安，敗死泰山下狼虎谷的二十三年後才告覆亡。

廣大民眾參加起事，是因為他們生活不下去了。這是整個運動的起點。但是任何自發的群眾運動都是不可能按照參加者的願望順利地向前發展的。它總是要被某種力量所利用，所左右。秦末、隋末恰逢新的社會階層已經成熟到急欲登上政治舞臺，因此在各種力量的綜合作用下，出現了漢朝初年和唐朝初年的開明政權。新的政權成為農民運動遺言的執行人。

王仙芝、黃巢從鋌而走險販私鹽的鹽梟到流民領袖，主要是依靠

---

[1]　《舊唐書》卷一七六《楊虞卿傳》。

被迫離開土地的農民起事，是順應了民意。他們提出「沖天」「平均」的口號，反映了賦稅不均的現實和廣大百姓改變現狀的要求，但是他們沒有明確的建立一個新政權的觀念。黃巢長期流通作戰，固然是迫於形勢，但隨占隨丟，在所佔領的地方沒有建立起穩固的政權，沒有着眼於建立一個全國性的統一新政權。他們的特點是打破舊世界，而對於建立新世界則沒有明確的目標。因此轟轟烈烈的唐末農民戰爭到最後，只落得個軍閥混戰。這種悲劇性的結局，正是農民戰爭最大的局限。

黃巢退出長安後，有兩股值得注意的力量：一是北方藩鎮的力量，其中有的藩鎮是少數民族。二是南方軍人的力量。不論是本地的還是外地來的，他們都和當地的地方勢力相結合。這是唐朝南方地方經濟發展的結果。各地都有了自己的利益，而中央政府卻不能充分滿足其在各方面的要求，一些人從長安回到了家鄉。這是南方形成分立國家的重要基礎。因此南方和北方的各個政權，有共同的特點：一是地方性，它們分別和各個地區的利益相結合；二是都和軍事力量相結合。

公元 907 年，後梁取代了名存實亡的唐王朝，歷史進入了五代十國時期，重新開始向有序的方向發展。

王朝的興衰，從來都是人們十分關注的話題。

在 20 世紀三四十年代，就有論者提出，土地集中是皇朝滅亡的主要原因。而新的王朝對農民採取讓步政策，土地趨於分散，因此經濟走向繁榮。他們還提出了類似的公式：土地集中→王朝覆滅→土地分散→經濟繁榮→土地集中……這種看法到五六十年代大行其道。80 年代又有人重新提了出來。這種說法不是沒有一些道理，因為每個王朝的末年土地確實是高度集中的。問題是土地集中和王朝的衰落、滅亡到底是一種什麼樣的關係？一個王朝的最後滅亡離不開兩個因素，一個是被統治者活不下去，還有一個是統治者無法再統治下

去。而從唐朝末年的情況來看，當時的問題是有大量農民離開土地成為流民。這些流民一般不是地主的佃農，而是被迫離開土地的小農。他們因為大地主、大官僚通過隱瞞土地和降低戶等等各種辦法把沉重的賦稅和徭役轉嫁到自己身上，無法承受，被迫無奈而脫離了土地。大量政府直接控制的小農逃亡，引發了三方面的問題：一是直接影響了政府的財政收入。二是政府為了彌補減少了的財政收入，便採取種種辦法把負擔轉嫁到沒有逃亡的農民身上，而這又迫使更多的農民走上了逃亡之路。三是大量流民的存在，引起社會的動盪，成為社會不安定的重要因素。有的流民被迫拿起武器，走上反抗的道路。這也是最終造成唐朝衰落和滅亡的主要原因。這就是土地集中和被統治者活不下去以及統治者無法再統治下去這兩方面的關聯。關於這個問題，我在《唐末階級矛盾激化的幾個問題》一文中作了比較詳細的闡述，[1] 這裏就不多說了。

還有王朝末年的腐敗。腐敗存在於王朝的各個時期，表現形式和產生的原因不完全相同。但是，直到王朝的中後期，統治者都還能通過制度、政策和行政手段，在一定程度上限制和消除各種腐敗現象。而到了王朝末年，從皇帝到執政的高級官員雖然可以解決一些政治軍事問題，但唯獨不關心老百姓的死活。從某種意義上來說，這是最大的腐敗。這是農民生活不下去、統治者統治不下去的最重要因素。

唐文宗太和二年（828）策試賢良，劉在對策中寫道：

> 臣聞國君之所以尊者，重其社稷也；社稷之所以重者，存其
> 百姓也。苟百姓之不存，則社稷不得固其重；苟社稷之不重，則

---

[1]　吳宗國：《唐末階級矛盾激化的幾個問題》，《北京大學學報（哲學社會科學版）》1984 年第 3 期。後全文收入福建人民出版社《隋唐五代簡史》（2006 年）。

國君不得保其尊。故治天下不可不知百姓之情……今或不然。陛下親近貴幸，分曹補署，建除卒吏，召致賓客，因其貨賄，假其氣勢。大者統藩方，小者為牧守。居上無清惠之政。而有饕餮之害；居下無忠誠之節，而有奸欺之罪。故人之於上也，畏之如豺狼，惡之如仇敵。今海內困窮，處處流散，饑者不得食，寒者不得衣，鰥寡孤獨者不得存，老幼疾病者不得養。加以國之權柄，專在左右，貪臣聚斂以固寵，奸吏因緣而弄法。冤痛之聲，上達於九天，下流於九泉，鬼神怨怒，陰陽為之愆錯。君門萬里而不得告訴，士人無所歸化，百姓無所歸命。官亂人貧，盜賊並起，土崩之勢，憂在旦夕。即不幸因之以疾癘，繼之以凶荒，臣恐陳勝、吳廣不獨起於秦，赤眉、黃巾不獨起於漢。[1]

在一千二百多年以前，把問題提得如此中肯，並直接對皇帝提出這樣尖銳的批評，是很不容易的。但當時雖然有讓人講話的氣氛，但是皇帝和當政的大臣都把這當成了耳旁風。大臣繼續醉心於黨爭，唐文宗一籌莫展，社會矛盾繼續向前發展。

晚唐曾為翰林學士的劉允章上《直諫書》指出：

天下百姓，哀號於道路，逃竄於山澤；夫妻不相活，父子不相救。百姓有冤，訴於州縣，州縣不理；訴於宰相，宰相不理；訴於陛下，陛下不理。何以歸哉！……陛下不以萬國為心，不以百姓為本。臣當幸歸滄海，葬江魚之腹，不忍見國難危。[2]

「陛下不以萬國為心，不以百姓為本。」可謂切中要害。王朝的

1　《舊唐書》卷一九〇下《劉傳》。
2　《全唐文》卷八〇四。

興盛和衰落，這是一個永恆的主題。為什麼每一個王朝都經歷了它的輝煌，也都逃脫不了衰落的命運？唐太宗提出「國以民為本」，貞觀君臣注意「以百姓之心為心」，並為後繼者所繼承。唐太宗提出的「千端萬緒，須合變通」，也成為從貞觀到開元不斷革新的理論基礎。到唐朝後期，也就是唐穆宗以後，隨着土地的高度集中，形成了大地主大官僚的巨大既得利益階層，朝廷中形成了不同的官僚集團。既得利益階層的形成，影響到經濟、社會和政治，乃至於文化等各個領域。從皇帝到執政的高級官員雖然着力去解決一些政治軍事問題，但唯獨不關心民生，不去調整各種擾民的制度，不去解決各種嚴重的社會問題，特別是賦役不均的問題，「失所以安民之道」，拋棄了「國以民為本」這個唐初以來的立國之本。這是唐朝末年社會矛盾繼續向前發展，農民生活不下去，統治者統治不下去，不可避免地走向了滅亡的根本原因。這也是大唐帝國的興衰留給我們的說不完的話題。

隋唐制度

關於隋唐政治制度史研究

一、關於政治制度史研究

政治制度史，對於普通讀者來說，有些人是要了解一個時期政治制度的具體情況；還有一些人是希望了解政治制度發展的規律，並從中得到必要的借鑒和啟迪。這就構成了政治制度史的兩個主要層面，也就是首先要搞清楚政治制度的基本情況，進而探索它的發展規律。而對搞歷史的人來說，政治制度史是進行教學和科學研究必須具備的一項專業基礎知識。

中國古代政治制度是中國古代政治文化的重要組成部分，凝結了我們祖先的政治智慧，也留給我們許多寶貴的經驗教訓。過去，對於古代政治制度主要是強調專制主義這個方面，而對於中國古代政治制度全貌，特別是其中的一些積極因素則多所忽略。

過去強調國家是階級壓迫的工具，是鎮壓人民的機器，而忽略了一個重要的事實，即國家能否進行統治，一個政權是否能夠存在，是以它能否履行必須履行的社會職能，能否保證社會生產的正常進行作為前提的。秦始皇和隋文帝、隋煬帝所實行的制度和所採取的措施都是適應社會需要和國家統一發展的，但是他們濫用民力，賦稅徭役超出了人民負擔的能力，最後導致了國家的滅亡。後來唐太宗總結隋王朝滅亡的教訓時說，「為君之道，必須先存百姓」，[1] 也就是國家的各種

---

[1]　《貞觀政要》卷一《君道》。

措施不能超過人民的負擔能力。而一個王朝在剛剛建立和正常發展的階段，也總是把恢復發展生產和進一步促進社會生產的提高作為一項重要的任務。因此僅僅從壓迫和鎮壓這樣一個角度來論述中國古代的政治制度是不全面的。

古代的政治制度，都是建立在當時社會經濟發展的基礎之上的。不論在哪個時期，各個政府部門的職能都是相對固定的。因此，隨着社會的發展和周邊形勢的變化而出現新的問題時，就需要設立新的官員和部門去解決這些問題。發展到一定階段，政治體制就會隨之發生變化。這是政治制度發生變化的基本原因。皇帝和宰相的矛盾、官僚之間的矛盾，對政治制度的變化會產生影響，但是這種影響只能是對變化起加速和延緩作用，往往構成變化的動因，不是制度變化的主要原因。

二、政治制度的不斷調整是經濟社會持續發展的前提

成就盛唐之盛的，原因很多，諸如天時、地利、人和等因素。而唐初以來政治制度的不斷調整，也是唐朝前期經濟能夠持續發展的一個重要的條件。例如宰相制度的不斷調整、使職的設立、銓選和科舉制度的某些調整，無不適應當時經濟社會和政治軍事形勢的需要。因此，研究唐朝前期政治制度的演變和盛唐時期政治制度的實際情況，對於理解盛唐這樣一個神祕而迷人的時代，是很有意義的。

隋唐在中國古代政治制度發展上，處在承先啟後的轉折時期。隋和唐初的三省六部制度和州縣制，既是漢魏南北朝以來政治制度的總結，同時也反映了中國封建社會前期向後期的轉變，反映了豪強士族的衰落。但是，真正反映社會經濟變化和封建經濟高度繁榮，適應

封建社會後期需要的政治制度，是在武則天到唐德宗時期才逐步形成的。因此，隋唐的政治制度本身也處在一個不斷變動的過程之中。唐朝政治制度不僅為唐代社會、經濟和文化的發展提供了制度上的保障，而且對唐以後各朝的政治制度也有着深遠的影響。

三、研究的重點是處於變動過程中實際運行的政治制度

我們研究的，是每個時期的政治體制、政權結構、運行機制和它們的發展變化，其中主要是決策機制和政府運行機制。

政治制度不是一成不變的，它的穩定程度，由於政治經濟條件的不同，時間有時長一些，有時短一些，但總是暫時的、相對的，而變化則是絕對的。而對政治制度作出規定的法令，總是力求保持穩定而不輕易變動。因此，實際實行的制度和法律規定相一致的時候，是不多的。秦和西漢初期建立的一套完整的專制主義中央集權制度，到漢武帝時就發生了很大變化，此後還在不斷地變。隋唐雖然在制度的調整上比較及時，但是在法律上也是滯後的。為了彌補和原有法律的矛盾，人們也想出了一些辦法。比如中書令和侍中是不掌管行政事務的，但三省體制轉變為中書門下體制以後，中書令和侍中作為宰相的同時要掌管決策和行政。這是和原來的法令不相符合的。為了表示和原有的法令不相矛盾，人們採取了讓中書令和侍中兼任吏部尚書、兵部尚書等行政職務的做法。政治制度的情況千變萬化，很複雜，因此我們研究的重點，是處於變動過程中的實際運行的政治制度，而不是停留在有關制度記載的條文上，以便真實地掌握唐朝前期政治制度的實際情況和政治體制發展變化的脈絡。

四、關於文獻材料與真實的政治制度

在唐代政治制度的研究中，我們發現一個很有意思的現象：唐宋以來，許多關於唐代政治制度的記載和經過研究所發現的唐朝實際的政治制度，存在相當大的差距。比方說司馬光在《資治通鑑》裏對於唐朝初年三省體制的描述，尤其是所謂中書出命，門下封駁，尚書執行的說法不是很準確。特別是他對門下省的作用，說得很不清楚。在這裏，他是用宋朝的制度來附會唐朝的制度。對唐玄宗開元、天寶年間政治體制的變化，《資治通鑑》更是一語帶過。其實司馬光不甚了了，沒有搞清楚這個變化的意義。歐陽修在《新唐書·百官志》中所記載的一些唐朝的制度，其實是唐朝後期的制度。例如門下省的給事中在封駁中使用「塗歸」這樣一種方式，在《新唐書·百官志》中是作為唐朝的制度加以記載的，其實它是唐朝後期的制度，而不是一開始就有的。另外關於「律、令、格、式」的定義，特別是關於「格」「式」的定義，也是唐朝後期的。和《舊唐書·職官志》或者《唐六典》比較一下，就可以看到說法是不一樣的。

《舊唐書》卷四三《職官志》：

> 凡律，以正刑定罪。令，以設範立制。格，以禁違正邪。式，以軌物程事。

《新唐書》卷五六《百官志》：

> 令者，尊卑貴賤之等數，國家之制度也；格者，百官有司之所常行之事也；式者，其所常守之法也。凡邦國之政，必從事於此三者。其有所違及人之為惡而入於罪戾者，一斷以律。

其實就是唐朝人對唐朝的制度有時候也不是搞得很清楚，可以從很多記載看出這一點。如後來的人將翰林學士大書特書為內相。其實內相在唐朝後期僅僅存在很短一段時間，是陸贄擔任翰林學士時的事情。再如「北門學士」的問題，「北門學士」分宰相之權，這是大家很熟悉的一個說法。其實北門學士所做的事情不是宰相要做的事情，所以談不上是分宰相之權。可是唐朝人就已經不是很清楚了。以上這些問題，一直到近些年，在一些論文和教科書中仍然承襲這些成說。

從這裏，可以看出兩個問題。第一，傳統的說法是一種巨大的力量。我們在進行學習和研究的時候，總是以前人的記載、觀點和成果作為起點，這是非常必要的。我們進行研究，若不在前人基礎上，吸收前人的成果，一切從頭來，那顯然是一種很笨的、很不科學的方法。但是對前人的成果必須加以分析。這些成果中有些是正確的，有些不一定正確，但在學術史上曾經起過很大的作用，特別是在近人的很多著作中。比方說陳寅恪先生關於唐朝政治制度發表過很多精闢的意見，特別是在一些具體的問題上。但是在總體上，他也有很多錯誤。然而，我們不能否認陳寅恪先生在推動唐史研究方面所起的巨大作用。我們要進行唐朝政治制度的研究，不能跨過他這一步，必須仔細地去研究他的研究成果，認真地去研究他的方法，從中吸取正確的、有用的東西，拋棄錯誤的說法。所以說，如果我們不加批判地、盲目地以前人的成果，以文獻材料來作為我們研究的起點和根據的話，那是非常危險的。我們這些年來就有這樣一種體會：我們的研究過程就是一個不斷擺脫宋朝人種種成說的過程。我們只有破除迷信，解放思想，一切從實際出發，從史料出發，從歷史出發，才能得出真正的科學的結論。

第二，當代人對當時的歷史也不一定就說得很清楚，不要盲目迷信當時人的所謂第一手材料，對這些材料也要進行分析。特別是

一些反映社會變化的制度變化，人們往往不是一下子就能感覺到，一下子就能認識到的。他們不了解隨着經濟社會的發展，制度必然隨之發生變化，孤立靜止的制度是不存在的。他們往往是用制度是固定不變的這樣一種觀點，以原有的制度作為一種標準，來評價變化了的制度。所以，當時人也有很多不符合或不完全符合當時實際情況的記載。因此，在我們研究的時候，不僅要注意當時人怎麼說和當時人的觀點，更要注意考辨和研究當時的實際情況，以及總的發展趨勢。只有把握了總的發展趨勢，才能正確把握所研究的對象。我們最重要的一個體會是：必須把制度看成是一個不斷發展變化的過程。我們要研究的是實際運行的制度，不是書本上、文字上的制度。只有這樣，才能真實地掌握唐朝政治制度的實際情況和政治體制發展變化的脈絡。這有很大的難度。因為制度不斷地變化，是很難把握的。特別是，由於唐朝的社會經濟處於一個快速發展過程之中，社會處於一個急劇變化過程中，所以政治制度也處在不斷變化的過程中。把握它的發展變化，特別是發展不同階段的特點和從這一階段發展到下一階段變化的關節點，也就是轉折點，是需要花大力氣，下大功夫的。

五、研究唐代政治制度的有關文獻

　　研究唐朝的政治制度，根據我們這些年的體會，最好是以記載了唐朝開元年間制度的《唐六典》作為基本的材料。因為《唐六典》是唐前期政治制度的總結，它所記載的是當時正在實行的制度，同時它又以小字講了許多制度的沿革，還記載了當時正在運行但還沒有成為法令的一些制度。《唐六典》不僅是對開元時期制度的靜態記錄，也體現了整個唐前期制度的變化。我們應該以《唐六典》作為基本的材料，同時結合《唐會要》《唐律疏議》《通典》，再結合其他文獻材料

進行研究。《唐律疏議》是唐朝初年修訂的，研究唐朝初年的制度，就需要對《唐律疏議》下更多的功夫。這是少走彎路的做法。當然這裏也有一個前提，那就是對《唐六典》的性質和特點有所了解和把握。我在《盛唐政治制度研究》緒論中介紹了在這方面的一些體會和認識，大家可以參考。

關於《唐六典》，簡單再做一些介紹。

《唐六典》是唐玄宗下令修撰的。他在《定開元六典敕》中說：「聽政之暇，錯綜古今，法以《周官》，作為《唐典》。覽其本末，千載一朝。」[1]

《唐六典》修撰任務下達後，受命編撰的徐堅無從下手，最後決定「以令式分入六司，以今朝六典象周官之制」，[2] 也就是模仿周禮六官來敘述現行官制，將令式按內容分類繫在有關職官之下。經過十餘年的編撰，終於在開元二十六年完成，由時任中書令的李林甫領銜奏上。《唐六典》雖然包含了正在變化中的各種制度，唐朝後期一些官吏也曾引用《唐六典》的條文，但是，《唐六典》畢竟不是作為一部法典來編撰的。就在《唐六典》編撰的後期，在中書令李林甫的主持下，刪緝舊格式律令及敕，對原有的法律進行了唐代最後一次大規模的整理和修訂，「又撰《格式律令事類》四十卷，以類相從，便於省覽」。[3] 新定令、式、格及事類於《唐六典》完成前，在開元二十五年九月壬申頒於天下。這個事實說明，《唐六典》雖然包含了正在變化中的各種制度，但不是作為當時政治運作遵循的法典。

所以陳寅恪先生認為：「唐玄宗欲依周禮太宰六典之文，成唐六官之典，以文飾太平。」[4]

---

[1]　《舊唐書》卷二六《禮儀志六》大和六年太常博士顧德章議中所引。

[2]　《大唐新語》卷九《著述第十九》。

[3]　《舊唐書》卷五〇《刑法志》。

[4]　陳寅恪：《隋唐制度淵源略論稿・職官》，商務印書館，2011 年，第 109 頁。

　　《唐六典》所述制度到底是什麼時候的制度？「以令式分入六司」的這些令式都是什麼時候的令式？學者一般認為是開元時期的，也有認為是開元二十五年的，如日本學者編著的《唐令拾遺》等。但是，開元時期制度變動很大，律令格式就經過了開元六、七年和二十二年至二十五年兩次修訂。這種變動，給《唐六典》打下了深深的烙印，給人們留下了一連串的混亂。不能籠統地說凡是《唐六典》上的規定就是開元二十五年的制度。

　　就總體而言，《唐六典》所述制度主要是開元二十五年正在行用的制度，其中吏部、兵部表現得尤為明顯。對於開元時正在變化的制度，在正文中都按變化後的加以敘述。其中開元二十四年、二十五年的變化，都已經寫進了正文，並以註文形式加以說明，使人一目瞭然，知道這是改變後的或新設立的制度。如卷二《尚書吏部》郎中條「凡天下官吏各有常員」條小註。又如卷八《門下省》錄事條：「主事四人，從八品下」註：「舊令從九品上，開元二十四年，敕加入從八品下。」但是，這種情況主要用於人員的增減和官品的升降，而開元以前和開元前期新實行的一些制度，其變化則有些有交代，有些沒交代。有交代的如集賢院等一些機構和拾遺、補闕等一些官職設立的時間；不論是正文還是註文沒有交代的，如節度使、軍、鎮、騎這些在武則天以後以至開元時設立的制度，這就容易讓人誤認為唐初以來一直如此。

　　《隋書·百官志》。《隋書》的十志不是和本紀、列傳一起修成的。故歷來紀傳部分題魏徵撰，志部分題長孫無忌撰。志成書較晚。由於此前所修的《梁書》《陳書》《北齊書》《周書》《隋書》均無志，所以唐太宗命人分別修撰。

　　《舊唐書·職官志》。《舊唐書·職官志》包括三大部分。一是序論。序論概括地敘述了唐代職官制度的基本情況和變更情況，其中有不少材料是其他史書中沒有的。對我們了解唐代職官制度有很大幫

助。例如唐代的入仕途徑，有關升遷的某些規定等。二是永泰二年（766）官品。三是職官制度本身及其沿革。沿革一般用小註標明。

《舊唐書·職官志》一般認為是照抄《唐六典》。但事實上舊志較六典嚴密，不像六典有不少相互矛盾的地方。舊志的有關敍述與六典也不盡相同。同時還補充了唐朝後期的材料，如神策軍。舊志不是照抄某一本書，而是吸收了各個時期的材料，而主要的是根據韋述在天寶時修成的國史和《唐六典》。

因此，我們在使用《舊唐書》時要注意：一、它記載的主要是唐朝前期的制度。二、不同部分反映的時間是不完全相同的。它雖然消除了《唐六典》的某些明顯的矛盾，實際上還是存在內在的矛盾。因此我們在使用時不能拿來就用，必須進行細緻的考辨。

《新唐書·百官志》。《百官志序》一般認為出自歐陽修之手，職官制度，也經過了他的刪削。他的原則是「采其綱目條理可為後法，及事雖非正，後世遵用因仍而不能改者」。表現了很強的主觀性。新志記載的主要是唐朝後期的制度，對於研究唐朝制度的變化具有很大的價值。新志雖然記事簡單，但一些材料卻是其他史書中沒有的。

《新唐書·選舉志》。主要是記載唐代的銓選和科舉制度。銓選就是官員的選拔、任用制度。其中引用的一些材料斷章取義，這是我們在閱讀時需要特別注意的。

《新唐書·宰相表》。這是研究宰相制度變化的重要材料。

研究唐代政治制度時，最受重視的莫過於《唐六典》和《通典》。

《通典·職官典》。杜佑在序中說他自己「不達術數之藝，不好章句之學，所纂通典，實采群言，徵諸人事，將施有政」。本書成書於貞元七年，正是貞元、元和中興時改革的發端時期。杜佑通過此書探求「治道之本」，從歷史上吸取借鑒。總的來說取材還是比較審慎的。但有的地方不夠嚴密，甚至於有斷章取義乃至望文生義的地方。還有的地方是以當時的情形附會歷史，例如輸籍之法，與《隋

書·食貨志》所述，就有相當大的出入。

《唐會要》。在有關政府機構、官吏和制度的條目中，大量引用了當時的詔敕。從中不僅可以了解政治制度的具體情況，而且可以了解政府機構的變化和運行情況。其中許多材料是其他歷史文獻中所沒有的。

《冊府元龜》。宋人所編。有關政治制度材料相當豐富，主要集中在宰輔部、銓選部、臺省部、牧守部、令長部。《冊府元龜》的材料來源，唐代部分主要是實錄，保存了許多比較原始的材料，其中有一些是《舊唐書》《新唐書》《唐會要》《通典》中所沒有的。各部有序，綜述本部所敘制度的歷史發展過程，有其獨特的看法，是不可忽視的材料。

《資治通鑑》也是研究政治制度的重要材料。

碑誌和筆記小說中也有許多有關政治制度的記載。碑誌有具體的年月，唐代筆記小說中有關制度的敘述基本上也都是按照當時的實際情況寫的。這些對於我們了解各個時期制度的具體情況及其運行都是生動材料。

在對有關唐代的文獻材料的使用上，需要十分謹慎，特別是要力求搞清它們的時間屬性，決不能用沒有經過嚴密考證的材料或唐朝後期的材料，直接去說明唐朝前朝的制度。

1999 年新發現的天一閣藏明抄本《天聖令》。有關學者經過艱苦的努力，取得了豐碩成果，並完成了《天一閣藏明抄本天聖令校證（附 唐令復原研究）》一書的寫作和出版。其中所附的復原的唐令，給我們研究唐朝政治制度提供了重要的新材料。

除了這些文獻材料，還有一些專著可以作為我們學習和研究的參考。

三省體制的形成和唐朝初年的政治制度

隋唐時期政治制度的發展，經歷了由三省制的確立、完善到中書門下體制的建立，由六部寺監到使職系統的變化。

一、三省體制的建立

隋唐最終擺脫了秦漢以來國家體制上家國不分、家國一體的傳統，完成了從隋文帝開始的中央政治體制的全面革新。

秦漢以來的政治體制有兩個顯著的特點：

一是秦漢以來在中央政府中，皇家事務和國家事務還沒有分開。漢代九卿中，太常、光祿、衛尉、太僕等寺都是掌管皇帝或皇家事務的。國家還保持了古老的家國不分、家國一體的傳統。皇權本身，也始終依託於當時最有勢力的集團或階層。西漢初年是功臣集團，西漢末年是外戚，再以後就是世家大族和士族門閥。皇帝總是要依靠他們來進行統治，讓他們擔任宰相和高級官吏。隨着豪強大族勢力越來越大，他們世代擔任中央高官和地方佐官，並且把持察舉。但是這些都還沒有形成制度。直到魏晉之際，世家大族利用九品中正制才完成了門閥制度，並在東晉形成了典型的門閥政治。

除了讓世家大族世代擔任高官，皇帝也總是要和當時最有勢力、最有影響的豪強大族或貴族聯姻，以加強皇權和他們的聯繫。皇

后廢立也就成了一件重要的國家大事。

這些情況在南北朝時期開始發生變化。江南士族、山東士族和關隴貴族先後開始衰落，從隋朝開始，到唐朝初年全都退出了歷史舞臺。

二是內廷決策，外廷執行。在宰相上奏，皇帝批准後，要以皇帝的名義頒發詔令執行。宰相沒有決策權，也沒有發令權，只有謀議權和監督百官執行權。

南北朝以來經濟社會的變化也反映在國家體制的變化上。主要表現就是國家事務和皇家事務從逐步分離到完全分離，皇帝的決策權分解為幾個層次，其中一些層次轉移到外廷。這個變化的最後完成是在隋朝。

《隋書》卷二八《百官志下》：

> 高祖既受命，改周之六官，其所制名，多依前代之法。置三師、三公及尚書、門下、內史、祕書、內侍等省，御史、都水等臺，太常⋯⋯等寺，左右衛⋯⋯左右領軍等府，分司統職焉。

隋朝初年實行三省六部制度，在皇宮外形成了中書省、門下省和尚書省組成的決策、審議和行政機關。尚書省及其下屬的吏、戶、禮、兵、刑、工六部，負責政務的運作。

三省在南北朝時期就已經存在。中書起草詔敕，門下審署下達，已經逐步形成制度。但兩省仍在禁中，也就是在宮內。決策、發佈命令的權力仍然保留在皇帝手中。因此這些做法，仍然是皇帝個人行為的延伸。內廷決策和外廷執行的傳統仍然保留。中書省和門下省，一方面充當皇帝的顧問，充當皇帝的祕書，同時皇帝生活起居的某些事情也要由門下省負責，它們仍然是皇帝的祕書、咨詢和侍從機構，是皇帝個人的附屬機構。

南北朝時期，南北各朝基本上以尚書省作為宰相機關，分為上省和下省。尚書上省設於禁中，協助皇帝決策，下省在外廷，負責行政。尚書省已經是一個嚴密的政權機關。

作為中央政府，同時還有九卿與尚書省並存，二者之間存在職掌上的交叉和混亂。

這些情況都說明了在南北朝時期，三省還處在一個發展的過程之中，還談不上什麼三省體制。有三省，但三省的地位和作用都是不一樣的。尚書省是政府機關，門下省和中書省是屬於皇帝的附屬機關。

南北朝後期是三省體制最後形成的關鍵時期，到隋朝，才形成了三省六部體制。這中間有關鍵的幾步：

第一步是北周實行六官制度，對秦漢以來，尤其是南北朝以來的制度進行了規整。

北周六官制度是在北周建立前一年，西魏的實際掌權者、北周追尊為太祖的宇文泰主持實行的。秦漢以來，隨着經濟的發展和政治形勢的變化，政治制度經歷了不斷的變革和調整，從漢武帝設尚書，到南北朝時期設置尚書省，成為宰相機關，同時由尚書各曹負責行政事務，都是在保留原有機關的情況下設立新的機關。所以就造成機構重疊、職責不清這樣一種狀況。南北朝以來，有很多人都看出了這一點，而且也想解決這個問題，但沒有人敢於付諸實踐，因為這是老祖宗傳下來的，不敢輕易變動。而宇文泰仿照《周禮》實行六官制度，也就是在中央設立天官、地官、春官、夏官、秋官、冬官六官，「以分司庶務」，[1] 恰恰把這些制度規整起來。而他打出《周禮》的旗號，大家也就不敢反對。南北朝各朝尚書省所屬各曹成為各種行政事務的中心。但是尚書省各曹的歸屬以及各曹和寺監的關係都還沒有理順。北周實行六官制度，不論是行政機關還是事務機關都按照所管事

---

[1]　《隋書》卷二七《百官志中》。

說不盡的盛唐——隋唐史二十講

226

務的性質歸總到六官中一個部門。這是理順關係的第一步。而按照政務的性質來整合政府部門，無疑是一個很大的進步。現在，一般人都說唐朝的制度跟《周禮》相差甚遠，有些人說修《唐六典》的時候，要按照《周禮》六官來編《唐六典》困難重重，我不完全同意這個看法。其實，唐朝的制度跟《周禮》六官制度是最接近的。陳仲安、王素先生在《漢唐職官制度研究》一書曾就六官與三省六部職掌進行了比較：「如：天官大塚宰總司百官之政，實際相當尚書令、僕射等職。大司徒、大宗伯、大司馬、大司寇、大司空五官，則相當吏、禮、兵、刑、工五部尚書。天官司會相當戶部首長。御正、御伯相當侍中、黃門等內侍官員，春官內史相當中書監、令。」[1]

具體來說就是：

天官大塚宰總司百官之政，實際相當尚書令、僕射等職；

地官大司徒相當吏部尚書；

春官大宗伯相當禮部尚書；

夏官大司馬相當兵部尚書；

秋官大司寇相當刑部尚書；

冬官大司空相當工部尚書；

天官司會相當戶部首長；

天官御正、御伯相當侍中、黃門等內侍官員；

春官內史相當中書監、令。

現在看來，吏、戶、禮、兵、刑、工這六部制度一直實行到明清，就是因為它基本是包括了政務的各個方面。而北周實行六官制度恰恰是把原來亂七八糟、各種各樣的機構都納入了這樣一個系統，這樣就為後來政治制度的進一步變革奠定了基礎。

關於這一點，陳寅恪先生的意見是非常高明的。他說：「漢魏以

---

[1]　陳仲安、王素：《漢唐職官制度研究》，中華書局，1993 年，第 87 頁。

來中央政府職官重複，識者雖心知其非，只以世之所習而不敢言，宇文之改革仿周禮託體甚高，實則僅實行其近代識者改革中央政府官制之議，而加以擴大，並改易其名，以符周制耳。」[1]陳先生對這個問題是看得很透徹的。這是整個隋唐三省體制形成關鍵的第一步，但還沒有最後形成。

第二步是隋文帝廢除了北周六官制度，設立了南北朝普遍設立的三省和六部。隋文帝所設立的三省六部，並不是重複南北朝時的制度，而是在繼承南北各朝制度的基礎上，對制度做出了重大的革新。為什麼說是重大的革新呢？

首先，他用納言（侍中）和中書令來知政事，也就是外朝的宰相，同時把門下省和中書省遷出禁中，與尚書省共同組成國家機關，建立了三省體制。皇帝成為政府的最高負責人。門下和中書由皇帝身邊走出來時，同時也把原來屬於皇帝的一部分決策和發令的權力帶出來，成為政權機關中書省和門下省的權力。南北朝時期作為宰相機構的尚書上省的決策權也轉移到中書省和門下省。這樣，門下省和中書省，從皇帝的祕書、咨詢、侍御機關變成了國家權力機關，由皇帝的個人附屬機關轉變為政權機關。

其次，按照類別，把當時主管行政的二十幾個曹分門別類歸入六部。基本上按類來組成部，這比原來科學多了，不像原來那樣混亂。六部統歸尚書省掌管。尚書省向職能化的方向發展，成為純粹的最高行政機關。把主管事務的各個部門歸總到寺監。六部和寺監分別構成了政務處理系統和事務處理系統。六部與寺監雖然沒有直接的隸屬關係，但是在事務的處理上，寺監聽命於六部。

第三，把寺監，即九寺、國子監定位為事務機關。同時，成立了侍御機關——殿中省。這是很重要的一步，成立殿中省，所有侍御

---

[1]　陳寅恪：《隋唐制度淵源略論稿・職官》，商務印書館，2011 年，第 107 頁。

事務就從中書省、門下省完全分離出來，從而實現了國家事務與皇家事務的最後分離。這是一個過程，秦漢時候，政府機關——九卿中間，有相當一部分負責皇家事務，只有一部分負責國家事務。也就是說，當時還是一種家國不分、家國一體的制度。到了隋文帝時期，把國家機關和侍御機關分開，最後終結了秦漢以來家國一體、家國不分的政治體制。有學者認為，這使得當時的政治體制開始具有近代色彩。

第四，廢除郡縣佐官由長官辟署的制度，改由中央任免。以此為起點，地方權力向中央集中，尚書省六部的工作內容隨之發生了變化，工作量大為增加。原來由低級官吏負責的文案工作改由令史、府史等沒有官品的吏擔任。在官員系統之外產生了一個吏的系統。吏部尚書牛弘曾經問大儒劉炫：「案《周禮》士多而府史少，今令史百倍於前，判官減則不濟，其故何也？」劉炫回答說：「古人委任責成，歲終考其殿最，案不重校，文不繁悉，府史之任，掌要目而已。今之文簿，恆慮覆治，鍛煉若其不密，萬里追證百年舊案，故諺云『老吏抱案死』。古今不同，若此之相懸也，事繁政弊，職此之由。」弘又問：「魏、齊之時，令史從容而已，今則不遑寧捨，其事何由？」炫對曰：「齊氏立州不過數十，三府行臺，遞相統領，文書行下，不過十條。今州三百，其繁一也。往者州唯置綱紀，郡置守丞，縣唯令而已。其所具僚，則長官自辟，受詔赴任，每州不過數十。今則不然，大小之官，悉由吏部，纖介之跡，皆屬考功，其繁二也。省官不如省事，省事不如清心。官事不省而望從容，其可得乎？」[1]

第三步是隋煬帝在門下省設立給事郎，「審讀奏案」。「審讀奏案」，就是審議尚書省呈報給皇帝的奏狀、表章。地方佐官改由中央任免，地方權力向中央集中，尚書省政務和各部門事務不斷增加，

---

[1]　《隋書》卷七五《劉炫傳》。

向皇帝的奏報也隨之增多。由於政務的決定、審議和批准尚未形成一種分層負責、各有權限，並按一定程式運行的制度，尚書省所有的奏章都要皇帝親自處理，隋文帝只好親自動手，於是就變成了中國歷史上少有的幾個最忙的皇帝之一，大事小事，甚至營造房屋這樣細小的事，出給輕微之物，也要向皇帝奏報。隋文帝雖勤於聽受，然聞奏過多，一日之內，忙着批答各部門的報告，乃至於太陽下山了還沒有吃飯，夜深了還沒有睡覺。早起晚睡，廢寢忘食，什麼事都要管，真是很辛苦。

唐太宗和大臣們談到隋文帝時說隋文帝不肯信任臣下。其實他也是不得已而為之，因為當時還沒有建立起一套正常的政務運行機制。為了解決這個問題，隋煬帝在門下省設立給事郎，賦予「審讀奏案」的職責。一般的小事情報告給皇帝，皇帝看也可以，不看也可以。大的事情才要向皇帝請示到底如何處理。中書起草的詔令，門下省要進行審核，尚書省處理政務，各種報告也要經過門下省的審核，最後奏報皇帝批准、執行。門下成為整個政務運行樞紐。這個問題就這樣解決了。當然執行還是要靠尚書省，有些事務性的工作由寺、監執行。所以隋煬帝在門下省設立給事郎，就使得整個三省在政務運行當中，形成一個按程序分工的有機整體。這樣皇帝也不必每天埋頭於公文的處理，為各種小事情所糾纏，而能集中力量處理國家大事。隋煬帝時期，還有其他一些改革出臺，但還沒有能夠充分實行。比如說宰相制度，隋煬帝找了一些不是中書省、門下省、尚書省長官的人來「知政事」，開啟了唐朝的「知政事官」制度。但是這個制度的實施是在隋末開始動亂的時候，所以並沒有得到真正的發展。

尚書、門下、中書三省發展到隋朝，最後形成了三省體制。三省體制不僅是三省發展的產物，更重要的是作為宰相機構尚書省職能的分化和皇帝權力的分化的產物。

二、唐朝初年的政治制度

唐朝初年，三省體制發展得更加完善。中央有三省、六部、一臺、九寺、三監、十二衛；地方有州、縣，還有鎮、戍。

貞觀元年，唐太宗對黃門侍郎王珪說：「中書所出詔敕，頗有意見不同，或兼錯失而相正以否。元置中書、門下，本擬相防過誤。」[1]一語道破三省制的精神就是「相防過誤」。應該說這在政治制度特別是最高決策行政機關的配置理念上是很高的境界。

中書省和門下省，唐太宗稱之為機要之司，近代有的學者稱之為中樞機構，是國家政務處理的中心和發號施令的機關。尚書省統領六部，負責政令、行政和有關事務。三省嚴格按照政務處理程序分工，各有其特殊的職能。

此外，在中央還設有負責各項具體事務的太常寺、大理寺、司農寺、鴻臚寺、太府寺、光祿寺、衛尉寺、太僕寺、宗正寺等九寺，以及國子監、少府監、將作監等三監。唐朝還在中央設立了獨立的國家監察機關御史臺。

1. 知政事官

在三省體制形成的同時，宰相制度也經歷了一個變化的過程。唐朝宰相稱為知政事官，由中書省、門下省長官和皇帝指定知政事的官員組成。知政事官在政事堂議決軍國大事，構成一個法定的決策群體。立法和決策都需經過一定的程序，最後由皇帝批准執行。決策工作在外朝進行，這與傳統的內廷決策、外朝執行有很大的不同。

以知政事官代替僕射為宰相，在宰相制度上是一大變革：以集體取代個人，宰相議決而非謀議，宰相機關按程序分工而不是集中在一

---

1   《貞觀政要》卷二《政體》。

個機關。

　　儘管看上去還是皇帝、宰相，但是這與過去皇帝、宰相的關係卻有着很大的不同。

　　自從秦始皇以來，皇帝在直接決策的時候，總是要和大臣商量的，主要方法有兩種：一種方法是把大臣找來一起商量，形式有上朝和廷議、退朝以後和大臣商量。另一種方式是下詔或下令讓大臣議。秦始皇即位以後，像確定自己的名號這樣的大事，也還是要大臣討論的。這兩種方式經常使用，雖然是一種習慣的程式，但還不是決策過程中必經的程序。在此之外，皇帝還經常和身邊的人或者親信商量。儘管這也是一種習慣的做法，但是比前面兩種就更加具有隨意性和不透明性。至於日常政務中宰相上奏，皇帝批准，那是一種必經的法定程序，從層次上來看，比皇帝直接決策，要低一個層次。

　　在皇帝制度的早期階段，即秦漢時期，國家的最高決策就是這樣一種情況。大體上可以說，當時的決策權完全集中在皇帝手中。因此，內廷決策、外廷執行就成為一種傳統的說法。

　　隨着尚書省逐步成為宰相機關，這種情況開始發生變化。有事召集大臣商量這種做法延續下來，而下大臣議，則往往通過尚書省。皇帝決策時的一些程序轉移到尚書省；從某種意義來說，皇帝決策權的一部分轉移到尚書省。因此，南北朝時期尚書省有上省和下省。上省在禁中，下省在外廷。上省在禁中，是為了方便皇帝和尚書省長官商討政事，進行決策。尚書省仍然是國家政權機關，而不是皇帝的祕書機關。由於上省是在禁中，所以仍然給人以內廷決策的印象。其實情況已發生了變化。

　　隋朝建立後，隋文帝有意改變南北朝以來尚書僕射獨為宰相，主要由皇帝和尚書僕射決策的情況。隋文帝命侍中、中書令知政事，便是重要的一步。隋煬帝進一步任命三省長官以外的大臣知政事，完全突破了以往的宰相格局。但是這種情況，並沒有從法令上確定下

來。知政事官制度還處在草創的階段。

唐太宗即位以後，對於知政事官制度即宰相制度和三省制度進行了一系列的調整。

首先它確定中書省和門下省是「機要之司」，是決定軍國大事的核心機構，是國家決策發令的中心。同時提高門下省的地位，使之成為上行下達，政務處理的樞紐。侍中在知政事官中的地位不斷提高，並且成為執政事筆的首相。

其次是確定中書令和侍中在知政事官中的核心地位。貞觀十七年唐太宗同時任命肖瑀、李勣、高士廉這三位二品官「同中書門下三品」。這意味着中書令和侍中在知政事官中核心地位的確立。

再次，尚書省和尚書省長官逐步被排除出宰相機構和宰相行列。

貞觀三年，房玄齡、杜如晦為左右僕射。任命後不久太宗對他們說，左右僕射的職責就是廣求賢人，隨才授任，尚書省一般的事情就不要管了。也就是說讓尚書僕射不要管尚書省的事情。他這樣做的結果實際上就是把尚書僕射逐步剝離出尚書省。他們名義上還是尚書省長官，但實際上行使不了尚書省長官的職權。貞觀十七年尚書右僕射高士廉罷任後，直到唐太宗去世，在長達十六年的時間裏不設尚書省的僕射，讓尚書左右丞實際上負責尚書省的工作。這樣，就在事實上把尚書僕射排除出宰相行列，把尚書省剝離出宰相機關。

這種情況在高宗即位後徹底解決了。唐高宗即位以後不久，貞觀二十三年八月，唐高宗以李勣為尚書左僕射、同中書門下三品。這不是一次簡單的人事任免。這時中書令和侍中在知政事官中的核心地位已經確立，因此，這就意味着尚書省長官不再是當然的知政事官。如果不加同中書門下三品，就不再是知政事官。因此，這次任免實際標誌着尚書省長官從制度上被排除出知政事官即宰相的行列，尚書僕射加「同中書門下三品」始為知政事官的制度從此確立。尚書省同時被排除出宰相機構，成為純粹的行政職能機構。決策發令和行政的分離

最後完成。按照程序分工的三省體制，發展到了頂峰。

在對三省和宰相進行定位的同時，唐太宗還確立了分層決策的機制。他把決策和政務的決定分為幾個層次。

第一個層次，也是最高的層次，重大的國家事務由皇帝和宰相及有關大臣商量。

第二個層次，軍國之務由宰相在政事堂商量，然後奏請皇帝批准。

第三個層次，一般政務由尚書各司商量決定，六部尚書和尚書都省審核通過以後，上報到門下省。小事門下省審查通過後報皇帝畫聞，大事則奏報皇帝批准。

第四個層次，一般事務由寺、監決定，先上尚書省，然後也要報門下省審議。

經過以上這樣一些步驟，知政事官制度和三省制度出現了一個新的格局：分層決策，各司其職，相互配合。

從制度上來說，以上的格局到唐高宗初年才最後確定，但是在實際上這種格局在貞觀初年就已經形成。

貞觀四年唐太宗與大臣談到隋文帝不肯信任百司、每事皆自決斷的問題：

> 「朕意則不然。以天下之廣，四海之眾，千端萬緒，須合變通，皆委百司商量，宰相籌劃，於事穩便，方可奏行。豈得以一日萬機，獨斷一人之慮也。且日斷十事，五條不中，中者信善，其如不中者何？以日繼月，乃至累年，乖謬既多，不亡何待！豈如廣任賢良，高居深視，法令嚴肅，誰敢為非！」因令諸司若詔敕頒下有未穩便者，必須執奏，不得順旨便即施行，務盡

臣下之意。[1]

　　唐太宗沒有像隋文帝那樣，事事自己一個人決定，而是充分發揮
各級政府部門的作用，把決策分解為若干個環節，賦予每一個環節一
定的權力，讓每一個環節完成一定的任務。從決策到一般政務的運
行都嚴格按照一定的程序進行，最後由皇帝批准執行。在一般情況
下，皇帝不能越過中書省和門下省直接發號施令。皇帝本人則成為名
副其實的國家政務的最高負責人。這樣做並沒有改變皇帝集權的原
則，目的是為了「於事穩便」。

　　唐太宗利用知政事官和三省形成的分層決策，把過去皇帝的最後
決定權分解為兩個部分：一部分是重大事件和五品以上官員的任免，
經過一定的嚴格的程序，最後由自己決定。另一部分是一般性的政
務，則由門下省審議決定以後「上聞」，報告給皇帝知道，也就是把
一部分決定權分給門下省。這樣，皇帝就可以集中精力處理最重大的
事情，從而把國家大事的最高決定權掌握在自己手中。

　　唐太宗所說，「以天下之廣，四海之眾，千端萬緒，須合變
通」，雖然是有關政事的處理原則，但制度的調整也是政事的重要內
容。因此，唐太宗的這段話為政治制度的及時調整奠定了思想基礎和
理論基礎。對制度進行必要的調整，在唐朝被看作是很正常的事。而
「變通」二字也往往成為制度調整時的依據。對政治制度比較自覺地
及時進行調整，是唐代社會能夠持續發展的重要條件。

　　知政事官制度實現了政事和行政的分離。這種分離只是一種特定
歷史時期出現的特殊情況。它的歷史作用就是進一步完善了分層決
策，使得決策機制更加完善。但這畢竟只是一種過渡。到唐玄宗開元
年間，隨着三省體制轉變為中書門下體制，決策、政事和行政又重新

---

[1]　《貞觀政要》卷一《政體》。

走上合一的道路。

2. 門下省和中書省

門下省長官隋稱納言，唐復為侍中，副長官門下侍郎（正四品上）2人，下有給事中（正五品上）4人，錄事（從七品上）4人，主事（從八品下）4人。

侍中作為知政事官即宰相，要與中書令參總國政，而門下省的主要職責，則是出納帝命，總典吏職，以弼庶務，即審核下行的詔敕，審批百司奏抄，處理日常庶政。

唐朝公文制度，「凡下之通於上，其制有六：一曰奏抄（謂祭祀，支度國用，授六品已下官，斷流已上罪及除、免、官當者，並為奏抄），二曰奏彈（謂御史糾劾百司不法之事），三曰露布（謂諸軍破賊，申尚書兵部而聞奏焉），四曰議（謂朝之疑事，下公卿議，理有異同，奏而裁之），五曰表，六曰狀（蔡邕《獨斷》：凡群臣上書通於天子者……）」。「其奏抄、露布，侍中審，自餘不審。」「皆（應為奏抄、露布）審署申復而施行焉。」[1] 奏抄、露布經侍中最後審定，上奏皇帝，皇帝畫可後，送尚書省施行。

負責門下省日常工作的是給事中，其主要任務，一是審讀奏抄，「凡百司奏抄，侍中審定，則先讀而署之，以駁正違失」。二是審查中書省起草的制敕，制敕有差失或不便施行，駁正奏還。三是大獄三司詳決，刑名不當，輕重或失的，要根據法例進行裁決。四是六品以下官的任用，吏部擬定後，由給事中進行審定。

一般都認為門下省的主要任務就是封駁，即審核中書省起草的制敕，這是一種片面的理解。門下省不僅有封駁權，還有審批權，是幫

---

[1] 《唐六典》卷八《門下省‧侍中》。本講下文皆據《唐六典》及兩《唐書》相關部分，不再注。

助皇帝處理庶政的主要機構，在唐初中樞機構中具有特殊的地位，故政事堂設於門下省，由侍中執政事筆。長孫無忌起復為司空、房玄齡起復為右僕射、魏徵授太子太師，皆知門下省事，以顯示其特殊地位。

中書省，隋初稱「內史省」，煬帝改為「內書省」，唐復為「中書省」。主要官員有中書令（正三品）、中書侍郎（正四品上）、中書舍人（正五品上）、主書（從七品上）。

中書令之職，掌軍國之政令，蓋以佐天子而理大政者也。中書省的主要職掌就是起草以皇帝名義發佈的詔書，發號施令和參謀決策，決定大政方針。

唐初以皇帝名義發佈的官文書，有詔、制、敕。《唐六典》和《舊唐書·職官志》所記「王言之制有七」，是武則天以後的制度，其中只有制、敕。這一方面是為了避武則天名字的諱，另一方面也是因為詔、制在內容上已經逐步接近。

七種王言之制，一曰冊書（立后、立太子、封王）；二曰制書（大賞罰、赦宥、授五品以上官、釐革舊政）；三曰慰勞制書，「褒贊賢能，勸勉勤勞則用之」；四曰發敕，「謂御畫發日敕也」；五曰敕旨，「百司承旨而為程式，奏事而請施行者」，是對現行制度的改革或補充；六曰論事敕書，「慰諭公卿，誡約臣下則用之」；七曰敕牒，「隨事承旨不易舊典，則用之」，是宰相奉敕而牒有關部門，內容比較廣泛，形式也比較靈活，是對上述幾種王言的補充。

七種王言之制中，發敕是對奏抄和有關增減官員、廢置州縣、徵發兵馬等事的批覆，制書和敕旨則關係到制度的改變，敕旨也關係到日常政務。唐代格、式由制、敕刪定編成，其中制即制書，敕即敕旨和發敕。

中書舍人是中書省主要的辦事官員。其職掌，一是負責詔敕的起草。「凡詔旨敕制，及璽書冊命，皆按典故起草進畫；既下，則署

而行之。」「制敕既行，有誤則奏而正之。」二是陳奏表狀。「凡大
朝會，諸方起居，則受其表狀而奏之。國有大事，若大克捷及大祥
瑞，百僚表賀，亦如之。」起草詔敕和陳奏表狀是唐初中書舍人的主
要職掌。三是參議表章。這一職掌是唐高宗、武則天時期逐步產生
的。武則天以後，參議表章才逐步成為中書舍人的主要職掌。參議的
表章是指上行文書中門下省不審的議、表、狀。「凡百司奏議、文武
考課，皆預裁焉。」「凡有章表，皆商量可否，則與侍郎及令連署而
進奏。」即參議表章的主要內容。參議表章這一執掌的增加，不僅是
中書舍人職掌的變化，而且表明中書省在決策和政務處理中的地位和
作用已經發生變化。中書省不僅起草制敕，而且要幫助皇帝處理臣下
向皇帝反映的情況和問題，提出意見和建議，是皇帝決定重大問題時
參謀決策的主要機構。

在中樞二省中，給事中和中書舍人是對應的主要辦事官員。同
時，給事中與中書舍人還與御史三司審查天下冤滯，並參與吏部對內
外官吏的考課。

門下省和中書省還設有諫官和史官。諫官有諫議大夫、補闕和
拾遺。

諫議大夫四人，正五品上。掌侍從贊相，規諫諷諭。凡諫有五：
一曰諷諫，（風之以言，謂之諷諫。孔子曰：「諫有五，吾從風。」《白
虎通》曰：「人懷五常之性，故有五諫也。」）二曰順諫，（謂其所不
可，不敢逆而諫之，則順其君之所欲，以微動之，若優旒之比。）三
曰規諫，（謂陳其規而正其事。）四曰致諫，（謂致物以明其意。）五
曰直諫。（謂直言君之過失，必不得已然後為之者。）

左、右補闕各二人，從七品上。（皇朝所置。言國家有過闕而補
正之，故以名官焉。垂拱中，因其義而創立四員，左、右各二焉。
天授初，左、右各加三員，通前為十員。神龍初，依舊各置二人。
其才可則登，不拘階秩。又置內供奉，無員數，才職相當，不待闕而

授，其資望亦與正官同，祿俸等並全給。右補闕亦同。）

左、右拾遺各二人，從八品上。（皇朝所置。言國家有遺事，拾而論之，故以名官焉。垂拱中，因其義而創立四員，左、右各二焉。天授初，左、右各加三員，通前為十員。神龍初，依舊各置二員。才可則登，不拘階敍。亦置內供奉，無員數，資望、俸祿並如正官。右拾遺亦同也。）左補闕、拾遺掌供奉諷諫，扈從乘輿。凡發令舉事有不便於時，不合於道，大則廷議，小則上封。若賢良之遺滯於下，忠孝之不聞於上，則條其事狀而薦言之。

史官有起居郎、起居舍人。

起居郎二人，從六品上。（起居郎因起居注以為名。起居注者，記錄人君動止之事。）古者左史記事，右史記言，起居郎掌錄天子之動作法度，以修記事之史。季終則授之於國史焉。

起居舍人二人，從六品上。起居舍人掌修記言之史，錄天子之制誥德音，如記事之制，以紀時政之損益。（自永徽已後，起居唯得對仗承旨，仗下之後，謀議皆不得預聞。長壽元年，文昌左丞姚璹知政事，以為帝王謨訓，不可遂無紀述，若不宜自宰相，史官無從得書，遂表請仗下所言軍國政要，即宰相一人專知撰錄，號為「時政記」，每月送史館。自後因循，錄付兩省起居，使編錄焉。）季終，則授之於國史。

3. 尚書省

尚書省是唐代最高行政機關。尚書省成為純粹行政機關，有一個發展過程。南北朝時期，尚書僕射是宰相，尚書省是宰相機關。唐初尚書省長官事實上仍是當然的宰相，尚書省在事實上也仍為宰相機關。當時尚書省長官尚書令的職掌是「總領百官」，仍然保留過去作為宰相的職掌。高宗龍朔二年（662）「廢尚書令」，左、右僕射正式成為尚書省的長官，從法令的角度來說，仍然享有尚書令的全部職

掌。僕射且身居二品高位，而侍中和中書令均為三品，品階上是不平等的。這些都是和唐初的三省體制不相容的。因此唐太宗在事實上逐步把尚書僕射排除出宰相行列。

在把尚書僕射排除出宰相行列，尚書省排除出宰相機構的同時，尚書省的職能也發生變化。在尚書令的職掌中，除了總領百官，還有「凡庶務，皆會而決之」。按照這個規定，尚書省是有行政決定權的。《舊唐書》卷四三《職官志二·尚書都省》記載，尚書左右僕射的職掌中卻是，「自不置令，僕射總判省事」。

庶務是指政務，而省事是指尚書省的事務。二者有着明顯的差別。正是這種差別告訴我們尚書省職掌的改變。當時官文書的運行程式和歷史事實也都說明，判案雖然是尚書省各部門的日常工作，他們在上行和下行的公文書上也要簽字畫押，但是沒有最後決定權。

由於尚書省職能的改變，都省、部、司的關係也重新定位。

尚書省的首腦機關是尚書都省，下設吏、戶、禮、兵、刑、工六部。唐朝前期，六部和都省共同組成尚書省，二者是一個密不可分的整體，分工合作，構成政務處理的中心環節。

尚書省的主要官員有左、右僕射（從二品）、左右丞（正四品上、下）和左右司郎中。尚書左、右丞主持都省的日常工作。左右司郎中，副左右丞所管諸事，省署鈔目，勘稽失，以舉正稽違，省署符目焉，是都省勾檢工作的具體執行者。

都省的職能是「掌舉諸司之綱紀與百僚之程式」，具體的工作是：

一、凡需要內外百司處理的文書，都要經過都省，由都省進行登記，註明發出的日期，規定處理的時間即程限，再依內容分發到有關部門處理。在正常情況下，郎中作為經辦的判官，應自行主判，不必請示尚書。有些事郎中應向尚書「咨稟」。尚書作為長官，是要進行簽署的。各司郎官裁決後，送回都省勾檢。當各司的判案有誤時，都省有權進行改判。無稽失者送往門下省進行審議。

二、皇帝的詔、制、敕經中書省起草，門下省審議後，由尚書省下發施行。案成則給程以鈔之。若急速者，不出其日。若諸州計奏達於京師，量事之大小與多少，以為之節。

三、凡京師各部門的公文，有符、移、關、牒下發到各州的，先送交都省，由都省發出。

四、進行檔案管理。唐朝有相當嚴格的檔案制度。

凡文案處理完畢，勾司行朱訖，皆書其上端，記年月日，納諸庫。

凡施行公文應印者，監印之官考其事目無差，然後蓋印。並且進行登記，書於歷。每月月終送交「庫」。

凡是以皇帝名義下發的制敕、通過尚書省下發到地方和各部門的公文，年終要進行整理。京師諸司，來年四月一日送交都省。天下諸州，則本司推校，以授勾官。勾官審之。連署封印，附計帳，使納於都省。常以六月一日，都事集諸司令史對覆。若有隱漏不同，皆附於考課焉。

「掌舉諸司之綱紀與百僚之程式」，也就是說尚書省的主要任務就是監督和管理各部門和百官按照法令和程式對詔敕和文案適時和正確的處理，是對以官文書運行為主要形式的政務運作進行監督和管理，而不是對官文書進行審議和批准，是上下行文書運轉的樞紐。

貞觀元年，尚書左僕射蕭瑀免官，僕射封德彝死，太宗對戴冑說：「尚書省天下綱維，百司所稟，若一事有失，天下必有受其弊者。」[1] 全國和各部門的日常政務，首先要匯總到尚書省。貞觀十一年，劉洎疏云：「伏見比來尚書省詔敕稽停，文案壅滯。」「比者綱維不舉，並為勳親在位，品非其任。」「左右丞、左右司郎中如並得

---

[1]　《舊唐書》卷七〇《戴冑傳》。

人，自然綱維略舉。」[1]可見唐初尚書省的主要任務就是轉發詔敕，處理文案。

4. 六部

尚書省下設吏、戶、禮、兵、刑、工六部，掌管有關的行政政令和事務。吏部設吏部、司封、司勳、考功等四司，「掌天下官吏選授、勳封、考課之政令」。這是《舊唐書‧職官志》和《唐六典》關於吏部職掌的記載。就是說吏部掌管全國官吏選任、封爵、勳級、文武官吏考課之政令及相關的具體工作。

戶部設戶部、度支、金部、倉部等四司，「掌天下田戶、均輸、錢谷之政令」，掌管全國田地、戶口、賦役、財政收支和錢谷出納的政令。其中戶部司分理戶口、田地收授和賦稅徭役之事。度支司負責國家預算、財政收支和物資調運。金部掌判全國庫藏錢帛出納之事。倉部掌判全國倉儲受納租稅，出給祿廩之事。

禮部掌全國禮儀、祭享、貢舉的政令，負責五禮的禮儀、祭祀、祭器酒膳、接待外國和各族使者以及貢舉的政令和具體工作。

兵部負責全國衛府的名數、武官的選任及地圖與甲仗的政令。

刑部負責全國刑法及徒隸、關禁的政令。其中比部司還負責各部門官員俸料以及國家各種經費收支的審計勾覆。

工部負責全國工程營造、屯田、山澤、水利的政令。

六部長官為尚書（正三品），副長官為侍郎（正四品上）。六部各設四司，長官為郎中（正五品上），副長官為員外郎（從六品上），均為 2 人。其中「頭司」即其名與部名相同的，為各部「本司」，其他三司稱為「子司」。頭司的主要職能是協助尚書、侍郎執掌政令，

---

[1]　《舊唐書》卷七四《劉洎傳》。

並負責本部的核心職能事務。各部四司設立的原則不完全相同。其中吏部四司都與官吏的任用考課和勳爵有關，戶部四司則是按政務運行程序來劃分，其他各部子司一般多為專門性、技術性、事務性工作。各司郎官主判，案成後送都省檢勾。經相關官員（郎中、侍郎、尚書、僕射）簽署以後，送門下省審核。

各部官員也不多。除了尚書、侍郎，各司郎中、員外郎，各司設有主事 2 人（八、九品），另有辦事吏員數十人。尚書省二十四司主事及門下中書都事、主書等，唐初選補，皆取舊任流外有刀筆之人。

唐繼承隋朝的制度，把性質、職能相近的曹司置於同一部之下，顯然更加合理。但它們都有一個共同點，那就是各部、各司的職能都是具體的，固定的，限制在一定範圍之內的。唐朝還只是以職能類別歸總四司來劃分六部，而不是按政務範圍來劃分六部。還缺少彈性和靈活性。因此，在規定的具體職能之外的事務，各部、司就無權處理。

5. 九寺、三監

九寺、三監負責各項具體事務。

太常寺，「掌邦國禮樂、郊廟、社稷之事」。下設八署，其中太樂署，掌管國家祭祀、宴會時的樂舞，大宴會時設十部伎，亦負責樂人及音聲人的教習。太醫署，掌醫療之法，設有醫師、針師、按摩師、咒禁師。另有諸藥醫、針、按摩、咒禁博士、助教教授諸生。

光祿寺，掌宮廷宴會和郊廟貢品。

衛尉寺，掌管京師武器和大祭祀，大朝會時的羽儀、節鉞、金鼓、帷簾、茵席等物。

宗正寺，掌管皇族的屬籍，開元二十五年後並領掌管京都道觀和道士的崇玄署。

太僕寺，掌管各地牧監和皇帝的車馬。牧監掌群牧養馬。沙苑監

則掌牧養隴右諸牧牛羊，供宴會、祭祀和尚食所用。

大理寺，「掌邦國折獄詳刑之事」。諸司百官犯罪，杖刑以下本部門處理，徒刑以上送大理寺審理；庶人犯流刑、死刑以上，要送大理寺審復，金吾抓獲的罪犯，亦送大理寺審理。

鴻臚寺，「掌賓客及凶儀之事」，負責接待外國使臣和少數民族酋長，以及辦理大臣的喪禮。唐初並掌管天下僧尼、道士。

司農寺，「掌邦國倉儲委積之政令」，主要掌管糧倉和糧食的出納。其屬上林署、京都苑總監、京都苑四面監掌皇家苑囿園池之事；太倉署及太原、永豐、龍門諸倉掌倉窖儲積之事。

太府寺，「掌邦國財貨之政令」，負責四方貢賦和百官俸祿的出納。其屬長安、洛陽四市市署，負責市場管理。左藏署掌邦國庫藏，天下賦調經太府卿及御史監閱後，納於庫藏。右藏署則收藏四方所獻金銀、珠貝、玩好之物。常平署則通過賤糴貴糶，平抑物價。

九寺長官為卿，除太常卿為正三品，余均為從三品。副長官為少卿，除太常少卿為正四品，余均為從四品上。各寺均有丞，掌判寺事。

上面說的是九寺，下面再談三監。

國子監，設祭酒1人（從三品）、司業（從四品下）2人，「掌邦國儒學訓導之政令」。有六學，即國子學、太學、四門學、律學、書學和算學。國子學等六學均設有博士、助教。國子學各學生徒入學有等級的限制：國子學招收三品以上、國公子孫，二品以上曾孫。太學招收五品以上及郡縣公子孫、從三品曾孫；只有五品以上高官子孫才有資格進入。四門學招收七品以上及侯、伯、子、男之子及一部分庶民子弟；律、書、算學招收八品以下及庶民子。國子、太學、四門諸學學生有能通兩經以上的，由祭酒、司業考試合格，可送到禮部參加科舉考試，有門蔭的可以到吏部參加銓選。

少府監，「掌百工伎巧之政令」，並總管各官手工業部門，設有

監（從三品）和少監（從四品下）。丞（從六品下）掌判監事。

將作監，「掌供邦國修建土木工匠之政令」，下設署、監，負責有關土木興建的各項事宜，並總管全國工匠。長官將作大匠（從三品），副長官將作少匠（從四品下），亦由丞掌判監事。

此外，還有都水監和軍器監，但此二監時設時廢，設置時間不長。

九寺三監，就職掌範圍而言，太常、光祿、衛尉、宗正等寺和將作監，都是掌管和皇帝、百官和京都有關的具體事務。太僕、大理、鴻臚、司農、太府等寺和國子監、少府監則掌管全國性的事務，有的同時也掌管和皇帝、京城有關的事務，如太僕寺和少府監。

就其性質而言，太常、光祿、宗正、大理、鴻臚等寺都是掌管具體事務的機關。而衛尉、太僕、司農、太府等寺以及國子、少府、將作三監都「掌政令」，是掌管某一類具體事務的行政機關。

就其與尚書省六部的關係而言，尚書六部掌管的是全國性的政令和政務，而九寺三監掌管的則是各種專門業務和具體事務。六部長官為正三品，寺監長官除太常卿為正三品，餘皆為從三品，地位大體還是相當的。就機構而言，寺監對六部沒有隸屬關係。但在業務上，寺、監要接受六部政令，按照政令的要求行事，有關情況要申報六部有關的司。例如，戶口、籍賬、糧食、錢帛的儲運、出納的指揮歸戶部的戶部、度支、金部、倉部四司。而糧食的倉儲、出納歸司農寺。司農寺各倉憑戶部倉部司所發符牒和木契支給糧食。錢帛歸太府寺，太府寺則憑戶部金部司所發符牒和木契支給錢物。土木興建歸工部掌管，而負責組織施工的則是將作監。

關於尚書六部和九寺三監有幾點需要注意：

第一點，尚書六部是根據令、式或奉行制敕以掌政令。這是它的總的任務，但這不是說它不管相關的具體事務。一般來說，頭司也就是和部同名的、位置在第一的司如吏部司是掌管政令的，其他的司

封、司勳、考功各司處理的就是比較具體的事務了。九寺、三監則是根據政令以掌諸事，但是也並不是全不掌政令。衛尉、少府等寺監亦通過政令對其下屬機構進行具體指揮。

第二點，六部和寺監從組織機構上來說是平行的關係，不是隸屬關係。但在政務處理上則有上承下行的關係。如將作監有關事務要上報工部，工部要上報尚書都省，尚書省還要上報門下省。

6. 御史臺和諫官

御史臺是國家最高監察機關，負責監督各級政府和官吏，監察百官，推鞫刑獄，監督府庫出納，監察尚書省諸司會議。

長官御史大夫（正三品），副長官御史中丞（正五品上）。

御史臺設有：

侍御史 4 人（從六品下），又稱臺院，「掌糾舉百僚，推鞫獄訟」，彈劾百官的不法行為，奉制敕審訊罪犯，並參與其他案件的審訊。

殿中侍御史 6 人（從七品上），又稱殿院，主要是在殿廷、郊祀和巡幸時檢察儀仗，監察百官殿庭失禮或違法言行，巡察兩京城內不法之事。

監察御史 10 人（正八品上），監察御史掌分察百僚，巡按郡縣，糾視刑獄，肅整朝儀。又稱監院，《舊唐書》卷四四《職官志三》載，監察「掌分察巡按郡縣、屯田、鑄錢、嶺南選補、知太府、司農出納，監決囚徒。監祭祀則閱牲牢，省器服，不敬則劾祭官。尚書省有會議，亦監其過謬。凡百宮宴會、習射，亦如之」。

唐朝御史臺統一掌管監察，臺院、殿院、監院等三院，職責分工明確，不僅負責糾察官吏的不法行為，還加強了對禮儀和行政機關尚書省及其六部的監察，也逐步建立起對地方行政機關的監察；同時，對財政和錢穀的出納，對軍隊也都建立了監督權。唐朝御史臺對監察

範圍內的案件還可以進行審訊，這也提高了御史臺的監察權威。《唐六典》卷一三《御史臺》：「御史大夫之職，掌邦國刑憲、典章之政令，以肅正朝列。」就是對上述職掌的概括。

唐代監察系統運行的特點：

第一，完成了由行政監察到國家監察的轉變。漢代御史大夫是副丞相，並不直屬於皇帝，而是屬於行政系統，因此是一種行政監察而不是國家監察。而唐代御史臺完全脫離了各個政權機關，成為直屬於皇帝的獨立監察機關。

第二，加強對地方的監察。唐太宗就曾命大臣分巡各道，高宗、武則天時期也不斷派遣大臣到各地巡視，可以對地方的一些事情根據情況直接進行處理。如狄仁傑巡視江南就屬於這種情況。

武則天還專門設立了右肅政臺，負責監察地方。光宅元年九月，御史臺改為左肅政臺，專知在京百官及監諸軍旅，並承詔出使。更置右肅政臺，專知諸州案察。

唐朝前期把全國劃分為十個道，作為監察區，派巡按分巡郡縣：

凡十道巡按以判官二人為佐，務繁則有支使，其一察官人善惡，其二察戶口流散，籍帳隱沒，賦役不均，其三察農桑不勤，倉庫減耗，其四察妖猾盜賊，不事生業，為私蠹害，其五察德行孝悌，茂才異等，藏器晦跡，應時用者，其六察黠吏豪宗，兼併縱暴，貧弱冤苦，不能自申者。[1]

第三，加強了對行政的監察。唐玄宗之初，以監察御史 6 人分察尚書省六部。《唐六典》卷一三《御史臺》監察御史條：

1　　《新唐書》卷四八《百官志三・御史臺》。

若在京都，則分察尚書六司，糾其過失，及知太府、司農出納。……凡尚書省有會議，亦監其過謬。（尚書省諸司七品已上官會議，皆先牒報臺，亦一人往監，若據狀有違及不委議意而署名者，糾彈之。凡有敕令一御史往監，即監察受命而行。自監察御史已上，每日一人於本司當門直，以檢察臺中出入及令史領辭訟過大夫之事。若緣辭訟事須推勘者，大夫便委門直御史以推之。）

這標誌着唐代國家監察體制已臻於完善，御史臺成為完全獨立於行政體制之外的監察系統，其職權重心也逐漸從對官員個人行為的監察，轉變為對官員所掌行政事務的監察。而行政監察，主要體現為尚書都省的勾檢制。

第四，諫官逐步從對皇帝的監督轉變為對國家事務的監督，出現了臺諫合流的趨勢。

唐朝初年諫官分屬門下省和中書省，有：

左、右散騎常侍，各2人（從三品），掌侍奉規諷，備顧問應對。

左、右諫議大夫，各4人（正五品上），掌侍從贊相，規諫諷諭。

貞觀元年（627）正月制：「自今中書、門下及三品以上入閣議事，皆命諫官隨之，有失輒諫。」[1]

天授二年（691），增置左右補闕、拾遺。

左、右補闕各2人，從七品上。「國家有過闕而補正之」，故名補闕。

左、右拾遺各2人從八品上。「國家有遺事，拾而論之」，故名拾遺。《唐六典》卷八《門下省》「左補闕、拾遺條」載：

---

1 《資治通鑑》卷一九二唐太宗貞觀元年正月己亥條。

掌供奉諷諫，扈從乘輿。凡發令舉事有不便於時，不合於道，大則廷議，小則上封。若賢良之遺滯於下，忠孝之不聞於上，則條其事狀而薦言之。

下面是幾條白居易為拾遺時的記載。

憲宗元和二年十一月，白居易召入翰林為學士。三年五月，拜左拾遺。獻書表示：「倘陛下言動之際，詔令之間，小有遺闕，稍關損益，臣必密陳所見，潛獻所聞，但在聖心裁斷而已。」[1]

元和四年，「王承宗拒命，上令神策中尉吐突承璀為招討使，諫官上章者十七八。居易面論，辭情切至。既而又請罷河北用兵，凡數千百言，皆人之難言者，上多聽納。唯諫承璀事切，上頗不悅」。[2]

白居易嘗因論事，言「陛下錯」，上色莊而罷，密召承旨李絳，謂：「白居易小臣不遜，須令出院。」絳曰：「陛下容納直言，故群臣敢竭誠無隱。居易言雖少思，志在納忠。陛下今日罪之，臣恐天下各思箝口，非所以廣聰明，昭聖德也。」上悅，待居易如初。[3]

這些事例充分反映了唐代諫官的職能，也反映了唐代君臣關係的特色。

中央除了三省六部九寺三監和御史臺，還有祕書省、殿中省和內侍省。

祕書省掌管圖書、修撰和天文，長官為祕書監（從三品），少監為副，祕書郎（從六品上）負責甲乙丙丁，也就是經史子集四部圖書的保管。

祕書監下設著作局和太史局。著作局設著作郎（從五品上），負

1　　《白香山集》卷四一《初授拾遺獻書》。

2　　《舊唐書》卷一六六《白居易傳》。

3　　《資治通鑑》卷二三八唐憲宗元和五年六月白居易嘗因論事條。

責碑誌、祝文、祭文的修撰。太史局設太史令（從五品下），後來改為司天臺，司天監為從三品，與祕書監地位相等。掌觀察天文，稽定歷數，預造下年歷。

祕書監、司天監實際上就是國家圖書館和國家天文臺。

殿中省，長官殿中監（從三品），負責皇帝的衣食住行。

內侍省負責宮內事務，其官員全部由宦官擔任。管理宦官則由內侍（從四品）負責。

7. 地方行政機關

唐朝地方仍為州、縣二級。根據戶口的多少，州、縣被分為上、中、下三級。這樣可以根據州、縣不同的級別設置不同的部門，選派不同品級的官吏來擔任州、縣官吏。

州設刺史，上州（4萬戶以上）刺史，正三品；中州（2萬戶以上）刺史，正四品上；下州（2萬戶以下）刺史，正四品下。刺史下設別駕、長史、司馬，協助刺史工作。上州和中州設有司功、司倉、司戶、司兵、司法、司士等六曹，下州設司倉、司戶、司法三曹。各曹設參軍事1人。

司功掌官吏考課、選舉、學校等事；

司倉掌租賦徵收、倉庫保管等事；

司戶掌戶籍、計賬、婚、田等事；

司兵掌武官選舉、兵甲器仗、烽候傳驛等事；

司法掌刑獄的審訊；

司士掌建築和工匠的管理等事。

各州均有錄事參軍事1人，負責往來文書的收發和審核；經學博士1人，掌「五經」教授諸生；醫藥博士1人，以百藥救民疾病。

從以上的情況可以看出，上州和中州六曹與尚書省的六部有對應關係，不同的有兩點。一點是沒有與禮部對應的曹司。另一點是有

關財政的曹司有兩個，其中司倉不僅與戶部對應，而且與少府寺對應。而下州只設司倉、司戶、司法三曹，明確地告訴我們，州作為一級的地方政府，它的主要職能就是控制百姓，徵收賦稅和維持地方治安。

經學博士和醫藥博士的設立說明了對教育和醫藥的關注。德宗初年，根據吏部尚書顏真卿的建議，改諸州博士為文學。

縣設縣令。上縣令從六品上，中縣令從七品上，下縣令從七品下。下設縣丞、主簿、縣尉（上縣從九品上，中、下縣從九品下）。京畿及天下諸縣令之職，皆掌導揚風化，撫字黎氓，敦四人之業，崇五土之利，養鰥寡，恤孤窮。審察冤屈，躬親獄訟，務知百姓之疾苦。

縣令掌導揚風化，察冤屈，聽獄訟，注定籍賬，給授田地；傳驛、倉庫、盜賊、道路雖有專門官負責，縣令也要兼知。縣丞為縣令之副手，主簿負責勾檢，縣尉分判眾曹，「割斷追催，收率課調」。此外，還有司戶佐、史，司法佐、史等吏員，分別負責各項事務的處理；經學博士，以經學教授諸生。

裏是最基層的行政單位，百戶為裏，設里正1人，負責戶口的查核及賦役的徵發催督。

州縣官員一律由中央任免，年終考核，結果要上報到省，州縣各項政務，也要逐級上報。重大政務和案件，都須向上級直至皇帝請示，如死刑，不僅需皇帝的批准，還要復奏。官吏的考試、任免權，地方的財政權、司法權及兵權，全都集中到中央。中央集權進一步加強。

在邊疆地區，則設有都護府和都督府、州，都督、刺史由各少數民族的貴族、酋長擔任，皆得世襲，稱為羈縻府州。

三、保證政府機構正常運轉的一整套制度

為了保證政府機構的正常運轉，唐朝制定了一整套制度：

一是制定法令，確定各部門的職能、機構和編制。《唐令》中的《三師三公臺省職員令》《寺監職員令》《衛府職員令》分別規定了中央三省六部、御史臺、九寺三監和十二衛的職責範圍、組織機構和人員編制。《州縣鎮戍岳瀆關津職員令》則規定了地方政府、軍事機構的職權和人員編制。

每個機構的職能都有明確的規定，不僅載於令中，而且在作為行政法規和辦事規程的格、式中也有。

人員分兩部分，一部分是官員，人數不多，吏部、戶部只有 23 人；一部分是吏，人數多一些，吏部 266 人，戶部 187 人。總而言之，政府機構不是很龐大的。

二是對政務運行程式，包括公文處理的程序、程限，作了嚴格的規定，並設立勾官負責督查。唐令規定：「小事五日程，中事十日程，大事二十日程，徒以上獄案辯定須斷者三十日程。其通判及勾經三人以下者，給一日程；經四人以上，給二日程；大事各加一日程。若有機速，不在此例。」[1] 機速，謂軍機急速，不必准案程。應了不了，亦准稽程法。除此之外，都必須在規定期限內辦理完畢，不能如期辦完就叫作「稽程」。公文的抄寫也有日程的限制。制、敕，案成以後頒下，二百紙以下限二日程，過此以外，每二百紙以下加一日程，最多不得過五日。其赦書，計紙雖多，不得過三日。違反令所規定的限日，都屬於稽程。官文書稽程，要追究法律責任，並且要給予刑事處分。稽程者，一日笞十，三日加一等，罪止杖八十。相關人員也要連坐。

---

[1]　《唐律疏議》卷九《職制》。

　　唐朝還設立專門官員對公文處理情況進行監督和檢查，這就是公文勾檢制度。勾檢包括三方面的內容：一為發辰，即受事發辰，也就是各部門收到公文以後進行登記，規定處理的時間。這類似今天的公文收發，但又不是簡單的登記，要判斷公文的性質和事情大小，並規定處理的時間。二為檢稽失，也就是對公文處理情況進行檢查，稽即稽程，就是沒有在規定的日程內把案件處理完畢。失，即公事失錯，也就是案件處理失誤。檢稽失就是檢查有沒有在規定日期之內把案件處理完畢，有沒有失誤。這是勾檢的中心。發辰和檢稽失這兩項工作由各司錄事之類負責。三為署名勾訖，即省署抄目，審查、簽字、登記，由錄事參軍之類負責。

　　當然，僅僅依靠勾檢制度，還是不能完全保證公文處理的效率。唐太宗時期就出現過公文處理嚴重拖拉的情況。

　　貞觀十一年，劉洎上疏曰：「伏見比來尚書省詔敕稽停，文案壅滯。」他在疏中分析造成這種情況的原因：「並為勳親在位，品非其任，功勢相傾。凡在官僚，未循公道，雖欲自強，先懼囂謗。所以郎中抑奪，唯事諮稟；尚書依違，不得斷決。或憚聞奏，故意稽延。案雖理窮，仍更盤下。去無程限，來不責遲，一經出手，便涉年載。或希旨失情，或避嫌抑理。勾司以案成為事了，不究是非；尚書用便僻為奉公，莫論當否。遞相姑息，唯務彌縫。」[1] 在正常情況下，郎中作為經辦的判官，應自行主判，不必請示尚書。有些事郎中應向尚書「諮稟」，也就是請示報告。作為部的長官，尚書是要進行斷決的。疏中還揭露了許多官僚故意拖延，對付程限的辦法。那就是案情雖已審清，仍借口手續不完備，退回去。這樣便導致「去無程限，來不責遲，一經出手，便涉年載」。那麼，怎麼解決這個問題呢？「將救茲弊，且宜精簡四員，左右丞、左右司郎中如並得人，自然綱維略

---

[1] 　《舊唐書》卷七四《劉洎傳》。

舉，亦當矯正趨競，豈唯息其稽滯哉！」[1]

三是按照在政務處理過程中地位和作用的不同，把官吏分為長官、通判官、判官和主典四等，即四等官，並規定了相應的問責制度。例如，尚書省長官為尚書令（正二品）、僕射（從二品）；通判官為左、右丞（正四品）；判官為左、右司郎中（從五品）；主典為主事、令史。大理寺大理卿是長官，少卿及正是通判官，丞是判官，府史是主典。主典，主要協助判官辦理文案，為判官判案準備各種文案材料，並提出初步的處理意見。判官分工處理相關政務，負責具體的判案工作。通判官一般是副長官，負責協助長官對於判官的斷案做出裁定，而長官則對政事作最後的決斷。「四等官」的規定明確了各層次官吏的職責。在政務處理出現錯誤時，以此來追究他們應負的法律責任。錯誤出現在哪一個環節，哪一個環節的官員負主要責任。如主典檢請有失，即主典為首，判官為第二從，通判官為第三從，長官為第四從，主簿、錄事亦為第四從；如丞判斷有失，以丞為首，少卿、二正為第二從，大卿為第三從，主典為第四從，主典以下的主簿、錄事當同第四從。如果通判官以上改變判官所判而造成錯誤的，止坐異判以上之官。這樣分清責任人，按照在處理過程中錯誤發生在哪一個層次，就首先追究這個層次官員的責任，同時也不放過其他環節官員，包括長官的責任的原則，對於保證各級官員各司其職，避免瀆職現象的發生是有積極意義的。

《大唐新語》卷四：

　　李日知為司刑丞，嘗免一死囚，少卿胡元禮異判殺之，與日知往復至於再三。元禮怒，遣府吏謂曰：「元禮不離刑曹，此囚無活法。」日知報曰：「日知不離刑曹，此囚無死法。」竟以兩

---

[1]　同上。

聞，日知果直。

這個故事告訴我們，判官所作出的判，長官如果有不同的意見，作出了不同的判決，要告知判官。判官如果堅持原來的意見，可以表示反對。如果相持不下，可以上聞。

四是對官吏失職、違法亂紀、貪贓枉法從法律上規定了具體的處分辦法。《唐律・職制律》有關貪污受賄的律條達十四條之多。對主管官員家人在管內受取索要財物，也要處以刑罰。

五是加強了對政務運行過程中各部門及有關官吏的監察。秦、漢之制，御史大夫、副丞相為三公之官。魏晉時御史臺雖然已經成為獨立的國家監察機構，但其作用時高時低，還不穩定。隋唐時它才完善起來並持續發展下去。唐御史臺只向皇帝負責，不受其他部門領導。御史臺不僅對中央和地方的官員進行監察，還對禮儀、尚書各部和司農寺、太府寺等進行監察。武則天設立拾遺、補闕。對國家政務中的缺漏不足進行補正拾遺。諫官也不再是單對皇帝個人進行諫諍，而是以整個朝廷政務作為諫議的對象。

四、唐朝初年政治制度的特點

唐朝初年的政治制度不僅為唐代前期經濟、社會和文化的發展提供了制度上的保障，而且對唐以後各朝的政治制度也有着深遠的影響。如果從中國古代政治制度發展的角度來觀察唐朝政治制度，有以下幾個特點：

第一，唐朝最終結束了家國一體和貴族門閥政治的國家體制，開啟了皇帝—官僚政治體制。

秦漢以來，皇帝雖然要依靠官僚來進行統治，但是在中央政府

中，皇家事務和國家事務還沒有分開。漢代九卿中，太常、光祿、衛尉、太僕等寺都是掌管皇帝或皇家事務的。國家還保持了古老的家國不分、家國一體的傳統。皇權本身，也始終依託於當時最有勢力的集團或階層。

在隋文帝和隋煬帝時期，中書省、門下省擺脫了皇帝祕書咨詢機關的性質，從內廷走了出來。中書省、門下省和尚書省一起，並列為國家政權機關。皇帝則成為國家的最高領導人。

隋代還確立了尚書省的最高行政機關的地位。寺監也不再是國家行政機關，而成為掌管各種事務，包括皇帝和皇家事務的機關。

這樣，隋朝就最後完成了國家政務與皇家事務的分離。中國古代國家形態已經擺脫了家國一體、貴族政治、門閥政治等早期形態。但直到唐朝初年，前一時期的殘餘和影響仍然存在，直到唐高宗廢王立武才基本告一段落。廢王皇后，立武則天為皇后，這件事不僅標誌着關隴貴族最後退出歷史舞臺和門閥貴族政治殘餘的最後掃除，也標誌着從南北朝開始到隋代基本實現的國家體制從皇帝貴族體制到皇帝官僚體制的過渡的最後完成。

第二，規劃了後代官僚政治制度的基本框架和運行模式，同時又具有很大的過渡性。隋和唐初所確立的體制及其他相關制度雖然具有很大的開創性，開啟了此後一千多年官僚政治制度的基本模式，如各級政府都由官吏負責運轉，官吏按才學標準並通過考試由中央任免等。但它仍然具有很大的過渡性。如果說，隋朝是以地方事務向中央集中為契機，初步完成了國家體制和政治體制的變革，那麼，唐朝則是隨着社會的發展、政府政務和事務的不斷增加，政治體制不斷革新。唐代政治體制變革的核心內容，就是政府機構在按職能分工的基礎上，不斷加以調整。

第三，對政治制度比較自覺地及時進行調整，是唐朝前期社會能夠持續發展的重要條件。貞觀初唐太宗說過：「以天下之廣，四海之

眾，千端萬緒，須合變通。」[1] 這雖然是關於政事的處理原則，但制度的調整也是政事的重要內容。因此，唐太宗的這段話為政治制度的及時調整奠定了思想基礎和理論基礎。對制度進行必要的調整，在唐朝被看作是很正常的事。而「變通」二字也往往成為制度調整時的依據。這樣在制度的調整和革新上，唐朝前期在思想上的阻力要比其他朝代，特別是唐以後的朝代小得多。

唐朝前期除了通過制敕對制度進行及時的調整，還對規定各種制度包括政治制度在內的令、式進行過幾次大規模的修訂。只有對制度和法令進行及時調整，社會才能生氣勃勃地向前發展。

第四，在制度和法令的執行上，原則性和靈活性的結合，也是唐代政治運行中的一個重要特色。在《唐律》上就有一些不能怎樣，但在特定條件下又必須怎樣的規定。對於律令不便於時者，在《唐律》中也規定了進行修改的程序。

《唐律疏議》卷一〇《職制》：

> 諸事應奏而不奏，不應奏而奏者，杖八十。應言上而不言上，（雖奏上，不待報而行，亦同。）不應言上而言上及不由所管而越言上，應行下而不行下及不應行下而行下者，各杖六十。

《唐律疏議》卷一六《擅興》：

> 諸擅發兵，十人以上徒一年，百人徒一年半，百人加一等，千人絞；（謂無警急，又不先言上而輒發兵者。雖即言上，而不待報，猶為擅發。文書施行即坐。）給與者，隨所給人數，減擅發一等。（亦謂不先言上、不待報者。告令發遣，即

1　《貞觀政要》卷一《政體》。

坐。）其寇賊卒來，欲有攻襲，即城屯反叛，若賊有內應，急須
兵者，得便調發。雖非所屬，比部官司亦得調發給與，並即言
上。（各謂急須兵，不容得先言上者。）若不即調發及不即給與
者，准所須人數，並與擅發罪同；其不即言上者，亦准所發人
數，減罪一等。若有逃亡盜賊，權差人夫，足以追捕者，不用
此律。

有些事情按照規定要上奏皇帝，有些事情按照規定要請示上
級。特別是發兵，要經過皇帝的批准，下發相關的文書和魚符，才能
執行。

隋朝末年，李淵擔任太原留守，準備起兵取代隋朝。但是手中無
兵，因此利用老百姓害怕被徵發到遼東前線的心理，散佈隋煬帝準
備徵兵的流言，引起山西北部形勢緊張，從而給自己發兵找到了借
口。當時山西北部的一支軍隊進到太原附近，李淵便對隋煬帝派來監
視他的兩個副留守說：現在形勢很緊張了，上奏皇帝的話，路途遙
遠，來回需要時日。如果出現問題，你我都負不了這個責任。兩個副
留守只好答應出兵。這樣李淵手中就有了軍隊。他就是利用這些士兵
在太原起兵，取代了隋朝。這件事一方面說明了禁止擅自發兵，在當
時具有多麼重要的意義，所以皇帝總是把兵權牢牢掌握在自己的手
中。另一方面也說明，一定條件下的靈活性，在特定條件下，也會被
一些人所利用。

儘管如此，唐高祖和唐太宗在制定唐初的制度時，並沒有因噎廢
食，還是堅持了高度集權和靈活分權相結合的原則。上奏皇帝和請示
上級，這些都反映了集權。在緊急情況下，可以先不上奏，先不請
示，而把決定權交給相關的官員。這又是一種分權。當然，這是一種
有條件的分權，目的還是要及時、靈活地處理突然出現的緊急情況。

唐朝政治制度的發展變化

一、唐朝前期政治制度的變化

　　說起唐朝的政治制度，很多人都會回答是三省制或三省六部制。這樣回答也許高考時能拿滿分，因為過去的教科書就是這樣寫的。但是根據近年來的研究，這樣的回答是不全面也不準確的。

　　我們要了解一個朝代的政治制度，不是把有關這個朝代政治制度的各種材料簡單加以概括，這樣只能給人們描述一個不存在於這個朝代任何一個時期的政治制度。我們要着眼於制度的發展變化，力圖把政治制度作為一個處在發展過程中的整體來加以把握，要着重研究各個時期實際運行的制度，而不是停留在有關制度記載的條文上。這樣才能真實地掌握一個朝代各個時期政治制度的實際情況和政治體制發展變化的脈絡。

　　唐朝政治制度隨着社會經濟的發展和政治軍事形勢的變化，是在不斷進行變革和調整的，不是一成不變的。三省制在隋煬帝時最後確立下來，在唐太宗、唐高宗時發展完善。到唐玄宗初年，政事堂逐步演變為中書門下，三省體制演變為中書門下體制。

1. 中書門下體制的形成

　　三省六部的體制適應唐朝初年的情況。唐初的三省是一個完整的體系，但仍然是一種過渡。決策和行政明確分離，各部門職掌固定，少有彈性，這些都不能適應急速變化的經濟、政治和軍事形勢。

先看決策與行政分離。政事堂與中書省、門下省是負責決策和做出重大決定的。宰相每天上午在門下省舉行政事堂會議，討論和決定軍國大事和一般行政事務。執行的是尚書省。尚書省在南北朝是可以對一些事情做出決定的。到了唐初，在三省體制下尚書省所作出的各種決定，必須通過門下省的審核，報告給皇帝知道或奏請批准後才能實行。不經過門下省，哪怕是一個小事情，尚書省也決定不了。也就是說尚書省沒有自己的最終決定權，也沒有發令權。這與宋朝以後，特別是明清不同。明清的六部本身就可以作出一些決定，直接下發。決策和行政的分離，使尚書省的行政權受到了很大的限制，減少了處理政務的靈活性。真正遇到了什麼新的問題，上上下下都要經過一個過程，不是很機動靈活。

再看各部門職掌固定。唐初各部門職掌是由「令」加以規定的，非常具體，沒有什麼彈性。因此各部門沒有靈活處理新出現問題的權力，遇到新的情況就無權處理。而尚書各部據令式以掌政令，遇到新的情況，無令式可循，便也無權法理。

當然，唐朝法令有規定，有些事情在緊急情況下，可以靈活處理。但在一般情況下，就缺少這種靈活性。在唐朝初年，大亂之後經濟需要恢復，社會上大部分居民都是自耕小農，整個社會上事情不是太多，邊疆事務也不是太多，特別是國家實行休養生息的政策，盡量地減少政務，再加上官吏的素質還不是很高，缺乏靈活處理事務的能力，所以當時這種制度適合唐朝初年社會經濟發展的水平，適合當時官員的情況。三省體制在唐朝初年還是有它的生命力的。

那麼三省體制為什麼逐步發展為中書門下體制？中書門下體制是怎樣形成的呢？

武則天以後，唐朝的社會經濟加速向前發展，邊疆形勢也發生了變化。從唐太宗開始，一直到高宗前期，對外戰爭不斷，但戰爭本身主要是防禦和鞏固整個唐朝的疆域。高宗時期，東邊擴展到鴨綠

江,西邊擴展到巴爾喀什湖,疆域是很大的,但很多地方不容易管理,事情越來越多。同時,吐蕃也處在上升時期。一方面是社會經濟發展,一方面是邊疆形勢發展,導致政府要處理的事務越來越多。這些新的事務都不在政府各部門原來規定的管轄範圍之內,而且原來的法令也管不了這些事情,因而出現了有些事情無令式可循、無部門去管的情況。唐初的政治制度和法令開始不適應迅速發展的新的情況。唐太宗所說的「百司商量,宰相籌劃,於事穩便,方可奏行」,[1]這樣一套政務處理的程式也不適應急速變化的經濟、政治和軍事形勢。問題越來越多,其中有些問題需要通過制度和法令的改變來解決,有些則需要通過行政手段去解決。這樣就出現了三個情況:

一、皇帝要親自處理的奏章越來越多。出現了新情況,無令可循,沒有機構來處理,只能上議、表、狀,打報告。大臣和有關部門都可以打報告。這些實實在在的現實問題需要皇帝來做出決斷。

二、武則天以後不斷派出大臣處理各種新出現的問題,皇帝遇有事情就臨時派遣使臣,也就是所謂「差遣和使職」。這些差遣和使職一開始是臨時設置的,任務完成後就回去擔任原來的官職。後來有些使職,主要是一些軍事上的和財政上的使職由於客觀形勢的需要,逐步變成固定的使職,其中比較早也是最重要的就是節度使。由於這些使職是由皇帝臨時下令設置的,不在原有的職官系列中,他們只向皇帝負責,而與原來的三省六部等部門並沒有法定的統轄和隸屬關係。這樣在政務的處理上實際上存在兩個互不相關的系統。

三、碰到新出現的問題和為了使派出去的官員能夠有令可循,皇帝就頒發制、敕進行處分,通過制、敕頒布很多新的處理辦法。這些制、敕,包括赦文,是為了解決具體問題而頒發的。其中有一些制、敕中明確指明「以為永式」,便成為令、式的一部分。

1　《貞觀政要》卷一《政體》。

在這個過程中，三省的權力逐步向政事堂集中。尚書、門下地位不斷下降，並逐步喪失部分職權。這是一個權力從分散到集中，並且回歸到宰相手中，宰相重新成為行政首腦的過程。

第二、三種情況就是這樣解決的。

再看皇帝怎樣解決需要親自處理的奏章越來越多的問題。

皇帝需要閱讀的奏章越來越多，怎麼辦？唐初制度規定，三省六部和各部門職掌範圍以內的政務和事務匯總到尚書省以後，送交門下省。門下省根據性質作不同的處理。這都是在令式中有規定的。而各種議、表、狀則送交皇帝處理。在太宗和高宗初年，大臣直接送呈皇帝的大多是賀表，皇帝看也可，不看也可，不需要進行處理。進入七世紀六七十年代，隨着對外戰爭的展開和經濟的發展，不斷出現新的情況，需要向皇帝請示報告，由皇帝來做出決斷。皇帝需要親自處理的議、表、狀突然多了起來。這個時期唐高宗的身體出現了一些問題，經常頭暈，於是讓皇后武則天協助處理。如果只是這樣，還可以看作是因為高宗身體問題而採取的一種臨時的措施，但問題是這種需要皇帝親自處理的文書越來越多，高宗加上武則天也處理不過來。怎麼辦？如果硬着頭皮去看，弄不好就會重蹈秦始皇和隋文帝的覆轍，成天埋在公文堆中。所以他們把一些文士以修書為名，召到宮中，幫助閱讀和處理這些文書，在當時還是一種明智的選擇。但這也說明唐初建立起來的決策機制已經不適應當時的情況，而制度還沒有進行相應的調整。

《舊唐書》卷一九〇《元萬頃傳》：「時天後諷高宗廣召文詞之士入禁中修撰，萬頃與左史范履冰、苗神客，右史周思茂、胡楚賓咸預其選，前後撰《列女傳》《臣軌》《百僚新誡》《樂書》等凡千餘卷。朝廷疑議及百司表疏，皆密令萬頃等參決，以分宰相之權，時人謂之『北門學士』。」「朝廷疑議」本來是由皇帝和宰相參決，或由宰相提出意見奏請皇帝決定。參決「朝廷疑議」，還可以說是「分宰相之

權」，而「北門學士」幫助高宗、武則天看的「百司表疏」，這些文書，本來就是給皇帝看的。唐朝初年皇帝要看的文書有兩類：一類是各種政務的處理，先送到尚書省，再由尚書省送門下省處理，最後送交皇帝畫可批准；在這個過程中，是要經過作為宰相的侍中審議的，因此談不上「分宰相之權」。另外一種是直接給皇帝的，沒有經過任何處理的，是要皇帝自己看。唐朝初年，這種事情不多，皇帝可以自己處理。現在事情多了，皇帝處理不過來了，「北門學士」是為皇帝代勞，也沒有分宰相之權。史書上說「以分宰相之權」，這個說法是片面的，不準確的。

皇帝處理不過來了，總是找人也不是長久之計，這種非制度化的運作不可能長期存在，所以還是要制度化。唐高宗永淳元年（682）在任命四名四品官為宰相時，所加的不是傳統的「同中書門下三品」「同中書門下平章事」，而是「同中書門下同承受進止平章事」。[1]同中書門下三品是明確他們在宰相中的地位，同中書門下平章事則是明確他們的任務。而同中書門下同承受進止平章事，雖然也是明確他們的任務，但是這個任務和過去的平章政事是有區別的。區別就在於承受進止平章事。過去平章政事的主要內容是軍國之務，是按照一定程序進行的，而承受進止則是按照皇帝的指令討論和處理政事。這是一個不起眼但又很重要的變化。說明皇帝的權力和皇帝與宰相的關係都發生了微妙的變化。雖然這種變化還不是制度性的，但是卻反映出：一是在政務的運作上，皇帝自上而下的指令增加。皇帝自上而下發出指令，這是君主集權的自然之義；但是從唐朝來說，正如唐太宗所說的，皇帝一般不直接下達指令，而總是把決策過程中的一部分權限交給宰相和各級官吏。高宗末年的這種變化，儘管有特殊的歷史條件，但還是可以看作是皇帝集權的加強。這是從形式上來看。二是皇

---

[1]　《舊唐書》卷五《高宗本紀下》。

帝在政務的處理上增加了新的內容。這些新的內容既不是那種皇帝和宰相共同討論決定的國家大事，也不包括在三省職權範圍之內的政務，是新出現的，是沒有機關和部門管的，也沒有相關法令約束。因此，各部門和相關大臣都只好向皇帝報告，由皇帝來處理。否則在當時的制度下，就真的沒有人來管了。所以，這也是皇帝集權的一個重要內容。這種集權，也還是一種無奈。因而這種情況不可能長期持續下去。

到武則天時期，開始把原來由皇帝處理的奏章交給中書省來處理。

最初大體是議、表、狀從皇帝那裏送到中書省，由中書舍人予裁，需要以皇帝的名義用制敕處分的，由中書省商量處理。其餘的送有關部門處理，參議表章成為中書舍人的一項重要任務。

這些通過皇帝和中書省處理的事情，大多是行政事務。行政事務過去一般是由下而上，主要由尚書省和門下省處理。門下省是政務處理的重要環節。而從高宗以來通過皇帝和中書省處理的行政事務，都是新出現的，都是因為新出現而要通過行政手段解決的問題。這樣，又出現了由上而下的行政事務處理系統，中書省便成為這些政務處理的中心環節。中書省直接參與政務的處理，地位就有很大的提高。尚書、門下地位不斷下降，並逐步喪失部分職權。這是一個權力從分散到集中，並且逐步回歸到宰相，宰相重新成為行政首腦的過程。

經過一個時期的發展，到開元初年有了進一步的變化。凡是需要由中書舍人處理的事件和文書，由中書舍人一人提出意見，其餘的中書舍人簽字連署以後就直接送給皇帝，不再提出不同意見，也不需要中書令批閱。

開元二年中書令姚崇認為，每個人的意見都不可能完全相同，為了讓每個人充分發表自己的意見，他建議其他舍人有不同意見，

要事先商量。大事則要寫出商量狀。與本狀一同上奏，並由中書令對兩狀作出評論，提出自己的意見，再送交皇帝做最後的決定。這實際上是把中書舍人參議表狀加以程式化，並且變為中書省的主要任務之一。中書令在行政決策方面的作用也由此得到了肯定。

同時，還有一個意義重大的變化，這就是宰相獲得了直接發令權。唐以前，不論是宰相（行政首腦）還是最高行政機構的行政權都是不完整的，不充分的。他們不能獨立做出直接發往下級的決定，所有的下行文書都必須以皇帝制敕的方式發出。

唐玄宗開元初年，山東發生蝗災，根據宰相中書令姚崇的建議，朝廷派御史到各地督促滅蝗。汴州刺史倪若水上奏，認為蝗是天災，自宜修德，拒不執行殺滅蝗蟲的命令。當時朝廷中議論紛紛，很多人認為驅滅蝗蟲為不便。唐玄宗很着急，問姚崇怎麼辦？姚崇對玄宗說：「此事請不煩出敕，乞容臣出牒處分。」[1] 姚崇就「牒」地方官倪若水，要求他一定要抓緊滅蝗，結果殺滅蝗蟲十四萬石。宰相直接出牒，對於一些日常事務，可以直接進行處分，而不需要經過皇帝批准這一程序。皇帝對具體事務的處分權分化出來，轉移到宰相手中。這裏所說的宰相直接進行處分，不是指宰相在政事堂集體商議決定，而是由掌握大權的個別宰相進行，說明宰相權力進一步集中，集中到個別人手中。宰相獲得了直接發令權，這是一個具有劃時代意義的變化，伴隨着的是宰相權力的進一步集中，皇帝權力的進一步分化。

發展到這一步，不論是宰相的權力，還是作為宰相機構中書省的權力都發生了重大的變化。

開元十一年中書令張說奏改政事堂曰中書門下，下設吏房、樞機房、兵房、戶房、刑禮房等五房，分掌庶政。這樣，原來作為最高決

---

[1]　《舊唐書》卷九六《姚崇傳》。

策機構的政事堂，也隨着改稱中書門下而成為最高議政決策機關兼最高行政機關，宰相掌握了從決策、發令到行政的全部權力，實現了決策與行政合一。

簡而言之，唐初實行三省體制，三省按照決策、發令和行政，各有自己的職掌。政事堂為宰相議事之所，是最高決策機構。從武則天時期開始，整個政治體制開始發生變化，中書省開始直接參與政務的處理。宰相不僅參與政事堂的討論決策，而且負責具體政務的運行。開元十一年（723），唐玄宗改政事堂為中書門下，從制度上實現了決策與行政合一，中書門下同時掌握決策和行政大權。三省體制轉變為中書門下體制的過程終於完成。這是唐朝政治體制的重大變化，具有劃時代的意義。

政治體制度化後，作為中書令的張說的權勢空前地加強了。開元十二年宇文融以御史中丞為勸農使，到各地巡視，雖然「事無大小，先牒上勸農使」，也還是要「申中書」，因而張說可以「數建議違之」。[1] 後來宇文融與蘇頲分掌銓選事，宇文融每有奏請，亦「皆為說所抑」。[2] 儘管這種做法最後導致張說本身的垮臺，但也說明在中書門下體制下，作為首相的中書令的職掌和權力確實發生了變化。

相應以上政治制度的變化還有幾個重要的變化。從中樞機構來說，一個變化是中書舍人的名額增加了，基本上符合了中書舍人六人的編制。因為在唐朝前期大部分時期，中書舍人都不滿六人。中書舍人就是起草法令，多設無用。現在要他們參與政務的處理，必須基本滿員才可以，否則就應付不過來了。

第二個變化是，宰相、知政事官辦公的時間變成全天，他們變成專職宰相。中書省和門下省的長官以及尚書僕射加「同中書門下三

---

[1]　《舊唐書》卷九七《張説傳》。

[2]　《舊唐書》卷一〇五《宇文融傳》。

品」銜的，還有其他一些以本官加參知政事、同門下平章事之類的一些人，作為宰相，原來是上午在政事堂議事，下午回本衙辦公。到了開元、天寶年間，宰相開始全天辦公。

第三個變化是宰相的人數減少了。唐初以來，宰相人多，着重於政務的議決。在武則天時期，宰相最多時候有十幾個人，一般也有五六個人。到開元、天寶年間，特別是開元後期以後，中央決策、行政一體化的體制進一步加強，一切政務都集中到中書門下，而宰相人數進一步減少。開元以來宰相時而兩人，時而三四人。張九齡罷相後，一直到天寶末年，始終為兩人。宰相人少，重在政務的處理，也就是審議、裁決和施行合一。宰期集權的進一步發展，破壞了集體決策的原則，而大權則完全集中到作為中書令的李林甫之手。另一個宰相則處於陪襯地位。開元二十七年牛仙客為兵部尚書兼侍中，李林甫為吏部尚書兼中書令，總文武選事。官吏的選授也集中到宰相手中。宰相集權達到空前的地步。唐初以來宰相集議，三省按政務處理程序分工的體制被徹底破壞。

還有一個非常有意思的變化，就是當時主要的宰相中書令、侍中，往往都要兼行政職務，都要兼吏部尚書、刑部尚書、尚書僕射等職。這是很值得重視的一個現象，宰相實際上成為行政首腦，制度上發生變化了，法律上並沒有加以改變，可是又要讓他去處理行政事務，怎麼樣能名正言順呢？讓他去兼任一個行政職務就可以了。這也說明唐朝本身有它特有的法律觀念，採取增加一個銜的做法，以適應制度的變化。當然，這不只是開元、天寶年間的做法，唐初以來也曾經這樣做過。

2. 使職系統的發展

高宗、武則天以來，為了處理日益複雜的邊疆問題、財政問題和新出現的其他問題，都由皇帝臨時派遣大臣擔任各類使職前往解

決。開元初，使職有了進一步的發展。《唐語林》卷五《補遺》敍述這個過程說：

> 開元已前，有事於外，則命使臣，否則止罷。自置八節度、十採訪，始有坐而為使者，其後名號益廣。大抵生於置兵，盛於興利，普於銜命，於是為使則重，為官則輕。

節度使不再是一種臨時派遣，而且有了固定的治所。隨着節度使的普遍設立，使職開始普遍設立。財政使職開始突出。其中最早也是最重要的是開元九年設立的勸農使，雖為臨時差遣，但權力很大。勸農使是為了搜括逃亡農民而設立的。開元九年開始的括戶工作，是通過直接派遣監察御史到各地去進行的。唐玄宗所以沒有依靠張說來進行這項工作，主要還是因為張說認為括戶擾民，對於搜括逃戶持反對的態度。在這種情況下，唐玄宗只好採取派遣使臣的辦法，把權力交給他們。派出的使臣都帶有御史的頭銜，他們可以越過御史臺長官直接向皇帝報告，和皇帝的關係比起其他的官員也要更近一些。出使加帶御史頭銜，便於皇帝和他們直接溝通。這也是為了使新的做法具有一種法律上的依據。唐朝人雖然不拘泥於成法，但也時時注意是否合於法律，並想辦法使之彌合，依法執政的觀念是很強的。

在處理政務的過程中出現一些新的情況，需要有新的機構，因此後來便設立相對固定的使職，其中最重要的是轉運使。軍事制度和軍事佈局的變化，影響到整個糧食供應的佈局。北方生產的糧食除了供應北方各地，還有相當一部分要儲藏到糧倉中去。而北方糧食供應的需求，隨着城市人口的不斷增加，也有了很大的增長。僅僅依靠北方的糧食是遠遠不能滿足需要的。因此，江淮和江南的糧食從武則天時期起開始運往北方。到唐玄宗開元年間，漕運成為政府越來越重要的工作。開元二十二年，唐設立了轉運使，由宰相裴耀卿兼任。賦稅的

徵收、糧食和物資的儲存、轉運和出納，也都設立了相應的使職。

在這些處理專門財政事務的使職設立的同時，一部分財政職能部門使職化。財政職能部門的使職化，便於人員調配，在政務、事務的處理上也可以有更大的靈活性。財政使職和財政職能部門的使職化增加了財政各方面事務處理的靈活性和時效性，但同時也破壞了原有的層層隸屬關係和政務相承關係（如寺監和六部相關各司），破壞了原有的分權和集權關係。新的分權和集權關係正在形成。

各種使職由皇帝任命，其任務也由皇帝在命使的制書中規定。這樣，在政務上就出現了尚書六部和使職兩個互不統屬的系統。

在新的體制下，皇帝決策主要依靠中書令。但是，議、表、狀由中書舍人參議預裁，中書侍郎及中書令連署後進奏給皇帝，皇帝仍需親自審閱，許多事情也需要由皇帝直接做出決定。進奏的表章，都先呈送給宦官知內侍省事高力士，然後再送給玄宗。玄宗窮於應付或怠於政事時，小事就由高力士處理決定。某些政事，玄宗也與高力士議論。唐初制度規定，宦官不能參與政事。玄宗任用高力士，唐初的情況開始發生變化。

3. 加強中央對地方的控制與分權給採訪處置使

在中樞權力集中的同時，還加強了中央對地方的控制。唐初以來，不斷向地方派出過巡察使、安撫使、按察使、黜陟使，主要是了解民情，監察地方官吏善惡，這些使節均為臨時派遣，無處置權力，也沒有固定治所。開元二十二年二月，設立採訪處置使，選擇賢能的刺史擔任。其任務開始時也是監察官吏善惡，但其職權不僅限於奏聞，對於犯有貪污或其他罪行的刺史，採訪處置使有權停止他們的職務，並派人代理。後來，一些原來需要報請中央批准的事務，如災年開倉賑濟，也改由採訪處置使與刺史研究決定。除了變革舊章，

一般事務允許採訪處置使「便宜從事，先行後聞」。[1] 通過這種授權的方式，中央把某些事務的處置權交給採訪處置使。採訪處置使逐步成為代表中央總管一道的監察和行政，介於中央和州之間的中央派出機構。這種分權給採訪處置使的做法，增加了處理某些事務的靈活性和時效性。

唐玄宗時期制度的調整，適應了當時形勢的變化。但從長遠來看，制度的調整是曲折的，不是一下就能完成的。開元時期的各項調整，其中有的是正確的，但是也有失誤，並且隱含了重大的危機。

從中樞來說，隨着三省制度的破壞和使職系統的發展，權力向宰相和皇帝集中。權力向宰相和皇帝集中，造成了兩方面的問題。

第一方面，對於宰相和皇帝來說，他們個人的行事是更加機動和靈活了，而從整個權力系統來說，缺乏靈活應變能力的問題並沒有解決。因為各個使職的設立，都是針對當時具體情況和新出現的問題。新出現的問題仍然沒有機構去管，也就是說在某些方面仍然存在着權力真空。遇有突然發生的情況，離開了宰相和皇帝，整個政權就可能癱瘓。

第二方面，權力過分集中，使宰相破壞原來的制度成為可能。唐初所建立起來的各種制度都貫徹了分權和集權相結合的原則，集權是建立在分權的基礎之上的。例如官員的銓選，按照唐初以來的制度，要先由吏部通過銓試，三注三唱，確定名單，再經過吏部尚書上報到門下省。門下省先由給事中審讀，最後由門下侍郎和侍中審定，報皇帝畫可。天寶十一載十一月，李林甫死後，楊國忠被任命為右相兼文部尚書，也就是中書令兼吏部尚書。第二年春天，楊國忠以文部尚書的身份主持銓選。他把左相陳希烈、給事中、諸司長官都召集到尚書都堂。按照事先由他的手下官吏擬定的名單，對選人唱

---

1   《資治通鑑》卷二一三唐玄宗開元二十一年十月是歲分天下為京畿……條。

注。一次就完成了報皇帝畫可前的所有環節。並且宣佈：「今左相、給事中俱在座，已過門下矣。」[1] 於是門下省不復過官。

從軍事上來說，募兵制和節度使制度的實行，不僅造成了財政上的巨大壓力，而且出現了內輕外重的軍事佈局。同時地方分權加強，採訪處置使由節度使兼任，使地方軍政合一，這就使地方反抗中央的可能性大大增強了。

這些制度調整上的失誤，終於導致了安史之亂，並且使唐朝政府無法集中力量在最短的時間內平定叛亂。

二、唐朝後期政治制度的演變

安史之亂以後，肅宗、代宗、德宗時期都是兵荒馬亂，戰爭不斷。這個時期的政治制度處在急劇的搖擺和變化過程之中。

1. 宰相制度

唐朝初年，決策和行政分離。宰相負責決策，尚書省負責執行。宰相不管具體政務，而負責具體政務執行的六部和尚書省不論大事小事，都沒有最後決定權，分層決策機制還不完善。到了開元、天寶年間，宰相兩方面都管起來，但也造成了權力過分集中。

肅宗、代宗、德宗時期，情況發生了變化。宰相制度一度陷於混亂，同時宰相進一步向職能化方向發展。到了唐德宗貞元時期，也就是唐德宗的晚年，經過了僕固懷恩兵變、涇原兵變等等之後，局勢剛剛穩定下來，百廢待興。宰相崔造建議，命宰相分判尚書六曹，一個宰相負責一兩個部。唐德宗接受了這個建議。以一個戶部侍郎和

---

[1] 　《資治通鑑》卷二一六唐玄宗天寶十二載正月壬戌。

一個刑部侍郎負責財稅方面的事情，一個宰相負責兵部，一個宰相負責刑部，一個宰相負責吏部、禮部，一個宰相負責戶部、工部。第二年，李泌做了宰相。唐德宗對他說：軍事、錢糧的事情由你管，吏部、禮部由張延賞管，刑罰由渾瑊管。還是繼續上一年的做法。李泌說：「至於宰相，天下之事咸共平章。若各有所主，是乃有司，非宰相也。」[1]唐德宗聽了之後，也無話可說，接受了他的意見。實際上，德宗還是認為，「凡相者，必委以政事」。[2]這兩種看法，我們且不說前面的宰相分判六曹，太具體了。李泌說的「天下之事咸共平章」，就是討論研究國家大事，實際上是唐朝初年宰相的任務，認識還停留在唐初作為知政事官時宰相的職掌上。而唐德宗說的「必委以政事」實際上是開元、天寶以後宰相另外一個方面的任務，反映了宰相進一步向職能化方向發展的現實。當然，這裏還有一點是唐德宗不願意說的。那就是他不願意看到唐玄宗時期李林甫、楊國忠那樣，一個宰相大權獨攬。他也不願意看到唐代宗時期朝廷中的各種矛盾。唐德宗將大權掌握在自己手裏，所有事情由他自己決定，自己做最高行政機關的首腦，這實際上就是取消中書門下的決策權，取消首相。當然，這不是說他沒有自己的參謀人員，前有陸贄，後有李泌，還有其他一些人。他也聽取了別人的一些意見，但這些人都是作為他個人的參謀、顧問，而不是作為政府機構來承擔這樣一種職掌、職能。從表面上來看這好像是一種倒退，但是我們從開元、天寶所暴露的矛盾來看，這實在是退一步進兩步所必須經過的過程。如果把這兩種觀點調和起來，應該是恢復到開元、天寶時期的宰相制度。

　　唐德宗命令宰相分管一兩個方面的事務，關於這件事情怎麼看？我想，恐怕不能完全否定。從政治制度的演變來看，恐怕還是有它特

[1]　《資治通鑑》卷二三二唐德宗貞元三年六月李泌初視事條。

[2]　《資治通鑑》卷二三三唐德宗貞元四年二月咸陽人或上言條。

別的意義。從武則天以後逐步出現很多使職，尤其是固定的使職。這許多使職有的是在同一個領域，但是互不相統。怎樣把這些零散的使職規整起來，加強統一管理？這從開元、天寶時期開始，就在不斷地探索。如設立總判度支事，並讓宰相兼任，把財政使職統一起來讓一個人掌握。唐德宗進一步嘗試解決這個問題，他命宰相分判尚書六曹。在行政權進一步擴大、分化，使職紛繁，行政部門使職化的情況下，一些相類的部門只有六部以上級別的官員才能統一管。提出讓宰相各自掌握一兩個行政方面，不論唐德宗等人是否意識到這一點，實際上就是通過把同一類事務和部門歸一個宰相掌管，把各個方面的使職加以規整，使之成為使職系統，以便加強統一管理所做的一種嘗試。

2. 唐朝後期形成的使職大致可以分成若干個系統

（1）知制誥：翰林學士、中書舍人或以他官兼之。起草詔令原來是中書舍人的職掌，但是後來漸漸地，有些其他官員，被給以「知制誥」的名義，讓他參加詔令的起草。翰林學士也參加起草制誥。這些都反映了皇帝權力的進一步集中，皇帝在決策和發令上，地位進一步提高。

（2）在選舉方面，知選事、知貢舉（吏部、禮部）。銓選，原來為吏部的工作，現在專門指派官員「知選事」來負責；甚至不是吏部的官員，也可以「知選事」，主持銓選的工作。「貢舉」原來是吏部，後為禮部的事情，現在由「知貢舉」來負責。這些都是由皇帝直接任命的。

（3）在軍事方面，判兵部承旨（兵部）、節度使。除了在地方上設節度使、觀察使系統之外，在中央，往往出現「判兵部」這類的使職，兵部本來由兵部侍郎負責，但必須加「判兵部承旨」，一方面負責兵部事務，另外一方面負責處理有關軍事方面的政令，但都是承旨

處理。

（4）財政方面，三司：度支、鹽鐵轉運、戶部。唐玄宗開元年間，漕運成為政府越來越重要的工作，並且在開元二十二年設立了轉運使，由宰相裴耀卿兼任。相應的，賦稅的徵收、糧食和物資的儲存、轉運和出納，也都設立了相應的使職。這些使職雖然直屬中書門下，但不在原來戶部系統之內，缺乏統一的領導，因此，天寶年間，玄宗命楊國忠專判度支事，全權處理全國的財政收入及糴糶、折納和轉運的問題。安史之亂以後，財政使職經過精簡，趨向系統化，在八、九世紀之交（貞元年間，785—805）形成了度支、鹽鐵轉運、戶部等財政三司。憲宗元和六年，以刑部侍郎、鹽鐵轉運使盧坦為戶部侍郎、判度支；京兆尹王播為刑部侍郎，充諸道鹽鐵轉運使。

（5）司法方面，三司、三司使（刑部、大理寺、御使臺）。

總而言之，經過從開元到貞元半個世紀的發展，使職系統基本上形成了。一方面出現了很多使職，另外一方面，原有的機構使職化，即必須加上一個使職，才能行使原有的職掌。儘管當時六部和使職並存，但它們之間的相互關係如何協調，已經逐步形成了一套行之有效的辦法，整個政務能夠比較正常地運轉了。

隨着使職系統的完成，到唐憲宗時期，重新恢復了宰相制度。和開元、天寶時期一樣，平章政事和處理庶政（政事）重新成為宰相的兩個主要職掌。這是一件很重要的事情，正是因為宰相擁有這樣一些權力，所以唐憲宗時期才能夠進行各項改革，才能夠削平藩鎮，否則朝廷的力量是無法集中起來的。政治制度本身的改革對當時政治形勢的發展起了一個很積極的作用。

3. 翰林學士的職能也被定位為幫助皇帝謀議與起草內制

關於翰林學士，不能把它看死。因為它在各個不同時期，所起的

作用是不完全相同的。但有一點是很明顯的，在行政權擴大，皇帝把決策權進一步集中到自己手中的情況下，從唐德宗到唐穆宗期間，翰林學士充當了皇帝的顧問，在謀議和協助皇帝決策上發揮了很大作用。同時，翰林學士和中書舍人以及其他知制誥的官員，成為制敕的起草者。大家知道，陸贄在唐德宗時期擔任翰林學士，很多事情都是通過陸贄處理，他被稱為「內相」。這當然是一種很特別的情況。到了唐憲宗時期，翰林學士在幫助決策方面也是起了很大的作用。翰林學士雖然和皇帝關係密切，但是翰林學士與南北朝時期的中書、門下不一樣，它不是一個內廷機構，應該說它也還不是一個國家機關。翰林學士的辦事機構在大明宮裏的位置也非常微妙，半里半外。大家可以拿大明宮的地圖來看一看，它的位置非常有意思，給人的印象，它既是內廷又是外廷。這正好適合翰林學士在這個時期主要是充當皇帝參謀的定位。但是從總的發展來看，翰林學士最主要的任務還是幫助起草詔令，主要是一些內制。

這樣，到了唐朝後期，中央政府機關形成了由宰相機關中書門下、六部和使職系統這兩個主要的部分組成的格局。中書門下是宰相機關，六部和使職系統則是各類行政和事務機關。當然寺監也存在，翰林院也存在，很多機關都存在，但是最關鍵的還是中書門下和六部、使職系統這兩個方面，這個格局一直延續到宋朝。

4. 宦官干政

唐朝中後期出現了宦官干政，出現了神策中尉、樞密使和翰林院使。穆宗以後還有樞密使二員，以宦官充任，得知機密，與兩中尉合稱四貴。這些對當時的政局，對唐代後期歷史發展都發生了重大影響，但是從歷史發展來說，不過是一些插曲。隨着時間的推移，這些都退出了歷史的舞臺，而中書門下和六部、使職系統這個格局一直延續到宋朝。這是說中樞機構、宰相機關的變化。

長期以來，人們只看到唐朝三省體制，而對開元時期形成的中書門下體制則缺少認識。即使對三省制，從宋朝以來，人們也一直把注意力集中在中書出令、門下封駁和尚書省執行上。這固然是三省體制的重要內容，但不是它的全部內容。近幾十年來學者把對唐代政治制度的認識向前推進了一大步，不僅注意到門下省對上行文書的審議駁正、中書門下體制的形成，還注意到獨立國家監察機關的確立，以及司法三司和知貢舉、知選事的設立。如果拋開傳統三省制的觀念，客觀地來進行分析，就會發現隋唐政治體系中存在着決策立法、行政、司法、考試、監察等五個系統。當時雖然沒有明確的五權分立的思想，但是卻存在一個實實在在的五權分立的政治制度系統。五權分立，而最後集權於皇帝。雖然從制度上來說，司法和考試還沒有明顯獨立，但是通過設立貢院，皇帝親臨考試現場和頒布敕令時皇帝親臨，使它們都具有由皇帝親自統理，直接聽命於皇帝的性質。孫中山五權分立的思想是深深根植在深厚的中國傳統政治文化土壤之中的。隋唐時期是中國古代政治制度的一個重要轉折時期，如同一切轉折時期一樣，充滿了多樣性、萌芽性、超前性和不穩定性。在以後的發展中，這五個系統並沒有像在隋唐時期一樣均衡地向前發展。

11

隋唐軍事制度的發展

一、隋和唐朝初年的軍事制度

1. 隋朝對府兵制的改革

北周武帝擴大了府兵徵募範圍。隋統一全國後，隋文帝對府兵制進行了重大改革。

一是確定了府兵番上宿衛制度。除了出征和戍邊，定期輪流到京師宿衛，也成為府兵的一項重要任務。設立左右衛、左右武衛、左右武侯、左右領、左右監門、左右領軍等十二軍府（煬帝大業三年改為十二衛），作為到京師宿衛府兵的統領機關。

二是實行兵農合一。原來軍人由軍府統一管理，不屬州縣。他們南征北戰，居無定所，實際上還是一種兵農分離的職業兵。開皇十年（590）五月隋文帝下詔：「凡是軍人，可悉屬州縣，墾田籍帳，一與民同。軍府統領，宜依舊式。」[1] 把府兵全家歸入州縣戶籍，他們家庭的土地和應負擔的賦稅和普通百姓一樣，都登記在戶籍上。而府兵本人則保留府兵的身份，由軍府統一管理。府兵制最後完成了兵農合一的轉化。

與此同時，隋文帝還決定罷去山東、河南及北方緣邊之地設置的軍府。這樣，軍府就集中在關中，有利於加強中央對地方的控制。

---

[1] 《隋書》卷二《高祖紀下》。

隋文帝還在要害之地實行總管和親王出鎮以控制地方的做法。開皇十年江南豪族叛亂後，減少總管，又對出鎮親王進行了調整。

2. 唐朝初年的徵兵制度、禁衛制度、鎮戍制度

（1）徵兵制度：唐朝前期繼續實行兵農合一的府兵制。府兵制是徵兵制的兵役制度。府兵即衛士，由地方政府取六品以下子孫及白丁無職役者點充。揀點之法，財均者取強，力均者取富，財力又均先取多丁。每三年揀點一次，成丁而入，六十而免。衛士在地方由折衝府統領，平時在家生產，農閒時由折衝府組織習射，並輪流到京城宿衛。遇有戰爭，則要應徵出征。宿衛和出征時免除本人課役，但要自備武器、甲冑和衣糧。遇有戰事，除了徵發府兵外，唐政府還臨時招募士兵。這些非衛士的臨時募行者，稱為「徵人」。徵人不是志願應募，而是強制徵發，徵發的標準與衛士同。徵發時巧詐以避征役者要受到嚴厲的法律制裁。

（2）禁衛制度：中央有警衛軍。十二衛統領到京城宿衛的衛士。左右衛、左右驍衛、左右武衛、左右威衛、左右領軍衛負責宮廷警衛和朝會儀仗。左右候衛（龍朔二年改為金吾衛）負責宮中及京城晝夜巡邏，維持治安。各衛設大將軍 1 人（正三品）、將軍 2 人（從三品）。各衛統有 40 個至 60 個折衝府。還有三衛，五品以上官吏子孫可充當三衛，即親衛、勳衛和翊衛。三衛均有品階，稱為衛官。此外，還有左右監門衛，負責宮門的守衛和出入管理；左右千牛衛負責宮殿侍衛和皇帝的儀仗。

唐前期還有禁軍，守衛宮城北門。唐高祖留太原從兵 3 萬人充宿衛，稱為「元從禁軍」（又稱「屯營兵」），守衛宮城北門。唐太宗貞觀十二年於玄武門置左右屯營，其兵名飛騎。又於飛騎中選才力驍健善騎射者，號為百騎，作為皇帝的侍衛。高宗龍朔二年改左右屯營為左右羽林軍。武則天時，百騎擴大為千騎，中宗時擴大為萬騎。左右

萬騎與左右飛騎均隸屬左右羽林軍，開元以後稱為「北門四軍」。

十二衛所領衛士駐屯於皇城南門朱雀門內，稱為「南衙」，禁軍守衛宮城北門，稱為「北衙」。通過北門，可以進入皇帝居住之所，唐前期歷次宮廷政變，均與北衙禁軍的向背有關。

在地方設有折衝府，即兵府。為了保持中央對地方的控制力量，折衝府有 40% 設立在關中。關中附近的河南和河東（今山西境）也設有較多兵府。設有折衝府的州叫「有軍府州」，未設的叫「無軍府州」。為了保持穩定的兵源，有軍府州的民戶不得遷往無軍府州。折衝府設有折衝都尉 1 人，左右果毅都尉各 1 人。上府統領衛士 1200 人，中府 1000 人，下府 800 人。衛士 300 人為團，有校尉、旅帥；50 人為隊，有隊正、隊副；10 人為火，有火長。

（3）鎮戍制度：唐初邊地設有鎮、戍，負責鎮捍防守。鎮有鎮將、鎮副以及錄事、倉曹參軍事（中、下鎮無）、兵曹參軍事等官員。上鎮有兵 500 人，中鎮 300 人，不到 300 人的為下鎮。戍有戍主，上戍有兵 50 人，中戍 30 人，不及者為下戍。再下還有烽候，每烽大致相距三十里，負責舉烽報警和觀察敵情。

（4）軍隊調動制度和行軍制度：唐朝尚書兵部是軍事行政機關，只負責武官任免及地圖、軍衛、兵器等軍事行政事務，不參與戰爭的指揮。唐朝初年沒有專門的作戰指揮機關。戰爭的決策由政事堂和皇帝作出。

遇有戰事，由皇帝臨時遣將發兵。領兵出征的親王稱「元帥」，文武官擔任統帥則稱「大總管」「總管」。

發兵和調動軍隊有一定的制度和程序。唐代《軍防令》規定：「差兵十人以上，並須銅魚、敕書勘同，始合差發。若急須兵處，准程不得奏聞者，聽便差發，即須言上。」在正常情況下，必須憑皇帝的敕書和左魚符（左魚符須與折衝府所藏右魚符合上），才能發兵。情況緊急，來不及奏請發兵，可以根據情況調發，但須立即報告朝廷。

對於擅發兵和急需發兵而不及時調發和不給兵者，處分是一樣的。《唐律》規定，「十人以上徒一年，百人徒一年半，百人加一等，千人絞」。[1]

大將出征，皇帝即賦予指揮全權。臨軍對敵，士卒有不聽命者，大將可以相機處置。監察御史監軍，主要是了解戰績，並不干預軍事指揮。戰爭結束後，將歸於朝，兵歸於農。

唐朝前期實行這種建立在徵兵制基礎上的寓兵於農的軍事制度，除了宿衛京師和宮城的禁衛軍，沒有常設的戰鬥部隊，邊地也沒有龐大的鎮戍部隊，從而大大降低了國家的軍費開支。即使進行戰爭，也都放在冬閒季節。這對減輕百姓負擔，保證社會經濟的恢復和發展，具有重要意義。軍府集中於關中及其附近地區，將領不能長期專兵，這也有效地保證了中央對武裝力量的控制。

為了鼓勵將士英勇作戰，提高軍隊戰鬥力，唐朝設置了勳官，授予作戰有功人員[2]唐朝勳官共分十二轉，十二轉上柱國，比正二品；十一轉柱國，比從二品；……七轉輕車都尉，比從四品；五轉騎都尉，比從五品；二轉雲騎尉，比正七品；一轉武騎尉，比從七品。這就是《木蘭詩》中所說的：「歸來見天子，天子坐明堂。策勳十二轉，賞賜百千強。」策勳十二轉就是授予最高級的勳官十二轉上柱國。現在一般都說《木蘭詩》是北朝民歌，但從詩中「策勳十二轉」來看，我們現在看到的《木蘭詩》是在唐朝最後寫定的。有人由於對唐勳官制度不了解，對這句詩的註釋也不太準確。所以了解一個時代的政治制度，對準確把握有些文藝作品形成的過程和斷代，對深入了解文藝作品的背景和內涵往往也是很重要的。

---

[1]　《唐律疏議》卷一六《擅興》「擅發兵」條。

[2]　關於勳官，請參考《中國史綱要》（增訂本）上冊第六章第二節，北京大學出版社，2006 年。

唐的《醫疾令》規定，「諸行軍及作役之處，五百人以上，太常給醫師一人。五千人以上給二人。自此以上，率五千人加一人」。[1]

《軍防令》規定：「征行衛士以上，身死行軍，具錄隨身資財及屍，並付本府人將還，無本府人者，付隨近州縣遞送。」《兵部式》規定：「從行身死，折衝購物三十段……隊副以上，各給絹兩匹，衛士給絹一匹，充殮衣，仍並給棺，令遞送還家。」《唐律》還規定：「諸從征及從行、公使於所在身死，依令應送還本鄉，違而不送者，杖一百。若傷病而醫食有闕者，杖六十，因而致死者，徒一年。」[2]

綜上所述，唐朝初年軍事制度的特點，第一是繼續實行兵農合一的徵兵制，軍隊來源主要是自耕小農。第二是內重外輕的軍事佈局。第三是對士兵權益的保護和尊重。這對調動農民參加府兵和士兵作戰的積極性有着重要的意義。

二、騎兵的發展

騎兵的發展也是唐朝初年軍事上一大特色。隋平江南，用的是步兵和水兵。防禦北方的突厥，則是步騎兼用。隋開皇十八年，突厥達頭可汗犯塞，以楊素為靈州道行軍總管。「先是，諸將與虜戰，每慮胡騎奔突，皆以戎車步騎相參，輿鹿角為方陣，騎在其內。素謂人曰：『此乃自固之道，非取勝之方也。』於是悉除舊法，令諸軍為騎陣。達頭聞之大喜，曰：『此天賜我也。』因下馬仰天而拜，率精騎十餘萬而至。素奮擊，大破之，達頭被重創而遁，殺傷不可勝計，群

1　　《唐醫疾令復原清本》，《天一閣藏明鈔本天聖令校證（附 唐令復原研究）》下冊，中華書局，2006 年，第 577—580 頁。

2　　《唐律疏議》卷二三《雜律》征行身死不送還鄉條。

虜號哭而去。」[1]至唐，唐太宗東征西討，李靖、李打敗突厥，大敗吐谷渾，使用的都是騎兵。唐朝初年的騎兵，來自關中、河北、山東的農民。這是十六國北朝以來北方民族融合的一個積極成果。唐朝不修長城有各種原因，而騎兵的強大是一個重要的因素。

以騎兵為主要兵種的戰略戰術有了很大的發展。李世民的軍事思想和李靖的《李衛公兵法》都是在這個基礎上產生的。

李世民在戰爭中善於運用騎兵去完成各項戰爭任務。大業十三年，歷山飛別將甄翟兒率領農民起義軍二萬餘人進入西河郡（今山西汾陽），逼近太原。李淵統步騎五六千人南下鎮壓，相遇於雀鼠谷口。因寡不敵眾，乃使用輕騎突襲，以精騎數百，分為二隊，自左右夾擊，從而取得了勝利。這在騎兵的戰略戰術上是一個很大創造。當時參加了這一戰役李世民後來幾次利用這種戰術取得勝利。

武德元年，盤踞金城的薛舉前來攻打涇州（今甘肅涇川），李世民率兵抵禦。淺水原之戰，薛舉乘唐軍不備，暗中派兵從唐軍陣後發起進攻，唐軍被打得大敗。和李世民一起率兵迎戰的宰相劉文靜因此被罷官。這兩次戰役，得勝一方所使用的戰術，都是抓住了對方弱點，充分發揮輕騎機動靈活、運動迅速的特點，出敵陣後或左右攻之，從而擊潰敵軍。經過這兩次戰役，李世民很快掌握了這種戰術。在第二次對薛舉子薛仁杲作戰時，李世民即以其人之道還治其人之身，採取了類似的戰術。戰場仍在淺水原。接戰時，李世民一面派兵到淺水原南佈陣，擺出決戰的架勢，同時，率兵迂迴到敵軍陣後，出其不意，發起進攻，並親率精騎數十突入敵陣，一舉擊潰了薛軍。李世民擊潰敵軍後又率輕騎乘勝追擊，窮追不捨，進圍薛仁杲所據之析址城（在今甘肅涇川縣東北），使敵人的潰兵不能入城堅守。薛仁杲被迫出降。

1　　《隋書》卷四八《楊素傳》。

這兩次戰爭對於李世民軍事思想的發展具有重要的意義，一是他懂得了以己之強對敵之弱，也就是軍事運籌學的思想。二是他掌握了騎兵戰術的要領。這為他後來所向披靡，戰無不勝打下了基礎。在此後的戰鬥中，他都注意利用騎兵突入敵陣或出敵陣後，出奇制勝。在對竇建德的作戰中，他也使用了這種戰術。

武德三年春秋之交，劉武周部將宋金剛被迫從澮州（今山西翼城）北撤。李世民率輕騎追擊，一晝夜行二百餘里，轉戰數十合。他自己兩天不吃飯，三天不解甲，終於擊潰了宋金剛的軍隊。決戰後能夠這樣乘勝追擊沒有騎兵是不可能的。

李世民對騎兵戰術作了精闢的論述。武德九年（626）李世民說：「吾自少經略四方，頗知用兵之要，每觀敵陳，則知其強弱。常以吾弱當其強，強當其弱。彼乘吾弱，逐奔不過數十百步。吾乘其弱，必出其陳後反擊之，無不潰敗。所以取勝，多在此也。」[1] 這是從他父親李淵打敗歷山飛和他自己被薛舉打敗這一正一反的經驗中總結出來的。

唐初大將李靖不僅善於用兵，對古代軍事理論也頗有研究。他的軍事論述，除《通典‧兵典》所引《大唐衛公李靖兵法》片斷外，還保存在宋神宗時整理校正的《李衛公問對》一書中。他認為，善用兵者，不論採用通常的戰法，還是採用變化莫測的作戰手段，均需因時制變。有時還需要正兵變為奇，奇兵變為正，奇正相變，因敵制勝。只有認識到奇正之變，才能理解虛實的運用。關於《孫子兵法》「攻則有餘，守則不足」的理解，他突破了前人以兵力不足為弱，兵力有餘為強的觀點，認為敵未可勝，則我且自守。待敵可勝，則實施進攻。把攻守看作是戰爭不同階段的作戰手段。他強調審將和教閱士兵的重要，認為將領的才能直接決定戰爭的勝負。能察敵之強弱，斷

---

[1]　《資治通鑑》卷一九二唐高祖武德九年九月上嘗言條。

地之形勢，觀時之宜利，就可以取得勝利。只有教閱士兵，使士兵和將領都熟習主帥的戰法和軍令，主帥才能靈活指揮，因時制變。他還強調，要了解士眾，激勵士兵的勝氣，使人人自奮，則銳不可當。

三、節度使制度和募兵制度的確立

1. 邊防制度的演變和節度使制度的確立隨着周邊民族的發展和邊界形勢的變化，要害地區開始常駐軍隊，鎮戍制度逐步為軍、鎮制度所取代，並且逐步形成了屯防和軍區制度。

在唐朝以前，對中原王朝形成威脅的主要是北方的遊牧民族。中原王朝所採取的對策主要是兩條：一是修長城、烽、燧；二是遇有情況臨時調兵遣將，進行戰爭。戰爭的決定權集中在皇帝手中。

唐朝初年在邊疆實行所謂「鎮戍制」，在邊地設立鎮、戍，類似於我們今天的「哨所」。發現情況，舉烽火，打報告，中央研究之後再發兵，耽擱的時間是很長的。不過當時北方遊牧民族行動還是有一定的規律，還可以應付。但是從唐太宗晚年開始，邊地形勢發生變化。對中原王朝形成威脅的，不僅有北方的民族，而且有西北和東北乃至西南的民族；不僅有遊牧民族，而且有農耕的民族。特別是各民族已經開始了自己獨立的持續發展，力量壯大了。唐太宗貞觀十四年唐攻佔高昌，以高昌之地為西州，原為西突厥所據的可汗浮圖城為庭州（今新疆吉木薩爾北），並置安西都護府於交河城，留兵鎮守；高宗、武則天以後，邊疆形勢越來越嚴峻，還用原有那些辦法是不行的。

隨着力量的強大，吐蕃開始向外發展。從 662 年到 670 年，吐蕃勢力曾三次出現在新疆天山南路的西部。每次人數不多，很快退去，對新疆地區的形勢和對絲路交通，影響都不大。唐蕃主要相持

於青海一線。671 年吐蕃與唐大戰於青海大非川，論欽陵（祿東贊之子）將兵 40 萬，大敗薛仁貴。676 年吐蕃又向唐進攻，678 年大敗唐軍於青海。高宗集侍臣商討對策，議論很多，最後也沒有討論出什麼結果。最後還是給事中皇甫文亮提出「且令大將鎮撫，畜養戰士；仍命良吏營田，以收糧儲。必待足兵足食，方可舉而取之」[1]的方針。唐高宗實際接受了這個方針，他先後任命黑齒常之為河源軍（今青海西寧）經略大使，薛仁貴為瓜州刺史，並在河隴一帶設置屯田。黑齒常之在河源一帶廣置烽戍 70 餘所，開屯田 5000 餘頃，歲收百餘萬石，由是戰守有備。隴右形勢趨於穩定，河西絲路也繼續暢通。

由此可見，由於形勢的變化，唐太宗時已在庭州（今新疆吉木薩爾北）留兵鎮守；在唐高宗時期，更開始邊地駐紮重兵，實行屯防，一方面屯田，一方面駐兵，邊防制度已經開始發生變化。

這種情況在武則天統治時期進一步發展，除了青海河湟地區、河西走廊，進一步推廣到現在的寧夏地區。開始都是臨時的，後來逐漸固定了，即唐長孺先生所說的「軍區制」。鎮戍制度為屯防制度所代替，在邊地開始設立越來越多地設立軍、鎮。新設立的軍、鎮和唐初鎮戍的鎮不同，每一個軍、鎮有大使、副使以及相應的官吏，所轄的軍隊在五千人、一萬人以上。最後發展為節度使制度，總攬一個地區的軍事。這就是由臨時的派遣轉變成固定的使職了。到開元初年終於形成了唐開元十節度。唐朝在今天新疆、青海、甘肅、寧夏、山西、北京和遼寧設立了九個節度使，並且不斷增加其兵員。

2. 募兵制取代徵兵制和外重內輕局面的形成

在節度使普遍設立的同時，中央也停止了府兵番上，而招募強壯為騎，在中央實現了禁衛軍合流。開元初左右羽林軍有左右飛騎與左

---

[1]　《唐會要》卷九七《吐蕃》。

右萬騎。開元十二年停止府兵番上宿衛後，招募強壯為騎，分隸十二衛。開元十六年，改騎為左右羽林軍飛騎，改變了騎的隸屬關係，使之成為禁軍的一部分。禁衛軍合流後，中央有了一支由皇帝直接控制的數量可觀的職業化常備軍，不僅用於宿衛，有時也用以出征。二十六年，又以左右萬騎為左右龍武軍，形成了「天子四軍」。

邊鎮兵也開始由主帥招募。開元二十五年五月詔：「宜令中書門下與諸道節度使各量軍鎮閒劇，審利害，計兵防健兒等作定額；委節度使放諸色征行人內及客戶中召募，取丁壯情願充健兒長任邊軍者，每歲加於常例給田地屋宅，務加優恤，使得存濟。」[1]二十六年正月制：「朕每念黎氓，弊於征戍……所以別遣召募，以實邊軍，賜其厚賞，便令長往。今諸軍所召，人數向足，在於中夏，自可罷兵，既無金革之事，足保農桑之業。自今已後，諸軍兵健，並宜停遣，其見鎮兵，並一切放還。」[2]

中央停止向邊鎮派遣兵防健兒，並將現有鎮兵一律遣返，這就從制度上確定邊鎮兵從此由節度使招募充任。從開元十一年招募長從宿衛充禁軍開始的由徵兵制向募兵制的過渡，至此基本完成。此後，安西、河西、幽州、朔方等鎮的兵健都是就地招募，其中還包括相當數量的胡人。內地兵役徵發相應減少。但隴右等邊鎮地區人口稀少而兵額甚多，仍需從山東地區徵派。二十九年詔中提到，「諸軍行人，皆遠離鄉貫」。天寶三載也提到「諸軍行人，遠為邊扞，修短之分，雖有定期，從役而終，良深軫念」。天寶八載上尊號大赦詔中更明確提到，「其百姓有頻經鎮戍者，已後差點之次，不在取限」[3]開元二十六年正月制中所云「諸軍兵健，並宜停遣，其見鎮兵，並一切放還」並

1　　《冊府元龜》卷一二四《帝王部・修武備》。

2　　《冊府元龜》卷一三五《帝王部・愍征役》。

3　　同上。

沒有得到切實的實行。同為開元二十六年修成的《唐六典》卷五《尚書兵部》兵部郎中條注中所云「是後，州郡之間永無徵發之役矣」只是制度初定時的一種理想罷了。

募兵制取代了徵兵制以後，中央除了禁衛軍以外，不再像實行府兵制時期一樣，有隨時可以調動的軍隊。為了應付日益嚴峻的邊疆形勢，唐朝政府只得不斷增加節度使的兵員。天寶元年邊鎮兵達到 49 萬人，而中央禁衛軍只有八九萬人。內地各州幾乎就沒有軍隊。這樣就形成了軍事佈局上外重內輕的情勢。這樣一種態勢是非常危險的。

唐朝後期在藩鎮割據，內地節度使頻頻叛亂的情況下，軍事制度發生了兩個重大的變化，一個是皇帝直接控制的軍事力量神策軍的建立。二是宰相開始獲得部分軍事指揮權。詳見後述。

還有唐朝末年地方軍事力量的興起，也是一個需要進一步深入研究的問題。

所謂唐朝末年地方軍事力量的興起包括幾個方面的內容：

一是唐朝後期社會矛盾日益尖銳，唐朝政府開始加強了地方軍事力量，並在一些地區設立了鎮。這個鎮既非唐朝初年鎮戍制度下的鎮，也不是武則天以後的軍鎮，而是在內地設立的小規模軍事據點。

二是在農民起義所到之處，地方設立土團以自保。

三是軍人和地方勢力結合，形成武裝集團。在鎮壓黃巢的過程中，河南、山東、山西、淮南、皖南、江浙等地興起了許多新的藩鎮。王建先後據有西川和東川。楊行密戰勝淮南各武裝勢力，盡有淮南之地。劉建峰盡有湖南之地。閩地的王潮則是在佔據汀、泉二州後，由建州土豪、福建觀察使陳巖表為泉州刺史，陳巖死後，佔有全閩的。其間經歷了一個外來勢力與本地勢力結合的微妙的過程。王潮統治福建後，仍與陳巖、黃滔這兩個建、泉大族通婚，以鞏固他們的聯合。不論是本地區人建立的，還是外來軍人建立的，南方各國中除前蜀、後蜀和楚，都任用了大量本地區人為文臣武將。

隋唐時期的法律制度

一、隋和唐朝初年的法律制度

1.《隋律》

具有開創意義的變化中國古代的法律制度，是不斷地發展變化的，有時律條沒有變化，但是通過註解和執行，事實上發生了變化。

從立法精神、法律的結構和律條繁簡來看，西晉是一變，北魏又是一變，隋朝則是一大變。西晉的變化主要是法律的儒家化、律令的分離和律條的精簡。看起來變化很大，實際上是對漢以來以儒入法的總結。而北魏律則突破了盜賊為首的篇目設置，突出了戶婚。這才是真正具有開創意義的變化。突出戶婚，說明當時政府把控制戶口放到了首位。這是和北魏政府通過實行三長制和新的田令（即所謂均田制），把豪強大族控制的鄉里組織和廣大農民轉移到政府手中相適應的。

隋文帝修訂《隋律》，對於北魏以來律的結構和律條的變化進行了總結，又有了新的發展。首先在篇目設置上，把「衛禁」和「職制」放在首位，然後是「戶婚」等篇目。這在以往各朝的律中是從來沒有的。南朝梁、陳的律仍然沿襲李悝《法經》盜賊為首的做法。北魏律、北齊河清三年律和北周律雖然突破了賊盜為首的格局，也遠未形成隋《開皇律》這樣的篇目結構。

隋朝建立以後也把搜括隱漏和逃亡的戶口作為一項重要的工作，但少有成效。因為當時的賦稅和刑法太重，百姓不願意接受政府

控制，同時原有的地方官吏不肯積極地推行這項工作。也就是說制度和政治體制上還存在着嚴重的問題。隋文帝和高潁很快就認識到這一點，所以反過來先減輕賦稅和刑罰，同時將原來地方長官辟舉地方佐官的制度改為地方官吏一律由中央任免。也就是說，不管要推行什麼政策，都需要依靠各級政府和官吏。這一點反映到《隋律》的修訂上，就把維護皇權的《衛禁》和保證政府機構正常有效運轉的《職制》放到了首要的地位。從北魏開始以律的篇目變化為標誌的律體系的變化最後完成，這是中古政治體制從門閥貴族—官僚制過渡到官僚制在法律制度上的反映，在中國刑律發展史上具有劃時代意義。

《隋律》的劃時代意義不僅表現在篇目的變化上，還表現了以下幾方面：

第一是刑罰的減輕。隋文帝廢除了鞭刑及梟、轘（車裂）等極端殘酷的刑罰，縮小連坐的範圍，非謀叛以上，無收族（祖孫兄弟，伯叔父兄弟之子）之罪。

第二是法律條文的精簡。「更定新律。除死罪八十一條、流罪一百五十四條、徒杖等千餘條，定留唯五百條。」「自是刑網簡要，疏而不失。」[1] 比起以往的律文，確是簡化得多。

第三明確提出了「十惡」，並標於篇首。漢律就把「不道」「不敬」列為重罪。北魏律規定：大逆不道處以腰刑。南朝梁律有「謀反」「降」「大逆」等重罪。陳律有「不孝」「內亂」「惡劣」。《北齊律》，有「重罪十條」，包括「反逆」「大逆」「叛」「降」「惡劣」「不道」「不敬」「不孝」「不義」「內亂」等儒家倫理道德內容。《隋律》明確提出了「十惡」。

第四是確立了上告和死刑複審制度。民有枉屈，可以逐級上告。至尚書省仍不理，可以向皇帝申訴，「聽撾登聞鼓，有司錄狀奏

---

[1] 《隋書》卷二五《刑法志》。

之」。[1] 開皇十二年還規定，天下死罪，諸州不得便決，皆令大理寺複審，然後上尚書省奏裁。把司法權集中到中央，可以減少地方官吏的任情枉法，這是士族地主衰落、地方事權降低的結果。

開皇五年（585），隋文帝要求各級官吏明習律文，親自判案。六年，又「敕諸州長史已下，行參軍己上，並令習律，集京之日，試其通不」。[2]

2.《唐律》和唐朝的法律體系

唐朝的法分為律、令、格、式四類，經過唐初幾次修訂，到太宗貞觀十一年基本確定下來。

首先來看《唐律》。「凡律，以正刑定罪」，[3] 是有關違反法令後量刑定罪的規定。唐朝建立以後，對《隋律》進一步修訂。《隋律》及其修成後新的規定均為《唐律》所繼承，並有了很大的發展。唐高宗初年又制定了解釋律文的律疏，與律條具有同樣的法律作用。《律疏》徹底取代了「決事比」和「法例」，使法律更加嚴格和具有可操作性。後來將《唐律》和律疏合編，這就是流傳下來的《唐律疏議》。《唐律疏議》是流傳下來的我國現存最早也最完整的成文法典。

唐律分為 12 篇、30 卷，共 502 條。

卷一《名例》規定了唐律的一般原則。在篇首的疏議中，除了概述律的發展歷史，還闡述了唐律以禮為本，禮、法並用的思想，指出：「德禮為政教之本，刑罰為政教之用，猶昏曉陽秋相須而成者也。」在律條中首先規定了五刑：笞、杖、徒、流、死（絞、斬）。還規定了十惡：謀反（謂謀危社稷）、謀大逆（謂謀毀宗廟、山陵及

---

[1] 同上。

[2] 《隋書》卷二五《刑法志》。

[3] 《舊唐書》卷四三《職官志二》。

宮闕）、謀叛（謂謀背國從偽）、惡逆（謂謀殺祖父母、父母，殺伯叔父母、姑、兄姊、外祖父母、夫、夫之祖父母和父母）、不道（謀殺一家非死罪三人、支解人、造畜蠱毒、厭魅）、大不敬、不孝、不睦、不義、內亂。並依次規定各種人在觸犯刑律時的不同處理方法，以及其他共同性問題。

《名例》之後，依次是《衛禁》《職制》《戶婚》《廄庫》《擅興》《賊盜》《斗訟》《詐偽》《雜律》《捕亡》《斷獄》等篇。

《唐律》篇目及其次序源自隋《開皇律》。這樣的安排，把維護皇權和保證政府機構正常有效地運轉放到了首位，把對百姓的控制放到了突出地位，然後再涉及民事和刑事的各個方面。

《唐律疏議》卷第九《職制》23 條中，開頭的 6 條就是，置官過限及不應置而置、貢舉非其人、刺史縣令等私出界、在官應直不直、官人無故不上、之官限滿不赴。其後 14 條是有關侍御的。最後三條是關於稽緩制書官文書、被制書施行有違、受制忘誤。卷第十《職制》19 條中，制書官文書誤輒改定、上書奏事犯諱、上書奏事誤、事應奏不奏、事直代判署、受制出使輒干他事、指斥乘輿及對捍制使、驛使稽程、乘驛馬齎私物等條都是圍繞公文書運作、出使的。卷第十一《職制》17 條中，奉使部送雇寄人、長吏輒立碑、有所請求、受人財為請求、有事以財行求、監主受財枉法、事後受財、受所監臨財物、因使受送遺、貸所監臨財物、役使所監臨、監臨受供饋、率斂所監臨財物、監臨之官家人乞借、去官受舊官屬士庶饋與、挾勢乞索等 14 條都是有關官吏貪贓枉法的。

維護尊卑貴賤的等級制度，維護封建的倫理道德，保護公私財產，保持社會穩定等原則，也都貫徹在唐律的各篇律條之中。這也是中古政治體制從門閥貴族─官僚制過渡到官僚制在法律制度上的反映。

再看令、格、式。

「令，以設范立制。」[1] 是關於各項制度的規定。除了有關政府機構的 7 個職員令，還有祠、戶、選舉、考課、關市、醫疾、獄官、營繕、喪葬、雜令等 27 個令，共 30 卷，1546 條。唐令現已不存，散見於《唐律疏議》《唐六典》《唐會要》《舊唐書》以及其他文獻中。日本仁井田陞曾廣泛搜集中國的古代文獻，並參考日本依據唐《永徽令》編成的《養老令》，編成《唐令拾遺》一書，復原或部分復原唐令 700 餘條。近年來通過對 1999 年發現的《天一閣藏明抄本天聖令》的研究，學者復原了的《唐令》的部分內容。[2]

> 據有關記載，《天聖令》原書為 30 卷，現存抄本為後 10 卷……經「課題組」的點校、整理後統計，這 10 卷《天聖令》共存 12 篇，293 條令文。其各篇後附的未行用《唐令》，共有 221 條令文。兩者合計，共有令文 514 條。由於《天聖令》基本上是參照《唐令》制訂的，「課題組」已參據《唐令拾遺》、《唐令拾遺補》和有關史料，初步將其中的 267 條復原為《唐令》，只餘有 19 條未能復原。加上各篇後附的《唐令》221 條，共計有《唐令》488 條，近 4 萬字。其中《田令》、《賦役令》、《捕亡令》基本上全部復原，其餘各篇多數僅有兩三條尚未復原。這使我們可以比較完整地看到《唐令》後 10 卷 12 篇的全貌。[3]

格、式，《唐六典》卷六《尚書刑部》「刑部郎中員外郎」條、《舊唐書》卷四三《職官志二》皆云：「格以禁違正邪，式以軌物程事。」這是唐朝初年的制度。《新唐書》卷五六《刑法志》則云：「格

1　《舊唐書》卷四三《職官志二》。

2　即《天一閣藏明抄本天聖令校證（附 唐令復原研究）》，中華書局，2006 年。

3　宋家鈺：《明抄本北宋〈天聖令〉的重要學術價值》，《光明日報》2007 年 1 月 12 日。

者，百官有司之所常行之事也；式者，其所常守之法也。」對式的解釋基本上是一致的，式可以看作是行政法規和辦事細則，是對令的補充。式以尚書省各司及祕書、太常、司農、光祿、太僕、太府、少府及監門、宿衛等名其篇目，垂拱時又加計賬，共 33 篇。敦煌文書中的《P.2507 開元水部式殘卷》為我們提供了具體的例證。而《舊唐書》和《新唐書》對格的解釋卻相去甚遠。這裏牽涉到唐朝法律制度的變化。敦煌文書中的《P.3078、S.4673 神龍散頒刑部格殘卷》，內容即為違反某事的處罰條例，實際上是律的補充。開元戶部格殘卷及《宋刑統》卷二六所引《戶部格》、《白氏六帖事類集》卷二四所引《金部格》，則為各種禁令，與《唐六典》所云「禁違正邪」亦合。而敦煌文書開元兵部選格片斷及其中所引《兵部格》，《唐摭言》卷一所載《會昌五年舉格節文》，則與《新唐書》所云「百官有司之所常行之事也」合。

格、式在南北朝時並無嚴格區別。格的含義則更為寬泛，有時是作為禁令，有時是對某些事項的具體規定。唐武德初年有 53 條格，後併入《武德律》，則具有律的性質。貞觀中修定律令的同時，又刪武德、貞觀以來敕格 3000 餘件，定留 700 條，以為格，以尚書省 24 司為篇目。高宗初年，分格為兩部，曹司常務者為《留司格》，留本司行用；天下所共者為《散頒格》，頒於天下。此後幾經修訂，特別是垂拱元年在刪改格式的同時，又以武德以來、垂拱以前詔敕便於時者，編為新格 2 卷，神龍元年，又刪定垂拱格及格後敕，把制敕對律、令、式的補充和修改，另編為新格和格後敕，把格的內容加以擴大，便逐步形成了禁防條例與具體辦事條例並存的情況，《新唐書·刑法志》所云「常行之事」，說的就是這種變化後的情況。

開元以來制度上的各項變革，到開元二十五年基本上告一段落。這些變革有些是以單行制敕頒行的；有些則是在德音、赦文中集中提出。一個赦文往往包括若干項變革，各級官員不易掌握。有

些變革是對原有制度的修改，與原有令式也多有相違。因此，從開元二十二年開始，由李林甫主持對律令格式進行修訂。李林甫與牛仙客及明法之官崔見等，「共加刪緝舊格式律令及敕，總七千二十六條。其一千三百二十四條於事非要，並刪之。二千一百八十條隨文損益，三千五百九十四條仍舊不改，總成律十二卷，《律疏》三十卷，《令》三十卷，《式》二十卷，《開元新格》十卷。又撰《格式律令事類》四十卷，以類相從，便於省覽」。[1] 十五年九月奏上，頒於天下。《唐律》在制定的時候，即具有一定的適應性，並規定了比附的原則，以便保持律的穩定性，故這次修訂變動不大。令是各項制度的規定，由於各項制度仍處在不斷調整的過程中，加之唐朝統治者還不願徹底拋棄舊制度，因此也沒有做大的修訂，因而造成了某些令與實際情況的嚴重脫節。《通典》卷二《食貨二·田制下》在引錄開元二十五年《田令》時注云：「雖有此制，開元之季，天寶以來，法令弛壞，兼併之弊有逾於漢成哀之間。」這就造成了令在政治生活中影響的日益削弱。而根據制敕宣佈的一些新的規定或對舊制所做的調整整理而成的格式，就成為日常政務的準繩。這次修訂中刪改的大多便是格式。

對於律令不便於時者，在《唐律》中也規定了進行修改的程序。這個規定對保證法令根據現實情況的變化而不斷進行修改具有重要的意義。只有對法令進行適時的修改，才能保證社會持續的發展。不僅如此，在唐朝前期，還不斷對法令進行整理和修訂。一方面對原有的律令進行修訂，同時對制敕中有關的新的規定進行整理，編入格式，作為日常政務的準繩。

---

[1]　　《舊唐書》卷五〇《刑法志》。

二、唐代法律體系的變化

唐律有律令不便輒奏改行的規定，為律令的修訂提供了法律上的依據。同時也說明，在當時法律體系中律令處於首要地位。

律令的修訂通過兩種方式完成：一種方式是通過「詔」「制」「敕」。「詔」「制」「敕」在唐朝初年都存在，武則天就改「詔」為「制」，使二者合一。在新頒行的「制」「敕」裏有很多新的規定，其中有一些具有普遍意義的，在詔令中明確指出「以為永式」，開始成為新的法令。這是一種方式。

另外一種方式是，上述情況越來越多，所以到了一定時期，皇帝下令要把這些「制」「敕」中新的規定加以編排。這有一個發展過程，而在這個發展過程中，完成了唐代法律體系的變化。

《唐會要》卷三九《定格令》：「龍朔二年（662）二月，改易官名，敕司刑太常伯源直心等重定格式。」（《舊唐書·刑法志》略同）一改過去律令格式同時刪改的格局，只限於重定格式。這種變化說明法律體系已經開始有了微妙的變化。

唐高宗儀鳳元年（676）制：「自永徽已來，詔敕……其有在俗非便，事縱省而悉除；於時適宜，文雖繁而必錄。隨義刪定，以類區分……仍令所司編次，具為卷帙施行，此外並停。」[1] 主要是把詔敕中「在俗非便」或「於時適宜」的「隨義刪定，以類區分」。儘管這次立法活動缺乏其他史料的印證，但是，把詔敕類別區分，這完全是有別於過去的新的立法內容。

《舊唐書》卷五〇《刑法志》記載，「至儀鳳中，官號復舊，又敕左僕射劉仁軌……刪緝格式」。因為「官號復舊」而「刪緝格式」，也是把「格式」作為修改的對象。格式的含義及其在法律體系中的地

---

[1]　《唐大詔令集》卷八二《政事·刑法·頒行新令制》。

位開始發生變化。這些是唐代法律體系開始變化的重要信號。

武則天時期又前進了一大步。

《舊唐書》卷五〇《刑法志》：垂拱元年（685），武則天又敕內史裴居道等十餘人刪改格式。在刪改格式的同時，「又以武德已來、垂拱已前詔敕便於時者，編為新格二卷。則天自製序……其律令惟改二十四條，又有不便者，大抵依舊」。《舊唐書》卷六《則天皇后本紀》又記：垂拱元年（685）三月，「頒下親撰《垂拱格》於天下」。

這是一組極為重要的材料，它至少說明：

第一，「其律令惟改二十四條，又有不便者，大抵依舊」，律令雖有不便者，也不進行大的改動。說明唐朝政府已經開始放棄對律令的修訂。

第二，「以武德以來，垂拱以前詔敕便於時者，編為新格二卷」，詔敕和新格成為最便於時用的法律文件。從立法來說，把重點放在刪改格敕和把詔敕便於時者編為新格。立法活動從內容到形式都發生重大變化。

第三，格也開始被賦予全新的意義，即《新唐書·刑法志》所云「常行之事」。「律」「令」「格」「式」在制敕中的排列順序往往顛倒為「格」「式」「律」「令」。中宗在改周為唐的制書中，在關於軍鎮應支兵的新規定後面用的是「永為格例，不得逾越」（《唐大詔令集》卷二將此制誤命名為《中宗即位敕》）。

第四，武則天自為序，並親頒於天下，說明這次立法活動與立法內容和形式變化的意義都是非同一般的。

神龍元年，又刪定垂拱格及格後敕，把制敕對律令、式的補充和修改，另編為新格和格後敕，把格的內容加以擴大，便逐步形成了禁防條例與具體辦事條例並存的情況，《新唐書·刑法志》所云「常行之事」，說的就是這種變化後的情況。把制敕對律、令、式的補充和修改，另編為新格和格後敕，成為此後立法活動的主要內容。

需要說明的是，格所以被用來編集詔敕，是因為格原來就是「編錄當時制敕，永為法則，以為故事」。[1]只是原定的格只編錄某些特定內容，而新格則是編錄便於時者，內容擴大到律令和式。

這種做法中宗、睿宗時繼續下去。

值得注意的是景雲元年初睿宗敕刪定「格式律令」。說明從武則天定新格開始的唐代法律體系的變化、轉折已基本完成。開元元年刪定格式令，重點仍在格式。開元六年刪定律令格式，至七年奏上時律令式仍舊名，從刪定時間不長，且未記載刪緝情況來看，是繼續了垂拱元年律令雖有不便於時者，大抵依舊的做法，改動是不大的。格則曰開元後格，刪定的重點仍在格。

《唐大詔令集》卷七九《至東都大赦天下制》所記「令式格敕有不便者，先令尚書省集議刊定」。此赦文頒於開元五年二月，值得注意的是「律令格式」之稱改為「令式格敕」。此「令式格敕」雖然也反映唐前期法律體系的變化，但更重要的是說明唐朝政府已經放棄了對律的修訂。「式格敕有不便者」，說明這時敕已取得與令式格同樣的地位。「令式格敕由尚書省集議刊定」，說明重點在於各種行政制度和行政法規。

以上從垂拱元年到開元六年，立法活動的重點，一是把制敕刪定為格，編為新格，二是對已編成的格進行刪定。這與開元五年《至東都大赦天下制》所記「令式格敕有不便者，先令尚書省集議刊定」是一致的。而「令式格敕」的提法，把敕與令式格提到同等的地位，實際上反映了法律體系開始由格式律令向敕令格式過渡。

> （開元）十九年，侍中裴光庭、中書令蕭嵩，又以格後制敕
> 行用之後，頗與格文相違，於事非便，奏令所司刪撰《格後長行

---

[1]　《舊唐書》卷五〇《刑法志》。

敕》六卷，頒於天下。[1]

這說明：

一、開元後格制定十二年後新頒布的制敕，就出現了頗與格文相違的現象。過去似乎還沒有這樣的記載，這說明在此期間社會情況變化急劇，新的問題不斷出現，而朝廷針對這些問題，及時做出反應，制定了許多新的法令，以取代舊的不合時宜的規定。但又沒有明令廢止舊的規定，因而出現了與格文相違的情況。

二、這種情況也說明，朝廷用發佈制敕的辦法來取代已有的律令格式中的某些內容，已經變得很經常了。唐初以令式來規定各種制度的律令體系完全被突破。在法律體系中制敕不僅取得了高於令式的地位，而且取得了高於由制敕刪緝而成的格的地位。

格後敕特別是格後頒行的制敕才是此後最重要的日常行用的法律文件。穆宗「長慶三年（823）十二月二十三日敕節文：御史臺奏，伏緣後敕，合破前格，自今以後，兩司檢詳文法，一切取最向後敕為定。敕旨宜依」。[2]

儘管制敕取得了最高的法律地位，但是一直到文宗時仍有格後敕的編纂。特別是文宗以後還注意了制敕中新的刑罰規定與原來唐律中刑罰規定的矛盾。開成四年兩省詳定《刑法格》。大中五年敕修《大中刑法總要格後敕》，七年修成《大中刑法統類》十二卷，敕刑部詳定奏行之。適時歸整這種做法是在沒有明令廢除原有律令的情況下，消除制敕與原有規定矛盾的一種選擇。它至少申明了當前哪些規定可以不必遵循，而哪些應該而且必須遵循。應該說這是一種靈活的、明智的、務實的選擇。它既保持了國家法律的連續性和嚴肅

---

[1]　《舊唐書》卷五〇《刑法志》。

[2]　《宋刑統》卷三〇《斷罪引律令格式》門。

性，又保證了法律的適時性和實用性，使國家政治和社會生活有一個可以遵循的規定，是原則性和靈活性的統一。它既反映了唐太宗所確定的「須合變通」的原則，也奠定了宋代敕令格式法律體系的基礎。

隋唐時期的選官制度

一、隋朝九品中正制的廢除和新選人標準的確立

南北朝時期，隨着豪強士族的衰落，軍功、才學的原則逐步提出。南齊末年蕭衍提出「唯才是舉」。西魏蘇綽提出選舉要「不限資蔭」。

隋朝建立後，在選官制度上邁出了幾大步：

第一，正式廢除九品中正制，用人不講門第。東漢以後，由於豪強大族的發展，形成了所謂的門閥制度，做官都看門第的高低，沒有門第就不能做官。只有高門才能夠做大官。隋文帝廢除了按照門第選官的九品中正制，從制度上最終取消了任用官吏時門第的限制。選官不限資蔭，在選拔官吏的時候不看門第，而看才能，並且明確地提出了才學的標準。這樣不僅能從更加廣闊的範圍選拔優秀人才，也給普通百姓做官打開了一扇門。這是南北朝以來官吏任用標準上一個很大的變化。

第二，取消州郡佐官由長官辟舉的制度，地方官員一律由中央吏部任免。從漢朝以來州郡的長官都是由中央任命的，但是屬官都是他到任以後在當地征辟，由當地的人士擔任。一開始，在西漢初年還是看地方上有哪些賢能的人，把這些人選拔出來。後來隨着豪強大族勢力的強大，選拔的都是這些豪強大族的人，豪強大族擔任地方佐官就變成了他們控制地方行政的一種辦法。豪強大族能夠長期存在，這和他們在政治上掌握了地方政權有很大的關係。隋朝為了防止地方官和

地方勢力相勾結，還規定，刺史縣令任期三年，佐官為四年。刺史縣令三年以後就要輪換走人。另外還規定地方官的父母和十五歲以上的兒子不能帶到任上，目的都是防止地方的豪強通過各種辦法和地方官勾結起來，控制地方的行政。

第三，開始實行科舉制度。科舉制從察舉制的母體中脫胎而出，成為國家純粹按才學標準選拔文士擔任官僚的考試制度。才學標準也有了更加合適的形式。

二、唐朝對官員素質的要求

唐朝繼承和發展了隋朝的選官制度，在選官制度上有許多創新，在中國古代選官制度的發展上，處於承先啟後的地位。唐代以考試選用官吏的制度和科舉制度，奠定了此後歷朝培養和選拔官員制度的基礎。而唐玄宗時期提出的沒有擔任過州縣官不能擔任中央中高級官吏，也成為唐以後各朝選拔中央官吏的基本原則。

從隋朝開始，對於官員在政治運作中的作用都是非常重視的。前面已經說過，在隋律和唐律中，第一章是《名例》，這是一個總則，第二章是《衛禁》，是保衛皇帝、皇宮的，第三章是《職制》。《職制》被提到很特殊的地位，也就是把保證政府機構的正常運轉放到了一個非常突出的地位，而要保證政府機構的正常運轉，關鍵就是官員。

按照什麼樣的要求、什麼樣的標準去選拔官吏，直接影響到官吏的培養並決定了官吏具有怎樣的素質。唐朝繼承隋朝，對官員的素質有多方面的要求。

選拔和任用官吏的標準，在不同時期是不一樣的。東漢以後，由於豪強世族的發展，門第成為選拔官吏的主要標準。所謂門第的高低就是候選者的經濟地位和政治地位，他的祖上有多少代做官，

他們家的經濟實力和政治實力怎麼樣。門第高的可以做高官，門第低一些的可以做低一級的官吏，沒有門第就不能做官。這種情況在南北朝時期就開始發生變化了。南北朝時期，隨着豪強世族的衰落，按照軍功、按照才學來選官的這樣一些原則被逐步提出來。南齊末年，後來的梁武帝蕭衍就提出了「唯才是舉」，西魏的蘇綽提出了「不限資蔭」，就是按照才能，不按照門第去選拔官吏。

下面我們來看看唐朝對官員的素質有什麼要求。

第一，唐朝政府任用官員的總的原則，簡單地說就是德行才學。貞觀二年，唐太宗就對身邊的大臣說：「今所任用，必須以德行、學識為本。」明確地提出了以德行學識選人是用人的基本原則。當時的諫議大夫王珪說：「人臣若無學業，不能識前言往行，豈堪大任。」[1]這是貞觀君臣對於廣任賢良、重視官吏的一個基本認識，其中包括了文化的要求、政事處理能力的要求，也包括了德行的要求、道德品質的要求。應當說德行品質、文化、政務處理能力這三項對官員的基本要求，在這次對話中都明確地提出來了。唐朝初年，不是僅僅說出這些原則，這些原則通過銓選，特別是通過其中的銓試這樣一個環節，具體地落實下來。在唐朝，不通過銓試，也就是身、言、書、判的考試，就不能做官。這是一個總的要求。

第二，對在職官吏也有總的要求或者說共同要求，還有一些對各類不同官員的具體要求。

總的要求就是所謂四善：一是德義有聞，二是清慎明著，三是公平可稱，四是恪勤匪懈。德義有聞就是道德品行為眾人所稱讚。清慎明着就是做官很清廉謹慎。公平可稱就是辦事情很公平、沒有私心。恪勤匪懈就是勤勤懇懇。這是對一切官員的共同要求。

那麼除了共同要求以外，對每個具體崗位上的官員也有具體的

1　　《貞觀政要》卷七《崇儒學》。

要求，也就是所謂二十七最。唐朝對二十七類官員都提出了具體的要求。

這裏我們只簡單介紹幾項，比如「一曰獻可替否，拾遺補闕，為近侍之最」。就是對皇帝身邊的大臣來說，要對皇帝不斷提出建議，什麼事情可以做，什麼事情不可以做，什麼事情有遺漏，什麼事情有缺點，就趕快提出來，這就是近侍之最。「二曰銓衡人物，擢盡才良，為選司之最。」就是說在考核人物的時候能夠把賢良之人、有才能之人都提拔出來，這是負責人事工作的、選拔官吏的官員的最佳表現。「決斷不滯，與奪合理，為判事之最。」一般官員都要處理公務，唐朝也是通過公文文書運作，對於各項事務做出決定，這個決定就叫判。那麼你在判的時候能夠及時地把工作處理完畢，而且處理得很合理，這就是處理各項具體政務的人的最好表現。「推鞫得情，處斷平允，為法官之最。」就是說你在審理案子的時候，處理得非常公平，非常合理，這就是法官的最佳表現。對於學官，要求「訓導有方，生徒充業」。就是你在教育的時候，教育有方，學生都努力學習，這就是學官最佳的表現。「賞罰嚴明，攻戰必勝，為將帥之最。」這個意思很清楚。「禮義興行，肅清所部，為政教之最。」這實際上是對地方官的要求，地方禮義興行，社會安定，沒有盜賊，這就是政教之最。「功課皆充，丁匠無怨，為役使之最。」所謂功課皆充就是要做的事情都能夠很好地完成，而被役使的工匠沒有怨言，這是役使之最。唐朝不斷地徵發徭役，從事各種勞動，負責這種事的人的標準是什麼呢？就是一方面你要把事情做好，另一方面還要善待這些勞動者，要使他們無怨。「邊境肅清，城隍修理，為鎮防之最。」[1]邊境上很安寧，防禦工事都修得很好，這是邊防鎮將考核的一個主要的標準。

[1]　《唐六典》卷二《尚書吏部》。

四善、二十七最這樣一些標準，不僅僅是一種口頭上的標準，而是每年都要進行考核的。唐朝有「考課」的制度，到了年底每一個人把自己的表現寫出來，然後本部門的人集中起來，大家討論，提出意見，最後評判等級，這在當時還是有相當的民主性和透明性的。而這個等級還要送到中央，由吏部的考功司和各部門的代表、各個地方代表討論，最後決定。考核的等級和官吏的經濟利益，和官吏的升遷緊密聯繫在一起。如果考核不合格，就要降薪或停發薪水，甚至要停止工作。

這種考核等級分九等，上、中、下，上、中、下裏又有上、中、下，被評為中上以上的等級是可以越級提升的。所以這種考課對當時的官吏是起到了一種很好的激勵作用，也起到了一種很好的監督作用。這是因為它程序很嚴密，過程很民主、很透明，最後還與官員的升遷、俸祿聯繫在一起。

為了鼓勵官員提高道德操守，還有清白狀，就是說如果在地方上表現很好、很清廉，那麼各級部門就可以給你寫清白狀，在升遷的時候也會得到優待。對於在地方上有突出貢獻的官員、受到民眾愛戴的官員，還允許老百姓為他們立生祠、德政碑。樹碑立傳是很多官員夢寐以求的事情，歷代官員都是這樣，都希望自己的美名傳下去。唐朝政府規定，凡德政碑和生祠，都必須是政績可稱者，州為申省，省司勘覆定，奏聞，才能樹碑建祠。不是說誰想立就立，而是要經過一定程序，最後皇帝批准才行。所以做得好不好，是要老百姓說了算的。

比如說狄仁傑，《狄公案》等等只是後人編造的故事，狄仁傑在唐朝是一個很傑出的政治家。他在地方工作階段也為老百姓做了很多的好事情，所以很多地方給他立生祠，給他樹立德政碑。一直到元朝，在北京昌平的雪山村還建有狄公祠，他的碑在 20 世紀五六十年代還豎立在雪山村，現在不知道被移到什麼地方去了。在河北大名、江西彭澤、甘肅寧縣，都有狄仁傑的生祠或者德政碑。其中狄仁

傑在魏州的生祠還有一段曲折的經歷。狄仁傑去職後，他的兒子狄景暉後來也到魏州擔任司功參軍。他為官貪暴，為民所惡，魏州百姓乃毀仁傑之祠。但魏州民眾對狄仁傑的功德並未忘懷，唐開元十年（722）十一月，狄仁傑祠堂得以重修。安史之亂中，狄仁傑祠堂遭到徹底破壞。元和七年（812）根據百姓的意願，田弘正又重建狄仁傑祠堂。魏州百姓對狄仁傑始終充滿感情。

這是對在職官吏總的要求和對各類官員的具體要求。

第三，是在政務運行過程中，在處理政務時對官員的要求。就是要求官員嚴格按照制度辦事，要執行上級的指令，包括皇帝的制、敕，同時要求對不合適的制、敕和上級的規定提出意見，目的是為了「相防過誤」。這裏有些具體的要求，比如嚴格按程式辦事、建立問責制度、對制敕不妥當的地方必須提出意見等，這些在前面各講中都已提到過。

唐朝還有任期制，一般為三年或者四年。到期以後，要重新到中央參加銓選，重新分配工作。六品以下的官員還要參加一次考試。中央的官員到地方，地方的官員到中央，這樣的一種任期制、輪換制，能上能下，看起來很簡單，做起來是很不容易的，這在唐朝也有一個過程。

四是法律上的要求，也就是對官員行為的約束。實際上前面所說的官員在執行公務時必須遵守的規定，也是法律規定。我們這裏說的主要是怎樣對官員行為中一些比較敏感的方面來進行約束，主要是兩個方面：一是瀆職，二是貪贓枉法。在《唐律》的《職制》中關於貪污受賄的律條共有 14 條。唐律共有 500 條，關於貪污受賄就有 14 條，對於主管官員的家人在管內接受賄賂、索要財物也要處以刑罰。

《唐律》中對於官員的約束還有一點值得提出來，就是對於請託，處分是很嚴厲的。對有所請求者，笞五十。如果主司就是有關主管部門同意了，就視為同罪，也是笞五十下。如果已經實行了，那就

每人杖一百。如果是收人錢財而為之請求，那就按照貪污罪加二等來處理，一尺以上笞四十，即只要你收了一尺的布就要打四十鞭子，罪重的就要流放。如果收了賄賂以後枉法，處罰就更重。

這些都牽涉對官員素質的要求，要求他們出以公心，克勤克儉，認真負責，要勇於負責，勇於提出意見。這些要求看起來很簡單，做起來並不簡單，因此需要法律的保證。

三、唐朝的選官制度

現在一般都認為唐朝的科舉制度是世界公務員制度的萌芽，其實這是一種誤解。唐朝選和舉是分開的。舉是科舉，選是銓選，在唐朝的選官制度中最重要的一條就是做官都需要經過考試，這才是真正的世界公務員制度的萌芽。

關於中國古代選官制度還有一種誤解，以為科舉制度就是選官制度。從宋朝以後可以這麼說，但也只能說科舉制度是選官制度的一部分。宋朝以後，科舉及第後，根據考試成績的高低分配不同的官職，類似於我們在 20 世紀 80 年代以前，大學畢業以後就分配工作。唐朝不是這樣，唐朝科舉僅僅是一種取得做官資格的考試，要做官，還要參加銓選。即使是宋朝以後除了科舉，也還有其他的選官渠道，所以把科舉和選官等同起來不是很確切的。

唐朝要做官，首先要取得做官的資格，也就是一種出身。唐朝要取得出身資格有三個途徑：

第一個是門蔭。當朝五品以上高級官吏的子孫，可以根據祖父、父親官位的高低，或者是進入宏文館、崇文館、國子監的國子學、太學學習，然後通過考試，最後參加科舉得到官職；或者是擔任皇帝的侍衛，也就是所謂的千牛和三衛，達到一定的年限後，考試合

格，也可以參加銓選。那麼根據父祖官位的高低，可以獲得不同品階的官職，父祖的官位高，那麼起家的官就高。門蔭和門第不同，門第相對固定，是根據你的祖先歷朝官位的高低以及家族經濟實力定出的一種社會等級，而門蔭是給當朝官吏也就是現任官吏的一種政治特權。

第二個是雜色入流。雜色入流比較複雜，主要的是流外入流。唐朝的官分九品，叫作流內官。唐朝除了官以外還有吏，也分九品。這裏所說的吏就是中央政府各個部門負責具體工作的人，叫作流外官，但他們實際上是吏而不是官。他們工作一定年限，經過了若干考，考核過關，最後考試合格以後也可到吏部參加銓選，可以獲得官職。至於地方小吏，不屬於流外官，是不能做官的。

第三個就是科舉。

通過這三個途徑，可以取得做官的資格，即出身。但僅僅是有資格、有出身還不行，要做官還需要參加銓選。任官期滿以後，要重新做官也需要參加銓選。唐朝選官程序一般是這樣的：六品以下的官是由吏部提出意見，尚書省送到門下省進行審核，最後報告給皇帝知道以後任命，策授。六品以下的選官過程就叫銓選。五品以上的官是需要宰相提出名單，皇帝批准以後敕授，即皇帝下敕來發委任書。

唐朝選官制度的核心，就是做官必須通過考試。官員任用和提升都需要經過一定的機關和一定的程序。不論是什麼人，首先必須通過各種出身考試，獲得做官的資格。然後還要到吏部參加銓選，通過身、言、書、判的考試。武官則要到兵部參加銓選，通過試能、較異，審其功能而定其留放。南北朝後期提出來的才學標準有了具體的表現形式。雖然由於等級的存在，還不能在考試的科目和標準面前人人平等，但在一定都要參加考試這一點上，是一律平等的。

為了培養官僚，隋唐政府辦了很多學校。在中央，國子監長官祭酒（祭酒一員，從三品）、司業（司業二員，從四品下），掌邦國儒

學訓導之政令，統管國子學、太學、四門學、律學、書學和算學。州縣有州學、縣學。

國子學、太學、四門學主要學習儒家經典。據《舊唐書》卷四四《職官志三·國子監》，律學「以律令為專業，格式法例亦兼習之」。書學「以《石經》《說文》《字林》為專業，餘字書兼習之」。算學學習十部算經，都是學習專門學問。

不論中央或地方的學校，生徒入學都有等級的限制。國子監國子學、太學、四門學各學生徒學成考試合格，保送參加科舉考試。

下面側重介紹唐代官員的選授制度。在《唐律疏議·名例》中把五品以上官員稱為通貴，也就是高級官員。在官員的選授上，對五品以上官員和六品以下官員的做法是不一樣的。

1. 五品以上官的選授

五品以上官員由宰相提出名單，皇帝批准後制授。《舊唐書》卷四二《職官志一》：「五品已上，舊制吏部尚書進用。自隋已後，則中書門下知政事官訪擇聞奏，然後下制授之。三品已上，德高委重者，亦有臨軒冊授。自神龍之後，冊禮廢而不用，朝遷命官，制敕而已。六品已上，吏部選擬錄奏，書旨授之。」

知政事官訪擇聞奏，宰司進擬，可見五品以上官的選授在唐初就是由宰相在政事堂討論決定。

五品以上官授官前不再經過考試。五品以上官雖然不考試，但也是經過一次次考試，不斷升遷才達到五品的。而且在授予官職前，還需要宰相在政事堂討論，然後奏請皇帝批准。其才學、政績也是經過嚴格考核的。

進入三品、五品有一定的規定。自武德至乾封（618—668），應入三品者皆以恩舊特拜，一般官員進入三品是很困難的。入五品者根據銓選時計考進階的情況，如可進至從五品下階，便可奏請批准。

每年有一定名額，但沒有出身者需歷若干考。武則天時期開始對出身後歷考做出了規定，此後不斷增加。入五品者由 8 考增至 12 考，開元時增至 16 考以上，並且必須先居六品以上官，本階正六品上。入三品者也由 25 考增至 30 考以上，且須先居四品以上官，本階正四品上。對親貴高官子弟的限制進一步加強。

2. 六品以下官的選授

六品以下官敕授，由尚書省負責，其中文官由吏部，武官屬兵部，謂之銓選。

下面對唐代銓選制度進行簡單的介紹。

銓選開始於冬十月上旬至下旬。應選者可分為兩大類：一類是任滿或其他原因罷免之後重新應選的官員。第二類是通過各種途徑獲得出身者，包括科舉出身者、流外官以及散官、勳官當番期滿考試合格者，還有罷免官者。

罷免官者情況各異：有以理去官者，有因侍奉或本人生病解官者，有「責情及下考解官者」。據《唐六典》卷二吏部郎中員外郎條：「背公向私，職務廢缺為下中；居官諂作，貪濁有狀為下下。」同條又云：「若私罪下中已下，公罪下下，並解現任，奪當年祿，追告身，週年聽依本品敍。」

有「犯罪除免而復敍者」。《唐律疏議》卷三《名例》「除免官當敍法」條：「諸除名者，官爵悉除，課役從本色，六載之後聽敍，依出身法。」疏議曰：「敍法依選舉令，三品以上，奏聞聽敕；正四品，於從七品下敍；從四品，於正八品上敍；正五品，於正八品下敍；從五品，於從八品上敍；六品、七品，於從九品上敍；八品、九品，並於從九品下敍。若有出身品高於此法者，聽從高。『出身』，謂借蔭及秀才、明經之類。准此令文，出身高於常敍，自依出身法；出身卑於常敍，自依常敍。故云出身品高者，聽從高。」

「免官」條：「免官。謂二官並免。」「疏議曰：『二官』為職事官、散官、衞官為一官，勳官為一官。此二官並免，三載之後，降先品二等敍。」

「除免官當敍法」條：「免官者，三載之後，降先品二等敍。免所居官及官當者，週年之後，降先品一等敍。」

3. 官吏選授的具體做法

第一步，頒格。「凡選，始於孟冬終於季春。先時，五月頒格於郡縣，示人科限而集之。」[1]

第二步，取解。「則本省或故任取選解，列其罷免善惡之狀」，取得解狀，限十月至尚書省，「過其時者不敍」。[2]

第三步，考核。吏部根據應選人的解狀、籍書、資歷和考課情況進行審核，「每歲，選人有解狀、簿書、資歷、考課，必由之以核其實」[3] 到省後，根據選人的解狀，「乃考核資緒、郡縣鄉里名籍、父祖官名、內外族姻、年齒形狀、優劣課最、譴負刑犯，必具焉」。[4] 對選人的資歷、名籍、考課進行考核。

在進行資格審查的同時，還要對文書格式進行審查。《封氏聞見記校注》卷三《銓曹》：「選曹每年皆先立版榜，懸之南院。選人所通文書，皆依版樣，一字有違，即被駁落，至有三十年不得官者。」這項考核工作在總章二年（669）前由「銓中自勘責」[5] 總章二年後設南曹（選院）後，即由掌選院的吏部員外郎負責。核實後，乃上三銓。

第四步，聯保。應選者到省後，除了考其功過，審查籍書、資

1　《通典》卷一五《選舉三·歷代制下》。

2　《新唐書》卷四五《選舉志下》。

3　《唐六典》卷二《尚書吏部》吏部郎中員外郎條。

4　《通典》卷一五《選舉三·歷代制下》。

5　《通典》卷二三《職官五》郎中條。

歷，還要「以同流者五五為聯，以京官五人為保，一人為識，皆列名結款，不得有刑家之子，工賈殊類及假名承偽、隱冒升降之徒」。[1]

第五步，銓試。考核完畢，然後進行銓試。銓試的內容是身、言、書、判，稱為四才，亦云四事。標準是：身，取其體貌豐偉；言，取其言辭辯正；書，取其楷法遒美；判，取其文理優長。

具體做法是，選人集中後，先試判兩道，以觀其書、判。試判之後，進行面試，以察其身、言，謂之銓。

身、言、書、判的考試一般是這樣的，身、言主要是進行口試，這兩個項目實際上是同時進行的，書、判這兩個項目也是同時進行的，看判的時候就可以看出字寫得怎麼樣。曾經有這麼一個故事，說有一個人銓選沒通過，他就找到主考官，說我這個判寫得不怎麼好，主考官說你這個判確實寫得不怎麼樣，可是你的字寫得更不怎麼樣，所以書、判是同時考的。

第六步，試銓之後，根據四才、三實，較之優劣而決定是否授予官職。所謂三實就是德行、才用和勞績。四才皆可取，則先德行，德均以才，才均以勞，勞必考其實而進退之。授予官職者為留，不得者為放。即按照四才、三實定其優劣而決定留放。「得者為留，不得者為放。」[2]這是針對已經擔任官職的，也就是根據他的考課、檔案，來看看這個人的德行如何，工作能力如何，有沒有什麼顯著的事跡，根據這三項然後來決定去留。留下來可以分配工作、分配官職，不合格的就不授予官職了。

「然後據其官資，量其注擬。」[3]最後還要面談，詢其便利而擬其官，謂之注。選人對所注之官如不同意，可以提出。如果三次都不同

1　《通典》卷一五《選舉三・歷代制下》。

2　《新唐書》卷四五《選舉志下》。

3　《舊唐書》卷四三《職官志二》。

意，可以參加下一次銓選。吏部確定任官名單，以奏抄的形式送門下省審核，然後上聞。中書省以敕旨的形式批復後，由吏部發給告身。

武官則到兵部參加銓選，通過試能、較異，審其功能，而定其留放。「凡試能有五，（五謂長垛、馬步射、馬槍、步射、應對。互有優長，即可取之。）較異有三。（三謂驍勇、材藝及可為統領之用也。）審其功能，而定其留放，所以錄才藝、備軍國、辨虛冒、敍勳勞也。然後據其資勞，量為注擬。（五品已上送中書門下，六品已下量資注定。其在軍鎮要籍，不得赴選，委節度使銓試其等第申省。）凡官階注擬團甲進甲，皆如吏部之制。凡大選，終於季春之月，所以約資敍之淺深，審才略之優劣，軍國之用在焉。」[1]

唐初制度，入仕後升遷以 4 考為限，4 考中中，進一階，有一中上考，再進一階，一上下考，進兩階。如果每考中中，至少需 16 年才能提升一品。

這是針對已經擔任官職的，也就是根據他的考課和檔案，來看看這個人的德行和工作能力如何，有沒有什麼顯著的事跡，根據這三項來決定他的去留。留下來可以分配工作、分配官職，不合格的就放了。授予官職的叫留，不授予官職的叫放。

這個過程就是說要做官一定要經過考試，做了官以後，還要經過不止一次的考試，一級一級地往上升遷。五品以上不需要考試了，但是在每一次轉換工作的過程中，也還要受到嚴格的考核。這一次一次的考試就是看你是不是具有一定的經史知識、文化水平和判案能力、政務處理能力。這裏簡單說一下，經史知識和文化水平不是一回事情。經是指他對當時的一些重要經典，我們現在叫儒家經典，即《詩》《書》《禮》《易》《春秋》等的掌握程度。史就是對歷史掌握的程度，要求官吏具有一定的歷史知識。前邊說過，王珪對唐太宗說

---

[1]　《舊唐書》卷四三《職官志二》。

過，「不能識前言往行，豈堪大任？」「前言往行」在經書裏固然有一些，但大量的是在史書中。文化水平這裏主是指文字掌握的能力，能不能寫文章，有沒有文采。

對於普通老百姓來說，可以通過雜色入流做官。普通百姓做了流外官，也就是中央各部門的吏，經過一定年限考試合格後可以參加銓選，獲得官職，但不能做高級官，頂多做到七品。至於獲得勳官的，大部分是參加軍隊的農民，文化水平很低，儘管從規定上來說，他們輪換到政府機關服役，經過一定的年限也可以參加銓選，但是由於文化水平很低，他們很難通過考試取得參加銓選的資格，所以說他們獲得官職的可能性不是很大。對一般老百姓來說，只有通過讀書，參加科舉這樣一條路，才能夠進入官場、實現夢想，就像《枕中記》中的盧生那樣。從武則天時期一直到開元前期，官員基本都是這樣產生的。

唐朝選舉制度貫徹了通過考試、量才錄用的原則。這在中國古代選官制度上具有劃時代的意義，是中國古代政治文化的重大發展，也是中國古代文明的偉大成就。

有兩個問題再補充說明一下：

（1）在怎樣的情況下可以越級陞官或破格提拔？有三種情況：

一是清望官、清官。《舊唐書》卷四二《職官志一》「職事官資，則清濁區分，以次補授。又以三品已上官，及門下中書侍郎、尚書左右丞、諸司侍郎、太常少卿、太子少詹事、左右庶子、祕書少監、國子司業為清望官。太子左右諭德、左右衛左右千牛衛中郎將、太子右率府左右內率府率及副、太子左右衛率府中郎將、（已上四品）諫議大夫、御史中丞、給事中、中書舍人、太子中允、中舍人、左右贊善大夫、洗馬、國子博士、尚書諸司郎中、祕書丞、著作郎、太常丞、左右衛郎將、左右衛率府郎將、（已上五品）起居郎、起居舍人、太子司議郎、尚書諸司員外郎、太子舍人、侍御史、祕書郎、

著作佐郎、太學博士、詹事丞、太子文學、國子助教、（已上六品）左右補闕、殿中侍御史、太常博士、四門博士、詹事司直、太學助教、（已上七品）左右拾遺、監察御史、四門助教（已上八品）為清官。自外各以資次遷授。」《舊唐書》卷四三《職官志二》吏部尚書條：「其有歷職清要，考第頗深者，得隔品授之，不然即否。」《唐六典》卷二吏部尚書侍郎條：「若都畿清望，歷職三任，經十考已上者，得隔路（品）授之。不然則否。（謂監察御史、左右拾遺、大理評事、畿縣丞簿尉，三任十考已上，有隔品授者。）」與此同時還規定：「凡出身非清流者，不注清資之官。（謂從流外及視品出身者。其中書主書、門下錄事、尚書都事，歷任考詞、使狀有清干及德行、言語，兼書、判、吏用，經十六考已上者，聽擬寺監丞、左右衛及金吾長史。）」

二是清白著稱，強幹有聞。《舊唐書》卷四三《職官志二》吏部郎中員外郎條：「凡內外官有清白著聞，應以名薦，則中書門下改授，五品已上，量加升進，六品已下，有付吏部即量等第遷轉。若第二第三等人，五品已上，改日稍優之。六品已下，秩滿聽選，不在放限。」

《唐六典》卷二吏部郎中員外郎條：「凡內外官清白著稱，強幹有聞，若上第，則中書門下改授：（清白著稱，皆須每任有使狀一清、考詞二清，經三任為第一等，兩任為第二等，一任為第三等。其都督、刺史既無考詞，每使狀有一清字，亦准任數為等第。強幹有聞科等第亦准此，其科等第一等同清白第二等。）五品已上，量加進改；六品已下，至冬選量第加官。若第二、第三等人，五品已上，改日稍優之。六品已下，不待秩滿，聽選，加優授焉。」

三是制科和科目選。《通典》卷一五《選舉三・歷代制下》載，制科「文策高者特授以美官，其次與出身」。

《新唐書》卷四五《選舉志下》：「凡試判登科謂之『入等』，甚

說不盡的盛唐——隋唐史二十講

拙者謂之『藍縷』。選未滿而試文三篇，謂之『宏辭』；試判三條，謂之『拔萃』。中者即授官。」

（2）考課、敘階與選的關係。

凡居官以年為考，六品以下，四考為滿。敘階之法中有「以勞考」一項，《唐六典》卷二吏部郎中員外郎條載：「謂內外六品已下四考滿皆中中考者，因選進一階，每二中上考又進兩階，每一上下考進兩階。若兼有下考，得以上考除之。」

考第不僅決定官員的升遷，還與官員的經濟利益相聯繫。考在中上以上，每進一等，加祿一季；中中守本祿；中下以下，每退一等，奪祿一季。

幾任職事官以後，每年即需進行考課。四考任滿得替，應選時即根據考課等第進階授官。因此，至少從制度上說，官吏的升遷和超升，是和他們在任期間的表現緊密聯繫在一起的。

對於在職官吏，唐朝建立了考課制度。考課制度秦漢時即已實行，秦漢地方官在每年年終，由郡國派「計吏」攜帶「計簿」前赴中央「上計」，報告生產、稅收、財務、戶口、刑獄情況，並接受考課。考課時要對官員依治績排序，史料所見某郡守「治平為天下第一」「盜賊課常為三輔最」之類，就是這種情況。其他各級各類官吏也有考課。唐代考課工作由吏部考功司負責。凡應考的官員，先由自己寫出一年的工作情況和功過，本部門及本州長官對眾宣讀，議其優劣，定為九等考第。然後再按照本部門規定的各等第的名額校定。在京各部門直接送尚書省，地方則由朝集使送至尚書省。考校完畢，京官集應考之人對讀注定，外官對朝集使注定。

考課有統一的標準，就是前面提到的四善二十七最。

考課等級與官員的待遇和提升緊密地聯繫在一起。考課時的等級即按善最多少來定，一最以上，有四善為上上。一最以上或無最而有一善為中中。政事粗理，無善無最為中下。愛憎任情，處置乖理為下

上。背公向私，職務廢闕為下中。居官諂詐，貪濁有狀為下下。職事粗理，無善無最，這是對官員最起碼的要求。列入下考，就要解除職務。

流外官有四等考第：清謹勤公，勘當明審為上。居官不怠，執事無私為中。不勤其職，數有愆犯為下。背公向私，貪濁有狀為下下。每年對定，具簿上省。其考下下者，解所任。

四、官員選拔中逐步出現的幾個問題

唐玄宗開元年間，在選官問題上有三件令人矚目的大事。

第一件事是考試縣令，試以安人策。開元四年有人向玄宗匯報，說今年放的那些縣官都不行，唐玄宗就在他們入謝的時候在宣政殿召見全體新授縣令，親臨問以安人策，即治人之策，也就是做了縣令以後怎麼安民。結果二百多人中就有二十餘人被退回到原來的職位。策試成績最差的四五十人被放歸學問，也就是讓他們回家去好好唸書。這件事雖然是空前絕後，但卻反映出當時官員政治文化素質低下的現實，同時也是一個信號，就是朝廷對中級官員在政治上和文化上開始提出了更高的要求。

第二件事是對高級官員提出，「不歷州縣，不擬臺省」。臺省官員要有州縣基層工作的經歷。一般的知識分子科舉出身以後，都希望留在京城做官，不願意到地方去做官。那怎麼辦？玄宗初年，左拾遺內供奉張九齡上疏言：「縣令、刺史，陛下所與共理，尤親於民者也。今京官出外，乃反以為斥逐，非少重其選不可。」[1] 就是說地方是靠刺史和縣令來進行治理的，是「尤親於民者也」，是親民之官，「今

---

1   《新唐書》卷四五《選舉志下》。

京官出外，乃反以為斥逐」，而現在京官出任外官就被認為是一種貶斥，就是降官、降職，他認為這是很不正常的。唐玄宗接受了這個意見，於是，開元三年六月詔，縣令、州刺史有業績者可調任京官，「京官不曾任州縣官者，不得擬為臺省官」。[1] 即京官沒有擔任州縣官的經歷的話，就不能夠擔任中央尚書省、門下省、中書省三省的負責官員。這對提高官員素質、豐富官員的政治閱歷是非常重要的一個原則。

原則是提出了，但真正的貫徹很難，需要採取一系列的措施。有一次中央的一些高級官員被任命為州刺史，而且唐玄宗特別舉行宴會進行歡送，可是有一個官員，還是不高興，還是覺得被貶出去了，唐玄宗大怒，就真的把他貶了。這並不能解決問題。這個問題要得到解決還是需要時間的，還需要各個方面的一些變化。

強調地方工作經歷，開始時固然是為了強調地方官的重要，為了糾正重京官、輕地方官的風氣，但卻有着更為深刻的歷史背景。不管當時的執政者是否意識到，提出不歷州縣不擬臺省是在科舉逐步成為高級官員主要來源的情況下，對於通過考試選拔官員的銓選制度的一個重要補充。雖然要認識到這一點並在銓選中真正貫徹這個原則，還需要走很長一段路，但它的提出在中國古代選官制度史上仍然具有劃時代的意義。這個原則到宋代才基本落實下來。

這樣做在當時受到兩種因素的阻撓，一是文人輕視實際工作，不願從基層做起。二是輕外重內，都願意做京官。但是由於入仕人數不斷增加，獲得官職越來越難。玄宗時就出現了岑參這樣「功名只向馬上取」，在節度使幕府任職以求出路的文人。安史之亂以後，到地方擔任幕職更加普遍。

第三件事是循資格和科目選的實行。開元中期以後，為應對應選

---

[1] 《冊府元龜》卷六三五《銓選部·考課》。

官員越來越多的問題，開始實行循資格，以資歷作為參加銓選的資格，以待平常之士；設立科目選，並繼續實行制舉，以選拔傑出人才。這在官員選用的制度上也是一個重大的舉措。

隨着政治的穩定和社會的安定，獲得做官資格的人不斷增加，而官缺有限，每年銓選時得不到官職的人越來越多。北魏時就出現了「停年格」。唐高宗時裴行儉設立「長名榜，引銓注期限等法。又定州縣升降、官資高下，以為故事。仍撰譜十卷」。[1]吏部侍郎李敬玄又委託新增置的吏部員外郎張仁禕，「造姓歷，改狀樣、銓歷等程式」。經過這些改革，「銓總之法密矣」，也就是說，銓選制度至此趨於完善了。[2]

這次改革的核心內容之一是長名榜的設立，嚴格考試資格的審查，在進入考試之前將一些條件稍差的人加以黜落。所謂長名榜，是指對選人參選資格進行審查後，根據選人的條件排出名單，將當年不能參選者予以公佈的文告，也稱為「長名駁放」。資格審查是一項很繁雜的工作，此次改革，針對的許多都屬於資格審查程序中的問題，如所謂姓歷、狀樣、銓歷等，都是有關選人的各種檔案材料和申報手續。由於選人漸多，文書繁密，檢核文狀排出長名頗費時日，造成許多選人在京等候長名結果，滯留日久，虛費資糧。所以開耀元年（681）崇文館直學士崔融在議狀中提出，「選人每年長名，常至正月半後。伏望速加銓簡，促以程期」。[3]

考試錄用既難以有真正客觀的標準，如果不建立起嚴格的參選資格的限制，不公正的情況就難以從制度上加以避免。其後果就是，善於鑽營者不斷升遷，守法持正之人，有的出身二十餘年仍不能入仕

1　《唐會要》卷七四《吏曹條例》。

2　《新唐書》卷四五《選舉志下》。

3　《冊府元龜》卷六二九《銓選部·條制》。

任官。

　　為了根本改變這種狀況，玄宗開元十八年（730），侍中裴光庭在其父裴行儉設長名榜限制參選條件駁放不合格選人的基礎上，制定了「循資格」，確立了以資歷作為獲得參加銓選資格的客觀依據。具體做法是，「凡官罷滿，以若干選而集，各有差等，卑官多選，高官少選，賢愚一貫，必合乎格者乃得銓授。自下升上，限年躡級，不得逾越」。[1] 這是以資歷作為參選資格的制度化。

　　循資格以資歷作為獲得參加銓選資格的依據，使一般官吏可以穩步升遷。如果完全按照資歷取人，不僅限制了才能之士的選拔和優秀人才的升進，也不能滿足高級職位和各領導部門對具有較強決策能力和傑出領導才能的人才的需求。因此，在此前後又正式設立了科目選。選人有格限未至者可到吏部試文三篇，謂之博學宏辭科，試判三條，謂之拔萃科。考試合格即可授以官職。開元二十四年，又把高宗、武則天以來不定期指定考官將應選者所試之判考為等第的做法，固定為每年進行的經常性制度，以便從應選中挑出優秀者，給以科第，稱為平判入等。不論是博學宏辭科、拔萃科，還是平判入等，都由吏部主持，屬於銓選的範圍。由於制舉是皇帝臨時下制舉行，不是經常進行的，而上述吏部科目都是每年舉行的，因此，在優秀官吏的選拔和科舉出身者迅速入仕和升遷上，科目選起了重要的作用。

　　循資選官的做法為唐以後各朝所沿用。各個朝代對於傑出人才的破格任用和快速升遷也都有自己的一套做法。

　　唐玄宗的三大舉措只有循資格和科目選是制度化的，在開元、天寶時期真正落到實處的，也只有循資格。因而在選拔和培養具有傑出政治才能人才上，出現了嚴重的問題。唐玄宗有他祖母武則天為他

---

[1]　《通典》卷一五《選舉三·歷代制下》。

準備的一大批人才。而在選拔任用年青官員時，他採取了同時提拔和重用長於文學和精於政事的兩派人物。一批官吏因文學才能而被提拔到高級職位。這些科舉出身的官員，由於是沿着文學之路上升的，普遍缺少政治實踐、政治才能，因而他們無力解決日益複雜的各種政治、軍事問題。到開元二十三年前後，武則天給他留下的人才，都退出了歷史舞臺。剩下一個張九齡，也是文學勝於政事。唐玄宗只好重用缺少經史知識，但卻有卓越行政才能的吏治派官員。李林甫有卓越的行政才能，解決了許多實際問題。但是，他們在採取一些重大措施時，由於缺乏理論上的指導，也不能從歷史上吸取經驗教訓，結果造成嚴重失誤。其中後果最嚴重的，是政府賦予節度使很大的權力，卻沒有採取任何限制和防範的措施。安祿山終於憑借自己手中的兵力發動了叛亂。這是沒有吸取歷史上尾大不掉之患的教訓，缺乏遠見的結果。這也從一個側面說明按照什麼標準和運用什麼方法培養選拔人才的重要。

從唐朝後期的情況來看，既具有豐富的經史知識和政治見識，又具有卓越的行政才能的官員，仍然是很少的。因此，有的皇帝便只有兩種人才並用。唐憲宗既重用裴垍、李絳，又重用李吉甫，便是一個典型的例子。

針對唐朝後期科舉不取子弟的問題，會昌四年，李德裕對唐武宗說：「然朝廷顯官，須是公卿子弟。何者？自小便習舉業，自熟朝廷間事，臺閣儀範、班行準則，不教而自成。寒士縱有出人之才，登第之後，始得一班一級，固不能熟習也。則子弟成名，不可輕矣。」[1] 李德裕藉此提出了朝廷顯官需要具備的素養。從他所說的「自熟朝廷間事，臺閣儀範，班行準則」來看，實質上是把政務運行中的程式化因素神聖化。明朝讓進士觀政於諸司，在翰林院等衙門者，稱庶吉

---

[1] 《舊唐書》卷一八上《武宗本紀上》。

士，在六部等衙門者仍稱進士。讓這些進士觀政，也是讓他們見習政務。這樣單純強調行政經驗，而不是強調基層政治實踐，過分看重程式，而不是解決實際問題的能力，忽略了任何重大政務的決定和執行，都不是程式所能解決的。這樣只能培養出只會等因奉此、維持現狀的官僚，而不可能培養出解決實際問題的政治人才。

關於中國古代選官制度，有一種誤解，認為科舉制就是選官制度。宋以後選官與科舉合一，科舉是選官制度的重要部分，甚至是最重要的部分。但是，除了科舉，還有其他選官渠道。還有，古代官員是實行任期制的，隋唐以後，官員任期制確定下來。任期滿後，根據考課等級和朝廷需要，重新授予官職。此外，官員的調動和升降，地方官員調任中央官員，中央官員調任地方官員，都是選官制度的重要內容。

唐代科舉制度

一、科舉制度的產生

科舉制度作為官吏選拔的一種考試制度，是經濟社會和文化發展到一定程度的產物。儘管它的很多因素在此之前就已經產生並且發展到相當高的程度，但是作為一個完整的系統制度只有在條件成熟之後才能夠出現。

早在漢武帝時期就產生了察舉制度。漢朝初年只有二千石以上大官的子弟和擁有十萬錢家產而又不是商人的富人可以送子弟到朝廷為「郎」。這就是「任子」和「貲選」制度。高級官吏多由這些二千石子弟擔任。郡縣主要官吏由朝廷任命，一般官吏則由長官辟召。

漢武帝時，開始實行察舉制度。漢文帝十五年（前 165）詔諸侯王、公卿、郡守舉賢良能直言極諫者，漢文帝親自策試。漢武帝建元元年（前 140）詔舉賢良方正直言極諫之士，漢武帝親自策問以古今治道及天人關係問題。由皇帝臨時下詔察舉賢良的特科正式形成。漢武帝元光元年（前 134），「初令郡國舉孝廉各一人」。[1] 歲舉孝廉的察舉常科也初步建立。漢武帝還在京師建立了太學，置博士弟子五十人，學成後考試合格可授予官職。這樣，一般平民的子弟就可以通過察舉和學校獲得官職。這是一個由貴族世襲任官到一般平民按才能任官的過程。

---

[1]　《漢書》卷六《武帝紀》。

東漢順帝陽嘉元年（132），「初令郡國舉孝廉，限年四十以上。諸生通章句，文吏能箋奏，乃得應選」。[1]歲舉孝廉也建立了考試制度。陽嘉之制實行後，儒生、文吏被郡守舉為孝廉後，如果不能通過中央的考試，便不能獲得官職。而郡守的舉薦，又是到中央參加考試的前提。隨着豪強大族經濟力量的發展，豪強大族也逐步操縱了本州郡的政治。因此，東漢中葉以後，察舉和辟召就為豪強大族所壟斷。最後發展到魏晉的九品中正制，雖然出身授職還要通過兩漢以來的察舉和辟召等選官的程序，但是被察舉和辟召的條件首先是門第。門第成為做官的先決條件。

南北朝以來，隨着豪強士族的衰落，在官吏選拔問題上出現了幾個新的情況。

一是按照才能選任官吏的問題，重新被提了出來。蕭衍在南齊末年上表中就提出，「設官分職，惟才是務」。[2]在他即位為梁武帝以後，天監八年（509）更下詔：「其有能通一經，始末無倦者，策實之後，選可量加敘錄。雖復牛監羊肆，寒品後門，並隨才試吏，勿有遺隔。」[3]詔中把能通一經作為參加策試的唯一條件，並特別指出，雖寒品後門，都可以隨才試吏。西魏蘇綽在所擬《六條詔書》的第四條中也指出，「自昔以來，州郡大吏，但取門資」，而「門資者，乃先世之爵祿，無妨子孫之愚瞽」。明確提出：「今之選舉者，當不限資蔭，唯在得人。」[4]他們都否定了按照門第選任官吏的原則。

二是社會上私學的興起，同時國子學開始招收普通百姓子弟。梁武帝天監四年設立五館，「五館生皆引寒門俊才，不限人數」[5]這些都

1　《後漢書》卷六《順帝紀》。

2　《梁書》卷一《武帝本紀上》。

3　《梁書》卷二《武帝本紀中》。

4　《周書》卷二三《蘇綽傳》。

5　《隋書》卷二六《百官志上》。

為下層士人進入官吏行列創造了條件。

三是察舉制度重新受到了重視。南朝和北朝都恢復了舉秀才、舉孝廉的制度。梁的五館「館有數百生，給其餼廩。其射策通明者，即除為吏」。[1] 一些寒人子弟通過明經試策的方式進入了仕途。此後，舉明經逐步取代了舉孝廉，形成了秀才、明經兩科並立的局面。北周也實行了舉明經的制度。

四是南北朝時期還出現了自舉這種新的考試制度的萌芽。北齊時，馬敬德「將舉為孝廉，固辭不就，乃詣州求舉秀才。舉秀才例取文士，州將以其純儒，無意推薦。敬德請試方略，乃策問之，所答五條，皆有文理，乃欣然舉送」。[2] 這在當時雖然還只是一個偶發的事件，但也說明應舉者已經可以採取一些主動行為，以爭取舉送，而不是坐等地方長吏察舉。

儘管在南北朝，察舉制度仍被士族、貴族用作入仕的工具，特別是在南朝，秀才科幾為高門所壟斷，但是，通過考試按才能選官的原則畢竟是重新提出來了。而學校向寒門開放和自舉的萌芽，不僅動搖了地方長官舉薦這一察舉制度的基礎，也為朝廷從一般百姓中選拔賢才開闢了道路。這些都是在舊制度內部產生的新制度的萌芽。

隋朝建立後，隋文帝廢除了九品中正制，並廢除了州郡長官辟舉佐官的制度。各級官吏包括地方佐官一律由中央任免。官吏的任用不再受門第的限制，平民百姓也可以做官。

開皇七年（587）正月，「乙未，制諸州歲貢三人」。[3] 各州每年須向朝廷舉送三名才學出眾的士人，參加國家舉行的考試，正式設立了每年舉行的常貢。由於此前已明令廢除九品中正制，取消了門第

1　　《梁書》卷四八《儒林傳序》。

2　　《北齊書》卷四〇《馬敬德傳》。

3　　《隋書》卷一《高祖紀上》。

限制，因此平民百姓也可以通過這個途徑做官。隋文帝時常貢的科目，主要有秀才和明經。秀才在魏齊梁陳，主要是考文學才能。北周平北齊後，宣帝宣政元年（578）詔：「州舉高才博學者為秀才。」¹把才學作為舉送秀才的標準。至隋，秀才「試方略」，進一步提出了政治見識方面的要求。而杜正玄、杜正藏、杜正倫三兄弟儘管不是平民中最早得中秀才的，卻是在廢除九品中正制，實行新制度後平民秀才中的佼佼者。杜正倫在唐高宗時還做到宰相。因此，歲貢三人參加明經、秀才的考試，可以看作是從察舉制向科舉制（隋唐稱貢舉，科舉是後人據宋明制度的習稱）過渡的關鍵的一步，也可視為科舉制的開始。科舉制度終於從察舉制的母體中脫胎而出，逐步成為唐朝以後考選官吏的一種主要制度。

隋煬帝即位後，保留秀才、明經科，同時新設立了進士科，並繼續察舉孝廉。

進士科試時務策。由於社會上重視文學之風很盛，加之隋煬帝愛好文學，「於是後生之徒，復相仿效……緝綴小文，名之策學，不以指實為本，而以浮虛為貴」。²進士科實際上走上了文學之科的道路。

這樣，經過幾百年的演變，開科考試在隋煬帝時就形成了秀才、明經和進士三科並立的格局，形成了層次不同，要求各異，有完整體系的一整套制度，成為國家純粹按才學標準選拔文士擔任官吏的考試制度。新的在經過學習的文士中按照才學標準通過考試選拔官吏的原則也找到了實現它的最好形式。科舉制終於最後形成。

唐朝繼續沿用「貢舉」這個名稱，《唐律疏議》卷九《職制》貢舉非其人條：「疏議曰：依令諸州歲別貢人，若別敕令舉及國子諸館年常送省者為舉人。」「諸州歲別貢人」，也是察舉制留在新產生的

---

1   《周書》卷七《宣帝紀》。

2   《舊唐書》卷一○一《薛登傳》。

科舉制身上的一個胎記。

科舉制度是由察舉制度發展而來，萌於南北朝，始於隋而成於唐。

科舉與察舉的主要區別在於：

一是科舉可以自己報名應考，而察舉是由地方官舉薦。

二是科舉一律要通過考試，而察舉有時不需要考試。科舉是完全按考試成績來進行選拔，沒有其他附加條件，而察舉則不然。西漢武帝時，賢良等特科雖然要進行策試，但其要求是直言極諫，主要不是才學。常科孝廉在東漢順帝陽嘉改制前的二百六十六年間，基本上是不進行考試的。這個時期佔去了察舉常科實行時間七百一十四年的百分之三十七。實行考試後，取士標準也不純以才學，還有德行等其他標準。特別是到陽嘉改制，孝廉實行考試時，由於豪強大族經濟力量和政治力量的發展，州郡官吏察舉時，豪強大族子弟受到優先考慮，門第成為察舉時首先考慮的條件。東晉、南北朝時期秀才、孝廉和明經雖要考試文學和經術，但在豪強士族衰而不落，九品中正制繼續實行的情況下，主要還是士族入仕的一種途徑，還不是完全按才學標準從廣大文士中選拔官吏的制度。

三是在選官制度中，科舉越來越成為中高級官員的主要來源，而察舉只是選官制度中的一種，地位也是時高時低。

二、唐代科舉制度

唐代科舉分為常科和制科。

常科包括秀才、明經、進士、明法、明書、明算六科。

秀才科為最高科等，試方略策五條，要求文理兼通。唐朝初年，年輕士子醉心於詞華而很少留心經史和經世治國的方略。多把試

方略策視為畏途而不敢應舉。永徽二年（651）便廢除了秀才科。

明經要求通兩經，考試兩部儒家經典。唐朝規定，正經有九：《禮記》《左傳》為大經，《毛詩》《周禮》《儀禮》為中經，《周易》《尚書》《公羊春秋》《梁春秋》為小經。應試者須通二經，或一大一小，或兩中經。同時要求兼習《孝經》《論語》和《老子》。考試方式在唐朝初年的五十年間是按照經的章疏試策，着重於對經義的理解。對於有抱負的士子來說，只要努力，就可以通過這些經典的學習，博古通今，探求經世治國的道理。通過明經科選拔出了一批經世治國之才。張文瓘、裴行儉、裴炎、李昭德、狄仁傑等一大批活躍在唐高宗末年和武則天時期的傑出政治家，都是通過明經科選拔出來的。

但是，一些只求出身，急於入仕的人，也從這種辦法中找到了捷徑，出現了「如聞明經射策，不讀正經，抄撮義條，才有數卷」[1]的情況。他們不是認真學習應舉時要考的兩部經書，而是把與對策有關的章疏義條抄錄下來進行背誦。結果有些人連章句也不解。為了糾正這種情況，調露二年（680）決定，加試帖經。帖經的具體辦法是，「帖經者以所習經掩其兩端，中間開唯一行，裁紙為帖，凡帖三字」[2]，將舉子所學儒家經典的兩端覆蓋，中間只留下一行，再把其中一些字蒙住，讓考試者填充。開元時制度，明經先帖經，然後口試並答策，取粗有文理者為通。原來每經要帖十條，答對六條以上才算通過。開元二十五年敕：諸明經先帖經，通五以上。帖既通而口問之，一經問十義，得六者為通。問通而後試策，凡三條。三試皆通者為第[3]加試帖經的本意是為了迫使士子去閱讀和背誦正經的原文，但是由於帖經通過以後才能試策，因此經書的背誦程度成為明經及第的先決條件。後

1　　《唐大詔令集》卷一〇六《政事・貢舉・條流明經進士詔》。

2　　《通典》卷一五《選舉三・歷代制下》。

3　　《唐六典》卷四《尚書禮部》禮部尚書侍郎條。

來隨着應舉者的不斷增加，帖經的難度也越來越大，帖經的成績終於成為明經錄取的主要標準。

帖經是很荒謬的，就是考應舉人背誦的程度。把兩端蒙起來中間空兩個字讓應舉人填，而且專門出那些很容易搞混的題，這樣就更加迫使應舉人埋頭書本去死記硬背，壓抑了學者的獨立思考和創造精神。舉明經者「比來相承，唯務習帖，至於義理，少有能通」，[1]「當代禮法，無不面牆。及臨人決事，取辦胥吏之口而已。所謂所習非所用，所用非所習者也」。[2] 所以說明經考試科目的變化導致這些明經出身者只會死記硬背，既不懂儒家經典，也不知道歷史，甚至鬧出這麼一個笑話：一個考明經的，人家說駱賓王，他說我知道駱賓王。我前幾天還碰到他了，他是某個親王的兒子。他不知道駱賓王是武則天時期的著名詩人，而以為他是唐朝皇室的某一親王。這種情況下的明經科，不僅選拔不出傑出的政治家，連擔任一般官職，也很難稱職。在唐朝前期，明經和進士的地位是不相上下的，明經的地位甚至比進士還高一些。到唐後期，進士科就成了主要的科目，成為高級官吏的主要來源，而明經科地位就下降了，成了一般中下級官員的主要來源。明經出身者能做到高級官員的已經很少了，能夠做到宰相的就更少了。在唐朝安史之亂以後，明經出身的一共只有六個人做到了宰相，而進士出身的宰相卻很多。

進士，唐初試時務策五道。其中包括經、史、時務等三個方面的內容，已包含了對官員在文化和學識上的三項基本要求。這與過去單純強調經術，或片面強調文史法律有很大的不同。這不僅在當時，就是從今天來看，也具有很高的認識水平。這與唐初唐太宗所重用的主要官員大多具備這樣的素質並且有着豐富的政治閱歷有密切的關

[1]　《唐會要》卷七五《貢舉上·明經》。

[2]　《通典》卷一七《選舉五·雜論議中》。

說不盡的盛唐——隋唐史二十講

係。只是在具體實行上並沒有把這些作為要求提出來。

當時衡量策文好壞的標準，主要是看文章的詞華，不是看文章的內容。加之策問的題目又多雷同，因此就出現了前引永隆二年（681）《條流明經進士詔》中所列舉的情況：「進士不尋史傳，唯讀舊策，共相模擬，本無實才。所司考試之日，曾不揀練，因循舊例，以分數為限，至於不辨章句，未涉文詞者，以人數未充，皆聽及第。」應舉者不是熟讀經史，學習文律，而是把模擬舊策作為學習內容，結果造成應舉者乃至錄取者文化水平的下降。針對這種情況，唐高宗接受劉思立的建議，決定進士加試雜文兩道，並帖小經。在武則天稱帝前後的一段時間裏，帖經和試雜文曾經暫時停止了一個時期。中宗復位後又恢復了三場試。據《唐六典》卷四《尚書禮部》禮部尚書侍郎條：「凡進士先帖經，然後試雜文及策，文取華實兼舉，策須義理愜當者為通。（舊例帖一小經並注，通六已上；帖《老子》兼注，通三已上，然後試雜文兩道、時務策五條。開元二十五年，依明經帖一大經，通四已上，余如舊。）」這是開元前後的制度。雜文最初所試為士子們所熟習的箋、表、銘、賦之類，直到天寶年間才專用詩、賦。

不論是對策，還是試雜文，都使用駢體文，並且包括各種文體，因此，收集了從先秦至梁詩文辭賦的詩文總集《文選》以及解釋詞義、規範語言的《爾雅》，就成為士子在準備進士考試時的必讀之書。

雜文專用詩、賦後，由於文學取士已經成為一種傳統，特別是當權的吏治派官吏有意識地把進士科變成文學之科，因此到開元、天寶之際，詩賦反成為進士科錄取的主要標準，進士科成了文學之科。一批詩人如崔顥、祖詠、王昌齡、王維等通過進士科湧現出來。科舉出身的士人擔任高級官吏的也大為減少。《儒林外史》第十三回中馬二先生說：「到唐朝，用詩賦取士；他們若講孔孟的話，就沒有官做了，所以唐人都會做幾句詩：這便是唐人的舉業。」認為唐朝進士科就是

考試詩賦，詩作得好就能夠考中進士。這是一種誤解，這種情況存在的時間並不很長，大概也就是半個世紀，即從玄宗後期經代宗到德宗的前期，也就是從天寶到建中（742—783）年間。

到了德宗貞元以後就開始變化了，還是恢復到以策文作為錄取的標準。安史之亂以後，不少人對詩賦取士提出了批評。同時，當時紛亂的政治軍事形勢，要求通過科舉選拔出能夠應付這種複雜局面的人才。大曆以後，古文運動也伴隨着改革、中興的浪潮逐步興起。這些都深刻地影響到進士錄取標準的變化。進士錄取時不僅恢復了過去以對策成績、策文好壞作為錄取的主要標準，而且策文好壞的標準也發生了很大的變化，從過去重文辭演變為重內容。三場試的格局雖然沒有改變，但是由於錄取標準的變化，從進士科中選拔出了一批比較合乎當時需要的傑出人才。在元和中興中發揮重要作用的裴垍、李絳、裴度，古文運動和新樂府運動的主要人物韓愈、柳宗元、白居易以及一批活躍在中晚唐政治舞臺上的著名人物，都是在貞元、元和時期進士及第的。

唐後期圍繞詩賦、策問的爭論，宋的經義、明的八股文，以及儒家經典由以「五經」為主轉變為以「四書」為主，都與科舉考試的錄取標準有關。

從唐到宋，考題越來越難，「凡舉司課試之法，帖經者，以所習經掩其兩端，中間開唯一行，裁紙為帖，凡帖三字，隨時增損，可否不一，或得四、得五、得六者為通。（後舉人積多，故其法益難，務欲落之，至有帖孤章絕句，疑似參互者以惑之。甚者，或上抵其注，下余一二字，使尋之難知，謂之『倒拔』。既甚難矣，而舉人則有驅聯孤絕、索幽隱為詩賦而誦習之，不過十數篇，則難者悉詳矣。其於平文大義，或多牆面焉。）」[1]

---

[1] 《通典》卷一五《選舉三·歷代制下》。

主要是因應舉人數不斷增加，科舉考試已經不把選拔優秀人才作為第一目的。考試的目的在很大程度上是把大多數應舉者排斥在外，而又給大多數應考者一種公平、平等的感覺。

明法的考試內容為《唐律》和《唐令》。律令各試十帖，策試十條（律七條，令三條），要求識達義理，問無疑滯，主要是選拔法律人才。

明書考試《說文》和《字林》，取通訓詁，兼會雜體者為通。主要是帖試。帖試通過後，還要口試和試策，是選拔通訓詁的語言文字學人才的科目。

明算試《九章算術》《海島算經》《孫子算經》《五朝算經》《張丘建算經》《夏侯陽算經》《周髀算經》《五經算經》《綴術》和《緝古算經》等十部算經，取明數造術，辨明術理者為通，是選拔數學人才的專門科目。

參加常科的應舉者，有館學的生徒和自己在州縣報名參加考試的「鄉貢」。

館學的生徒指弘文館、崇文館和國子監各學的學生。學生學成考試合格，舉送到尚書省參加科舉考試。

鄉貢，參加貢舉的，除了國子監的生徒，不在館學的，自己向本貫州縣報名。先由縣進行考試，然後再由州府考試。合格者發給解狀，舉送到尚書省參加考試，謂之「鄉貢」。

這就是《新唐書》卷四四《選舉志上》所說的，「不繇館學者謂之鄉貢」，「由州縣者曰鄉貢」。「鄉貢」，亦稱為「賓貢」「賓薦」，但到晚唐，外國人參加科舉者稍多，「賓貢」多用來指稱參加科舉的外國人。終唐之世，「賓貢」沒有成為一個科目。

州縣舉送的科目主要是明經、進士和明法。諸州貢人有人數的限制，規定上州歲貢三人，中州二人，下州一人。但有茂才異等，亦不限於常數。因為京兆（長安）、同州、華州（俱在今陝西境內）解送

的錄取比例最大；而解送名單上列為前十名的，有時全部及第，一般也十得其七八，所以玄宗天寶後士子「莫不去實務華，棄本逐末」。[1] 務華中的一項，就是冒籍。韓愈感慨：「今之舉者不本於鄉，不序於庠，一朝而群至乎有司，有司之不之知也宜矣。」[2] 所以，下邽人（今陝西渭南）白居易舉進士時，為宣城（今安徽宣城）所貢；和州（今安徽和縣，一說蘇州）人張籍，則為韓愈本人在徐州主試時所薦送。

唐初鄉貢嚴格按規定進行。到唐朝後期，報名取解不受籍貫限制，可於所在地或投奔地取解，有時甚至不經過考試就發給解狀。

主司，唐初以來，常舉由吏部考功司主管。唐太宗貞觀以後則由考功員外郎（從六品上階）專掌。開元時應舉者增多，僅為從六品的吏部考功員外郎，既無力上抗高官的囑託，也無力應付不第舉子的喧訟。開元二十四年（736）又發生了舉子頂撞考功員外郎李昂的事件，於是由吏部轉歸禮部主管，並由禮部侍郎（正四部下階）一人專掌貢舉，稱為知貢舉。有時亦委派中書舍人和其他官員知貢舉，稱為權知貢舉。同時，專門設立貢院作為辦事機構，設立印信，作為權力的憑證。

應舉者每年十月由州縣和館監舉送到尚書省，由吏部或禮部進行考試。凡是考中的稱為及第。應進士舉的舉子稱作「進士」或「鄉貢進士」，及第後稱作「前進士」或「前鄉貢進士」。唐朝後期，新及第的進士要向主持貢舉的官員謝恩，此後知貢舉的官員被新及第的進士稱為「座主」，新及第的進士則是座主的「門生」。

唐代進士或明經及第，只是獲得出身及做官的資格，並不直接授予官職。要做官，還需要到吏部參加銓選，銓試合格，才能授予官職。唐代選和舉是分開的，到宋朝才實現選舉合一。

[1]　《唐摭言》卷一《兩監》。

[2]　《韓愈文集》卷四《進士策問十三首》。

科舉出身者授官時的敍階之法：「秀才上上第，正八品上；已下遞降一等，至中上第，從八品下。明經降秀才三等。進士、明法甲第，從九品上；乙第，降一等。若本蔭高者，秀才、明經上第，加本蔭四階；已下遞降一等。明經通二經已上，每一經加一階。」[1]

　　制舉是由皇帝臨時確定科目，下制進行考試的。科目很多，如才堪經邦科、文以經國科、武足安邦科、智謀將帥科、文辭雅麗科、下筆成章科、賢良方正科、能直言極諫科，乃至才高未達沉淪下僚科、樂道安貧科等，差不多有一百多個科目，各個時期不同，每一次只有幾個科目。常舉可以自己報名參加，已有官職者不能應舉。而制舉一般人和在職官員都可以參加，在唐玄宗開元前需要經過推薦，開元以後可以「自舉」，即自己報名參加。制科的着眼點是選拔優秀的人才，制科及第後，一般人「文策高者特授以美官，其次與出身」。[2]在職官吏則可以立即提陞官職，而且可以不止一次參加。這對優秀人才的脫穎而出是一個很好的機會。武則天大開制科，很多人都被提拔起來了，如果你真正不行，把你考核下來就行了。門開得很大，但考核很嚴。

　　在唐代，科舉只是選拔官吏的幾種途徑之一。在各個不同時期，它在官吏選拔和人才培養上所處的地位和所起的作用，是各不相同的。

　　唐朝初年，科舉每年錄取的人數很少，從武德五年到顯慶六年（622—661）的四十年間，進士及第的一共只有 290 人。通過科舉入仕的官員在官員總數中是微乎其微的。絕大多數官員都來自於門蔭入仕和雜色入流。

　　高宗總章（668—683）年間開始，科舉錄取名額有所增加。雖

1　　《唐六典》卷二《尚書吏部》吏部郎中員外郎條。

2　　《通典》卷一五《選舉三·歷代制下》。

然科舉入仕的在入流者總數中的比重仍然很小，但是在高級官吏特別是在宰相中，明經、進士、制科等出身的比重在不斷上升。高宗時宰相 41 人中，科舉出身者 13 人，已近三分之一。唐玄宗開元元年至二十二年期間，宰相 27 人中科舉出身者 18 人，占總數的三分之二。在這些科舉出身的高級官員中，中下級官員和一般家庭出身者的比重也在上升。這是一個值得注意的現象，說明科舉制為一般百姓子弟步入仕途，達到高位打開了道路。而在上升為高級官吏的科舉及第者中，制科對於他們的迅速升遷，起了重要的作用。因為制舉考試對策，應舉者可以充分發表自己對時政的見解，提出解決的方略；朝廷通過策試可以及時發現經世治國的人才，並逐步把他們提拔到重要的崗位上去。

在高級官吏中科舉出身者的比重不斷上升的同時，從開元時起，明經的地位急劇下降。這是因為加試帖經後，明經科應試者便只注重儒家經典的背誦，因而明經及第者多無真才實學。而進士科由於沿着文學之科的道路發展，也使得進士及第者缺乏政治才能，無力去解決日益複雜的社會政治軍事問題。因此，開元二十四年以後，以門蔭入仕的李林甫和流外入流的牛仙客為首的一些吏幹之士，很快就取代了以張九齡為首的一批科舉出身的文學之士在最高統治機構中的地位。在唐玄宗開元時期及第的進士登臺閣、做高官的比重也大幅度下降。直到唐德宗（779—805 年在位）時期，由於進士科考試內容和錄取標準的改變，一大批經世治國之才通過進士科被選拔出來，並且很快進入最高統治機構，擔任各項重要官職。唐憲宗（805—820 年在位）時的宰相 29 人中，進士出身的達到了 17 人。進士出身者在宰相中開始佔據多數，六部尚書中，進士出身者也在大半數以上。[1] 進士

---

[1]　吳宗國：《唐代科舉制度研究》第八章第三節「三、進士科成為高級官吏的主要來源」，北京大學出版社，2010 年，第 164—165 頁。

334

出身者在宰相和高級官員中佔據了絕對優勢，進士科成為高級官吏的主要來源。這不論在唐代的職官制度和選舉制度上，還是在中國古代的職官制度和選舉制度史上，都具有劃時代的意義。

三、科舉對唐代社會發展的影響

1. 科舉對於社會道德觀念的影響

科舉制度對於社會的影響，一方面是對文風的影響。另一個方面是對人們的思想走向、社會道德觀念、社會價值觀念和社會風氣的影響。高宗上元元年（674），劉嶢在所上的疏中說：「國家以禮部為考秀之門，考文章於甲乙，故天下響應，驅馳於才藝，不務於德行。夫德行者可以化人成俗，才藝者可以約法立名，故有朝登甲科而夕陷刑辟，制法守度使之然也。」他還說：「至如日誦萬言，何關理體；文成七步，未足化人。」[1]指出了當時「不務於德行」的普遍情況及嚴重後果。

天授三年（692），左補闕薛登在上疏中進一步指出：「今之舉人，有乖事實。鄉議決小人之筆，行修無長者之論……察其行而度其材，則人品於茲見矣。徇己之心切，則至公之理乖；貪仕之性彰，則廉潔之風薄。……夫競榮者必有競利之心，謙遜者亦無貪賄之累。自非上智，焉能不移；在於中人，理由習俗。若重謹厚之士，則懷祿者必崇德以修名；若開趨競之門，邀仕者皆戚施而附會。附會則百姓罹其弊，潔己則兆庶蒙其福。故風化之漸，靡不由茲。」[2]

劉嶢和薛登的意見是非常中肯的。他們所指出的問題，從後來的

---

[1]　《通典》卷一七《選舉五·雜論議中》。

[2]　《舊唐書》卷一〇一《薛登傳》。

歷史發展來看，其影響是很嚴重的。可惜他們的這些意見並沒有被廣泛接受。直到安史之亂，一大群高級官員，其中包括相當一部分科舉出身的高級官員投靠安祿山，這才引起了朝野的重視，並且在朝廷內部掀起了一場關於科舉的辯論。

2. 科舉推動了文化的普及

隨着科舉越來越成為選拔官吏的主要渠道，越來越多的科舉出身者晉身高級官吏，科舉開始成為廣大知識分子追逐的目標。

經過幾十年的恢復和發展，農村的兩極分化有所發展，富裕群體開始擴大。農村社會的變化影響到整個社會。一般農民試圖改變自己的境遇，如薛仁貴應募從軍，並開始在政治上謀求出路。魏元忠所云，「夫建功者，言其所濟，不言所起；言其所能，不言所借。若陳湯、呂蒙、馬隆、孟觀，並出自貧賤，勳濟甚高，未聞其家代為將帥」，「臣聞才生於代，代實須才，何代而不生才，何才而不生代⋯⋯夫有志之士，在富貴之與貧賤，皆思立於功名，冀傳芳於竹帛」，[1] 就反映了他們的這種心情。一些富裕的農村居民有了讀書學習的經濟基礎，而唐朝的選舉制度又給他們提供了這種可能。

唐人沈既濟在談及科舉制度時說道：「太后頗涉文史，好彫蟲之藝。」「太后君臨天下二十餘年，當時公卿百辟，無不以文章達，因循日久，浸以成風。」[2] 武則天用人不看門第，而是看是否有政治才能。她注意從科舉出身者中間選拔高級官吏，科舉出身者做到高級官吏的越來越多。特別是武則天「以爵祿收人心」的做法，更使他們大規模地進入了各級政府，並且迅速升遷到各級政府的負責崗位。這就大大刺激了士人參加科舉的積極性，更刺激了一般人讀書學習的熱

---

[1]　《舊唐書》卷九二《魏元忠傳》。

[2]　《通典》卷一五《選舉三・歷代制下》。

情。天授三年（692），左補闕薛登在上疏中談到當時舉人的情況，「策第喧競於州府，祈恩不勝於拜伏。或明制才出，試遣搜揚，驅馳府寺之門，出入王公之第。上啟陳詩，唯希欬唾之澤；摩頂至足，冀荷提攜之恩。故俗號舉人，皆稱覓舉。覓為自求之稱，未是人知之辭」。[1]他們都希望在科舉考試中得到達官貴人的賞識和提拔。各級官吏雖然隨時都有被酷吏羅織罪名丟掉腦袋的危險，有的做官不旬月輒遭掩捕族誅，但也還是「競為趨進」。這種情況一直延續下去。這也就是沈既濟所說的「浸以成風」，即社會上讀書學習逐漸成為一種普遍的風氣。開元、天寶年間「父教其子，兄教其弟」，「五尺童子恥不言文墨焉」[2]的社會風氣，就是從武則天時期開始的。這裏所包含的內容，不僅僅是一般意義上的文化的普及，而是推動了文化的全面發展。著名的詩人和文學家崔顥、李嶠、宋之問、沈佺期、杜審言、陳子昂，都是在這個時期湧現出來的。雕塑、繪畫、音樂、舞蹈，也達到前所未有的水平。可以說，從武則天時期開始，科舉的影響已經及於整個社會。

天寶以後一個時期進士科以詩賦取士，對唐詩的繁榮也起了促進的作用。

隨着進士科的發展，行卷之風盛行起來。行卷的主要內容是上啟呈詩，即送上一封信加上自己的詩賦，甚至於傳奇小說，以便得到有影響的人物的賞識，為自己製造聲譽，為科舉及第打開方便之門。

3. 科舉推動了社會教育的發展

科舉制度對教育的影響主要體現在兩個方面。

首先是科舉考試的內容、考試方式和錄取標準對於廣大學子的影

---

[1]　《舊唐書》卷一〇一《薛登傳》。

[2]　《通典》卷一五《選舉三·歷代制下》。

響，科舉成為教育的指揮棒。

科舉考試的內容影響到廣大知識分子的學習內容。明經不論是唐初考試經義，還是後來加試帖經，學習內容是比較明確的。而進士科除了五經，還學習什麼？唐朝初年，對策是進士科唯一的考試科目，但當時錄取的標準主要是看策文的文采。劉嶢上書所云：「況古之作文，必諧風雅，今之末學，不近典謨，勞心於卉木之間，極筆於煙雲之際，以此成俗，斯大謬也。」[1] 說的就是在這種標準下士子們學習的情況。神龍以後，三場試格局確定下來，雜文成為考試的重要內容。

對策使用駢體文，雜文則包括了箴、表、銘、詩、賦。策文和雜文雖然文體不同，但在錄取標準上，它們有一個共同的特點，那就是注重詞華。因此，收集了從先秦至梁各種文體詩文辭賦的詩文總集《文選》，就成為士子在準備進士考試時的必讀之書。開元、天寶以後一個時期之內，雜文主要考試詩賦，詩歌的好壞成為錄取的主要標準。應試詩的詩題又大部分來自文選，《文選》仍然是從事進士舉業的一項重要學習內容。[2]

但是知識分子的學習並沒有一直按照單純學文的路子向前發展。隨着貞元、元和之際中興浪潮的興起和古文運動的展開，從唐德宗貞元末年開始，進士科錄取標準也開始發生變化。策文內容成為衡量文章好壞的主要標準。知識分子學習的內容也開始有了很大變化。他們不僅學作文，而且力圖做到「文者以明道」。

考試內容、考試方式和錄取標準的變化對社會的影響更加直接。進士科考試情況如前所述，既有不好的影響，也有好的影響。而

---

[1]　《通典》卷一七《選舉五·雜論議中》。

[2]　孟二冬：《論唐代應試詩的命題傾向之一——以李善注本〈文選〉為重心》，《孟二冬文集》下卷，高等教育出版社，2007 年。

明經科在唐初按照經的章疏試策的時候，就逐步出現了前述「如聞明經射策，不讀正經，抄撮義條，才有數卷」的情況。調露二年（680）明經加試帖經後，明經科考試便只注重儒家經典的背誦。帖經的難度也越來越大，而舉明經者「比來相承，唯務習帖，至於義理，少有能通」，[1]「當代禮法，無不面牆。及臨人決事，取辦胥吏之口而已。所謂所習非所用，所用非所習者也」。[2] 因而明經及第者多無真才實學，其消極作用就大於積極作用了。這也是導致明經地位下降的一個重要因素。

　　科舉制度影響教育的第二個方面，就是科舉考試內容、考試方式和錄取標準的變化，導致了學校教育的內容與科舉不相吻合，從而對國子監各學和州縣學產生了巨大的衝擊。除了私人講學，民間私學隨之興起。玄宗時雖然設立了廣文館，吸收從事進士業者，並且規定參加科舉必須由兩監，但這絲毫沒有改變各級學校的情況和私學的發展趨勢。

4. 科舉制與官僚制度的發展

　　首先，科舉制改變了官員的素質。武則天以後官員中科舉出身者的比重越來越大。從公元 9 世紀初，即唐貞元、元和之際開始，進士科成為高級官吏的主要來源，而明經則主要充任中下級官吏。

　　明經從科等上來說高於進士，二者地位原來不相上下，直到開元時還有不少大臣是由明經出身的。到唐後期情況發生了很大的變化，明經做到宰相的只有六人，元稹、路隨大概是從明經出身做到宰相的最後兩個人。明經科主要成為選拔有一定文化水平的中下級官吏的科目。這種變化雖然使明經科的地位下降，但卻使中下級官吏的文

1　　《唐會要》卷七五《貢舉上·明經》。
2　　《通典》卷一七《選舉五·雜論議中》。

化素養進一步提高。

進士科錄取的標準在貞元、元和時期發生了重大變化，逐步成為中高級官吏的主要來源。其實這裏關鍵就是怎麼樣才能通過進士科培養和選拔出既有德行、學識，又有政治才能的人才。開元、天寶時期，進士科也好，明經科也好，主要的是注重做文章，對於儒家經典，對於道德修養，對政務處理能力，對政事的借鑒這些都放到了次要地位，也就是說參加進士考試的這些人一心做文章，對國家的命運、社會的情況、統治的理論、問題解決方略都是不大注意的。那麼怎樣才能使考試制度改變這種狀況，而選拔出比較全面的人才？這是改革的關鍵。關鍵不在於科目設置的改變，而在於考試錄取標準的變化。進士科在唐玄宗天寶末年到唐德宗時期，曾經以雜文，就是以詩賦的好壞作為錄取的標準，所以把這個矛盾推到了頂點。那麼要改也好辦，即恢復對策在錄取中的主要地位，同時要以對策的內容作為錄取的主要標準。這樣就可以把一些既有抱負，又有學問、見識和能力的人選拔上來。這個改革基本上是在唐德宗的後期，就是貞元年間到唐憲宗元和時期完成的。當時按照新的標準確確實實選拔出了一批人才，活躍在唐朝後期的政治舞臺上。而這樣的選拔標準成為整個官吏培養選拔的巨大動力和槓桿。指揮棒變了，所有的知識分子的讀書學習也都朝着這個方向變化。這也更加促使青年士子努力學習經史，關心時事。

不論是進士科還是明經科舉出身的官員，都要從地方基層官員做起。在唐朝後期，「不歷州縣，不擬臺省」已經制度化，沒有擔任過州縣官不能擔任中央的中高級官吏，從此成為唐以後各朝選拔中央官吏的基本原則。而充當節度使、觀察使的幕僚，更是科舉及第後快速升遷，入朝為官的捷徑。唐朝後期，北方形成了藩鎮格局，在其他地方也有節度使、觀察使這樣一些設置，也就是在州縣之上，中央之間，還有一個所謂的道。從制度上來說，它是中央派出機關，而不是

一級行政機關,但又類似一級行政機關。安史之亂之後,地方的權力增加了,地方的待遇提高了,而且在地方做了官以後,到中央的可能性也增加了;擔任地方節度使、觀察使做幕僚的話,可以擔任憲官,比如監察御史,而擔任了憲官以後,就進入了陞官的快車道,所以當時願意到地方做官的反而增加了。地方刺史、節度使入朝為六部、三省長官或宰相,中央大員出為地方刺史、節度使。這樣進進出出,克服了唐朝前期輕外官,輕視地方經歷,輕視政治實踐的弊病,這對於士大夫官僚總體素質的提高,具有不可估量的意義。

唐朝後期,士人走向基層,有的成為州縣官員,有的成為節度使的幕僚。做州縣官吏,不僅增加了他們的實際經驗,而且是他們做到高級官吏,進入臺省的必要條件;而成為節度使的幕僚,不僅是一種快速升遷的途徑,而且提高了士人的社會地位和社會影響,還可以了解和熟悉地方情況。州縣工作的經歷,從士大夫官僚成長的角度來看,有着深遠的意義。而總的來說,既有經史知識和實踐經驗,又有政治見識和行政管理能力的複合型官員在唐代還處在成長的過程中,還沒有作為一個群體出現。

其次,這種變化的意義不僅在於官吏總體文化水平的提高,而且使下層百姓可以通過科舉考試取得做官的資格,繼而進入各級政府,上下處於流通狀態。這樣不僅加強了上下的交流,使政府有了更加廣闊的基礎,而且年輕官員的銳意進取也增加了政府活力。

科舉制保證了一個長存不衰,而其成員又是不斷變動、上下交流的士大夫階層。它既為各級政府提供了源源不斷的官僚來源,又使得國家官員具有相當的進取精神和一定的文化素養。而這正是組織強有力的政府,增強國家控制能力,保證大一統的必要條件。

5. 科舉制影響了社會基層結構的變化

科舉的發展不僅引起了官員素質的變化,還深刻影響了社會基層

結構，並且成為社會等級再編制的槓桿。

唐太宗沿襲北魏以來各朝定姓族等級的做法，於貞觀八年（634）命高士廉等定天下氏族。最初的目的還僅限於審定舊的士族郡姓，並沒有提出什麼特定的原則。只是到《氏族志》修成時，見崔民幹被列為第一等高門，唐太宗才提出修定《氏族志》的目的是要「崇重今朝冠冕」，並且規定修定的原則是「不須論數世以前，止取今日官爵高下作等級」，[1] 即按照現任官職來劃分等級，這是一個全新的原則。它與北魏孝文帝時既承認現時權貴，也承認過去的冠冕，只要祖先曾為高官，即可列入士族，有很大的不同；而與唐令所規定的按現任官品等級來確定政治經濟特權，是完全一致的。

文宗前後出現了「衣冠戶」的提法，含義還不是很明確。唐武宗會昌五年（845）詔明確規定，江淮百姓，只有「前進士及登科有名聞者」方可稱為「衣冠戶」，才可以享受免除差役的特權。其餘「縱因官罷職，居別州寄住，亦不稱為衣冠戶。其差科色役，並同當處百姓流例處分」。[2] 這個詔令不僅把官員中的科舉及第者和其他出身者區別開來，而且賦予進士及登科有名聞者以特殊的身份。「衣冠戶」由詔令規定為「前進士及登科有名聞者」的專有稱號，成為一個特殊的群體。科第成為確定一部分人的社會等級和政治特權的依據。這不論在社會等級編制，還是在科舉制的發展上，都具有重要意義。

唐代除出現了衣冠戶，還形成了由落第舉人即鄉貢進士和鄉貢明經構成的舉人群體。「鄉貢進士」「鄉貢明經」作為一種頭銜而廣泛使用。

鄉貢明經、鄉貢進士，凡是獲得這些貢舉人稱號的，不過表明他

---

[1]　《舊唐書》卷六五《高士廉傳》。

[2]　《全唐文》卷七八武宗《加尊號後郊天赦文》，又參《唐大詔令集》卷七一《會昌五年正月三日南郊赦文》。

們已取得了應舉的資格，並不表明他們的社會身份，更不是一種頭銜。而對於已經及第的前進士、前明經就不同了。他們既然已經及第，也就是取得了出身，即做官的資格。因此，在他們還沒有獲得官職就去世時，往往以他們這個僅有的身份作為頭銜來書寫他們的碑誌。到開元、天寶之際，在為別人撰書碑誌時冠以鄉貢進士、鄉貢明經頭銜的多了起來。唐朝後期，以鄉貢進士、鄉貢明經為頭銜撰寫和書寫志文的更多，在《千唐志齋藏志》《金石萃編》《八瓊室金石補證》和《全唐文補遺》中都有記載，這裏不再列舉。

以鄉貢進士作為墓主的頭銜寫入志題，中唐已經出現，但更多見於晚唐，如：

大和元年（827）：唐故鄉貢進士京兆韋府君墓誌銘並序。

大中九年（855）：唐故鄉貢進士孫府君墓誌。[1]

這說明，參加科舉而沒有及第的人數越來越多，已經在社會上形成一個新的群體，成為一個特殊的社會階層。雖然國家對這種情況沒有表示承認，但是已經得到社會的認可。他們雖然科舉沒有及第，但是他們參加了州縣的考試和考核，取得了參加科舉的資格。在參加科舉考試過程中，他們與同輩建立了相當多的聯繫，其中包括科舉及第進入官場的舉人。而在他們的後面還有許多沒有取得參加科舉考試資格的士子。這種情況使他們在地方處於一種特殊地位，受到人們的尊重。這是一個非常值得注意的社會現象。

北宋則出現了士人家族。到明清，由有功名的包括舉人、進士和退休官僚在農村構成了一個特殊的紳士階層。國家賦予他們許多政治、經濟特權。不論是唐代的衣冠戶和舉人階層，還是北宋的士人家族和明清的紳士階層，儘管他們在地方上是一股強大的勢力，但他們的利益與其說是地區性的，還不如說與中央有更密切的關係。因為他

---

[1]　均見《千唐志齋藏志》。

們所依賴的主要不是財產和家族，而恰恰是中央政府即朝廷所實行的科舉制，因此，他們一方面成為地方政權的基礎，同時也成為聯繫中央和地方的紐帶。

6. 科舉的發展和社會價值觀的變化

科舉的發展改變了原有的仕進道路，徹底摧垮了周隋以來的用人標準和價值觀念。

唐朝後期絕大部分高級官吏都是由進士科出身，因此不論是高級官員要維持自己家族的地位，還是普通平民要改變自己的境遇，都把能否考上進士看作是唯一的道路。

隋文帝雖然廢除了九品中正制，選舉不分門第，但是在隋末唐初，家世和軍功在官位的升遷上還起着重要的作用。西魏北周時期興起的關隴貴族尤其如此。例如竇威，他的先世在西魏、北周均為第一等高門。父竇熾入隋後拜太尉。竇威「諸昆弟並尚武藝，而威耽玩文史，介然自守。諸兄哂之，謂為書癡」。守祕書郎十餘年，「學業益廣。時諸兄並以軍功致仕通顯，交結豪貴，賓客盈門，而威職掌閒散」。諸兄笑他「名位不達，固其宜矣」。[1]

這種尚武、尚貴戚的風氣到唐初雖然有了很大的變化，政府起用了大量才識之士，但門蔭仍為入仕正途。門第對於個人和家庭的發展來說，仍然起着重要的作用。一般沒有門第和官爵的平民，起家仍以軍功為第一捷徑。故貞觀末薛仁貴想改葬父母，改換風水以改變自己的處境時，他的夫人勸他從軍「圖功名以自顯，富貴還鄉，葬未晚」。仁貴聽了夫人的話，應募從軍。果然以軍功擢授從五品上階武散官游擊將軍，很快遷右領軍中郎將。[2] 高宗初年征遼，「百姓人人投

---

[1]　《舊唐書》卷六一《竇威傳》。

[2]　《新唐書》卷一一一《薛仁貴傳》。

募，爭欲征行，乃有不用官物，請辦衣糧，投名義徵」。[1]就是因為有官職和勳賞吸引着他們。

而到唐朝中葉以後，參加舉業和科舉出身的官員的家族被稱為士族。士族的概念發生了很大的變化。是否科舉及第，是否參加過科舉，成為社會等級地位和享有某些政治特權的重要標準。這些都深刻影響社會價值觀念的變化。唐人傳奇白行簡《李娃傳》中鄭氏父子從斷絕關係到父子如初，沈既濟《枕中記》中盧生黃粱夢的故事都生動地反映了這一點。

我們先看《李娃傳》的故事。鄭生為山東第一等高門滎陽鄭氏後裔，父為刺史，本人有文才，有一定聲譽。其父愛而器之，曰：「此吾家千里駒也。」希望他通過科舉而青雲直上，來保持家族的興旺。可是鄭生到了長安，很快就被城市的聲色搞得迷迷糊糊，最後流落街頭，父親也和他斷絕父子關係。後來李娃贖身收留了他，鄭生聽從了李娃的勸告，發奮讀書，在進士及第後，又應制舉直言極諫科，策名第一，授成都府參軍。鄭生上任路上，恰逢其父由常州刺史升任成都尹兼劍南採訪使。父子在劍門相遇。滎陽公不僅認了兒子，「吾與爾父子如初」，並且以大禮迎娶曾經為娼的李娃為媳，過去因有辱家門而斷絕父子關係的事一筆勾銷。這裏根本的一條，就是因為科舉，特別是進士科這時已經成為仕進的唯一正途。雖然科舉及第不一定能青雲直上，但是要青雲直上，卻必須科舉及第。因此，對於滎陽公來說，兒子進士及第，制舉登科並獲得正七品下階的參軍官職，不僅意味着敗子回頭，更重要的是，這樣一來，門庭的延續和光大就有了保證。鄭生又成了「吾家之千里駒」，故而不僅父子相認，而且對於幫助兒子取得功名起了極大作用的李娃也打破了門第、等級的偏見，得到大禮迎娶。

1　　《舊唐書》卷八四《劉仁軌傳》。

《李娃傳》雖然還不無門閥觀念殘餘影響，但更主要的是強調科舉在決定一個人的命運和一個家族的前途上所起的作用。科舉不僅可以改變一個人的處境和社會地位，而且可以影響一個家族的興衰。故事中滎陽公的言行舉止形象地表明，當時高官權貴們已經把家族的希望寄託在子弟的科舉及第上。

　　我們再看《枕中記》。和《李娃傳》中的鄭生不一樣，《枕中記》的主人公盧生，是一個「衣短褐，乘青駒，將適於田」的少年，是一個既沒有門第，父祖又沒有官職的平民百姓。他在邸中歇息時長歎息所表述的，就是希望憑借自己的學藝，通過科舉入仕，建功樹名，使家肥族昌的理想。

　　後來盧生夢中娶清河崔氏女，舉進士科登第，釋褐祕書省校書郎，應制舉登科轉渭南尉，遷監察御變，轉起居舍人知制誥，三載出典同州。後來出將入相，建功立業，中間雖經坎坷，一次被貶，一次被流放，但最後被招為中書令，封燕國公。觀其夢中一生，「出入中外，徊翔臺閣，五十餘年，崇盛赫奕」。他的五個兒子，也或以進士，或以門蔭入仕。

　　這是開元前後平民入仕，青雲直上的典型道路。魏知吉、張說都是通過這條道路進入最高統治機構，廁身高官權貴行列的。

　　魏知古，先世和父祖均無記載，出身於平民家庭，進士及第後，一步一步做到宰相。

　　張說，據《新唐書·宰相世系表》，祖無官，父親是一個八或九品小官。張說本人制舉出身，授太子校書，累轉右補闕。武則天時曾任鳳閣舍人。中宗、睿宗時歷任黃門侍郎、工部侍郎、兵部侍郎。玄宗開元初征拜中書令、封燕國公。其後出為相州刺史，遷右羽林將軍、兼檢校幽州都督。開元七年檢校并州大都督府長史、兼天兵軍大使。九年召為兵部尚書、同中書門下三品，十一年為中書令。張說雖出將入相，位極人臣，但仕途也頗為坎坷，曾配流欽州，又出為相州

刺史，最後被人奏彈，免去了相職。他的一生，與《枕中記》中盧生夢中的一生，極為相似。

魏知古和張說是兩個突出的例子。《枕中記》中有很多他們的影子。從《枕中記》中封燕國公看，沈既濟很可能即以他們作為盧生的原型。而其他平民或下級官吏的子弟，也無不沿着這條科舉入仕的道路而做到中高級官吏。因此，《枕中記》並不是一個純虛構的夢境，而是在現實生活中確實存在的。正因為如此，科舉對一般士子才能有那樣大的吸引力。正如沈既濟在《詞科論》中所云：「故太平君子，唯門調戶選，徵文射策，以取祿位，此行己立身之美者也。父教其子，兄教其弟，無所易業。大者登臺閣，小者仕郡縣，資身奉家，各得其足，五尺童子，恥不言文墨焉。是以進士為士林華選，四方觀聽，希其風采。每歲得第之人，不浹辰而周聞天下。」[1]

但是，科舉錄取名額有限，特別是唐朝後期進士科開始成為高級官吏用來世襲高官的工具，一般平民和下級官吏的子弟能循着科舉這條路入仕並爬上去的，總是少數。因此，對多數士子來說，到頭來還是一場黃粱夢。

7. 幾個嚴重的問題

隨着進士科成為高級官吏的主要來源，科舉開始為高級官吏所把持，出現了幾個嚴重問題。

其一是座主、門生問題。掌貢舉的主司被稱為座主，在他主持下的進士科考試及第者稱為門生，同時及第的則稱為同年。唐德宗貞元以後，由於高級官吏中科舉出身者特別是進士出身者不斷增多，並開始佔多數，主司的地位不斷提高，進士科出身者源源不斷地成為高官，以提攜和感恩為紐帶的座主、門生關係開始具有實際意義。座

---

[1]　《通典》卷一五《選舉三‧歷代制下》。

主、門生的關係，已經不僅是一種禮儀上和名分上的關係，而且有了報恩等具體內容。這與建立在學術傳授基礎上的師生關係顯然有着巨大的差別。進士科出身的官吏利用座主、門生的關係和同年關係結黨營私，進行黨爭。

其二是高級官僚子弟問題。高級官吏利用科舉制度中的不完善環節，把科舉制度作為世襲高官的工具。這種情況引起了朝野的廣泛反對。因而在一個時期內，主持科舉考試、擔任知貢舉的官員，凡是高官子弟，一律不予錄取。

其三是應舉而不能及第的人越來越多。

唐朝末年，科舉開始為高級官吏所把持，應舉而不能及第的人也越來越多，不少人老死科場，及第以後不能順利升遷的也越來越多。這些人開始成為不安定的因素。他們中的一些人成為藩鎮幕僚，有的成為後來地方割據勢力的支持者。不滿的情緒在一些人中間滋生起來，《新唐書》卷一八五《王鐸傳》記載，「李山甫者，數舉進士被黜，依魏幕府，內樂禍，且怨中朝大臣」。這是一條很有典型意義的材料。還有一些人鋌而走險，走上反抗的道路。黃巢就是「屢舉進士不第，遂為盜」，[1]最終走上了公開與朝廷對抗的道路。

許多失意士子成為割據政權的支持者。五代統治者對此有深切的體會。怎樣通過科舉制度籠絡廣大士人，成為五代時期統治者和學者關注的問題。各個王朝都有意設法利用科舉來調節中央和各地區、上層和下層的關係。通過科舉把各地區的成員吸收到朝廷，把民間一些下層的英才引向上層社會，這已成為五代以後各朝的共同舉措。這對於擴大政府的統治基礎，增強政府活力，增加國家力量，都具有舉足輕重的作用。五代時王定保在《唐摭言》卷一「述進士上篇」中說，唐太宗看到新進士魚貫進入端門，高興地說：「天下英雄入吾彀中

說不盡的盛唐——隋唐史二十講

1　《資治通鑑》卷二五二唐僖宗二年六月宛句人黃巢亦聚眾數千人應仙芝條。

矣。」這是不符合事實的，唐初進士科還沒有後來那樣重要，唐太宗還不可能有這樣的認識。但這卻符合五代時一些人的看法，此時科舉已成為統治者籠絡人才的一種手段。北宋開始擴大錄取名額，還實行特奏名的制度。並且實現了出身、入仕的合一。進士出身者不需要經過再次考試，直接授官。錄取時按成績分出名次，按不同名次授予不同官職。康熙皇帝對此說得更加透徹：非不知八股為無用，然捨此無以牢籠人才。

這些問題都是在科舉制度發展過程中出現的，是科舉制度還沒有完全成熟的表現。在進一步的發展中，問題也就得到了解決。北宋開始實行殿試制度，讓及第者都成為天子門生，就是為了防止主考官和考生產生座主門生的關係。北宋實行特奏名制度，也是為了給久舉不第者一個出路，使科舉制度能夠更好地籠絡廣大士人。

唐代科舉對於社會的影響是廣泛的，諸如社會生活、社會風氣乃至娛樂和城市夜生活也都與科舉制度的實行和發展有着密切的關係。這些影響有的只是暫時的，有的則長期對社會發生作用。其中考試的指揮棒作用，科舉對於學風和整個社會風氣、社會價值觀念的影響，以及統治者利用科舉制度選拔英才，調節上下層關係等方面都有許多好的經驗，也有不少失敗的教訓，都需要我們更加深入地研究。

下篇

經濟與文化

盛唐氣象——引領東亞的燦爛文化

唐玄宗開元、天寶年間，是唐代最輝煌的時期，被人們艷稱為盛唐。1958 年林庚先生在《盛唐氣象》一文中把盛唐氣象讚揚為一種蓬勃的思想感情所形成的時代性格，是盛唐時代精神面貌的反映。

當我們透過盛唐文化去思索它的特點，體會它給我們的感受時，就會認識到，所謂盛唐氣象就是：蓬勃的朝氣，青春的旋律，博大的內容，恢宏雄壯的氣勢，雍容華貴的風度，昂揚向上、堅定執着的進取精神，生動自然、兼容並蓄的開放性格，多種多樣的表現形式和艷麗明快的色彩。這也就是唐文化的特點。盛唐氣象在中國古代文化史上是燦爛輝煌的，也是空前的。它令人振奮，令人神往，具有其獨特的魅力。

唐朝在思想文化方面，採取一種開放的、兼容並蓄的態度。對傳統的，對外來的，對當時的各種思想、各種文化，它都是採取一種很寬容的態度，吸取它們好的東西，為我所用。能夠這樣，自信是首要條件，而這種自信是源於唐朝正處在一個蓬勃向上發展的時代。

唐朝的學者、文人和藝術家，在傳統文化的基礎上，最大限度地利用各種思想材料，包括外來佛學中的許多思想材料，最大限度地吸取各種藝術形式和表現手法，包括民間的，以及十六國以來傳入內地的少數民族和外國的樂舞、繪畫、雕塑，創造出了具有中國氣派，又含有異域風采，絢麗多姿、光輝燦爛的大唐文化。

從各種思想、宗教（儒、釋、道）和文藝形式（詩詞、書法、繪畫、雕塑、樂舞）的成熟，史學、地理學和科學技術的創新和發展，

以及起着承先啟後、繼往開來、引領世界的作用來看，唐朝是一個偉大的文化復興的時代。

一、唐朝初年對傳統文化的繼承

作為一個國家來說，對待傳統文化的態度，不僅是關係到當代文化能否發展創新，更是有關國家興亡的一個大問題。特別是對於一個新建立的王朝，國家能不能興盛，能不能長治久安，跟它對待傳統文化的態度有密切的關係。

春秋戰國時期的百家爭鳴，諸子百家從不同的角度，提出了各種不同的學說，為秦統一全國，建立專制主義中央集權的統一帝國作了理論上的準備。先秦諸子對於建立政權後怎樣進行統治，用什麼理論和思想去教化人民也進行了許多探討。秦始皇正是接受了法家思想，重用法家商鞅，才順利統一了六國；他還利用法家的思想材料和包括秦在內的七國的歷史經驗，建立了帝國政權和各項制度。但是他崇尚法家，排斥其他的傳統文化。焚書坑儒，固然是要禁絕以古非今的不滿情緒，但這同時也割斷了秦與其他傳統文化的聯繫。這樣就不可能利用傳統文化中其他各家的思想材料來構建鞏固新的統一帝國所需要的意識形態體系，不能建立起一套適應大一統帝國的統治理論和統治方法。秦朝的速亡跟他的這種態度是分不開的，這是一個深刻的歷史教訓。所以漢高祖劉邦儘管並沒有什麼文化，但是王朝建立以後，他還是讓叔孫通制定朝儀，讓陸賈編了一本《新語》，把儒家學說和法家學說很好地結合起來，作為一種統治理論。

唐朝在中國歷史上成為一個繁榮昌盛、輝煌燦爛的王朝，成為中國古代歷史上的一個黃金盛世，這也是和唐朝初年對傳統文化的重視分不開的。對傳統文化的吸收和創新，直接影響到唐朝歷史的發

展，首先是唐朝初年的發展。

唐太宗曾對公卿說，自己「少從戎旅，不暇讀書。貞觀已來，手不釋卷，知風化之本，見理政之源。行之數年，天下大治，此又文過古也」。[1] 這段話形象地說明學習和繼承傳統文化，在確定唐太宗貞觀時期總的方針和各項政策，形成貞觀之治過程中所起的偉大作用。應該說，在對待傳統文化方面，在學習傳統文化方面，學習得這麼努力認真的，作為一個政治群體、統治群體，在中國歷史上很少有像貞觀君臣做得那樣好的。他們不光是言必孔孟諸子，語必歷代興亡，並且結合現實進行討論，最後根據討論的結果，制定各項政策措施。這就是歷史上有名的「貞觀君臣論治」。「貞觀君臣論治」的大部分內容，都收錄在吳兢所編撰的《貞觀政要》一書中。司馬光在《資治通鑑》中也根據自己的理解收錄了部分內容。

貞觀君臣所以重視傳統文化，是與他們對傳統文化的認識和態度分不開的。

魏徵在所編撰的《隋書》卷三二《經籍志一》的序論中，對《經籍志》所收之書有一個總的評價：「雖未能研幾探賾，窮極幽隱，庶乎弘道設教，可以無遺闕焉。夫仁義禮智，所以治國也，方技數術，所以治身也；諸子為經籍之鼓吹，文章乃政化之黼黻，皆為治之具也。」把經史子集各類書籍的作用歸結為「弘道設教」，認為它們「皆為治之具也」。這就是唐初最高統治集團對傳統文化的基本看法。

《經籍志》中，把五經和經學提到突出的地位，而把儒家、道家和法家放在諸子之首，與其他諸子並列。對兩漢以來的經學、史學都有自己的看法，並提出一些批評性意見。而對於諸子則引用《易》曰：「天下同歸而殊途，一致而百慮。」認為它們都具有「興化致治」，也就是進行教化，使天下大治的作用。對於儒、道、小說、

---

[1]　《貞觀政要》卷一〇《論慎終》。

兵、醫、方各家，在評論中，不抑此揚彼，也不獨尊一家，而是分別指出它們在「興化致治」方面所起的作用。四部之末還附錄了道、佛經典。對於道、佛，《經籍志》認為：「道、佛者，方外之教，聖人之遠致也。俗士為之，不通其指，多離以迂怪，假託變幻亂於世，斯所以為弊也。故中庸之教，是所罕言，然亦不可誣也。」[1]

按照這樣的思想，魏徵在編纂《群書治要》時，摘要彙集了「五經」、諸子百家和歷代史籍的主要內容。《群書治要》儘管只是一本摘編，但正因為它是摘選，從中可以看出它對傳統文化，既不是全部否定和排斥，又不是無保留地全盤吸收，而是根據「本求治要」「鑒覽前古」的精神和編纂者的理解，把傳統文化中的精華，有分析地加以摘選、歸類和編排，編纂成書，使之成為貞觀君臣學習和接受傳統文化的教科書。正如魏徵在《群書治要序》中所云：「用之當今，足以殷鑒前古。」[2] 這就為貞觀君臣把中國傳統政治思想提升到一個新的高度提供了豐富的思想材料。

唐朝初年並沒有停留在對傳統文化的整理和總結上，而是在認真學習傳統文化的基礎上，結合唐朝初年的實際情況，利用傳統文化的思想材料，並吸收外來文化，進行了許多新的創造，表現出一種尊重傳統、兼容並收、批判繼承、繼往開來的態度。

二、理論上的自覺與創新：唐代經學與史學

唐代傳記和碑誌上頌揚文士最常用的一句話是：「博通經史，善屬文。」這是唐代對士人個人文化素養的基本要求。唐朝判斷一個人

---

[1]　《隋書》卷三五《經籍志四》。

[2]　《全唐文》卷一四一。

的文化素養，主要是看他有沒有深厚的經學和歷史知識，能不能寫文章。寫詩也是當時人們文化素養一個很重要的方面，而且是社會生活中一個很重要的部分。這也有力地推動了當時經學、史學和文學的發展。

1. 唐代經學

對於唐代的經學，歷來儒生對它評價不高。他們不了解或者不願意了解，唐代初年的經學是政治家的經學，不是儒生的經學，也不是思想家的經學。儒生的經學，主要是學術上的研究，或咬文嚼字，窮其枝葉；或探求義理，歸於修養。出發點和歸結點都是理論的研究，具有一定的經院性。思想家的經學則是從他們所處的時代需要出發，利用傳統經學的思想材料，來架構適應時代需要的理論。

政治家的經學，主要是作為一種指導實踐的理論，出發點和歸結點都是當時的實際情況。而對經學本身來說，則是在新的情況下加以新的發揮。

就經的本源來說，它原本就是古代政治理論、政治實踐和政治歷史的記錄。學究式的探討固然可以搞清某些詞語的意義，但與經文的本意卻未必切合。因為他們缺少政治實踐，對經文很難有真切的理解。漢學如此，宋學也不例外。

對於唐代經學，歷來認為它只是對兩漢以來經學的總結和對南北朝經學的融合，而忽略了唐朝經學的發展，忽略了經學在唐朝初年架構唐代政治制度和政治思想方面所發揮的巨大作用，以及在儒學研究中新命題的出現。

唐代是全面運用「五經」的時代，是中國古代政治思想、政治制度集大成的時代。

《尚書》《周禮（周官）》在架構唐代政治制度和政治思想方面發揮了理論基礎的作用。禮的制度內容從北周到隋唐受到特別的重

視，這意味着禮經歷了一次從倫理到政治的回歸。唐朝中葉以後，經學又經歷了從以「五經」為主到以「四書」為主的轉變，這意味着禮又一次從政治到倫理的轉變。

唐初經學在總結、交融和學習的基礎上，結合歷史，根據當時實際情況而加以運用。貞觀君臣論治談到「五經」、諸子，都不是生搬硬套，而是結合當時的實際情況加深了對「五經」內容的理解，並且進行了新的發揮。這種發揮有的可能更切合經文的本意。有的則把經文中兩個相關的概念貫通起來，使內涵更加豐富，如「變通」。還有的則對經文加以引申，得出了新的結論，如「天子者，有道則人推而為主」。這樣不僅使五經中許多範疇、概念和觀點擴大了外延，而且使其內涵也發生了變化。因為唐朝初年的經學是與實際密切結合的經學，所以說是平易近人的、生動活潑的、具有豐富內容的。它沒有故弄玄虛，也不空談仁義，更沒有大談性命。

貞觀時期，對「五經」進行了整理和註疏，編撰了《五經正義》。《五經正義》不僅是繼承隋朝總結南方和北方經學的工作，以及適應學校和科舉考試的需要對經典進行整理，而且把貞觀君臣在日常政務的討論中，引經據典時所賦予的新義，也反映在《五經正義》的註疏中。如前面談到的「變通」的思想發展為「以變則通」。

從唐初經學發展的過程來看，《群書治要》可以讓我們看到當時學習「五經」的重點。《貞觀政要》可以讓我們看到唐初政治家對「五經」學習、運用和發揮的過程。《五經正義》則是對唐初經學的記錄和總結。

唐初經學一個顯著特點是重視「五經」特別是《周易》《尚書》和《周禮》中的辯證觀點、民本思想和政治管理理論，並加以發揮。貞觀君臣論治多引「五經」，重點在王道和禮。引用《尚書》的內容，大部分來自《虞書》《夏書》，重點是帝道和王道。王道之說是早期的儒家政治學說，主要是統治理論和治國方略，民本思想是其重要內

容。引用《周易》則主要出自《繫辭》，內容涉及發展、變通的觀點，君臣關係等。「五經」中間還有大量的篇幅是關於制度和禮儀的。從北周開始，對「五經」中關於制度和禮儀的學說加以運用，而唐朝設置了吏、戶、禮、兵、刑、工六部，這樣的政治制度則與《周禮》有着驚人的相通之處。從某種意義來說，《周禮》有關政治制度的設想，北周作了最初的摸索，經隋到唐，才得到最好的實踐。《貞觀政要》和《唐六典》是這方面最好的記錄。

而有些論者從宋明理學的立場出發，不去全面研究唐代在經學上有什麼發展，不去認真研究《五經正義》的唐人疏中有什麼新的內容，不從唐代文獻中研究唐人對經學有什麼新的發揮，簡單地認為唐人所說非三皇五帝之道，實在是離經叛道。

但是社會是不斷向前發展的，出現了一系列新問題，特別是在新的社會等級已經形成以後，怎樣說明新的社會秩序，在新的情況下怎樣進行統治，怎樣建立適合新的經濟社會的包括倫理道德問題在內的意識形態體系，單靠「五經」和傳統的經學已經不能夠解決。「五經」中雖然也有像《大學》《中庸》這樣可以為建立新的意識形態體系和倫理道德觀念提供思想材料並加以發揮的篇章，但又為其他內容所淹沒。建立新儒學已經不能以「五經」為主要依託。

《論語》一直都受到重視。唐朝後期韓愈在《原道》中，率先把《大學》中的修身、齊家、治國平天下的思想提出來並加以發揮；把儒家的道統止於孟子，突出了《孟子》的地位。柳宗元則着重闡述了中庸思想。這些都為《大學》獨立成書和《孟子》《中庸》入經鋪平了道路，是經學從突出「五經」到突出「四書」轉變過程中重要的一環。這也正是韓愈、柳宗元在新儒學建立過程中不可磨滅的貢獻。

安史之亂以後，人們對這場動亂，特別是安祿山叛軍進入長安後許多官員投降安祿山的表現進行了反思，並由此引發了關於科舉錄取標準的一場論爭。在這場論爭中，賈至認為，「試學者以帖字為精

通，而不窮旨義，豈能知遷怒貳過之道乎？考文者以聲病為是非，而唯擇浮艷，豈能知移風易俗化天下之事乎？是以上失其源，下襲其流，乘流波蕩，不知所止，先王之道，莫能行也。夫先王之道消，則小人之道長；小人之道長，則亂臣賊子由是出焉。臣弒其君，子弒其父，非一朝一夕之故，其所由來者漸矣。漸者何？儒道不舉，取士之失也」。並明確指出：「今取士，試之小道，不以遠大者，使干祿之徒，趨馳末術，是誘導之差也。所以祿山一呼，四海震盪，思明再亂，十年不復。向使禮讓之道弘，仁義之風著，則忠臣孝子比屋可封，逆節不得而萌也，人心不得而搖也。」[1]

賈至等認為安祿山、史思明之所以能夠發動叛亂，是與科舉考試帖經和試雜文，使得「儒道不舉」有直接的關係，提出要變人倫、修德業、習先王之道，以改變士風。這場論爭由於形勢的變化和條件還不成熟，沒有繼續下去，但論爭中提出的舉儒道、修德業卻成為貞元、元和時期思想文化上的一個重要主題。士大夫的道德修養成為越來越重要的課題。

爾後韓愈、李翱等文士相繼發表了關於人性的議論。儒家的人性論在新的條件下又開始得到新的發展，並成為儒學繼續發展中的一個重要組成部分。在宋代理學中，「存天理，滅人欲」成為一個重要的命題。

韓愈鑒於佛道流行，儒道不興，作《原道》[2]以明先王之道，鼓吹復興儒學。

在《原道》中，韓愈論述了儒家道統傳授之淵源：「堯以是傳之舜，舜以是傳之禹，禹以是傳之湯，湯以是傳之文、武、周公，文、武、周公傳之孔子，孔子傳之孟軻。軻之死，不得其傳焉。」

---

1   《舊唐書》卷一九〇中《賈至傳》。
2   《韓愈文集》卷一。

他把道之傳授止於孟軻，而不提漢儒，實際上是對漢以來經學的否定。他不像唐初突出周、孔，而把孔、孟直接聯繫起來，開宋儒突出孔、孟的先河。

韓愈在《原道》中，把《大戴禮記》第四十二篇《大學》請了出來，援引「古之欲明明德於天下者，先治其國；欲治其國者，先齊其家；欲齊其家者，先修其身；欲修其身者，先正其心；欲正其心者，先誠其意」，省去其後的「欲誠其意者，先致其知；致知在格物」，指出「然則古之所謂正心而誠意者，將以有為也」，突出了「修身齊家治國平天下」這個主題。韓愈吸取了佛教禪宗直指人心、見性成佛之旨，而利用《大學》來闡明其說，把抽象之心性與具體的政治社會組織加以融會貫通，也就是《大學》中所說的：「意誠而後心正，心正而後身修，身修而後家齊，家齊而後國治，國治而後天下太平。自天子以至於庶人，壹是皆以修身為本。」韓愈在這裏不是抽象地談心性、修身，而是與治國平天下聯繫起來，是要「將以有為也」。這樣就與禪宗的心性之說區別開來。除了韓愈，李翱也在《復性書》三篇中發表了關於人性的議論。儒家的人性論在新的條件下又開始得到新的發展，並成為儒學繼續發展中的一個重要組成部分，奠定了宋代新儒學的基礎。在宋代理學中，「存天理，滅人欲」成為一個重要的命題。利用傳統文化的思想材料，吸取佛教禪宗和當時各家思想，建立新儒學，建立適合時代需要的道德行為規範的工作進入了新的階段。士大夫的道德修養問題，後來都沒有離開修齊治平這個主題。韓愈把《大學》加以發揮，並且把孟子加以突出，推進了新儒學的發展，他的最大貢獻就在於此。思想道德問題從來就是有識之士關注的一個重大問題。無怪乎北宋文學家、思想家、政治家蘇軾在《潮州韓文公廟碑》中稱讚韓愈在思想學術上的貢獻是「道濟天下之溺」。

韓愈還在《原道》中提出了皇帝、官、民的社會等級次序，想要建立一種對當時社會等級的社會認同，以使人們各安其分，取得社會

的平衡和和諧。但是唐朝後期畢竟是一個走下坡路的時代，各種社會矛盾都在迅速地向前發展，鼓吹這樣一種等級思想，顯然不能為廣大百姓所接受，不可能成為人們共同的信仰和行為準則。脫離了政治上的革新，想去建立一個保護現存社會的意識形態體系，這是根本不可能的。這也構成了韓愈和柳宗元的悲劇。

韓愈曾經兩次被貶逐。第一次在唐德宗晚年，他上書數千言，言辭很激烈，德宗看到後很生氣，怒貶他為連州陽山令，量移江陵府掾曹。第二次在唐憲宗元和十四年。憲宗命宦官到法門寺迎佛骨，韓愈上疏諫停。憲宗看後怒甚，要把他處以極刑。裴度、崔群等為他向憲宗求情。憲宗道：「愈言我奉佛太過，我猶為容之。至謂東漢奉佛之後，帝王咸致夭促，何言之乖剌也？」[1]最後還是把他貶為潮州刺史。這也就是韓愈《左遷至藍關示侄孫湘》中「一封朝奏九重天，夕貶潮陽路八千」詩句的由來。詩中還有兩句：「欲為聖朝除弊事，肯將衰朽惜殘年。」表明韓愈這次上書和德宗時一樣，出發點和歸結都是朝廷。

而柳宗元則更多地着眼於民，也就是普通的老百姓。柳宗元，貞元十九年為監察御史。唐順宗即位後，他參與了王伾、王叔文的革新活動。憲宗繼位後，柳宗元與劉禹錫等八人被貶。柳宗元先是被貶為邵州刺史，在道再貶永州司馬。元和十年，移為柳州刺史，此後他就再也沒有踏上中原的土地。元和十四年十月五日，柳宗元卒於柳州，時年四十七歲。

柳宗元在《封建論》[2]中分析了自天子、諸侯、縣大夫至於里胥產生的過程，指出「封建非聖人意也，勢也」。提出了歷史發展中「勢」

1　《舊唐書》卷一六〇《韓愈傳》。

2　《柳河東集》卷三。

這個概念。在《貞符》[1]中他沒有強調皇帝、官、民之分，而是指出帝王「受命不於天，於其人」。在《送薛存義之任序》[2]中他還指出，「凡吏於土者，若知其職乎？蓋民之役，非以役民而已也。凡民之食於土者，出其什一傭乎吏，使司平於我也」。官不是奴役百姓的，而是「民之役」，要役於民，是要為老百姓做事，聽老百姓使喚的。種地的老百姓拿出收入的十分之一來僱傭官吏，為的是要他們公平地為老百姓辦事。柳宗元的出發點和歸結都是民。

2. 唐代史學

「以史為鑒，可以知興替」，史學在唐代一直受到重視。唐代史學的成就表現在以下幾個方面。

第一，更加明確史學在提供歷史經驗、興化致治和個人修養中的作用。

唐朝非常重視經史知識，判斷一個人的文化素養，主要看他是否「博通經、史」，史學成為士人個人素養的一項重要內容。

大家都知道「二十四史」，而「二十四史」中有八部是在唐朝初年由國家主持修成的，佔了總數的三分之一。其中有六部是在唐太宗時期修成的。這就是《晉書》《梁書》《陳書》《北齊書》《周書》和《隋書》。另外還有兩部《南史》《北史》是在唐高宗時期修成的，也離唐太宗時期不久。貞觀大臣中有很多人參加了唐朝初年史書的編撰工作，宰相魏徵總知其務。唐太宗還親自為《晉書》的《武帝（司馬炎）紀》和《王羲之傳》寫了贊論。皇帝親自參與史書的修撰，在中國古代歷史上是空前的。可以看出唐朝初年對總結歷史經驗，對歷史書的編寫是非常重視的。大規模編寫史書也顯示出貞觀時期宏大的氣魄和

---

[1]　《柳河東集》卷一。

[2]　《柳河東集》卷二三。

對傳統文化的尊重。

　　唐朝確立了官修史書的傳統，貞觀時設立了史館，修撰本朝歷史，並由宰相監修。官修國史從此成為固定的制度。而「監修國史」逐步成為宰相的重要加銜，一個榮譽稱號。盛唐時期韋述完成了高祖至玄宗朝《國史》113 卷，對唐朝前期的歷史作了一個全面的總結。

　　第二，擴大了史學的範圍。唐朝後期出現了《通典》《元和郡縣圖志》等史學和地理學著作。《通典》是我國第一部典章制度通史。杜佑認為：「夫理道之先在乎行教化，教化之本在乎足衣食……夫行教化在乎設職官，設職官在乎審官才，審官才在乎精選舉，制禮以端其俗，立樂以和其心，此先哲王致治之大方也。」因此他「實採群言，徵諸人事，將施有政」，[1]編寫了《通典》200 卷，以食貨為之首，其後依次是選舉、職官、禮、樂、刑、州郡、邊防。敍事基本上止於天寶之末。《通典》的出現反映了中國古代史學經歷了一個從資治到經世，從政化到民生的過程。

　　第三，筆記小說的湧現。筆記小說不是唐代新出現的，唐代筆記小說不同於前代主要有兩點：一是數量大大增加，超過了過去小說的總和。二是出現了傳奇小說。

　　初盛唐時期的筆記小說數量不多，只有張鷟的《朝野僉載》、劉餗的《隋唐嘉話》、崔令欽的《教坊記》等數種。到唐德宗以後傳奇小說大批湧現，筆記小說的創作也較前活躍。李德裕《次柳氏舊聞》、鄭處誨《明皇雜錄》、李肇《國史補》、范攄《雲溪友議》、段成式《酉陽雜俎》、張讀《宣室志》等，或記朝野軼事，或記各種題材的故事。唐末五代時期（880—960）。筆記小說在數量上超過前兩個時期。王定保《唐摭言》、孟棨的《本事詩》、孫棨的《北里志》、皇甫枚的《三水小牘》等，或追懷盛唐遺事，或專注某一題材，如科

1　　《通典》卷一《食貨一》。

舉、詩歌、市井軼事。

傳奇小說是和市井文化同時興起的，給人們提供了城市和農村生活的廣闊畫面。它既反映了官僚士大夫在科舉成為入仕正途下，把個人和家庭的希望寄託在個人和子弟科舉及第上的生動事實，也反映了下層民眾為了追求現狀的改變和來世的幸福，在淨土信仰和善惡報應思想中尋求解脫的情景。各種類型的愛情故事，包括狐鬼神仙的故事，也都隱含了人們對惡的鞭撻、善的歌頌和對幸福美好生活的追求。

筆記小說提供了許多正史中沒有的史料，傳奇小說雖然故事是虛構的，但其中有關職官、地理的內容大體都是按照當時的實際情況描述的，而故事的內容也反映了當時的社會現實，因此也都具有史料的價值。司馬光的《資治通鑑》就大量引用了唐代筆記小說的材料。

第四，史學理論和史學批評的開展。《隋書·經籍志》史部後序說：「夫史官者，必求博聞強識，疏通知遠之士，使居其位，百官眾職，咸所貳焉。是故前言往行，無不識也；天文地理，無不察也；人事之紀，無不達也。」對史家的素養提出了明確的要求。

盛唐時出現了劉知幾的《史通》，是我國第一部系統的史學理論著作。《史通》對中國唐朝以前的史籍作了全面的分析和批評，對史書的編纂提出了自己的看法。

劉知幾還提出史學三長。劉知幾在答鄭惟忠問史才時，指出，史才必須兼備才、學、識三長。他把才比作生產的技能，學比作材料和工具。他對於識，尤加重視。他說：「猶須好是正直，善惡必書，使驕主賊臣，所以知懼。」[1]他認為才、學、識三者必須結合。在《史通》裏，他說：「假有學窮千載，書總五年，見良直不覺其善，逢抵牾而

---

[1]　《舊唐書》卷一〇二《劉子玄傳》。

不知其失……雖多亦安用為。」[1]他反對史家阿世取容，挾私受賄，主張「仗氣直書，不避強禦」，「肆情奮筆，無所阿容。」[2]在《史通》卷一四《惑經》篇裏劉知幾特別強調說：「良史以實錄直書為貴。」強調史家要敢於據實直書。

對經學和史學的重視，反映了唐代從最高統治者到一般士大夫理論上的高度的自覺。貞觀元年三月，唐太宗對侍臣談到用人「須以德行學識為本」時，諫議大夫王珪對答道：「人臣若無學業。不能識前言往行，豈堪大任。」[3]僅用「前言往行」四個字，就把經史知識用形象的語言生動地表達出來，不能不說這也是一種創造吧。貞觀二年，太宗謂侍臣曰：「朕今所好者，惟在堯、舜之道，周、孔之教，以為如鳥有翼，如魚依水，失之必死，不可暫無耳。」[4]唐貞觀十七年，魏徵去世後，唐太宗明確地指出了以史為鏡可以知興替的意思。

不論是廣大政治家對史學的重視，還是諸多史學家對史學新的探索與創新，都不像當年司馬遷那樣，只是少數人甚至是個人的行為，而是一種具有群體性的自覺活動。

以二十四史、《資治通鑑》《通典》為代表的傳統史學，其紀傳體和編年體的體裁，使其不僅成為記錄歷史的工具，而且成為傳統文化的載體。許多傳統文化的內容，都是通過史書得以流傳下來的。要了解和研究傳統文化，首先就必須認真地研究歷史。

---

[1]　《史通》卷一八《雜說十條》。

[2]　《史通》卷七《直言》。

[3]　《貞觀政要》卷七《崇儒學》。

[4]　《貞觀政要》卷六《慎所好》。

三、開放與包容，發展與創新：唐代佛教的中國化

唐朝的宗教，不論是中國原有的道教，還是由印度傳入的佛教都有了很大的發展。除了宗教本身發展的特點，也有時代的發展賦予它們的特性。

隋文帝出生在寺院中，從小由尼養大，篤信佛教。隋煬帝楊廣在作為晉王坐鎮揚州時，於開皇十一年（591）十一月受菩薩戒，由南方著名的宗教領袖天臺宗的創立者智顗大師擔任戒師。

唐太宗原本並不信佛，但在玄奘歸國後，他對佛教特別是佛學有了相當的認識。貞觀二十三年（649）四月二十五日，唐太宗至翠微宮，特召玄奘陪同。在唐太宗生命晚期，玄奘經常陪伴他，為他講說佛法及五印度見聞。至五月，太宗疾篤，猶留玄奘於宮中。

貞觀二十三年五月十八日玄奘曾翻譯《甚希有經》一卷，沙門大乘欽筆受。《甚希有經》中有這樣一段內容，「世尊告阿難曰⋯⋯以是當知，造佛形像及窣堵波，所獲福聚不可思議不可比喻」。唐太宗曾「問因果報應及西域先聖遺芳故跡。皆引經酬對。帝深信納。數攘袂歎曰：『朕共師相逢晚，不得廣興佛事。』」[1]《甚希有經》就是「引經酬對」的經典之一。這些都反映了唐太宗在他生命最後階段內心深處的掙扎和尋求精神解脫的努力。

五月二十四日，玄奘還特別為唐太宗重新翻譯了《般若波羅蜜多心經》（《心經》），[2] 幫助唐太宗平靜地走完他人生的歷程。當時唐太宗「疾篤」，召長孫無忌入含風殿。唐太宗躺在床上，「竟不得有所言，因令無忌出」。[3] 與玄奘有着特殊因緣的《心經》自然也就成為玄

---

[1]　《大慈恩寺三藏法師傳》卷七。

[2]　《開元釋教錄》卷八《總括群經錄上之八・般若波羅蜜多心經》，「貞觀二十三年（649）五月二十四日於終南山翠微宮譯，沙門知仁筆受」。

[3]　《資治通鑑》卷一九九太宗貞觀二十三年四月上苦利增劇條。

奘幫助唐太宗渡過最後「苦厄」，走向彼岸的不二法門。《心經》就是在這樣一個特殊情況下翻譯出來的。五月二十六日，太宗卒於含風殿。

武則天從在感業寺做尼姑，利用《大雲經》登上皇帝的寶座，到晚年把神秀「追赴都，肩輿上殿，親加跪禮」，[1]也和佛教結下了不解之緣。

佛教在唐朝的發展，一是不少宗派在唐朝最後形成，如天臺宗、法相宗、華嚴宗、淨土宗、禪宗、密宗等。每一個宗派都有自己尊奉的經典和獨特的教義，有自己的寺院，以一個寺院作為講說某部或幾部佛經的中心，並有自己的勢力範圍和傳法的體系。

二是佛經的大量翻譯。玄奘為了求取真經，不畏艱難險阻，不達目的誓不止休，在世界歷史上寫下了輝煌的一頁。他的大無畏的探險經歷，鼓舞了一代又一代人走向更遠的世界。玄奘取經回來以後，西行取經的高僧數量大增。

玄奘從印度回國以後，開展了大規模的佛經翻譯工作。貞觀十九年九月六日，唐太宗讓他於弘福寺翻譯從印度帶回來的佛經。玄奘在政府的支持下，組織譯場。除他本人口譯，還有證義 12 人，綴文 9 人，字學證梵語、梵文各 1 人，筆授、書手若干人。唐太宗不僅與玄奘書信往來，還專門為翻譯完成的佛經寫了《大唐三藏聖教序》，稱讚玄奘「引慈雲於西極，注法雨於東垂」。時為太子的李治也在序記中稱讚玄奘，「以中華之無質，尋印度之真文」。反映了唐太宗父子開闊的視野、寬廣的胸懷和開放的心態，顯示出貞觀時期宏大的氣魄和對外來文化的尊重。

從貞觀三年到元和六年，一共翻譯了佛經 372 部，2159 卷。其中玄奘共譯出佛經 75 部，1335 卷，內容包括瑜伽、般若、大小毗曇

1　《舊唐書》卷一九一《神秀傳》。

等。義淨譯出 61 部，261 卷，着重於律典；不空譯出 61 部，260 卷，都是密宗經典。

三是禪宗和淨土宗成為最為盛行的宗派、觀音形象轉變為女身和觀音信仰的流行。

阿彌陀佛、頓悟即可成佛、大慈大悲救苦救難觀世音菩薩，也就是佛教中的淨土宗、禪宗和觀音信仰，這些中國化的、在民間影響最大的佛教信仰，是在唐代最後形成和開始廣為流行的。

淨土宗沒有煩瑣的教義和高深的理論，善導倡言，只要稱念「阿彌陀佛」，現生即可「延年轉壽，長命安樂」，「行住坐臥，常得安穩；長命富樂，永無病痛」。長期念佛，死後則可得到佛的接引，往生西方安樂淨土，修行方法簡單易行。因此，淨土信仰不論在上層社會，還是在民間都得到最廣泛的流行。

再說禪宗。說到禪宗，不能不提到的是慧能和他的《壇經》。「菩提本無樹，明鏡亦非臺。本來無一物，何處惹塵埃。」南海賣柴出身，時在黃州東禪寺破柴踏碓的慧能因為作了此偈，從而成為禪宗的六祖。事情的緣起是這樣的：禪宗五祖弘忍命弟子作偈，想從其中發現能見本性者以傳衣鉢。大徒弟神秀作偈曰：「身是菩提樹，心如明鏡臺。時時勤拂拭，勿使惹塵埃。」弘忍認為神秀未能見本性。慧能見此偈後，便寫下了「菩提本無樹」這一偈。弘忍見到慧能的偈後，對他說，「不識本心，學法無益。若識自本心，見自本性，即名丈夫」，便把衣鉢傳給了他。後來慧能在嶺南韶州大梵寺傳法，提倡頓悟見性。慧能認為，「一切萬法，盡在自身（一作心）中」，「皆是本心生萬種法」，萬事萬物都存在於本心中。從這個基本點出發，他提出「本性是佛，離性別無佛」，只要認識到這一點，除去各種雜念，「一剎那間，妄念俱滅，若識自性，一悟即至佛地」，即可「見性成佛」，脫離苦難。慧能據此還提出，「隨所住處，恆安樂」。要人們逆來順受，忍受苦難，從自己的內心中去尋求解脫。

慧能傳法時的言行，被記錄下來，這就是《壇經》。天寶以後，慧能的禪法在中原大為流行。一個破柴踏碓的勤雜工悟出的道理，卻在士大夫中引起了巨大的反響，這是因為其中提煉了許多生活中的道理。這對於生活相對貧乏的士大夫來說，反而是很難做到的。正如慧能所言：「欲學無上菩提，不得輕於初學。下下人有上上智，上上人有沒意智。若輕人，即有無量無邊罪。」與此相應，文人畫的起點也是吳道子，而不是貴族李思訓。

觀世音，在南北朝時期即簡稱觀音。由於所本佛經的不同，因而有不同的觀音。到唐朝，不同的觀音形象統一起來，以大慈大悲救苦救難為基調，成為中年女性的形象。

四是伴隨着佛教的盛行，佛教藝術在唐代也空前繁榮。寺廟建築、寺廟和石窟寺的壁畫、雕塑集中體現了唐代的佛教藝術。石窟寺的雕塑和壁畫，這是我們今天還能看到的。寺廟及其雕塑和壁畫，除了山西五臺南禪寺、佛光寺的部分建築及塑像和佛光寺的壁畫，其他的都已蕩然無存。寺廟石雕，我們還可以看到一些，例如北京雲居寺的密簷式石塔、西安安國寺遺址和成都萬佛寺遺址出土的石雕造像。俗講和變文也是佛教藝術的重要組成部分。

道教在唐朝受到特別的重視。唐朝皇室追尊老子李耳為其祖先，道教的地位提到了佛教之上。唐代道教主要有上清派和正一派。玄宗時對道經進行搜求和編目，並詔令傳寫，以廣流布。煉丹術是道教重要方術之一，唐代金丹黃白尤一類的書頗多。

佛教和道教在上層社會和民間廣泛流傳，產生了巨大的社會影響。而佛學思想和道家思想在思想界的影響更是廣泛而深遠。

雖然最高統治者對儒、佛、道三家的態度是不斷變化的，但基本上都還是三教並用。武則天為皇后時曾提倡讀《老子》，後又崇尚佛教，但在她稱帝前卻又「御明堂，大開三教，內史邢文偉講《孝

經》，命侍臣及僧、道士等以次論議」[1]玄宗時沒有進行過三教論議，但他親注《孝經》、老子《道德經》和《金剛般若經》頒布天下，恢復並進一步強化了三教並用的格局。《孝經》自漢魏、南北朝以來即為初學者啟蒙讀物，玄宗捨其他儒家經典而獨崇《孝經》，固與其以孝化天下的思想有關，但也從另一個側面說明，儒學從總體上來說，已進入一個前所未有的低潮之中。

　　唐朝統治者三教並用，促進了佛學思想和道家思想對儒學的滲透。韓愈儘管對佛、道採取批判的立場，但還是吸收了許多佛學思想。柳宗元更是認為，佛教經典中的一些內容是和儒家經典相通的。正是利用了這些思想材料，唐朝後期的思想家做出了許多新的創造，為宋代理學的發展創造了條件。

　　北朝時從波斯傳入的祆教在唐朝進一步傳佈。基督教的別支景教和摩尼教在唐代開始由波斯傳入中國。今西安市碑林藏有《大秦景教流行中國碑》，敦煌洞窟還發現了《大秦景教三威蒙度贊》，它們都是中外文化交往的歷史見證。伊斯蘭教亦在唐朝由大食傳入中國。

四、從廟堂到世俗，從融合到創新：文學藝術

　　開元、天寶時期不僅是詩歌的黃金時代，也是文化藝術全面成熟、全面繁榮、全面創新的時期。不論是梨園法曲、樂舞，還是書法、雕塑、繪畫，都在吸收傳統文化、民間文化和外來文化的基礎上逐漸成熟，都具有從廟堂到世俗，從融合到創新這兩大特點。蘇東坡說：「君子之於學，百工之於技，自三代歷漢至唐而備矣。故詩至於杜子美，文至於韓退之，書至於顏魯公，畫至於吳道子，而古今之

[1]　　《舊唐書》卷二二《禮儀志二》。

變，天下之能事畢矣。」[1]

1. 唐朝是一個詩的王國。

盛唐文化中成就最大、品位最高、影響最廣的是詩歌。這是中國古典詩歌的黃金時代。唐朝最著名的詩人賀知章、王維、岑參、高適，還有詩仙李白、詩聖杜甫，都出現在這個時代。

唐詩不僅眾體兼備，在詩歌形式和藝術上達到了一個前所未有的水平，而且深入社會各個角落，送別、宴會，都要賦詩，詩歌成為社會生活的一部分。不論是從文學的角度，還是從歷史的角度，都要關注這樣一個獨特的歷史現象。

唐詩現存約五萬五千首，詩人約三千七八百人。這還不包括近年出土的長沙窯瓷器上題寫的上百首唐詩。除了文人和官吏，普通百姓中也不乏詩人。「行人南北盡歌謠」（《敦煌曲子詞·望遠行》）、「人來人去唱歌行」（劉禹錫《竹枝詞九首》）就是民間口頭傳唱詩歌的寫照。敦煌發現的民間傳寫的詞「敦煌曲子詞」，更是突破詩的五言、七言形式。普通人雖然不一定善於寫詩，但對詩歌都有着濃厚的興趣。開元時，王之渙與王昌齡、高適三人都頗負詩名，每有新的作品，樂工就搶着譜曲演唱。有一天他們一起去旗亭，正巧梨園名伶也陸續來到。昌齡等道：「我輩擅詩名，未定甲乙。可觀諸伶謳詩，以多者為優。」一伶唱王昌齡二絕句，一伶唱高適一絕句，之渙曰：「樂人所唱皆下里之詞。」一會兒，一佳妓唱道：「黃沙遠上白雲間，一片孤城萬仞山。羌笛何須怨楊柳，春風不度玉門關。」復唱二絕，皆之渙詞。三人大笑曰：「田舍奴，吾豈妄哉！」諸伶竟不諭其故，昌齡等因話其事。諸伶竟拜曰：「肉眼不識神仙。」三子從之醉醉終日。[2]

---

[1]　《蘇軾文集》卷七〇《畫題跋·書吳道子畫後》。

[2]　《唐才子傳校箋》卷三《王之渙》。

王之渙、王昌齡旗亭賽詩的這段佳話流傳至今。白居易寫詩不尚艱難，每寫成一篇，必讀給他家的老太太聽，要她能聽懂才最後定稿。「童子解吟長恨曲，胡兒能唱琵琶篇。文章已滿行人耳，一度思卿一愴然。」唐宣宗在《弔白居易》中這樣寫，也是稱讚白居易的詩通俗易懂，流傳非常廣泛。不論是王之渙、王昌齡，還是白居易，他們都力圖把詩歌送到群眾中間，說明詩人已經不局限於自我。應該說，這是一種很高的境界。

唐代詩歌的繁榮有它特定的歷史條件。首先是詩歌的藝術形式在南北朝時期已趨於成熟。中國詩歌有悠久的歷史，西周時期的詩經形式還比較簡單，四個字一句，是把口頭流傳的民歌整理而成。戰國時期出現了「楚辭」，屈原是「楚辭」最具代表性、成就最高的詩人，也是中國歷史上第一個偉大的詩人。他的作品形式比較自由，是從四言詩到五言詩和七言詩的過渡。漢代有樂府詩，主要也是收集民歌整理而成。樂府詩形式多樣，打破了詩經四字一句的格式，逐步趨向五言。東漢詩人吸收了這種新的形式，開始寫五言詩。經過魏晉南北朝長期的創作實踐，詩人們積累了豐富的創作經驗，既有利用詩歌反映現實，描寫田園山水等內容的經驗，也有利用聲律、對偶等藝術技巧的經驗，還有運用四言、五言、七言、樂府、古詩、新體詩等體裁形式方面的經驗。這些都是詩歌發展的前提條件。但是，詩歌發展到南朝也走上了形式主義的道路。宮廷詩人一味追求形式上的華美，嚴重阻礙了詩歌的發展。這種風氣在唐朝初年仍然有着嚴重的影響。

衝破這些影響經過了幾代人的努力。唐高宗、武則天時期，也就是公元 7 世紀後半個世紀，詩壇已經開始活躍。到唐玄宗開元、天寶年間，唐詩進入了全面繁榮的時期。社會經濟的繁榮，文化教育的普及，加上詩人，特別是一批平民出身的詩人，對社會和個人前途都充滿了信心，他們積極進取，以詩歌來表達自己的理想追求，抒發自己的思想感情。這就衝破了傳統的一味追求形式華美的詩風，把詩歌創

作推上了一個新的天地。

　　高宗武則天以後，唐代詩歌出現了兩個很有意思的現象。一個是送別、思念親人的詩多了起來。王勃的「海內存知己，天涯若比鄰」，王維的「獨在異鄉為異客，每逢佳節倍思親」，已經足以使人動容；而王維的《送元二使安西》，「渭城朝雨浥輕塵，客舍青青柳色新。勸君更盡一杯酒，西出陽關無故人」，更是千古絕唱。再就是以登高為主題的詩歌開始成為一股潮流。從「白日依山盡，黃河入海流。欲窮千里目，更上一層樓」開始，到「會當凌絕頂，一覽眾山小」，以登樓和登山為載體，抒發自己的情懷，充滿了高瞻遠矚、視野開闊、胸懷宇宙的博大氣概。與此同時，也有很多描繪山河壯美的詩歌，例如「黃河落天走東海，萬里寫入胸懷間」（李白《贈裴十四》）、「飛流直下三千尺，疑是銀河落九天」（李白《望廬山瀑布》）。這些都是盛唐精神的表現。

　　開元二十三年以後，儘管進士科正在轉向以詩賦成績作為錄取的主要標準，但由於玄宗改變了文學、吏治並用的用人原則，重用吏治派官吏，以文學入仕變得艱難了。一些詩人走向邊塞，在節度使那裏當幕僚，尋出路。這樣，邊塞、閨怨便成為一些詩歌的重要內容。著名詩人岑參的《送李副使赴磧西官軍》中有：「功名只向馬上取，真是英雄一丈夫。」就是當時現實情況的寫照。由於他在現今新疆生活過一段時間，因而能有「忽如一夜春風來，千樹萬樹梨花開」（《白雪歌送武判官歸京》）和「一川碎石大如斗，隨風滿地石亂走」（《走馬川行奉送出師西征》）這類描寫邊塞風光的詩句，大大擴大了詩歌表現的空間。王昌齡的《閨怨》描寫閨中少婦春日走上翠樓，「忽見陌頭楊柳色，悔教夫婿覓封侯」，則從另一個方面反映了當時的現實。另一部分不得意的詩人，其中包括一些已經做到高級官吏但又不能再提升的詩人，如王維，則在山水田園詩中，尋找精神寄託。

　　只有李白，不甘寂寞，繼續頑強地譜寫他的命運交響曲。

李白作為一個詩人是可愛的。但是他的思想也具有雙重性。早年為了個人的發展，他對於權貴，絕不像他後來在《夢遊天姥吟留別》詩中所寫的：「安能摧眉折腰事權貴，使我不得開心顏。」

開元二十年，李白三十二歲。這一年他寫下了《行路難》：

> 金樽清酒斗十千，玉盤珍饈直萬錢。
> 停杯投箸不能食，拔劍四顧心茫然。
> 欲渡黃河冰塞川，將登太行雪滿山。
> 閒來垂釣碧溪上，忽復乘舟夢日邊。
> 行路難，行路難，多歧路，今安在？
> 長風破浪會有時，直掛雲帆濟滄海。

雖然有一種莫可奈何的迷茫，但是「長風破浪會有時，直掛雲帆濟滄海」。李白對於未來是充滿希望的。

開元二十二年，李白三十四歲。在襄陽拜見荊州長史韓朝宗。寫下了著名的《與韓荊州書》：

> 白聞天下談士相聚而言曰：「生不用萬戶侯，但願一識韓荊州。」何令人之景慕，一至於此耶！豈不以有周公之風，躬吐握之事，使海內豪俊，奔走而歸之，一登龍門，則聲譽十倍。所以龍盤鳳逸之士，皆欲收名定價於君侯。願君侯不以富貴而驕之，寒賤而忽之，則三千賓中有毛遂，使白得穎脫而出，即其人焉。[1]

其實杜甫在長安的歲月和李白很相似。試看他在天寶七載所寫的

---

[1] 《李太白全集》卷二六。

《奉贈韋左丞丈二十二韻》：

> 甫昔少年日，早充觀國賓。讀書破萬卷，下筆如有神。
> 賦料揚雄敵，詩看子建親。李邕求識面，王翰願卜鄰。
> 自謂頗挺出，立登要路津。致君堯舜上，再使風俗淳。
> 此意竟蕭條，行歌非隱淪。騎驢十三載，旅食京華春。
> 朝扣富兒門，暮隨肥馬塵。殘杯與冷炙，到處潛悲辛。

開元二十四年，貢舉轉歸禮部侍郎掌。張九齡罷相，以李林甫、牛仙客並相。這一年李白三十六歲，寫下了《將進酒》：

> 君不見，黃河之水天上來，奔流到海不復回。
> 君不見，高堂明鏡悲白髮，朝如青絲暮成雪。
> 人生得意須盡歡，莫使金樽空對月。
> 天生我材必有用，千金散盡還復來。
> ……
> 鐘鼓饌玉不足貴，但願長醉不復醒。
> 古來聖賢皆寂寞，惟有飲者留其名。
> ……
> 五花馬，千金裘，
> 呼兒將出換美酒，與爾同銷萬古愁。

詩歌已經透露出幾多無奈。

天寶元年（742），李白四十二歲，得到唐玄宗召他入京的詔書，他在《南陵別兒童入京》一詩中表達了自己高興的心情和宏大的抱負：「遊說萬乘苦不早，著鞭跨馬涉遠道……仰天大笑出門去，我輩豈是蓬蒿人。」

但是李白很快就失望了。天寶三載他離開長安，次年終於在《夢遊天姥吟留別》中喊出：「安能摧眉折腰事權貴，使我不得開心顏。」這實際上是詩人在不斷的追求中思考現實的結果。正是這種理想和現實的矛盾，造就了李白這樣一位充滿浪漫情懷的偉大詩人。

杜甫的詩歌與李白的有着完全不同的思想內容和風格。杜甫科舉和仕途都不順利，他雖然有着「讀書破萬卷，下筆如有神」的功底與才氣，有着「致君堯舜上，再使風俗淳」的宏大抱負，也還是在長安「騎驢十三載，旅食京華春」，長期過着「朝扣富兒門，暮隨肥馬塵。殘杯與冷炙，到處潛悲辛」的生活。早在天寶十載，他就寫出了《兵車行》《麗人行》這樣揭露現實的詩篇。但是，如果沒有安史之亂，他就不可能寫出被後人稱為詩史的諸如《北征》《春望》、「三吏」和「三別」等憂國憂民的詩篇。如果沒有安史之亂中流離失所、寄人籬下、到處奔波的經歷，他也寫不出《茅屋為秋風所破歌》《秋興八首》那樣感人的篇章。安史之亂不僅給盛唐來了一個不平凡的結尾，也造就了杜甫這位被稱為詩聖的偉大詩人。

唐代宗上元二年（761），五十歲的杜甫在成都草堂寫下了《江上值水如海勢聊短述》，其中有：「為人性僻耽佳句，語不驚人死不休。」

寶應元年（762）又寫下了《戲為六絕句》：

其一

庾信文章老更成，凌雲健筆意縱橫。

今人嗤點流傳賦，不覺前賢畏後生。

其二

王楊盧駱當時體，輕薄為文哂未休。

爾曹身與名俱滅，不廢江河萬古流。

其五

不薄今人愛古人，清詞麗句必為鄰。

竊攀屈宋宜方駕，恐與齊梁作後塵。

其六

未及前賢更勿疑，遞相祖述復先誰？

別裁偽體親風雅，轉益多師是汝師！

　　從這些詩歌中，特別是其中「不薄今人愛古人」「轉益多師是汝師」等詩句中，不僅可以看到杜甫對先輩和傳統文化的態度，也可以看到他的詩歌創作中「語不驚人死不休」的精神。這可以看作是杜甫對自己詩歌創作的一個總結。而後來在夔州所創作的《秋興八首》，更是使他的詩歌無論在內容、意境，還是在藝術上都達到了一個空前的高峰。

　　在中唐改革浪潮的推動下，為了表達新的思想，在文體上發生了巨大的變化，人們拋棄了駢體文，改用古代散文體寫作，這也就是所謂的古文運動。一時名家輩出，韓愈、柳宗元是其中的佼佼者。

2. 書法藝術的成熟和發展

　　唐初是中國楷書藝術的成熟時期，出現了歐陽詢、虞世南、褚遂良、馮承素等大書法家。南北朝後期，不少書法家融合北方碑版體方嚴遒勁的風骨和南方書簡體疏放妍妙的氣韻，開始探索創造新的書寫體。

　　唐承隋制，五品以上官員死後立碑，貴族、官員和平民均可設置墓誌。樹碑立志成為一種社會風尚。公文、圖書和佛經的抄寫量大大增加。碑誌要求字體典雅、端莊，抄寫則要求規範、整齊，都要求一種統一、美觀、實用的字體。吏部銓選時要考書法。這些都推動了唐代書法的發展，並決定了唐代書法尚法度的特點。

　　唐太宗喜愛書法，特別喜歡王羲之的書法，花大價錢到處搜羅，唯獨沒有得到《蘭亭序》。最後他得到了《蘭亭序》，十分珍愛，

每日臨摹，長期不懈，而且命書法家虞世南、褚遂良、歐陽詢、馮承素等四人進行臨摹。四人都在保持原作神韻的基礎上發揮出個人的風格，沒有離開唐朝初年繼承和創新這個主題。《蘭亭序》也因為有摹本而得以廣泛傳世。

《集王羲之聖教序》是長安弘福寺僧懷仁應眾僧要求，在唐太宗支持下，花了二十幾年工夫，集皇室所藏王羲之行書真跡而成，後鐫刻成碑。此碑不僅保留了王羲之書法原貌，而且在章法和選字上都頗具匠心，對書法藝術沒有一定修養的人很難看出《集王羲之聖教序》是集字而成。

這兩件書法史上的大事對於王羲之書法的普及，對於提高王羲之書法在人們心目中的地位具有重要的作用。

書法藝術在盛唐時期有新的發展。

一是草書的成熟和發展。張旭繼承二王，字字有法，又倣法張芝草書之藝，在孫過庭、賀知章之後，大量使用連筆，創造出瀟灑磊落，變幻莫測，氣勢壯美的狂草。旭自言，始見公主擔夫爭道，又聞鼓吹，而得筆法意，觀公孫舞劍器，得其神。

二是顏真卿的楷書開一代新風。他師從張旭，在歐陽詢等初唐書法家的基礎上進行了新的創造，代表作品有《千福寺多寶塔碑》《麻姑仙壇記》等。他把篆書的中鋒和隸書的側鋒結合起來，用筆勻而藏鋒，外柔內剛，字畫如棉裏鐵；字的屈折處圓而有力，如折釵股。他的書法筆力雄壯，形體敦厚，氣勢雄渾。

3. 初唐、盛唐人物畫取得了非凡的成就

唐代繪畫題材走向世俗化、生活化，即使是宗教題材的繪畫，也充滿了生活的氣息、世俗的內容。各種繪畫形式，在唐朝發展成熟，山水畫、人物畫和花鳥畫，在唐朝都已經成為主要的繪畫形式。而隨着文人畫的興起，繪畫已經不僅僅是適應宮廷和宗教的需

要，不僅僅是對客體的反映，而是用來表現人們的思想感情，抒發自己的情懷。這也推動了唐代的繪畫從古代向近代的轉變。

　　繪畫的藝術表現形式和繪畫技巧在唐代也發生了質的飛躍。不論構圖、線條和色彩，還是透視方法的運用，都使唐朝的繪畫和過去的繪畫，有很大的不同。

　　唐朝初年的繪畫，仍然以人物畫為主，並且和當時的政治生活和社會生活緊密地聯繫在一起。

　　閻立本曾畫《秦府十八學士圖》《凌煙閣功臣圖》。流傳下來的則有現存於美國波士頓博物館的《歷代帝王圖》和現藏於故宮博物院的《步輦圖》。閻立本所畫的《歷代帝王圖》中的帝王，儘管一個個都神態各異，極具個性，但大部分是孤立地、靜止地一個人站在那裏。而他的《步輦圖》中的唐太宗、宮女、吐蕃使臣祿東贊和官員的群像，則更加具有動感。

　　《步輦圖》在構圖上注重人物的主次、相互關係，在表現上注重人物的神態、動作，通過線條的運用，特別是透視的運用，把當時的場景立體地、動態地表現出來。看似簡單的一幅人物群像，不僅包含了豐富的歷史內容，並且直觀地告訴我們，中國古代的人物畫，已經達到了一個前所未有的水平。

　　唐代卷軸畫流傳到今天的屈指可數。而作為初唐到盛唐繪畫主要形式的宮廷、陵墓、寺廟和石窟寺的壁畫則全景式地向我們展現了唐代人物畫和山水畫的面貌及其所達到的高度。

　　雖然殿堂和寺廟的壁畫我們已經看不到了，但是在敦煌莫高窟和一些石窟寺，以及西安、洛陽等地的唐墓中，保存了大量唐代的壁畫。

　　不論是宮廷、陵墓，還是寺廟和石窟寺的壁畫，題材更為廣泛，也更加世俗化。即使是宗教題材的壁畫，也具有強烈的生活氣息。以敦煌莫高窟為例，北朝壁畫，以佛傳、本生和因緣故事為

主，唐代壁畫則以各種經變畫為主。前期壁畫中，觀無量壽經變、阿彌陀經變、東方藥師經變、彌勒經變等淨土內容的經變畫比重最大，畫面色彩華貴絢麗，構圖豐滿典雅，除了端坐中央的佛和侍立兩旁的迦葉、阿難以及菩薩、羅漢，還有正在演出的舞蹈和伴奏的樂隊。作為背景的寶池蓮花、珍禽異鳥、殿閣樓臺，更烘託出一種熱烈歡樂的氣氛。淨土經變中的亭臺樓閣和音樂舞蹈，與其說是描繪西方極樂世界的美景，還不如說是歌頌人間的歡樂。淨土經變之外，維摩經變也非常生動。居士維摩詰與前來探病的文殊菩薩辯論的題材自南北朝以來就受到人們的喜愛。北魏雲岡石窟的維摩詰雕像，面帶微笑，怡然自得。而莫高窟 103 窟盛唐時的維摩詰形象興奮熱烈，鬚眉奮張，目光如炬，形象地反映了盛唐時人們豪放、自信、進取的心態。

特別是昭陵和乾陵的陪葬墓，由於是皇家和親貴等級，其中的壁畫不僅形式多樣，而且通過形象的準確捕捉、線條的巧妙運用，特別是透視的巧妙運用，在藝術表現上出現了令人意想不到的驚人效果。

當我們走進懿德太子的墓道時，在《闕樓圖》和《儀仗圖》前，突然發現前面的闕樓巍峨壯麗，墓道儀仗隊伍氣勢莊嚴，兩邊人物迎面站立，狹窄的墓道向兩邊擴展了很多，就像置身於闕樓前的廣場一樣。這也是當時藝術家想要達到的藝術效果。

通過這一組兩壁對稱的《闕樓圖》和《儀仗圖》，我們可以看到唐朝前期的畫家對於透視的認識已經達到的廣度和深度，他們對於透視原則的運用已經是如此巧妙和得心應手。歐洲是在 14 世紀文藝復興時期，透視理論和焦點透視的運用達到很高的水平，但也沒有出現這種類型的作品。儘管如此，許多藝術史家在談到唐代繪畫時對唐代壁畫都沒有給予足夠的重視和應有的評價，更沒有談到這些以人物為主要對象的壁畫對於透視的巧妙運用，及其所達到的高度和驚人的藝術效果。一些西方藝術史家在他們的著作中對唐代的人物畫隻字未

提，給人們提供了一幅不確切的世界藝術畫卷。甚至還有不少人認為中國畫只有散點透視，甚至認為中國畫不講透視；也有人認為中國的人物畫產生不了立體的效果。

有這樣的看法是不奇怪的。

第一方面，從人們對繪畫的認識來說，總是把卷軸看作是中國畫的正宗。而現在流傳下來的卷軸畫，唐以前的不僅數量很少，有的還是長卷。而這個時期對於透視的認識和運用還不是很充分的。如顧愷之的《洛神賦》，其中的山水還是人大於山，水不容泛。流傳下來的卷軸畫大部分是唐中葉特別是宋以後的，而這個時期中國畫開始進入了一個新的時期，具有許多新的特點，一是由於透視運用的成熟，山水畫從唐朝前期開始，有了飛速的發展，散點透視成為山水畫經常使用的透視方法。這就讓一些對中國繪畫發展歷史缺乏了解，沒有深入研究的人們產生誤解，誤認為散點透視是山水畫專用的。二是隨着文人畫的發展，繪畫的目的不僅是客觀地表現人物、山水、花鳥的神韻，而且同時要抒發畫家個人的情懷。表現在畫面上，是對客體有了更多的提煉和昇華；在表現方式上，也有新的突破。

第二方面，從人們的欣賞習慣來說，總是按照焦點透視的觀點從正面去欣賞畫面上的內容。唐墓壁畫是 20 世紀六七十年代才陸續出土的，很多人都沒有機會親密接觸這些壁畫。而有些畫只有在類似現場的環境中，按照一定的角度才能真正看到作者所要表現的意圖。《闕樓圖》和《儀仗圖》就是畫家根據壁畫的目的和現場的具體情況，按照人們行進時不斷變化的視角來確定一系列的一個或幾個透視點，再通過構圖、線條和色彩，完成整個畫作。因此只有在行進的過程中通過不斷變換的特定的角度欣賞，才能充分領略這些壁畫的神韻。而通過發表的壁畫，僅僅從正面去看，往往是看不出這些奧妙的，甚至還會感到畫面有些呆板。更何況現在發表的壁畫，包括較早的 1974 年文物出版社出版的《唐李賢墓壁畫》《唐李重潤墓壁畫》和

2011 年河北教育出版社出版的《中國墓室壁畫全集：隋唐五代》，由於版面大小和當時印刷水平的限制，大多是特寫或局部的畫面，讓人很難一窺墓室壁畫的全貌。

第三是缺少對中西繪畫史的全面了解和比較。不是從中西繪畫發展的歷史中去探討繪畫發展規律，而是把西方繪畫發展某個階段的特點和觀點，特別是把文藝復興時期的繪畫和理論，看作是繪畫發展的普遍規律。這是不符合繪畫發展的實際情況的。以透視為例，不論是中國洛陽玻璃廠東漢墓壁畫《夫婦宴飲圖》，[1] 還是意大利龐貝附近羅馬時期「帕布裏厄斯·法尼厄斯·西尼斯特別墅」臥室中的一幅壁畫，[2] 都已經在二維畫面中畫出了立體效果。

不能不提到，由於透視運用的成熟，山水畫在唐朝前期有了飛速的發展。隋代展子虔的《游春圖》已經擺脫過去人大於山或水不容泛的情況，完全符合透視原則。但與盛唐時期吳道子、李思訓和王維的山水畫相較，還是有天壤之別。

吳道子，年輕時做過畫工，玄宗招為內教博士。玄宗遣他在大同殿畫嘉陵江三百里山水，一日而就。李思訓善畫金碧山水，開工筆山水先聲。王維則首創水墨山水。蘇軾說他詩中有畫，畫中有詩。他的畫對後世文人畫影響很大。唐代畫家在創作時，不僅追求形似和神似，而且強調立意和用筆，把客體的描繪和主觀感情的抒髮結合起來。

花鳥畫在唐朝後期也成為獨立的畫種，雖未有卷軸畫流傳下來，但在 1991 年發現的北京八里莊唐開成三年墓中保留了一幅長 290 厘米，高 156 厘米的牡丹圖。壁畫中除了作為主體的牡丹，還有

---

[1]　關於此畫，可參見韋娜《略論漢代壁畫在中國繪畫史中的地位》，《考古與文物》2005 年第 4 期，第 62—65 頁。

[2]　參見〔美〕克萊納、馬米亞《加德納藝術通史》，湖南美術出版社，2013 年，第 196—197 頁。

蘆雁、秋葵、百合等花卉和花間飛舞的彩蝶，是難得一見的早期花鳥畫。

山水、花鳥卷軸畫的興起，說明繪畫已經從宮廷、寺廟中走出來，成為文人士大夫抒情寫意的工具。相應地，畫家也開始擺脫畫匠的身份，成為士大夫的一個組成部分。

唐代畫家在向傳統、向前輩畫家學習上不遺餘力。唐初畫家閻立本在荊州看到張僧繇的舊跡，初看時說道：「定虛得名耳。」第二天又去看，說道：「猶是近代佳手。」第三天再去看，才看出了一些門道，說道：「名下定無虛士。」於是坐臥觀之，留宿其下，十日不能去。[1]

唐代畫家在創作時，還很注意外師造化，在人物畫的創作中有使用模特的。段成式記載長安寶應寺，「今寺中釋梵天女，悉齊公妓小小等寫真也」。[2] 王維善畫，有人把一幅按樂圖拿給他看，圖上無題識，王維看後慢慢說道：「此霓裳第三疊最初拍也。」客不以為然，於是招來樂工按曲，果然如王維所言。[3] 不論是按樂圖的作者，還是王維，如果對霓裳羽衣曲的演奏沒有細緻入微的觀察，是不可能做到這一點的。創作山水畫，也往往要實地觀察寫生。玄宗天寶中，忽然想到蜀中嘉陵江山水，於是派吳道子從驛道前往寫生。及回日，玄宗問其狀。吳道子奏道：「臣無粉本，並記在心。」玄宗讓他在大同殿圖畫，嘉陵江三百里山水，一日而畢。當時李思訓也以山水擅名，亦畫大同殿壁，數月方畢。玄宗道：「李思訓數月之功，吳道玄一日之跡，皆極其妙也。」[4] 繪製壁畫，一般是先要畫出草圖的，也就是粉本或畫本，好的粉本流傳到各地。

1　　《隋唐嘉話》卷中。

2　　《酉陽雜俎》續集卷五《寺塔記上》。

3　　《新唐書》卷二○二《文藝中》。

4　　《太平廣記》卷二一二《畫三‧吳道玄》。

4. 唐代雕塑

唐代雕塑，主要包括石窟寺造像、陵寢前的石雕和墓葬中的三彩陶俑。

就我們現在能夠看到的而言，最能體現初唐英雄主義和國家統一情結的，莫過於昭陵六駿。

最能體現盛唐精神的，一是洛陽龍門奉先寺的盧舍那佛，以及遍佈全國各地的大佛。二是敦煌莫高窟的菩薩、力士塑像。三是唐三彩馬和各種陶俑。

雖然從形式來說這些都是服務於皇室、貴族和宗教的，但是藝術家們還是通過生動的造型，把盛唐時期的價值觀念和審美情趣傾注到他們的作品中去。洛陽龍門奉先寺的盧舍那佛雕像，高 12.66 米，旁有比丘、菩薩、天王和力士像，兼具初唐的規模宏大與盛唐的氣勢宏偉。從藝術上來說，盧舍那佛雕像把傳統文化、外來文化和當時的審美觀念進行了完美的結合，體現了盛唐藝術風格。

唐代各地還出現了一批大佛。其中塑像有敦煌莫高窟的北大佛和南大佛，分別高 33 米和 26 米，均為彌勒坐像。還有大曆十一年 (776) 年的涅槃像，長 15 米。陝西彬州大佛寺大佛、寧夏固原須彌山石窟大佛、四川安岳釋迦牟尼涅槃圖，都是氣象雄偉的佛教造像。四川樂山大佛，高 71 米，是彌勒坐像，由整體山巖雕鑿而成。樂山大佛規模宏大、氣勢雄偉，有着獨特的震撼人心的藝術魅力。

敦煌莫高窟的彩塑共有兩千多尊。菩薩被塑造得端莊秀麗，豐盈健美，完全是盛唐時期少女形象的寫照。天王、力士身軀魁偉，氣勢威武，體現了唐代武士的英雄氣概。

彩陶馬千姿百態、神采飛揚，反映了人們昂揚向上的精神狀態。鮮于庭誨墓中出土的載樂駱駝俑，載有五個胡人組成的樂隊，更是把當時中西經濟、文化交流的盛況和人們開放歡樂的心態形象地結合起來。

5. 樂舞

唐朝人熱愛舞蹈。「李白乘舟將欲行，忽聞岸上踏歌聲。」踏歌是當時廣為流傳的集體舞蹈。在鄉村、城鎮乃至宮廷節慶活動中，人們手袖相連，踏地為節，邊歌邊舞，反映了當時人們充滿歡樂，熱愛生活的情懷。

唐代民間還出現了沿街賣唱的歌者。還有許多著名的歌唱家、演奏家和舞蹈家，如李龜年善歌，公孫大娘善舞劍器，裴旻善劍舞。

開元三年，年僅四歲的杜甫在郾城觀公孫氏舞劍器渾脫，五十年後對那淋漓頓挫的風采記憶猶新，寫出有名的詩篇《觀公孫大娘弟子舞劍器行（並序）》。吳人張旭善草書，曾經在鄴縣數見公孫大娘舞西河劍器，自此草書長進，豪蕩感激。吳道子觀看了裴旻劍舞，見其出沒神怪，乃揮毫益進，很快畫成一幅頗為壯觀的壁畫。正是因為這些盛唐獨舞具有獨特的震撼人心的魄力，才給詩人、書法家和畫家帶來了無比的激情和巨大的啟迪。他們在藝術上的成就，舞者也是有一份功勞的。

近年發現的李墓、執失奉節墓和蘇思勖墓的壁畫都繪有樂舞圖。唐禮泉縣鄭仁泰墓還出土了釉陶樂舞女俑。陝西三原縣焦村唐代李壽墓石槨上有線刻立部伎演奏圖和坐部伎演奏圖。這些都形象地說明貴族、官僚和豪富人家往往都有自己的樂隊和舞者。

談到唐代樂舞，不能不說到宮廷樂舞。因為宮廷的樂舞機關太常寺不僅集中了全國最優秀的樂舞人才，而且有條件引進和吸收外國和周邊民族樂舞的精華，代表了當時樂舞的最高水平。

唐代宮廷音樂經歷了十部伎、坐立二部伎和法曲的發展過程。唐太宗把唐高祖繼承自隋代的九部樂改為十部樂，包括燕樂、清商樂等內地音樂，西涼、龜茲、疏勒、高昌等西域各族音樂，康國、安國、天竺、朝鮮等外國音樂。作為燕樂的十部伎，雖然是為宴會助興，但它首先還是一種傳統的禮儀，著於《樂令》，仍然是宮廷禮樂

的一部分。坐立二部伎則打破十部伎各部的界限，二部之下各部均以樂曲命名。因此，坐立二部伎的出現，標誌着在傳統音樂的基礎上，對外來音樂的大膽吸收和完美融合，使樂舞開始擺脫宮廷禮儀的束縛，更加具有觀賞性和娛樂性。而玄宗時出現的法曲，則純是宮廷娛樂，除了吸收外來成分和少數民族音樂，還廣泛吸收了民間音樂，從而更加貼近生活，更加富有生氣，更能引起聽者的共鳴。因此，法曲和梨園教坊的設立，標誌着宮廷音樂從禮儀性樂舞到娛樂性樂舞的轉變。

雖然我們不能親歷其境去直接欣賞盛唐的樂舞，但是我們從壁畫，特別是敦煌壁畫和留存下來的樂譜和舞譜，以及根據這些所做的復原，仍然可以感受到它的風采。

娛樂文化的發展，是盛唐文化的一個重要內容，樂舞是其重要組成部分。他如馬球、圍棋等體育活動以及打獵、郊遊、飲酒、吟詩等，無不反映當時人們豐富多彩的生活和歡樂豪邁的心情。

城市坊市制度的破壞和鄉村集鎮的興起，使社會生活有了很大的變化，帶來了城鎮居民活動時間和空間的變化。

茶館酒家、青樓瓦子的繁盛，大大改變了三月三和忽聞岸上踏歌聲的淳樸風情。這也構成了孟浩然、李白和杜牧詩作的外在差別。而市井文學也隨之興起，其中唐人傳奇和詞的參與者主要是文人，而說唱和其他的形式則是下層民眾喜愛的藝術形式。正是他們，開啟了五代和宋文化的新篇章。

五、引領東亞：漢字文化圈的形成

唐朝不僅對前一階段傳入中國的各種外國文化進行了融合和創新，而且先進的唐朝文化傳播到周邊國家，形成了漢字文化圈。

隋唐時期中外交流更是進入一個新的時期，交流的地區和國家擴大了許多，遠至波斯灣乃至非洲東海岸。交流的內容也豐富了許多，除了傳統的宗教、藝術、物質上的交流以外，經濟乃至科學技術的交流都有進一步的發展。把自己最好的東西送出去，把人家最好的東西拿進來，這完全是一種開放的、兼容並蓄的胸懷。但又不是無條件地全送出去，技術本身和具有戰略意義的東西是不輕易示人的；也不是無條件地全盤接受外來的東西，而是要經過吸收、消化和創新，最後使之完全成為本土化的東西。敦煌、吐魯番壁畫的粉本是最好的證明。洛陽奉先寺的盧舍那佛像則可以說是這方面最完美的典型。這也是黃河文化能夠日新月異，不斷創新的一個重要條件，也是艱苦奮鬥、開拓進取這種黃河文化精神的具體表現。

唐文化對周邊國家產生了巨大的影響。唐代亞洲一些國家正處在於新的發展階段的起始時期，對吸收外來先進文化有着空前的熱情，唐文化正好適應了它們的這種要求。

日本堀敏一教授在《隋唐帝國與東亞》中寫道：「古代東亞國家之所以向中國朝貢，以各種不同的形式和中國發生關係，是因為各民族的國家形成比中國遲，所以有必要向中國學習其國家機構的建制及其運作。在這個時代，東亞各國與中國的交往，是以此為中心展開，並因此獲得各種文化的。中國的國家機構建制及其運作，規定於律令之中。因此，對於各國而言，重要的是學習此律令，引入律令所規定的各項制度。」[1]

唐朝初年，聖德太子派遣的留學生高向玄理、南淵請安和學問僧僧旻在中國停留二三十年之後先後回國，把唐朝的官制、田制介紹到日本，他們是大中兄進行大化革新的參謀和顧問。

---

[1] 〔日〕堀敏一著，韓昇、劉建英譯：《隋唐帝國與東亞》，雲南人民出版社，2002年，第 131 頁。

進入 8 世紀後，唐朝的影響進一步加強，日本開始全面接受唐朝的文化。元明、元正兩位女天皇執政期間（707—724），國都遷到仿照長安城建成的平城京（奈良），開始了日本歷史上著名的「奈良時代」（710—794）。在她們的推動下，日本加強了對中國文化的學習與吸收。719 年，日本政府下令全國百姓服飾傲傚中國，改為右襟。724 年起還准許官吏有財力者可以在屋頂上鋪瓦，把牆壁塗白，把柱子漆紅。唐的琴棋書畫、衣飾、屏風、文房四寶，都傳入了日本，日本奈良東大寺正倉院保存有許多這類文物。那時，日本朝野以模仿唐朝的一切為時尚。

隨着對唐文化了解的加深，遣唐使都挑選博通經史、嫻習文藝和熟悉唐朝情況的人擔任。遣唐使的隨行人員中還有一些醫師、陰陽師、樂師等，是為了進一步深造和求解疑難而被派來中國的。遣唐使、留學生、學問僧帶來彩帛、香藥、珍寶等，帶回樂器、書籍、經卷、佛像等。留學生吉備真備把中國在科學上取得的新成就介紹到日本。

9 世紀初，僧人最澄、空海來華。他們原已精通漢文，因此在短短的三年中，就學習了多方面的知識，回日後，不僅在佛教上，而且在文學、藝術、繪畫、雕塑等方面，都做出了很大的貢獻。空海（法號遍照金剛，追封弘法大師）帶回大批真言宗（密宗）的經典，在日本建立了真言宗。根據崔融《唐朝新定詩格》、王昌齡《詩格》、元兢《詩髓腦》、皎然《詩議》等書排比、編纂了《文鏡祕府論》。這是一本專論詩文格律、文章作法的書，是為幫助日本人學習漢文和漢文學而編寫的，其中保存了許多中國已經散失了的著作和材料，1975年由人民文學出版社校印出版。空海編寫的《篆隸萬象名義》是關於中國文字學的重要著作。唐人的文集，在 9 世紀後大量輸入日本，白居易的詩歌尤其受到日本人的喜愛。日本人還利用草體漢字表示聲音，創造了平假名；利用楷體漢字偏旁表示聲音，創造了片假名。這

種字母一直沿用到今天。

去日本的唐朝僧人鑒真對中日文化交流也有很大貢獻。鑒真（688—763），姓淳于，揚州人。他在十多年中，經過六次努力，才實現渡海的願望，於天寶十三載到達日本。這時他已雙目失明，年近七旬了。鑒真把戒律傳到日本，同時還把佛寺建築、佛像雕塑的藝術和唐朝醫藥學介紹過去。日本現存的唐招提寺及盧舍那佛，就是鑒真及其弟子修造的。

新羅等國也全面學習唐代先進的文化，與日本等國一起形成了漢字文化圈（唐文化圈），確立了東亞文化的特色。

在日本的奈良、京都，韓國的慶州，至今還保留了不少具有唐文化因素或直接來自唐朝的文化遺存。日本奈良東大寺盧舍那大佛，依稀可以看到我國洛陽龍門奉先寺盧舍那大佛的影子。鑒真和尚主持建造的唐招提寺大門上紅色橫額「唐招提寺」是日本孝謙女皇（749—758）所書，字體仿王羲之、王獻之。

中國人民的偉大發明造紙術、雕版印刷術和醫藥學也在唐代開始傳入東西方國家。是唐朝對世界文明的發展做出的重要貢獻。

紙——棉紙在 7 世紀從中國傳到阿拉伯，在 9 世紀傳入意大利。在此前後，紙也傳入印尼、斯里蘭卡和印巴次大陸。義淨在這些地區抄寫佛經所用的紙都是通過海舶從中國運去的。

造紙術——從 6 世紀開始，傳入朝鮮、越南和日本，西傳則在 751 年怛邏斯戰役之後。此役高仙芝為大食兵所敗，中國戰俘把造紙術輸入撒馬爾罕，並由此傳入阿拉伯國家。793 年波斯開始造紙，794 年巴格達建立了第一個造紙廠。以後又傳到了西亞的大馬士革。那裏所造的紙銷售到歐洲的希臘、意大利等地。後來，阿拉伯人又把造紙法傳入歐洲和非洲。900 年或早一點造紙術傳入埃及，1100 年前後傳入摩洛哥，1150 年前後西班牙才開始造紙。至於印、巴的造紙術是由中國直接傳入還是由阿拉伯國家間接傳入，則是一個待考的

問題。

印刷術——中國雕版印刷術的發明在隋唐之際，唐初玄奘就曾雕印佛像，8 世紀又傳入朝鮮、日本，日本現存有據說是在寶龜元年（770）印製完成的《陀羅尼經》。印刷術傳入阿拉伯國家可能在 9 世紀末或 10 世紀初。在埃及的法雍曾發現了 10—14 世紀的印刷品，其中最早的一種是 10 世紀初在木板上刻的一段《古蘭經》。一般認為，雕版印刷術在 12 世紀傳到了埃及。

中國的煉丹術和硝在八九世紀也傳入阿拉伯國家，阿拉伯人把硝稱為「中國雪」。脈術也在唐代傳入阿拉伯，阿維森納（980—1037）《醫經》中診脈部關於脈的浮沉、強弱的敍述，與中國脈經所述相同。中國的綾錦織機和陶瓷製造技術也傳到了阿拉伯國家。造紙術和印刷術的西傳，對歐洲歷史的發展具有深遠的影響。

科學技術對造就盛唐的意義

　　科學技術在唐朝的發展，這是大家都已經注意到的課題，但是科學技術在唐朝歷史發展中到底起什麼作用，科學技術與盛唐到底有什麼關係，這卻是一個唐史研究中大家似乎已經意識到，但又沒有充分展開的問題。關於唐代科學技術的各個領域，專門史的學者已經取得了許多成果，並且提出了許多新的見解。科學技術在幾部中國通史、中國文明史、唐史的專著中也都是不可或缺的章節，但是大多停留在孤立的學科內容的介紹上，科學技術在唐朝歷史發展中所起的作用，科學技術對於造就盛唐的作用，還遠遠沒有引起足夠的注意。

一、冶鐵技術的提高和以耕犁為中心的農具的革新

　　對於唐代的科學技術，人們經常注意的是天文、曆法、數學等理論性較強的學科，而往往忽視技術領域所取得的成果。

　　科學技術對於造就盛唐，具有舉足輕重的意義。

　　事實上，技術的進步對於社會進步和發展，具有決定性的意義。對於天文、曆法、數學等理論性學科的發展也具有決定性的意義。

　　科學技術進步對經濟社會發展意義最大的，在古代首先是冶鐵技術的提高和以耕犁為中心的農具的革新。在以農耕為主要生產方式的

古代社會，耕作工具集中代表一個時期的生產力，決定一個時期的生產面貌、生產結構和社會結構。進入鐵器時代以後最先進的耕作工具就是耕犁，而耕犁的改進和普遍使用則取決於當時冶鐵的技術水平和冶鐵業普及的程度。

從歷史的發展來看，一種新的技術和工具，從發明到應用，從開始運用到普及，是一個反覆的、漫長的過程。

歐洲在 12 世紀前後曾經經歷了一次農業革命。其標誌是重犁的使用和三田制的推廣。[1] 正是在農業革命的基礎上，歐洲逐步完成了從中世紀到近代的轉型。

中國從秦始皇統一全國進入帝國時期以後，農業也經歷了兩次重大變革。

第一次是隨着生鐵冶煉技術的發展，從西漢中葉開始的使用大犁和深耕的推進。漢武帝以後經濟社會的進一步發展，東漢時期崔寔在《四民月令》中所記載的農業生產方式的展開，都是在這個基礎上進行的。

第二次則是隨着南北朝時期灌鋼技術的改進、完善，煉鋼技術從官府向民間轉移和鐵產量的提高，[2] 北方耕犁輕便化，南方江東犁即曲轅犁的發明和使用，犁耕，包括傳統的大犁在各地推廣。

關於這個過程，楊寬先生在《中國古代冶鐵技術發展史·序言》中作了這樣的概述：

> 中國在封建社會前期之所以能夠出現像戰國、秦、漢那樣物質精神文化高度發展的階段，顯然與當時高度發展的生產力水平

1　〔美〕朱迪斯·M. 本內特、C. 沃倫·霍利斯特：《歐洲中世紀史》第七章「經濟起飛與社會轉變，約 1000—1300 年·農業革命」，上海社會科學院出版社，2007 年，第 167—170 頁。

2　林壽晉：《東晉南北朝時期礦冶鑄造業的恢復與發展》，《歷史研究》1955 年第 6 期。

有關，與當時高度發展的冶鐵技術水平也是分不開的。中國在戰國、秦、漢時期，生鐵冶煉技術有較快的發展，鑄造鐵器技術又有了長足的進步，鑄鐵柔化處理技術也達到了先進水平，因而韌性鑄鐵的工具特別是農具得到了廣泛的使用，這樣當然有助於農業生產的發展。至少到公元前 1 世紀的西漢後期，中國人民就創造了生鐵炒煉成熟鐵或鋼的技術，這項發明又比歐洲要早兩千多年，歐洲要到 18 世紀中葉才創造「炒鋼」技術。至遲在公元 5—6 世紀的南北朝時代，我國人民又發明了「灌鋼」冶煉法，這種以生鐵水灌注熟鐵的煉鋼方法是中國人民獨特的創造，這在世界鋼鐵冶煉技術發展史上是值得大書特書的。到封建社會後期的唐、宋時代，這種炒鋼和灌鋼技術以及鍛造技術又有進一步的發展。中國在封建社會後期之所以能夠出現像唐、宋那樣物質精神文化進一步高度發展的階段，應與當時冶鐵技術和社會生產力的進一步發展有密切關係。唐、宋時代由於煉鋼技術和鍛造技術的進一步發展，使得鍛造的大型鋼刃熟鐵農具代替了過去鑄造的小型薄壁韌性鑄鐵農具，從而提高了農業生產技術，使農業生產得到進一步的發展。[1]

成書於唐代的《夏侯陽算經》中有這樣一段內容：

今有生鐵六千二百八十一斤，欲煉為黃鐵，每斤耗五兩。問為黃鐵幾何？

答曰：黃鐵四千三百一十八斤三兩。

術曰：置生鐵數，以一十一兩乘，以一十六兩除之，即得。

---

[1] 楊寬：《中國古代冶鐵技術發展史·序言》，上海人民出版社，2014 年 5 月，第 11—12 頁。

今有黃鐵四千三百一十八斤三兩，欲煉為鋼鐵，每斤耗三兩。問鋼鐵幾何？

答曰：鋼鐵三千五百八斤八兩一十銖五絫。

術曰：置黃鐵數，以一十三兩乘之，一十六兩除之，即得。[1]

這雖然只是一道唐代的應用數學題，但卻包含了豐富的歷史內容。「生鐵煉為黃鐵，黃鐵煉為鋼鐵。」首先，這不是簡單的生產過程，而是反映了從南北朝到隋唐鋼鐵冶煉技術取得的空前的、具有偉大歷史意義的成就。東漢末年出現了灌鋼技術。《北史》卷八九《綦母懷文傳》記載北齊綦母懷文「造宿鐵刀，其法，燒生鐵精以重柔鋌，數宿則成鋼」。灌鋼技術經過綦母懷文的重大改進和完善，[2] 使鋼的品質大大提高，產量大幅度的增長成為可能。其次，《夏侯陽算經》作為應用數學題庫收入了生鐵煉為黃鐵，黃鐵煉成鋼鐵用料的計算方法，說明這種計算方法已經成為一種具有普遍性的社會需求。這也從一個側面說明唐代已經廣泛利用灌鋼技術冶煉鋼鐵。

這就為以耕犁為中心的農具改革提供了物質基礎，使犁鏵有可能變得輕巧和銳利。犁的改進和犁耕的推廣不僅為單位面積產量的提高、耕地面積的擴大和南方廣大地區的開發創造了條件，而且使得農民在生產上更加具有個體性和獨立性，從而激發了他們在生產上的積極性。不論是向國家登記戶口、田產的自耕農民，還是向地主租種土地的農民，他們都力圖在種子、口糧、生產生活的各種必要開支以及

1　《夏侯陽算經》卷中「稱輕重」。

2　盧嘉錫總主編：《中國科學技術史・礦冶卷》第十章「古代煉鋼技術」第五節「灌鋼」，科學出版社，2007 年，第 627—629 頁。李眾：《中國封建社會前期鋼鐵冶煉技術發展的探討》之六「雜煉生鍒的灌鋼工藝」，《中國冶金史論文集》，《北京鋼鐵學院學報》編輯部，1986 年，第 65—66 頁。華覺明：《中國古代金屬技術：銅和鐵造就的文明》第八章第二節「三魏晉南北朝冶鐵業」，大象出版社，1999 年，第 319—320 頁。

國稅或地租所需之外多生產出一些糧食和其他產品，包括經濟作物和作為家庭副業的手工業產品。這樣農民就可以藉此擴大自己的生產規模，改善自己的生活，而且為社會提供了大量的、主要是糧食的剩餘生產物。地主也可以因此而增加地租的收入，並且把收入的糧食和其他產品投入市場以換取貨幣和各種產品。只有糧食多了，社會財富才能夠積累，社會分工才能擴大，手工業、商業和文化才能發展，城市才能夠繁榮。唐朝前期經濟社會的發展，盛唐經濟的繁榮和文化的輝煌就是這樣形成的。唐朝的農業生產支撐了整個唐朝的繁榮。

唐朝以後，耕犁沒有大的發展。因此直到近代乃至 19 世紀 80 年代，我們仍可看到唐代耕犁的影子。近代江南水田耕犁與陸龜蒙在《耒耜經》中所述的江東犁（曲轅犁）是一脈相承的。北方使用的步犁與唐代使用的比較輕便的犁也很相像。特別有意思的是，在 20 世紀 80 年代，我們在甘肅河西走廊不僅看到了出土的重達八九公斤的唐代大犁，而且看到田間幾臺二牛抬摃曳引的大犁同時進行耕作的壯闊場景。[1]

二、生產中的廣泛應用，進一步推動了數學的發展

鋼鐵冶煉技術的重大進步，不僅為農具的改進完善和推廣，為土地的大面積開墾創造了條件，而且為重大土木工程和水利工程提供了有力的工具。隋朝大興城和東都洛陽的修建、大運河的開鑿，能在短期完成，除了可以調集大量人力，科學技術的提高和比較好的工具是必要的條件。而這又推動了數學、建築學、水利學和機械學的發展。

---

[1]　傅玫：《河西的犁》，《絲路訪古》，甘肅人民出版社，1982 年，第 124—134 頁。

開鑿運河和大規模城市建設等工程施工計算的實際需要都對計算提出了要求。《夏侯陽算經》《緝古算經》就是為了滿足當時工程計算需要產生的。正如王孝通在《上緝古算經表》中所說「《九章·商功篇》有平地役功受袤之術，至於上寬下狹、前高後卑，正經之內，闕而不論，致使今代之人不達深理，就平正之間，同敧邪之用」，[1]因而作《緝古算經》。在當時看來，數學不是一門理論學科，而是一門應用學科。不論是建築、水利、冶煉，都要運用數學。

《緝古算經》全書 20 題中，第二題至第十四題是修築臺、堤、河道以及修築各種糧倉、糧窖等問題。為了解決這些問題，在學習和總結前人成果的基礎上，王孝通用幾何方法而不是代數方法導出了三次方程式解法。這是中國現存古算經中有關三次方程最早的記載。

早在 19 世紀 20 年代，日本著名的數學史家三上義夫就說過：「唐王孝通之《緝古算經》，使用三次方程式以解各種問題。……中國成立三次方程式，乃在阿剌伯之前；而由術文推得之方程式解法，亦與發達於阿拉伯者全不同也 。」[2]王孝通研究三次方程所得到的成果，比阿拉伯人（10 世紀之後）和意大利的斐波那契（13 世紀）都早得多。英國李約瑟說：「三次方程最早是在《緝古算經》中發現的，這部書問世的年代肯定是在公元 625 年前後。像往常那樣，這些方程是從工程師、建築師和測量人員的實際需要產生的。」[3]數學在生產中的廣泛應用，進一步推動了數學的發展。

高宗時還由李淳風等人審定並註解了《周髀算經》《九章算術》《孫子算經》《五曹算經》《夏侯陽算經》《張丘建算經》《海島算經》《五經算術》《綴術》《緝古算經》等十部算經，作為國子監算學的教本。

---

[1]　《全唐文》卷一三四。

[2]　〔日〕三上義夫：《中國算學之特色》，商務印書館，1933 年，第 34 頁。

[3]　〔英〕李約瑟：《中國科學技術史》第 3 卷，科學出版社，1978 年，第 79、80 頁。

這是對中國古代數學一次全面的總結。郭金彬教授指出：

> 《算經十書》已構成了具有中華民族自身特色的傳統數學思
> 想，並且由於這傳統的延續使得其思想精粹愈加燦爛。中國古代
> 數學及數學思想，自春秋戰國至西漢中期確立了體系之後，一直
> 到唐朝，基本上是沿着《九章算術》這條主線傳統式地發展的。
> 在這期間，由於生產水平的提高和科學技術的進步，數學和數學
> 思想也不斷得到提高，《九章算術》的數學體系得到充實、豐富
> 和發展，也出現了不少超出《九章算術》範圍的研究成果。到了
> 宋元時代，我國傳統數學達到鼎盛時期，走在世界數學的前列。[1]

三、醫藥學的總結、傳承和開拓發展

隋唐是中國古代醫藥學一個重要的發展時期。

首先是總體水平的提高。《隋書·經籍志三》對隋朝的醫學典籍
進行了總結，並對疾病的病因和治療原則進行了概括的描述：

> 醫方者，所以除疾疢，保性命之術者也。天有陰陽風雨晦明
> 之氣，人有喜怒哀樂好惡之情。節而行之，則和平調理，專壹其
> 情，則溺而生疢。是以聖人原血脈之本，因針石之用，假藥物之
> 滋，調中養氣，通滯解結，而反之於素。其善者，則原脈以知
> 政，推疾以及國。《周官》，醫師之職「掌聚諸藥物，凡有疾者
> 治之」，是其事也。鄙者為之，則反本傷性。故曰：「有疾不治，

---

[1] 郭金彬：《「算經十書」數學思想簡論》，《廈門大學學報（哲學社會科學版）》
2003 年第 1 期（總第 155 期）。

恆得中醫。」

這也是唐朝初年對於醫方、醫藥學的基本理解，大體反映了唐朝初年醫藥學的總體水平。

在《唐六典》卷一一《殿中省·尚藥局》中有這樣一段內容：

> 凡藥有上、中、下之三品。（上藥為君，養命以應天；中藥為臣，養性以應人；下藥為佐，療病以應地，遞相宣攝而為用。）凡合藥宜用一君、三臣、九佐，方家之大經也，必辯其五味、三性、七情，然後為和劑之節。五味謂酸、咸、甘、苦、辛，酸屬肝，咸屬腎，甘屬脾，苦屬心，辛屬肺。三性謂寒、溫、平。七情謂有單行者，有相須者，有相使者，有相畏者，有相惡者，有相反者，有相殺者。其用又有四焉，曰湯、丸、酒、散，視其病之深淺所在而服之。診脈辨寸、關、尺之三部，以調四時沉、浮、滑、澀之節，而知病之所在。在胸膈者，先食而後服藥；在心腹者，先服藥而後食。

對合藥和診候的理論和原則作了具體的論述。雖然是對侍御醫的要求，但也反映了唐代在臨床診斷、處方等方面的醫藥學水平。

其次是在長期醫療實踐的基礎上分科有了相當的發展。太醫署下設立了醫、針、按摩、咒禁四科，醫又分體療、瘡腫、少小、耳目口齒、角法等科。在《諸病源候論》和《千金方》中有婦科、兒科等專門的論述。還出現了一些分科治療方面的專門著作。

最後是在醫療機構和醫學教育方面有了完整的體系，從醫療的對象而言，可以分作官方和民間兩個方面。從官方來說，有尚藥局、太醫署和州縣醫博士。尚藥局的服務對象是皇帝和皇室，太醫署的服務對象主要是在職的所有官員和退休的五品以上官員和其他按照規定需

要服務的人員。

在中央還有女醫。唐《醫疾令》:「諸女醫,取官戶婢年二十以上三十以下、無夫及無男女、性識慧了者五十人,別所安置,內給事四人,並監門守當。醫博士教以安胎產難及瘡腫、傷折、針灸之法,皆按文口授。每季女醫之內業成者試之,年終醫監、正試。限五年成。」[1]從「別所安置,內給事四人,並監門守當」看,女醫是一個由宦官掌管的獨立機構,服務對象則是後宮的眾女。

州、縣兩級,州由司功參軍掌管醫療之事,州縣醫藥博士以百藥救民疾病。

從民間來說,有家傳其業者,有私自學習、了解醫療者,還有名醫及名醫子弟。

太醫署還是中央主要的醫學教育機構,培養醫師、針師、按摩師、咒禁師等醫務人員,由博士進行教學,其考試、登用如國子監之法。

唐朝政府還通過格、式和《醫疾令》對醫療事務和各類醫療人員的培養選拔作了具體的規定。「諸醫生、針生,初入學者,先讀《本草》《脈訣》《明堂》。」「次讀《素問》《黃帝針經》《甲乙》《脈經》,皆使精熟。」「諸教習《素問》《黃帝針經》《甲乙》,博士皆案文講說,如講五經之法。」醫生在學習諸經後,分業學習體療、瘡腫、少小、耳目口齒、角法,要求「各專其業」。醫生和針生還要「各從所習,鈔古方誦之」。還要跟隨上手醫即有經驗有水平的醫師,學習合和、針灸之法。

唐《醫疾令》規定了太醫署醫師、針師等和諸州醫師巡患的制度,「諸醫師巡患之處,皆於所在公廨給食」。「巡患之處,所療損與

1　　《唐醫疾令復原清本》,《天一閣藏明鈔本天聖令校證(附 唐令復原研究)》下冊,第 577—580 頁。

16
科學技術對造就盛唐的意義

不損」，都要由患處官司把情況報太常寺，作為升遷和降職的根據。「太醫署，每歲常合傷寒、時氣、瘧痢、傷中、金瘡諸藥，以備人之疾病者。」諸州也要「任土所出藥物可用者，隨時收采，以給人之疾患。皆預合傷寒、時氣、瘧痢、瘡腫等藥。部內有疾患者，隨須給之」。[1]

國家還先後頒發了國家編定的藥典《唐本草》《開元廣濟方》和《貞元集要廣利方》。

醫藥學總結傳承和發展方面，隋朝巢元方的《諸病源候論》，唐朝孫思邈的《千金方》、王燾的《外臺祕要》、王冰注的《黃帝內經素問二十四卷》，都是中醫的經典著作。

孫思邈（581—682），一生致力於醫學臨床研究，對內、外、婦、兒、五官、針灸各科都很精通，邊行醫，邊採集中藥，邊臨床試驗，是繼張仲景之後中國第一個全面系統研究中醫藥的先驅者。他針對「晉宋以來，雖復名醫間出，然治十不能愈五六，良由今人嗜欲太甚，立心不常，淫放縱逸，有闕攝養所致耳」，「末俗小人，多行詭詐，倚傍聖教而為欺紿，遂令朝野士庶，咸恥醫術之名[2]」的實際情況，系統總結唐代以前醫藥學成就，結合自己的臨床經驗，撰寫了《千金要方》《千金翼方》。兩部巨著 60 卷，收藥方論 6500 首，合稱為《千金方》，被譽為我國最早的一部臨床醫學百科全書。

當今論者論及孫思邈和《千金方》的時候，多強調其所論「大醫精誠」，而忽略其所論大醫習業第一。孫思邈針對末俗小人「多教子弟誦短文，構小策，以求出身之道，醫治之術，闕而弗論」，[3] 在《千金方·諸論·論大醫習業第一》中指出：

---

[1] 《唐醫疾令復原清本》，《天一閣藏明鈔本天聖令校證（附唐令復原研究）》，下冊，第 577—580 頁。

[2] 《全唐文》卷一五八《千金要方序》。

[3] 同上。

凡欲為大醫，必須諳《素問》《甲乙》《黃帝針經》、明堂流注、十二經脈、三部九候、五臟六腑、表裏孔穴、本草藥對，張仲景、王叔和、阮河南、范東陽、張苗、靳邵等諸部經方，又須妙解陰陽祿命，諸家相法，及灼龜五兆、《周易》六壬，並須精熟，如此乃得為大醫。若不爾者，如無目夜遊，動致顛殞。次須熟讀此方，尋思妙理，留意鑽研，始可與言於醫道者矣。又須涉獵群書，何者？若不讀五經，不知有仁義之道。不讀三史，不知有古今之事。不讀諸子，睹事則不能默而識之。不讀《內經》，則不知有慈悲喜捨之德。不讀《莊》《老》，不能任真體運，則吉凶拘忌，觸塗而生。至於五行休王，七耀天文，並須探賾。若能具而學之，則於醫道無所滯礙，盡善盡美矣。

他強調指出，醫者必須諳熟《素問》等諸部經方，把學習醫學經典放到了首位。

至於「大醫精誠」，也不是簡單地論述醫德，而是強調疾病的診斷是「至精至微之事」，必須用心精微。故學者必須「博極醫源，精勤不倦」，不斷提高自己的醫道，這就是「精」。

凡大醫治病，必當安神定志，無慾無求，先發大慈惻隱之心，誓願普救含靈之苦。若有疾厄來求救者，不得問其貴賤貧富，長幼妍媸，怨親善友，華夷愚智，普同一等，皆如至親之想。亦不得瞻前顧後，自慮吉凶，護惜身命。見彼苦惱，若己有之，深心悽愴。勿避險巇、晝夜寒暑、飢渴疲勞，一心赴救，無作功夫形跡之心。如此可為蒼生大醫，反此則是含靈巨賊。

這就是「誠」。

唐太宗《賜真人孫思邈頌》：「鑿開徑路，名魁大醫。羽翼三聖，

調和四時。降龍伏虎，拯衰救危。巍巍堂堂，百代之師。」[1] 這個評價是恰如其分的。

盛唐時期流行的《素問》由於長期戰亂，且為手抄本私下傳授，因此「世本紕繆，篇目重迭，前後不倫，文義懸隔……或一篇重出，而別立二名；或兩論併吞，而都為一目；或問答未已，別樹篇題；或脫簡不書，而云世闕……諸如此流，不可勝數」。[2] 王冰《重廣補注黃帝內經素問》二十四卷，對黃帝內經進行了科學的整理，對其中的醫學理論有頗多的發揮。《黃帝內經》得以廣為流傳，王冰功不可沒。

王冰還發展了中醫運氣學說。運氣學說是研究太陽系五顆行星的運轉和地球本身六種氣候的變化，及其對人體和疾病的發生、發展的影響的學說。運氣學說在唐以前的文獻中僅《難經》《傷寒論》中略有涉及。王冰整理《素問》時補入了客觀反映運氣學說的《天元紀大論》《五運行大論》《五常政大論》《六微旨大論》《六元正紀大論》《氣交變大論》《至真要大論》等七篇大論，比較系統地論述了運氣學說。王冰通過其註疏的運氣七篇大論及其所撰寫的《玄珠密語》，進一步闡發了運氣學說，使中醫理論有了更為廣泛的基礎，對病因、疾病預防和治療具有重大意義。

科學技術的發展對唐朝的發展起着不可估量的作用，使當時中國在農耕、紡織、冶金、手工製造等方面處於世界先進水平。

唐朝最重要也是最偉大的科學技術成就是雕版印刷術和火藥的發明。關於這兩項發明，有不少最新的研究成果，在這裏就不贅述了。影響人類歷史進程的四大發明，唐朝就佔了兩項。造紙術也是在唐代通過中亞、阿拉伯傳入西方。這是唐代對世界文明發展的偉大貢獻。

---

[1]　《全唐文》卷四。

[2]　《全唐文》卷四三三《黃帝內經素問序》。

唐代農業的發展

一、唐朝初年經濟的恢復

1. 唐朝初年的經濟社會情況和經濟的恢復

說到唐朝，人們首先會想到的，一個是唐太宗貞觀之治，一個是唐玄宗開元之治。不少人都會提出這樣的問題，為什麼會出現開元、天寶那樣一個光輝燦爛的時期？

我們先看一看大的背景。

農業在中國古代社會是經濟發展的基礎。農業的發展除了農業生產力，還有農村的經濟結構和社會結構。所謂經濟結構，我們這裏主要是指農村的社會分工，所謂社會結構主要是指農村的土地佔有情況和社會關係。

唐朝初年的經濟結構和社會結構，相對來說都是比較簡單的。農業是主要的經濟部門，手工業、商業都還沒有發展。社會上存在大量小農，地主、商人的數量都不是很大。當時正處在南北朝到唐宋社會變遷的轉折時期，秦漢魏晉以來的豪強大族地主，也就是士族門閥地主在南北朝時期已經衰落。隋末唐初十幾年的動亂中，社會經濟固然受到了極大的破壞，已經衰落的山東士族、江南貴族和關隴集團也都受到了嚴重的打擊。唐高祖李淵曾經很形象地說，「前代親族，莫不誅夷」。[1] 唐太宗也形象地描述了山東士族的境地，說他們是「名不著

---

[1]　《資治通鑑》卷一八五唐高祖武德元年六月乙酉條。

於州閭，身未免於貧賤」。[1]

隋唐和秦漢一樣，都經歷了一個土地由分散到集中，自耕小農由多到少的過程。但是由於生產力發展水平的不同，土地集中的方向也就不同。秦漢以後發展起來的是豪強大族土地所有制。它的特點，一是豪強大族中一個家族可以長期穩定佔有其土地，土地所有權相對來說是穩定的。二是農民的人身依附關係很強。之所以出現這樣的情況，是因為生產力還不很高，商品和貨幣關係還不很發展。南北朝時期社會生產力有了很大發展，南方和北方也各自形成了統一的局面。伴隨着這個過程，士族門閥開始衰落，湧現出了大量的個體小農。北魏的均田制就是在這種情況下實行的。

隋朝建立和統一全國以後，這種情況繼續向前發展。隋朝政府採取了一系列的措施，把農民控制到國家手中。隋煬帝所以能夠新建那麼多工程，就是因為國家控制大量的勞動力。

唐朝建立以後，隨着經濟的恢復和生產力的發展，土地兼併開始發展，土地逐步集中。由於生產力的提高以及商品貨幣關係的發展，出現了土地所有權轉移相對加速的情況，一個家族不能長期保留其土地。國家和地主對農民的控制也相對削弱。

這是一個大的背景。

下面我們通過唐代經濟發展的過程，來探索這個問題。

先看唐朝初年的情況。經過隋末唐初十幾年的動亂，社會經濟受到嚴重破壞。李世民武德九年八月繼位，直到十一月，還在和大臣討論「止盜」的問題。唐太宗討論時說，「民之所以為盜者，由賦役繁重，官吏貪求，饑寒切身，故不暇顧廉恥耳」，[2] 就是說還有一些農民沒有回到本鄉本土從事生產勞動。

---

[1]　《貞觀政要》卷七《論禮樂》。

[2]　《資治通鑑》卷一九二武德九年十一月丙午條。

因此，要恢復經濟，首先要使廣大農民回到土地。這裏需要解決兩個問題。一是如何對待參加過各種武裝集團的農民。二是怎樣使農民取得所佔有的土地的產權。這兩個問題解決不好，社會就不可能安定下來，經濟也不可能得到恢復。

第一個問題，唐高祖解決得不好。唐太宗繼位後在魏徵的幫助下，認識到當時民心思安，民心思定，採取了「去奢省費，輕徭薄賦，選用廉吏，使民衣食有餘」[1]的政策。並立即讓魏徵到山東、河北地區安撫太子李建成的支持者。社會很快地安定下來，這個問題得到了解決。

由於採取了這些措施，自耕小農佔了農村居民的大多數。自耕農的大量存在，使社會財富有比較廣泛的基礎，使國家有一個比較堅實穩定的財政基礎。同時，在按丁徵收租傭的制度下，自耕農大量存在，地主不必把賦稅轉嫁到佃戶身上，能保證租佃制和地主經濟得到比較正常的發展。

關鍵是第二個問題。當時荒廢的土地很多，農民要佔有一塊土地是很容易的。但是很多土地原來都是有主的。農民把土地開墾出來以後，如果原來的主人回來了，就會發生產權糾紛。不解決這個問題，農民就不可能放心大膽地下力氣把土地開墾出來，經濟也就不可能迅速得到恢復。因此確定農民對已經佔有的土地的產權，對於調動農民開墾土地的積極性是至關重要的。這是每一個王朝新建立的時候都會碰到的問題。而一般來說，荒地不論古今，國家都享有最高主權，荒地的處分權都掌握在國家手裏。

國家對於土地產權的處分，其中包括荒地的處分，在各個不同時期有不同的做法。

秦始皇的辦法是，「令黔首自實田」，即令百姓向國家申報自己

1　《資治通鑑》卷一九二武德九年十一月丙午條。

實際佔有的土地，由此確定百姓對土地的產權，並據此徵收賦稅徭役。還有等級佔田和限田，也就是「以功勞名田宅」。

西晉有佔田制，在土地法令中增加了限田的規定。

北魏田令，一是限田，二是關於土地處分，主要是荒地的處分的規定，同時限制土地買賣。由於當時有均給天下之田的詔令，所以歷來也稱之為均田制。

唐朝繼續實行所謂均田制，具體的做法是，依據新頒布的《戶令》《田令》《賦役令》，農民在登記戶籍的時候要向政府呈交「手實」，寫明家中的人口和土地佔有數量。然後政府按照《田令》的規定，把他們申報的土地佔有數量登記在戶籍簿上，並註明每丁永業田多少畝，口分田多少畝。這些土地在《唐律》中稱為私田，並有專門的條文保護私田不受侵犯。這樣農民對土地的佔有就取得了政府的承認和保護。同時註明每戶的丁口數，政府據以徵收賦稅和徵發徭役。這也就是所謂的「均田制」，基本上還是秦始皇的「令黔首自實田」，只是制度規定得更加嚴密一些罷了。

由於採取了這些措施，農民回到土地並獲得了土地產權。其間雖然「霜旱為災，米穀踴貴，突厥侵擾，州縣騷然。帝志在憂人，銳精為政，崇尚節儉，大佈恩德。是時，自京師及河東、河南、隴右，饑饉尤甚，一匹絹才得一斗米。百姓雖東西逐食，未嘗嗟怨，莫不自安」，經過幾年的努力，「至貞觀三年，關中豐熟，咸自歸鄉，竟無一人逃散。其得人心如此」。[1]到了貞觀四年（630），「天下大稔，流散者咸歸鄉里，斗米不過三四錢，終歲斷死刑才二十九人，東至於海，南極五嶺，皆外戶不閉，行旅不齎糧，取給於道路焉」。[2]這是唐朝經濟發展的起點，為此後唐朝經濟、政治的發展打下了基礎。

[1]　《貞觀政要》卷一《政體》。

[2]　《資治通鑑》卷一九三唐太宗貞觀四年十二月元年關中饑條。

2. 關於唐代均田制的幾點說明

一是所謂均田制，不是一種土地所有制，而是由政府所頒布的田令、戶令所規定的關於土地登記、佔有和處理的法令。田令規定了土地佔有的最高限額，也就是田令中規定的各種人，主要是丁男給田（受田）多少畝，也就是戶籍上的應授田。應授田又分為永業田和口分田。按照規定永業田都傳給子孫，而口分田身死以後要交還國家。

國內關於均田制的研究和討論，是從 1954 年以後逐步展開的。1954 年《歷史研究》雜誌發表了侯外廬的《中國封建社會土地所有制形式的問題》和鄧廣銘的《唐代租庸調法的研究》兩文。侯文提出，在我國封建土地所有制中，居於支配地位的是皇族土地所有制，君主是最高的地主，人民的土地使用權由君主賜予。此文發表後，引起了中國封建社會土地所有制形式的討論。均田制是討論中的重要議題之一，爭論的焦點是土地國有制還是私有制。鄧文則提出，唐初所宣佈的所謂均田令，自始就不曾認真推行過，下令之後確曾做過的工作，只是把全國各地民戶私有的土地一律更換名稱，凡在一戶丁口平均二十畝的數量之內的，一律改稱為世業田；超出此數之外的，一律改稱為口分田。既絲毫不觸及土地私有制度，也不是把政府所掌握的無主荒地真正照此規定分授給沒有土地或土地很少的農民使用。所以唐初的均田令實際上還應算是一種具文，在其時社會經濟的發展上是不曾起過任何作用的。

此後，圍繞均田制是否實行、均田制的性質，以及均田制的產生等問題展開了討論。20 世紀 60 年代後期到 70 年代中期雖然停頓了一個時期，到 80 年代又重新出現了一個討論的高潮。和五六十年代的研究不同，這個時期學者廣泛吸收了國外學者的研究成果，充分利用敦煌吐魯番的文獻材料，並注意從中國古代土地法令、戶籍法令發展來把握從北魏到隋唐均田制的發展。其中宋家鈺的《唐朝戶籍法與均田制研究》（中州古籍出版社，1988 年），是這個時期關於均田制

最好的論著。筆者在《均田制討論綜述》(《文史知識》1986 年第 4 期)對 1986 年以前的情況作了簡要介紹，大家可以參考。

對於唐代田令之所以出現各種不同說法，關鍵是對田令上給田（授田）、受田和還田的理解不同。從字面上講，給田、授田是指國家把田地授給官吏或百姓，受田則是指官吏或百姓接受國家授給的田地。但實際情況並非如此。

「給田」，不是由國家按每丁百畝或若干畝把土地平均分給農民，也不是由國家主動把荒地分給農民。所謂給田多少畝，即戶籍上的「應授田」，是指農民可以佔有或請墾田的最高限額。北齊清河三年（564）令對此說得非常明確：「職事及百姓請墾田者，名為受田。」[1] 唐令規定：「諸五品以上永業田，皆不得於狹鄉受，任於寬鄉隔越射無主荒地充（即買蔭賜田充者，雖狹鄉亦聽）。其六品以下永業田，即聽本鄉取還公田充。」唐的田令還規定：「凡授田，先課役後不課役，先無後少，先貧後富」，「諸買地者，不得過本制」[2] 說明給田、授田不是實授而是可以佔有土地的限額。官員和百姓可以根據這個限額向國家請受荒地、無主田以及絕戶田、沒官田和還公田。戶籍簿上的已受田，則是農民實際佔有的土地。國家將這些土地登記在戶籍上，也就是國家對該戶土地產權的承認。根據敦煌戶籍簿和文獻記載，已受田遠遠不足應授田之數，且與應授田沒有任何對應關係，也說明給田並不是實授。因此，給田、授田的基本含義就是限田和公田，包括荒地的請受，以及對官人和百姓實際佔有土地的產權的確定。

還田，唐田令規定，佔田者身死則口分田收入官。《唐律疏義》

---

[1]　《隋書》卷二四《食貨志》。

[2]　《附：唐開元田令復原清本》，《天一閣藏明鈔本天聖令校證（附唐令復原研究）》。下同。

卷一三《戶婚律》也載明里正「若應受而不授,應還而不收,應課而不課,如此事類違法者,失一事笞四十」。在敦煌、吐魯番民戶佔地不足的情況下,一般都傳給子孫。在中原,唐初儘管荒地很多,且寬鄉佔田不限,但農民都是按自己的實際耕種能力去佔有土地的,一般是每丁 30 畝。唐朝前期一個六口之家的自耕農,平均佔地六七十畝,均不足受田數。唐田令規定:「其退田戶內,有合進受者,雖不課役,先聽自取,有餘收授。」一般土地都傳給子孫。同時,口分田在一定條件下也可以出賣,因此不會出現還公的問題。只有在絕戶、逃死的情況下,才會發生還田問題。可是還的,不僅僅是口分田,也包括永業田。在吐魯番退田、給田文書中,官府從農民那裏收回的土地,主要有還公、逃死、戶絕三大類。因此單純口分田收入官,一般不會發生。

所以,永業田、口分田的區分,只在戶籍登記上才有意義,而實際上沒有區別。在《唐律·戶婚律》中,永業田、口分田、墓田的佔有者都稱為「本主」「地主」,對這些田地都視為私田而加以保護。對於「盜耕種公私田」「妄認盜貿賣公私田」「在官侵奪私田」「盜耕人墓田」者,都要視情節輕重,處以刑罰。就產權而言,法律上強調的是公田和私田,而不是永業與口分。這是值得注意的。公田在唐代大體包括政府經營的官田(職田、公廨田、屯田、驛田)、還公田(絕戶、逃死、罪沒、自動退還)、荒地。對此,國家擁有最高主權,可以直接進行處分。私田即民間所有的土地,包括永業田、口分田和籍外田(寬鄉)。這說明,國家承認私人對土地的產權是不能隨意侵犯的。

二、由發展走向繁榮 —— 開元、天寶盛世

1.「憶昔開元全盛日」

從唐高宗時期開始，唐朝的經濟由恢復走向發展。到武則天時期，開始走上走向繁榮。到唐玄宗，終於進入了開元、天寶盛世。

關於開元、天寶盛世，有幾條當時或稍後留下來的材料。

第一條是詩人杜甫的《憶昔》。杜甫是經歷過這個盛世的，他在詩中寫道：

> 憶昔開元全盛日，小邑猶藏萬家室。
> 稻米流脂粟米白，公私倉廩俱豐實。
> 九州道路無豺虎，遠行不勞吉日出。
> 齊紈魯縞車班班，男耕女桑不相失。

第二條是《全唐文》卷三八○元結的《問進士第三》。他也經歷過這個盛世，稍後於杜甫，他寫道：

> 開元、天寶之中，耕者益力，四海之內，高山絕壑，耒耜亦滿，人家糧儲，皆及數歲，太倉委積，陳腐不可校量。

這是對「公私倉廩俱豐實」的形象寫照。

第三條是杜佑據天寶計賬，在《通典》卷六《賦稅下》記載，天寶時國家每年向農民徵得的糧食為 2500 餘萬石。天寶八載（749）國家太倉及各地倉儲的糧食總數達 1 億石，相當於國家 4 年的糧食收入。這是對「公私倉廩俱豐實」的具體說明。

杜佑在《通典》卷七《食貨七‧歷代盛衰戶口》中還對開元、天寶年間的情況作了更加生動的描述：

　　至（開元）十三年(725)封泰山，米斗至十三文，青齊穀
斗至五文。自後天下無貴物，兩京米斗不至二十文，面三十二
文，絹一匹二百一十文。東至宋（今河南商丘南）、汴（今河南
開封），西至岐州（今陝西鳳翔），夾路列店肆待客，酒饌豐溢。
每店皆有驢賃客乘，倏忽數十里，謂之驛驢。南詣荊、襄（今湖
北荊州、襄樊），北至太原、范陽（今北京），西至蜀川（今四川
成都）、涼府（今甘肅武威），皆有店肆，以供商旅，遠適數千
里，不持寸刃。

　　第四條是《通典》卷一五《選舉三‧歷代制下》禮部員外郎沈既
濟曰：

　　　　以至於開元、天寶之中，上承高祖、太宗之遺烈，下繼四聖
　　治平之化，賢人在朝，良將在邊，家給戶足，人無苦窳，四夷來
　　同，海內晏然。

　　他強調的也是糧食的豐足、社會的安定。

　　不論是經歷了開元、天寶盛世的杜甫、元結和杜佑，還是只在這
個時期度過了童年的沈既濟，他們都強調了這個時期糧食的豐足、
行旅的方便和社會的安定。我想這也是構成盛世的幾個基本因素。而
其中他們特別強調的是糧食的豐足，這是為什麼呢？因為只有糧食豐
富，百姓才能夠豐衣足食，社會才能安定，社會分工才能擴大，經濟
才能走向繁榮。

　　在古代經濟結構中，農業是主要的產業。我們考察一個時代的經
濟發展水平，首先就是看它的農業發展水平。怎樣看一個時期的農業
發展水平呢？主要從兩個方面。一個方面是當時的農業生產工具、
耕作制度以及水利灌溉、作物品種和肥料等生產力因素，另一個方面

是當時的土地開墾情況、單位面積產量和人均糧食產量。單位面積產量是農業生產技術提高的結果，人均糧食產量則反映了當時耕地面積、人口和單位產量之間的關係，是以上各種因素共同作用的結果，是一個時期農業發展水平的綜合指標。

開元、天寶時期人均糧食產量是多少呢？開元、天寶時期，人均糧食產量達到 700 斤。這是一個空前的水平。

8 世紀末，陸贄談到，當時京畿之內即關中地區，「私家收租，殆有畝至一石者，是二十倍於官稅也。降及中等，租猶半之」。[1]「涇大將焦令諶取人田，自佔數十頃，給與農，曰：『且熟，歸我半。』」[2]說明唐代地租率一般為 50%，可見當時關中的畝產量在 1 石至 2 石之間。

至於當時一般產量，《通典》卷七《食貨七・歷代盛衰戶口》載，開元十八年，宣州刺史裴耀卿在所上論時政疏中說：「營公田一頃，不啻得之，計平收一年不減百石。」9 世紀前期，李翱在《平賦書》中說：「一畝之田，以強並弱，水旱之不時，雖不能盡地力者，歲不下粟一石。[3]可見在八九世紀，通常是把畝產 1 石看作是平均畝產量。（唐 1 畝合今 0.783 市畝，1 石粟合今 40.5 千克。唐畝產粟 1 石，合今 1 市畝 51.5 千克。）

經過隋末唐初的戰亂，唐朝初年只剩下了 200 多萬戶。因此唐太宗推行鼓勵寡婦再嫁，獎勵生殖的政策。經過百餘年的繁衍，到天寶十三載，國家控制的戶口增加到 900 餘萬戶，5200 餘萬口。而據杜佑在《通典》中估計，如果把隱漏的逃戶、隱戶都計算在內，當時的實際戶數當在一千三四百萬戶左右。當時一般是每戶 6 口，按此計

1　　《資治通鑑》卷二三四唐德宗貞元十年四月陸贄疏。

2　　《資治通鑑》卷二三二唐代宗廣德二年十一月丁未條考異。

3　　《全唐文》卷六三八。

算，這個時期的總人口已經達到 8000 萬人。有的學者按實有 1300 萬戶以上，每戶 5 口至 6 口推算，天寶時全國人口總數也在 7000 萬人上下。

杜佑在《通典》卷六《賦稅下》估計，天寶時政府青苗簿上所登記的耕地約為 620 萬頃。汪籛先生在《唐代實際耕地面積》一文中估計，唐天寶時，實有耕地面積約在 800 萬頃至 850 萬頃之間。耕地中除去休耕地和種植桑麻等經濟作物的土地，種糧地當不少於交納地稅的 620 萬頃。單位面積產量也達到畝產 1 石。唐 1 畝合今 0.783 市畝，1 石粟合今 81 市斤。唐畝產粟 1 石，合今 1 市畝 103 市斤。[1]

據此推算，盛唐時代全國每年產糧可達 6 億石，合今近 250 億千克，平均每人佔有糧食約 350 千克。[2]

即使實有人戶按 1400 萬戶，每戶 6 口計，人均佔有糧食亦可達 300 千克。而在經濟比較發達的地區，每戶佔地六七十畝的情況下，人均糧食可達 400 千克至 450 餘千克。

唐朝人均產糧達到 300 多千克，這畢竟是一個奇跡。而出現這一奇跡的祕密就在於，由於天時、地利、人和的原因，盛唐時人口的數量、耕地面積和單位面積產量都達到了一個非常良好的比例。而且其中耕地面積還隨着人口的增長而不斷擴大，使得這個比例能夠保持相當長的一段時間。這是唐朝得天獨厚之處。

2. 唐朝前期農業發展的條件

開元、天寶時期，人均糧食達到約 700 斤。上面介紹了這個數字是怎麼得出來的，現在講講為什麼能夠達到人均糧食 700 斤。唐代所

---

[1]　汪籛：《汪籛漢唐史論稿》，北京大學出版社，2017 年。

[2]　胡戟：《從耕三餘一說起——我國傳統小農經濟的生產效率和生產結構問題》，《中國農史》1983 年第 4 期。

以能夠達到這個水平，可以從兩個方面來看。一方面是農業生產技術以及相應的土地開墾和人口增長，另一個方面是當時的自然條件和社會結構、生產關係。

我們先看第一個方面。當時農業生產技術、人口和土地都處在一個有很大的發展空間的時期。

（1）從農業生產技術來說，關鍵是農業生產工具和耕作制度。農業生產工具的發展有賴於生產經驗的積累。但是經驗的積累，要想落實到工具的改進上，還有賴於冶鐵技術的提高和冶鐵業的普及。從戰國的鐵口犁發展到漢朝能夠深耕的大犁無疑是一個巨大的進步，但這也是和當時的冶鐵水平相聯繫的。當時鐵的硬度還不夠高，犁鏵如果不大就不足以破土深耕。南北朝時期冶鐵有兩個重要的變化：一個是冶鐵技術提高，從而使鐵的硬度有了大幅度的提高，這樣就可以使耕犁變得更加輕巧；還有一個就是冶鐵業擺脫了官府的控制，由官府擴展到民間。這就為耕犁的改進和普及提供了條件。南北朝以來犁鏵開始逐步變小。犁壁也更加接近近代，犁轅變短，並且使用曲轅，便於轉彎。這樣的犁只要一頭牛牽引便可以前進。既便於深耕，又便於操作。一人一牛便可完成犁田的工作。這與漢代一開始六個人才能完成耕作相比，是一個巨大的變化。

進入唐代，北方的犁基本上已經定型。既然作為基本生產工具的犁已經定型，那麼生產工具上的發展空間到底在哪裏呢？主要在三個方面：

一是北方犁的普及和推廣。

二是江東犁的發明，南方牛耕的普及。

南方牛耕的普及是與江東犁的發明分不開的。江東犁就是長期以來人們所說的曲轅犁。曲轅犁的問題是一個關係到唐代農業生產力發展水平的重要問題。相當時期內，差不多在所有的著作中，特別是在教科書中，都把這種江南使用的犁說成是唐代普遍使用的犁，並且

按照陸龜蒙記載，詳細說明了 11 個部件的作用。之所以產生這種不符合唐朝實際情況的說法，與當時學者普遍對農業生產缺乏了解，對各個地區因土壤氣候條件不同而在生產工具和耕作制度上的差異缺少認識有密切關係。20 世紀 60 年代有的學者注意到了這個問題，結合考古材料和文獻材料，對唐朝使用的犁提出了新的看法。80 年代初，不少學者有了農業生產的體驗，並有機會到各個地區進行實際考查，同時結合考古材料，對唐代各個地區的農業生產的情況和耕犁進行了研究，並且給曲轅犁加上了江東犁的稱號。

根據晚唐陸龜蒙《耒耜經》的記載，曲轅犁由 11 個部件構成，犁轅為曲轅，便於回轉，操縱靈活，可以一牛牽引，適合在南方水田耕作。同時改進了犁壁，可將翻起的土推到一旁，以減少前進阻力，而且能翻覆土塊，以斷絕草根的生長。《耒耜經》的出現，說明南方耕犁已經基本定型。這種犁出現後在江南逐漸推廣，成為當時最先進的耕具。

三是以犁為中心的配套農具的系列化和發展完善。耕後平地、碎土的耙、碌碡，南北方也都普遍使用。其他鋤、鐮等農具在唐代也都有改進。這樣，不論是北方的旱田農具，還是南方的水田農具，從耕作、中耕到收割的農具，都進一步完善並系列化。

耕犁和配套農具到唐代已經發展成熟，此後一千兩三百年，直到 20 世紀五六十年代，基本沒有變化。有些地區如甘肅河西走廊，甚至到 80 年代基本沒有變化。

耕作制度也是農業生產技術的一個重要方面。牽涉到土地的利用效率，以及作物品種、施肥和水利等各方面的問題。唐朝以前作物基本上是一年一茬，唐代北方兩年三熟的輪作復種制發展成熟。不少地區在麥子收穫以後，繼種禾粟等作物，可以兩年三熟。南方的農業種植技術更有顯著進步。水稻種植面積大大增加，廣泛採取育秧移植、插秧的方法。這就為在同一片土地上復種麥子或其他作物創造了

條件，兩年三熟的耕作制逐漸在南方推廣。有些地方栽培早稻，六七月收割後還可以種一茬晚稻，可以一年兩熟。

耕犁的改進、配套農具的發展完善和輪作復種制的發展成熟，提高了農業生產水平，提高了單位面積產量。

（2）從耕地面積來說，唐代可以開墾的土地大量存在。大量可墾荒地的存在，使耕地可以隨着人口的增長而不斷擴大。農民因各種原因失去土地後，可以重新回到土地上進行耕種而無失業之虞。

唐朝的土地法令也就是田令和後來武則天對農民逃亡採取放縱的政策，也給土地的不斷開墾留下了廣大的法律空間。唐朝前期土地被大量開墾出來，到開元、天寶年間，土地得到了空前的開發。隨着墾田的擴大、新的居民區的增加，在福建、江南等地新增設了一些州縣。福建汀州，浙江明州（今寧波）、婺州（今金華）等州，安徽婺源、青陽、太平，福建尤溪，湖北唐年，重慶壁山，江西永新、大庾、南豐等縣，都是武則天、唐玄宗時期設立的。即使在經濟素稱發達的蘇南，也陸續設立了一些新縣。貞觀時潤、常、蘇、湖四州有16縣，天寶時增至23縣。新增7縣中除武進縣外，其他各縣離州治都較遠。

（3）從人口來說，到天寶十三載，國家控制的戶口增加到900餘萬戶，實際戶數當在一千三四百萬戶左右，總人口已經達到8000萬人左右。

南方農業在唐朝前期有很大發展，並有多餘的糧食可以運出。一直持續到20世紀八九十年代的南糧北運，就是從開元時期大規模展開的。運河中南來北往的船隻，是盛唐的一道重要風景線。

物價長期保持穩定。從725年到755年（開元十三年至天寶十四載）30年間，洛陽的米價一直保持在每斗15文到20文上下，青、齊則保持在每斗5文上下。這在古代是很不容易的，反映了農業生產的持續發展和糧食的豐富。地區差價在這裏表現得很明顯。也說明洛

陽米貴，居大不易的情況早在開元、天寶年間就已經存在。

　　開元、天寶時期社會安定，經濟繁榮，國勢昌盛，文化燦爛，都是建立在農業生產發展、糧食豐富的基礎之上的。有了這樣一個厚實的物質基礎，當時社會分工才可能擴大，人們才有可能去發展手工業和商業。而伴隨着整個生產的發展，經濟結構和社會結構也發生了巨大的變化，並出現了文化的繁榮。沒有這樣一個雄厚的物質基礎，就不可能有唐朝的繁榮昌盛和盛唐氣象。而支撐着這個基礎的，是廣大的農民。

　　這是整個經濟的繁榮的前提。

　　下面我們來看第二個方面，當時的自然條件和社會結構、生產關係，也就是天時、地利、人和。

　　開元、天寶時期，在公私倉廩豐實，人均糧食達到約七百斤的背後，除了生產技術、土地開墾、人口增殖這些因素，還有氣象、生態、小農的大量出現等自然賦予的或前代留下來的條件，還有當朝的土地重新集中、農民逃亡、租佃制的發展、政府的政策措施等一系列問題。

　　（1）天時。從天時來說，在經過東漢至南北朝的比較寒冷的時期以後，7世紀中葉，中國的氣候變得暖和起來。公元8—9世紀，長安能生長梅樹，而到11世紀，北方就不知有梅了。由於氣候比較暖和，生長季節較長，也有利於輪作復種制的推廣。

　　（2）地利。從地利來說，主要是兩點，一是可以開墾的土地大量存在，耕地可隨着人口的增長而不斷擴大。二是生態，黃河安流。從中國古代歷朝的歷史發展來看，治理黃河始終是一個大問題，而唐朝黃河一直比較平靜。

　　由於黃河中游地區和河套地區變農為牧，東漢以後，黃河出現了一個長達800年之久的安流時期。東晉十六國時期，北方的植被、草原和森林得到進一步恢復。北魏以後，雖然農耕區比較迅速地向北發

展，但直到隋代，今山西、陝西北部，仍以畜牧為主，今涇川以南一帶，也還是農牧兼重。這樣，就不致造成大量的水土流失。因此，黃河在隋唐兩代基本上保持了穩定狀態。雖然也曾有過十餘次決口，但都限於較小地區，很快恢復安流，沒有形成嚴重的災害和影響。五代、宋、元以後，黃河經常決口氾濫的情況，在唐代還沒有發生過。這樣，國家和地方可以把更多的精力放在農田水利上。唐代北方的水利工程，大多以興利為主，而不是以防害為主。河工的徵發也可以大大減少。北方原有的河流得到充分的利用，通濟渠和永濟渠也長期暢通無阻。長江流域，洞庭湖在東晉南朝之際形成了面積巨大的湖泊，彭蠡澤（鄱陽湖）在唐代也大為擴展。除了灌溉之利，洞庭湖調蓄長江洪水，彭蠡澤調蓄江西五河之水，減少洪水期入江的水流量，都大大減輕了洪水對長江中下游的威脅。但是隨着土地的不斷開發和經濟的發展，唐朝後期生態不平衡的問題，已經在一些地區顯露出來。五代時太湖流域頻繁的水旱，既是天災，也是人禍。

（3）人和。除了天時、地利，還有人和。所謂人和，這是套用一句老話，主要是農村土地佔有情況和經營方式的變化，以及政府的相關政策措施。

農村土地佔有情況、經營方式的變化，主要是小農的大量出現，土地重新集中和租佃制的發展。

先說當時的生產者，也就是農民，包括自耕農、佃農。

秦朝和漢朝初年都存在着大量的自耕農。西漢中期以後隨着豪強大族大土地所有制的發展，自耕農開始減少。北魏實行均田，說明開始出現大量小農，但還處在一個發展過程中。

隋朝和唐朝初年都存在大量的自耕農，佔據農村居民的大多數。儘管由於土地兼併日益加劇，使自耕農在農戶總數中的比重有所下降，但從政府控制戶口的不斷增加來看，直到天寶年間，自耕農還是大量存在的。

農民自己佔有土地，自然是使生產發展的有利條件。而開元年間賦稅制度和兵役制度改革後，農民的賦役負擔比較平穩，也使農民有可能安心地從事生產。天寶年間國家所徵收的糧食和絹布，相當大的一部分就是由他們生產出來的。

自耕農的大量存在，可以保證地主經濟能夠比較正常地發展。在按丁徵收租傭的制度下，自耕農是賦稅的主要負擔者，因而國家對於地主潛停的客戶即佃戶採取放任的態度，地主就不必把很重的賦稅負擔轉嫁到佃戶身上，租種地主土地的農民也就有可能更加積極地去發展自己的生產。這也保證了租佃制和地主經濟比較正常地發展。

自耕農經濟本身是不穩定的，加上中國封建社會商品貨幣關係的不斷發展，自耕農的分化是必然的，他們的土地逐步被地主所兼併也是必然的。如果僅僅是依靠自然分化，那麼土地集中將是一個漫長的過程。而在中國這樣一個專制主義中央集權的國家裏，臨時的政治軍事事件和隨之而來的大規模徵發，以及不可抗拒的自然災害，都會促使自耕農失去土地，破產逃亡。流民、逃戶問題，始終是困擾歷代王朝的一個嚴重問題。從表面來看，農民的逃亡、流動不僅影響到國家的財政收入、兵員來源，而且影響到社會的安定。

歷代農民逃亡或成為流民的情況是不一樣的。例如漢武帝時的流民二百萬，引起了社會的動盪不安。這主要是因為當時幾次打匈奴，徵發規模太大，超出了農民負擔能力，農民因而破產逃亡。而這個過程是因為政府行為產生的，遍及全國主要地區，時間集中，因此破產逃亡的農民不能很快地回到土地。東漢末年的流民，由於豪強大族的發展和政治的腐朽，也不能很快回到土地，最後發展為黃巾大起義。從 7 世紀末到 8 世紀中葉，自耕農土地逐步減少，自耕農在農民中的比重逐步下降，土地迅速集中到地主手中。武則天、中宗時儘管

「天下戶口，亡逃過半」，[1] 但是沒有引起嚴重的社會動盪，部分因為前面已經談到過的，他們對土地兼併和農民逃亡都採取了縱容的態度。

土地兼併和農民逃亡是一個問題的兩方面。一方面農民因土地被兼併而逃亡，另一方面逃亡以後由地主招納，成為地主的佃戶。

唐代佃戶和漢魏以來的佃客、部曲不同，他們的身份是「良民」，不是「賤民」。不能以任何借口殺死，也不能以各種名義買賣或賞賜，人身地位不具有世襲的性質。同時，由於佃戶一般不向國家申報戶口，不需要負擔國家的賦役，因此他們比一般自耕農具有更加穩定的生產條件。而地主向農民主要是徵收實物，無償勞役包括為地主護院相對減少。地主一般不再對生產進行組織和統籌安排，對生產的干預和監督也都減少了，這樣農民就可以比較自由地支配自己的勞動時間，安排自己的生產活動。在這樣的條件下，農民可以通過增加在土地上的投資、增加勞動時間、改進生產技術等各種方式來發展自己的生產，力爭在地租、種子和口糧之外，再生產出一部分剩餘生產物，用來擴大自己的經濟規模。這就給生產的發展提供了可能性。雖然佃戶還要向地主租賃房屋，借貸種子糧食，地主則通過典貼和高利貸來世代束縛農民，但總的來說，伴隨着土地兼併、土地集中而發展起來的租佃制在當時還是有利於生產的發展的。唐玄宗對於土地兼併和別停客戶，並沒行採取釐革的具體措施，也沒有橫加干涉，實際上是繼承了武則天時期的放縱政策，是明智的做法。

但是就唐朝而言，這只是一部分逃亡農民。另外還有很多逃亡農民逃到地廣人稀、唐朝政府統治力量相對薄弱的地區去開墾土地。因此唐朝逃亡的農民都可以很快地回歸土地耕種的生活。儘管逃亡的規模很大，但是生產不僅沒有受到影響，而且繼續向前發展，整個社會是安定的。

1　《舊唐書》卷八八《韋思謙傳附韋嗣立傳》。

下面再談土地集中、地主經濟的發展對經濟發展的作用。

小農經濟既不可能積累大量的財富，除了日常的生活和生產用品，對商品沒有更大的需求。在小農經濟佔優勢的情況下，是不可能造成社會經濟繁榮的。

白居易有一首詩《朱陳村》描寫了當時農村的生活：

> 徐州古豐縣，有村曰朱陳。
> 去縣百餘里，桑麻青氛氳。
> 機梭聲札札，牛驢走紜紜。
> 女汲澗中水，男採山上薪。
> 縣遠官事少，山深人俗淳。

村民在「有財不行商，有丁不入軍。家家守村業，頭白不出門」的自給自足的情況下，過着「黃雞與白酒，歡會不隔旬」的生活，很難擴大自己的生產，社會分工、手工業和商業不可能有大的發展。

而地主經濟的發展不僅為社會財富的積累提供了可能，並且產生了對各種商品的需求，從而為手工業產品以及其他產品提供了廣闊的市場。

下面這個故事形象地反映了一個剛剛發家的農村居民走向城市的過程。「洪州胡氏子，亡其名。胡本家貧，有子五人，其最小者，氣狀殊偉。此子既生，家稍充給。農桑營贍，力漸豐足。鄉里咸異之。其家令此子主船載麥，溯流詣州市。未至間，江岸險絕，牽路不通。截江而渡，船勢抵岸，力不制，沙摧岸崩。穴中得錢數百萬，乃棄麥載錢而歸。由是其家益富，市置僕馬，營飾服裝。咸言此子有福。不欲久居村落，因令來往城市。稍親狎人事。行及中道，所乘之馬跪地不進。顧謂其僕曰：『船所抵處得錢，今馬跪地，亦恐有物。』因令左右斫之。得金五百兩，繼之還家。他日復詣城市，因有商胡遇

之，知其頭中有珠，使人誘而狃之，飲之以酒，取其珠而去。初額上有肉，隱起如球子形，失珠之後，其肉遂陷。既還家，親友眷屬，咸共嗟訝之。自是此子精神減耗，成疾而卒，其家生計亦漸亡落焉。」[1]因此，沒有地主經濟的發展，就不可能有手工業、商業的繁榮。

安史之亂以後，北方經濟雖然受到了很大的破壞，但在藩鎮割據的情況下，當權者為了維持自己的存在，還是採取各種措施，使經濟得到恢復。而南方的經濟得到更加迅速的發展，開始趕上了北方。特別是地主經濟在這個過程中加速發展。這裏所說的地主經濟的發展，一方面是指地主的數量增加，另一方面是說每一個地主佔有的土地的數量增加了。貞元十年（794），陸贄在《均節賦稅恤百姓六條》的第六條中說：

> 今制度弛紊，疆理墮壞，恣人相吞，無復畔限。富者兼地數萬畝，貧者無容足之居，依託強豪，以為私屬，貸其種食，賃其田廬，終年服勞，無日休息，罄輸所假，常患不充。有田之家，坐食租稅，貧富懸絕，乃至於斯。厚斂促徵，皆甚公賦。今京畿之內，每田一畝，官稅五升，而私家收租，殆有畝至一石者，是二十倍於官稅也。[2]

與此同時，地主土地所有權轉移相對加速，地主不再像東漢至魏晉那樣，長期保有其土地。不肖子三變的說法：「不肖子弟有三變：第一變為蝗蟲，謂鬻莊而食也。第二變為蠹魚，謂鬻書而食也。第三變為大蟲，謂賣奴婢而食也。」[3]就形象地說明了這個問題。

1　《太平廣記》卷第三七四《靈異》引《錄異記》。

2　《全唐文》卷四六五。

3　《太平廣記》卷二五六《嘲誚四‧唐五經》。

三、從戰時困難財政到兩個賦稅系統的形成

賦稅徭役制度是制約農業發展的重要因素。

中國古代賦稅制度發展到唐朝中期實行兩稅法，發生了巨大變革。先不說別的，僅僅是賦稅的名稱就發生了很大的變化。從漢朝一直到唐朝初年，國家向農民徵收的土地稅，稱為租。而稅的含義則比較廣泛。「十五稅一」「田之租稅」指的都是田租。「山海池澤之稅」則是指各種雜稅。地主向農民收取的地租往往也叫稅。西漢董仲舒有一句很有名的話，「或耕豪民之田，見稅什五」。[1] 這裏所說的稅就是收取地租。唐朝初年實行租庸調制度，雖然租庸是按丁來徵收的，但這也是以農民都佔有一定數量的土地並且向國家進行登記作為前提的。所以從本質上來說，仍然是土地稅。這種情況一直持續到唐玄宗開元、天寶年間。

唐朝首先以稅的名稱徵收的賦稅是地稅。地稅是從隋朝的義倉（社倉）發展而來。唐太宗時曾規定，自王公以下到普通百姓，根據佔有土地的多少，每畝交納糧食二升，以備荒年救災。唐高宗時改為按戶等交納，並且逐步把名稱改為地稅，成為一個正式的稅種。8世紀以後，在皇帝的詔令中就經常出現「諸州百姓免今年租稅」的提法，這裏所說的稅就是指地稅，這是租稅在唐朝首次並用。而到8世紀末唐朝實行兩稅法以後，租就從賦稅制度中退了出去，成為農民向地主交納地租的專稱。

1. 流通領域賦稅制度的確立

安史之亂以後，到唐德宗建中元年，完成了賦稅徭役制度兩個方面的改革。

---

[1]　《漢書》卷二四上《食貨志第四上》。

一個方面是流通領域賦稅制度的確立。

在安史之亂以後，戰時財政中萌發了新的賦稅制度。

安史之亂的過程中，大量的農民失去土地，成為地主的佃戶；還有大量農民逃亡他鄉，脫離了國家的控制。國家控制的戶口大量減少，財政收入受到了嚴重的影響。而戰爭的開支還在不斷地增加。政府財政陷入了嚴重的危機。為了解決戰時財政困難，唐政府實行鹽的專賣即榷鹽制度，並開始徵收商稅。

758 年鹽鐵鑄錢使第五琦開始實行食鹽由官府專賣。政府在產鹽的地方設立監院，以每斗 10 文錢的價格統一收購食鹽，由官府在各地加價到 110 文出售。760 年劉晏接任鹽鐵使，對專賣制度加以改進。政府統一收購以後，把低價收購來的食鹽加價賣給商人，由商人轉運到各地出售。官收官賣變成官收商賣，而官府則從中獲取高額的差價。這實際上就是一種鹽稅，是政府在流通領域所徵收的一種特別的稅。由於食鹽是日用生活必需品，不論什麼人都需要食鹽，因此鹽稅的徵收面很寬，能夠有效地提高政府的財政收入。

漢武帝時曾經實行過鹽的專賣。後來時行時斷，始終沒有成為一個固定的稅種。隋和唐朝前期都沒有實行鹽的專賣。而從第五琦、劉晏以後，食鹽專賣不僅成為唐朝重要的財政收入，而且為後代一直延續下去。不僅如此，唐朝還先後對茶葉、鐵實行專項收稅，對商品流通徵收商稅。商稅成為國家越來越重要的收入。鹽的專賣本來是在國家無法正常徵收賦稅的情況下，所採取的一種具有臨時性質的措施，可是卻以此為起點，在傳統的賦稅系統之外，發展出了一個新的賦稅系統。這兩者都是由政府在流通領域徵收，意味着在原來以人丁土地為本的傳統賦稅系統以外，又開始增加了一個流通領域的賦稅系統。

2. 兩稅法的施行

傳統的賦稅徭役制度的改革。開元、天寶年間，在賦稅、色役的徵收中實行了折納制度和納資代役的制度，並且出現了新稅制的萌芽——地稅和戶稅。安史之亂以後，由於戰亂中人口大量遷徙，土地佔有情況也發生了很大變化，唐朝政府已經不可能按照舊的制度和舊的戶籍來徵收賦稅。唐代宗繼位以後，開始對賦稅制度進行整頓。首先要求按照現有戶口徵稅，不能按照舊戶籍把逃亡農民的賦稅攤派到鄰里身上。接著要求按財產的多少和戶等的高低去徵收賦稅和差派徭役，第五琦還奏請夏麥每十畝稅一畝，又先後幾次下令按戶征錢和按田畝徵稅。唐德宗繼位以後，接受宰相楊炎的建議，廢除唐初以來一直徵收的租、庸、雜徭，在原有的地稅和戶稅的基礎上，實行兩稅法。

兩稅法的一個基本原則，大家都很熟悉，即《舊唐書》卷四八《食貨志上》所說的「戶無主客，以見居為簿，人無丁中，以貧富為差」。

兩稅法的主要內容：在現住地登記戶口，按照實際佔有土地的多少交納糧食，按照戶等的高低交納錢幣，也就是把土地財產作為賦稅徵收的標準。每年按夏、秋兩季交納。商人在所在地按收入的三十分之一徵稅。

首先，這樣的原則以及兩稅徵收的具體方法，實現了土地制度、賦稅制度、戶籍制度的全面變革。唐朝初年的土地制度、戶籍制度和賦稅制度是聯繫在一起的。從秦始皇開始，土地制度和賦稅制度的一個基本原則就是「令黔首自實田」，然後按人頭交納賦稅。唐朝以前，賦稅徵收以人丁和戶口為主要標準。從北魏到唐朝初年，租一直是按丁徵收的。要實現這一點，必須要有戶籍制度作為保證。在這種情況之下，國家對百姓的人身控制非常嚴格。百姓不能隨便遷移，私自遷移到其他地方的，被稱為逃戶。成年男子逃亡一天要處

以鞭打三十下的刑法。這就是唐朝以前三位一體的制度。通過兩稅法，完全突破了這樣的原則。兩稅法按土地財產徵收，不僅改變了以人丁作為賦稅徵收主要標準的做法，而且相應地，國家對農民的人身控制相對削弱。其實，從武則天統治時期開始，對於農民的逃亡、遷徙和地主潛停客戶就採取了放縱的政策，而兩稅法施行以後則是從法律上提供了這種可能性。這對於農民轉移到其他行業，擴大社會分工是有積極意義的。應該指出，唐代戶等是根據財產和人丁決定的，因此兩稅法還是保留了人丁的因素。賦稅和人丁完全脫節，那是在九百多年以後，清朝雍正皇帝實行地丁合一，攤丁入畝時才得以實現的。

其次，取消了土地佔有數量和買賣的限制。

兩稅法按照土地財產徵收，是地主大土地所有制發展的必然結果。在自耕小農佔有的土地比重越來越小，而地主官僚佔有的土地越來越多的情況下，只有按照土地實際佔有情況來徵收賦稅，才能符合各個階級、各個階層的負擔能力，國家才能徵收到比較多的賦稅。但是，地主為了逃避兩稅，就竭力隱瞞土地，降低戶等。國家只有不斷核實土地佔有情況，才能保證國家的賦稅收入。唐朝後期，統治階級日益腐朽，放棄了這方面的努力。北宋王安石變法中的方田均稅法、明朝張居正改革中的丈量土地，都是為了解決地主隱瞞土地的問題。

兩稅法的徵收標準是符合社會經濟發展的實際情況和需要的，但是某些具體做法存在着嚴重超前的情況。首先是兩稅法實行的時候，取消一切徭役。而事實上，國家所需要的各種徭役，還不可能通過僱傭來實現，因此不久又恢復了徭役。其次是規定按戶等交錢。當時通行的貨幣仍然是錢和絹帛，錢幣流通量嚴重不足。農民的產品和市場的聯繫也不是很緊密的。農民為了交納按戶等徵收的錢，必須出售自己的產品。由於通貨緊縮，農民只好低價賣出，負擔無形中就增加了幾倍。在賦稅中普遍使用錢幣，那是明朝中葉的事。

　　兩稅法的實行對於增加唐王朝的財政收入起了一定的作用。但是由於地主大量隱瞞土地，降低戶等，兩稅收入受到了很大的影響。因此，由鹽的專賣、茶稅和商稅所構成的另外一個賦稅系統，對於唐王朝的財政起着越來越重要的支撐作用。唐朝中葉形成的這兩個賦稅系統，奠定了唐以後一千多年賦稅制度的基礎。

　　新的賦稅系統的建立對國家財政格局產生了重大的影響。隨着商業和城鎮的發展，商稅在國家收入中的比重越來越大，並且可以有效地彌補因地主逃避賦稅所引起的國家財政收入減少。國家財政在很大程度上是靠商稅支撐。但也正因為如此，反過來又嚴重影響和阻礙了手工業和商業的發展。

　　總結一下，從唐朝的兩稅法建立以後，出現了兩個賦稅系統：一是以農業、土地為基礎的賦稅系統；一是以手工業、商業等流通領域為基礎的賦稅系統。國家的財政基礎大為擴展。這對政治、軍事等各個方面的影響是很深遠的。北宋神宗時王安石變法的時候，國家控制的土地比宋朝初年減少一半，所以要實行「方田均稅法」；明朝萬曆年間，張居正丈量土地，實行「一條鞭法」之前，國家控制的土地也減少了一半。但王安石和張居正之前的國家財政仍能照常運轉，為什麼？就是因為除了以土地為基礎的賦稅系統以外，另外還有一個系統。而我國古代的手工業、商業發展到一定程度後往往很難再向前發展，這也是一個很重要的原因。

四、農業發展的新格局

　　隨着生產的進步，唐代農業出現了新的格局。這個新的格局開始於唐玄宗開元天寶年間，到唐朝後期迅速發展。

1. 南方各地和邊遠地區的發展

隨着農業生產發展，唐朝經濟從開元、天寶時期開始進入一個全面發展的新時期。手工業生產和商業城市在整個經濟結構中的比重大大地增加了，開始呈現出新的面貌。

南方農業生產從武則天時期開始加速度發展。

安史之亂以後，北方經濟雖然受到了很大的破壞，但在藩鎮割據的情況下，各政權為了維持自己的存在，還是採取各種措施，使經濟得到恢復。而南方的經濟開始趕上北方。

這裏的關鍵問題，首先是農業生產的發展和農產品數量的增加為社會分工的擴大提供了條件。只有當農業能夠為農業人口之外的人口提供大量的糧食，手工業、商業以及文化事業的發展才有可能。

2. 經濟作物種植的發展和農產品的商品化

南方農業生產的發展，不僅提高了全國糧食生產的總量，成為漕運糧食的主要來源，而且增加了經濟作物品種，促進了農產品商品化的發展。農產品商品化主要是糧食商品化。經濟作物種植的發展和農產品的商品化，不僅深刻地影響了當時人們的生活，而且為商品經濟的發展提供了強大的動力。

經濟作物在唐朝前期，主要是桑麻。到唐朝後期主要是茶和甘蔗。甘蔗在四川和廣州開始大量種植，蔗糖也成為重要的產品。棉花也在個別地區開始種植。

唐代出現了許多經營茶葉、大米和木材的商人。在江淮一帶，每逢茶熟之際，四方商人就帶着茶區所需的絲織品和金銀飾物入山交易，由小商小販轉運到浮梁（今江西景德鎮北）、壽州（今安徽壽縣）等集散中心，再由富商巨賈販往各地。《太平廣記》卷二九〇《妖妄三》引《妖亂志》記載：「（呂）璜，以貨茗為業，來往於淮浙間。時四方無事，廣陵為歌鐘之地，富商大賈，動逾百數。」南方一些商

人以販運糧食為業。江淮賈人，往往「積米以待踊貴」。皖南宣、歙一帶耕地面積少，糧食全靠商人用船從四方運去。江西出產木材，商人運到揚州，獲利數倍。

唐時南北統一，各地交往密切，飲茶風氣從南方傳入北方，中唐以後又從中土傳往塞外，茶漸成為各族人民日常生活之必需。「茶為食物，無異米鹽。」[1]在一些城市，已經出現專門賣茶的茶館。

需求量的增加，刺激了茶的生產和貿易，除野生茶樹外，人們大量進行人工栽培。唐時茶葉產地遍及今四川、雲南、貴州、廣東、廣西、福建、浙江、江蘇、江西、安徽、湖北、湖南、河南、陝西等省。茶葉生產已是江南農業的重要部門。「江淮人，什二三以茶為業。」[2]祁門縣境甚至「千里之內，業於茶者七八矣」。[3]茶樹栽培技術和管理方法也有顯著進步。茶樹種植三年後，每畝鮮茶可收 120 斤。每到茶葉收穫季節，茶產地盛況空前，四方商人紛紛趕來，大量採購。南方的茶葉，通過大運河和陸路大批運往北方，「舟車相繼，所在山積，色額甚多」。[4]當時的名茶就有二十多種，如蒙頂、石花等。793 年唐政府徵收茶稅，十稅其一，是年徵得茶賦 40 萬緡，約當全年收入的 1/15。

唐代陸羽所着《茶經》一書，內容十分廣泛，對茶的起源、茶的性狀和種類、茶的產地、採茶的器具、制茶的過程、煮茶的方法、飲茶的茶具、茶葉優劣的區分和水質品第的鑒定等，都做了比較全面系統的論述。這是我國茶史上的一部重要著作，也是世界上第一部茶書，對後世研究茶史有相當影響。據《太平御覽》記載，從宋代起，陸羽就被人稱為「茶神」了。

---

[1] 《舊唐書》卷一七三《李珏傳》。

[2] 《冊府元龜》卷五一〇《邦計部·重斂》。

[3] 《全唐文》卷八〇二《祁門縣新修閶門溪記》。

[4] 《封氏聞見記》卷六《飲茶》。

唐代的手工業、商業和城市

一、唐代的手工業

1. 唐代手工業的形態

唐代手工業仍然分為官府手工業、私營手工業和農民的家庭手工業三種形態。手工業在唐朝取得了很大的進展，有幾個大突破。

首先是私手工業逐步突破官手工業的壟斷。從整個手工業的發展來看，唐朝以前，主要以官手工業為主，南北朝以來開始從以官手工業為主向私手工業為主發展。這裏包括先進技術向民間擴展，例如冶鐵等生產部門產區的擴大和產量的增加。

其次是在傳統的手工業如冶鐵、造紙等的規模不斷擴大的同時，有的手工業部門從原有部門分離出來，其中最突出的是制瓷從制陶業中分離出來。還有些手工業部門開始從農業中獨立出來，地區分工也有所擴大。

再次是產生了一些新的手工業部門，例如印刷業。

（1）官手工業

商代有規模宏大的製造青銅器的手工業，西周到春秋、戰國，青銅器製造也很發達，它們都是由官府經營的。秦漢以來，官手工業也一直是手工業的主體。東漢以後，莊園手工業有了很大的發展。而獨立的民間手工業沒有得到多少發展。

唐朝前期也有發達的官手工業。

　　唐代前期官府手工業作坊規模最大，分工最細，分屬於少府監、將作監和軍器監三個部門。最盛時僅少府監使用的輪番服役的工匠就有近 2 萬人，屬將作監役使的輪番服役的工匠亦達 1.5 萬人。此外，在全國很多地方還設有冶監，專門掌管礦冶事業。官府手工業役使的勞動者有工匠、番戶、雜戶、官奴婢和刑徒等，各種勞動者都對官府有人身依附關係。官府手工業的產品主要供皇族、官僚和軍隊消費。

　　隨着民間手工業的發展和手工業技術水平的提高，官府所需要的手工業產品，一部分改由市場購買，一部分高端產品則由官手工業部門「和雇」，即雇用能工巧匠來生產。國家控制工匠的方式隨之也發生了變化，越來越多的工匠由輪流到官手工業部門服役改為納資代役。隨着納資代役與和雇等方式的逐漸增加，工匠對國家的人身依附的趨向緩和，給民間手工業發展提供了更大的空間。

　　開元以前，官手工業一般均由工匠輪流應役，只有大的土木工程和工匠不夠時，才和雇工匠和農民。永徽五年（654）築京師羅郭，和雇京兆百姓 4.1 萬人。開元以後，由於民間手工業有了很大發展，官府所需的相當一部分手工業產品通過賦稅折納或和買由民間取得，某些官手工業部門規模縮小。開元二年就廢去了兩京及諸州舊有官織錦坊。但在鑄錢這一類官手工業中，生產規模擴大。

　　天寶時，全國共有鑄錢爐 99 座，每爐需丁匠 30 人，共需丁匠 2970 人，如果輪番，每番按 20 天計算，共 18 番，全年需徵發丁匠 53960 人。而當時少府監所隸丁匠才 19850 人，早已不敷徵用，於是便徵發沒有技術或技術不高的農民令鑄錢。由於督非所習，雖然棰罰嚴苛，還是費力無功。天寶末改為和雇，「募工曉者為之，由是役使減少，而益鑄錢之數」。[1] 原來隸屬官府的工匠也由原來不役時輸傭改為普遍納資代役。

---

[1]　《舊唐書》卷一三八《韋倫傳》。

「納資代役」的普遍化與「和雇制」的推廣反映了唐代工匠制度的巨大變化。在一般情況下工匠不必定期到官府作坊勞動。但是，供應宮廷的能工巧匠原則上仍「不得納資」。宮廷所需的大量高級紡織品，則由浙西、西川、荊州、宣州等地的州縣政府，指定紡織技術高超的農戶為織錦戶、貢綾戶，專門按照官府指定的花樣織造。白居易新樂府《繚綾》：「去年中使宣口敕，天上取樣人間織。織為雲外秋雁行，染作江南春水色。」繚綾不僅費時費功，而且技術要求很高，因此，官府對有技術的織戶進行嚴格的控制。元稹《織婦詞》注云：「予掾荊時，目擊貢綾戶有終老不嫁之女。」王建《織錦曲》亦云：「大女身為織錦戶，名在縣家供進簿。」縣官把織婦登記在籍，並把該戶定為負擔特殊賦稅的織錦戶、貢綾戶。這些專門戶需按照官府的要求，按時、按質、按量交納綾錦等絲織品。國家控制的私人手工業者織錦戶、綾戶，這是唐朝新出現的，後來發展為機戶。此外還有鹽戶。唐朝後期，諸道、州各有作院，打造兵器。

（2）民間手工業

除了與農業相結合的紡織等家庭手工業，還出現許多為市場生產以求利潤的專門從事手工業生產的作坊和工匠。《唐六典》卷三《尚書戶部》戶部郎中員外郎條：「功作貿易者為工，屠沽興販者為商。」注云：「工、商皆謂家專其業以求利者。其織紝、組紃之類，非也。」就是這種情況在法律上的反映。

專門從事手工業的勞動者，一般稱為工、匠或師，如木工、車工、木匠、井匠、染師、削師；也有稱為博士的，如釘鑷博士（鍛冶匠）、仰塗博士（泥水匠）；還有柳宗元在《梓人傳》中所記述的設計和指揮房舍建築的都料匠。工匠有的自作自售；有的備有工具，為僱主加工；也有的受雇於作坊主，如長安通化門長店，多是車工所居也，廣備其材，募人集車，輪、轅、輻轂，皆有定價。工匠應募而來，計件取價。至於柳宗元所記的都料匠，在房舍建築中，充當設計

和指揮的角色，工錢大半歸其所有。

一些破產農民進入城市，被稱作客戶。成為僱傭勞動的對象。在《太平廣記》中有許多相關的記載。也有一些逃人或浮遊人口充當船夫之類，如陳子昂《上軍國機要事》所稱：「江南、淮南諸州租船數千艘，已至鞏洛，計有百餘萬斛⋯⋯其船夫多是客戶、游手、墮業、無賴雜色人。」[1]

私營手工業作坊有顯著發展，種類涉及染織、瓷器、漆木器、金銀器、玉器、冶鑄、車船、造紙印刷、糧食加工等。

手工業作坊又稱「鋪」或「作鋪」，均從事商品生產，業主或主人均有技藝，稱師、長老或都料，他們除依靠家庭成員勞動外，也僱用有技藝的工匠。一般的作坊規模都很小，仍從事個體經營。到官府作坊服役的各種工匠，有很多就是私營作坊的勞動者。

農戶也生產手工業產品，主要是絲、麻織物。農民的手工業產品除供自己消費外，主要用於繳納課調，只有一小部分當作商品出賣。

2. 手工業各行業

手工業生產技術的進步在紡織業、陶瓷業和金屬製造業等部門表現得最為突出。瓷器、絲綢、金銀器、銅器、紙張、文具等的生產不僅具有地區特色，而且作為商品生產出來運銷全國乃至外國。

（1）紡織業仍然是主要的手工業部門，主要是家庭手工業，產量最大的是絹、布，但某些高級絲織品，也有由作坊生產的，如綾。唐朝後期，像綾這樣的高級絲織品仍然是由專門的綾戶生產。唐代的紡織業以絲織業和麻織業為主，產量很大。天寶末年，唐政府賦稅收入中，絹、布總計約 1.1 億丈（2750 萬匹），當時全國人口才 8000 萬，可見作為家庭手工業產品的絹布產量之大。

---

[1] 《全唐文》卷二一一。

唐朝前期絲織業主要分佈在今河北、河南、山東、湖北和四川，已形成一定程度的地域性部門分工，如定州（今河北定州）的綾，宋州（今河南商丘）、亳州（今安徽亳縣）的絹，齊紈、魯縞、蜀錦，都是當時有名的產品。麻織品主要出產於南方各地。

唐初，浙江一帶的蠶種尚需由北方購入。玄宗時吳越地區已能生產一些高級的絲織品，但總的技術水平以及質量和數量，都還遠遠趕不上北方。安史之亂後，浙東觀察使薛兼訓募軍中未婚者，厚給貨幣，密令至北地娶織婦以歸，歲得數百人。由是越俗大化，競添花樣，綾紗妙稱江左。北方先進絲織技術南傳，大大加速了南方絲織業的發展。隨着絲織技術的不斷提高，唐朝後期三吳地區的絲織品也成為重要貢品。除了綾、紗等精美的高級絲織品，江南一般絲織品的發展也很突出。江南縑帛，主要是吳、越所產的縑帛，質量和產量都已趕上甚至超過了北方的最高水平。

唐代絲織技術精巧，絲織品品種繁多，主要有絹、綾、錦、羅、紗、綺等。唐代絲織品色彩豐富，僅吐魯番出土的唐代絲織物，就有二十四色之多，圖案新穎，有的還吸收了一些波斯風格和手法。

印染技術也有所提高，北朝塗蠟印染的蠟纈法在唐代使用得更為廣泛，唐代還先後出現了鏤版印染的夾纈法和絞纈法等新技術。印花布也作為商品進行生產，夾纈法由宮廷而「遍於天下，乃為至賤所服」。[1]

與絲織業相關的還有服飾業。

現在我們可以看到的唐代絲綢主要出自五個地方。第一是日本的正倉院，第二甘肅敦煌藏經洞，第三是新疆吐魯番阿斯塔那古墓群，第四是陝西扶風法門寺地宮，第五是青海都蘭熱水墓。國內唐代

---

[1]　《唐語林》卷四《賢媛篇》「玄宗柳婕妤」條。

絲織物，均出土於西北地區。

正倉院在日本奈良，奈良是當時日本的首都，正倉院則是貯藏官府文物的場所。保存了不少唐代的絲織品。法門寺地宮中發現的 700 多件絲織品，幾乎包括唐代所有的絲綢品種類，是唐代絲綢考古的空前大發現。在一個白籐箱中發現了已經粘成一堆的幾百件絲綢服裝，裏面有惠安皇太后的，甚至包括武則天的裙子。遺憾的是，大部分絲織品已經炭化和部分炭化。

（2）製瓷業是唐代出現的影響很大的新的手工業部門。中國瓷器出現得很早，到南北朝時已經發展成熟。但直到隋朝，產量和規模都還很小，尚未和製陶業分開，且器物也多為裝飾性的大器。唐朝時，製瓷業和製陶業分離，成為一個獨立的手工業部門，器物也由大器變為日用器物。唐代瓷器產區分佈很廣，在山西、山東、河南、河北、陝西、浙江、江蘇、江西、安徽、湖南、廣東、廣西、福建、四川等 14 個省、自治區都發現了唐代瓷窯遺址。

瓷器開始在民間普遍使用。

唐代瓷器有青瓷和白瓷。青瓷產於南方浙江、湖南等地，白瓷產於北方。邢窯窯址分佈在河北臨城、內邱二縣境，是白瓷的主要產地。邢瓷的出現改變了當時青瓷為主導的發展方向，內邱白瓷器為天下無貴賤通用之的重要商品。邢窯出土的大量碗、盤、壺、罐等器物也證明了這一點。

越州的青瓷瓷土細膩，胎質精薄，瓷化程度高，釉色晶瑩潤澤。陸龜蒙詩云：「九秋風露越窯開，奪得千峰翠色來。」說青瓷釉色晶瑩如九秋露水，色澤如千峰滴翠。

江西豐城的洪州窯，在陸羽《茶經》「杯」條中，與越州、鼎州、婺州（今浙江金華）、岳州（今湖南嶽陽）、壽州並列為南方六大名窯。洪州窯所產瓷器，釉色淺青微黃。考古發現的玲瓏瓷，瓷胎兩面洞透，有釉糊蓋，如窗戶糊紙，鏤花處透光明亮，是瓷器燒造工藝的

新創造。景德鎮在唐朝叫昌南鎮，青、白瓷兼有，所產瓷器有假玉器之稱。

湖南長沙銅官窯，也稱長沙窯。近年來隨着考古發現的進展，人們對長沙窯也有了更多認識。從窯址發掘資料來看，長沙窯主要存在於 8 世紀中葉至 10 世紀。產品有盤、碗、碟、杯、壺、瓶、茶具、水盂、鎮紙、印盒等日用器和豬、羊、馬、獅、青蛙等象生瓷。

長沙銅官窯有三大特點，第一是釉下彩，改變了過去傳統的單色釉和刻、劃花或貼花工藝，為後世瓷器的裝飾開闢了新的途徑。第二是以文字作裝飾。長沙窯器大量採用文字作裝飾，這在當時是一大創舉。從長沙窯出土的罐、碗、壺上，有人物、飛禽走獸、山水花草。尤其是題在上面的詩歌，已發現的有幾百首，有許多是《全唐詩》所沒有的。內容大多與日常生活和民間風俗習慣有關，如「買人心惆悵，賣人心不安。題詩安瓶上，將與買人看」。「人有方寸之心，必不求於名利。」字體則楷草行隸都有。第三是大量出口。產品不僅暢銷國內，還大量運往國外，20 多個國家都有長沙窯瓷器的發現。在東南亞、中亞和西亞的古代遺址以及在印尼海域發現的唐代沉船中，都發現了長沙窯生產的瓷器。長沙窯的外銷產品，不像內銷產品一樣有那麼多詩文，而是根據客戶的需求來製作。窯工們根據胡人的喜好，創作出很多新的器型、新的圖案，畫上外國女郎、獅子、椰棗樹，有的還有阿拉伯文。有些器物屬於中西合璧，比如有把執壺，造型是波斯的，但是壺把是中國龍的形象。

現藏韓國國立中央博物館的一件長沙窯黃釉褐彩貼花三耳壺，把手右下方的銘文為「鄭家小口天下有名」，出現這種宣傳自己品牌的廣告用語也是一個很有意思的現象。

法門寺地宮中發現的 13 件宮廷祕色瓷，是世界上目前發現的年代最早，並有碑文證實的祕色瓷器。地宮出土的一整套宮廷茶具，是目前世界上發現的年代最早、等級最高、配套最完整的宮廷茶具。

唐三彩是一種彩釉陶器。把陶胚放在窯內素燒，陶胚燒成後再上釉進行釉燒，彩釉多是白、黃、綠、褐、藍等色。化學分析表明，彩釉主要是硅酸鉛，用鉛和石英配製而成，透明無色。製作時先在白地的陶胎上塗一層無色釉，然後再塗各種金屬氧化物作為呈色劑，進行釉燒。工匠們可以配出淺黃、翠綠、天藍等色彩。由於鉛釉高溫流動的性質，燒時往下流淌，呈現出從濃到淡的層次，融合絢麗，斑駁淋漓，成為聞名於世的唐三彩。這表明，當時工匠們對化學原料特性的認識、對火焰的控制，已達到很高的水平。

（3）冶煉業。冶鐵在南北朝時期衝破了官府的控制，在民間普及。[1] 唐朝政府允許採礦、冶鐵由私人經營，官收其稅。唐代鐵冶分佈很廣，據《新唐書・地理志》《元和郡縣圖志》統計，在山東、河北、河東和劍南（今四川）有鐵礦 40 餘處，兗州萊蕪西北的韶山，自漢至唐，鼓鑄不絕，是一個重要的鐵產地。江南鐵冶有 20 餘處，產量也有很大增加。9 世紀初，黃河以南地區政府所征鐵課為 207 萬斤，產量當在 2000 萬斤以上。這對於鐵農具的廣泛使用和在一些地區的普及具有重要意義，對農業生產產生了重大影響。唐政府對鐵農具採取免稅政策，並且禁止鐵農具出口。

銅礦主要分佈在河東、淮南、江南和劍南，蔚州的飛狐（今河北淶源）和潤州的句容，產量最大。

銅器的主要產地有揚州、并州、越州、桂州等。揚州的銅鏡尤為著名，有百煉鏡之稱。在兩京和中原唐墓出土的器物中，銅鏡是最常見的。花紋裝飾的種類很多，構圖自由奔放，線條刻畫流暢。同時，還有螺鈿鑲嵌的銅鏡。考古發現的大量銅鏡，很多是作為商品生產出來的。

（4）造紙、文具、金銀器、印染（印花布）和印刷是唐代開始有

---

[1]　林壽晉：《東晉南北朝時期礦冶鑄造業的恢復與發展》，《歷史研究》1955 年第 6 期。

大發展的手工業部門。

造紙受原料限制，有地區性，以浙江、江西、蘇南、皖南產量
最大。

筆、墨、硯也都有了專門的產地。絳州、易州、潞州產墨，虢
州、端州產硯。端州紫石硯、宣州溧水兔毫筆都是有名的產品。

金銀器的加工本來是一個古老的行業，主要是滿足貴族、官僚
的需要。在唐代金銀器中，最奇妙的是兩個鎏金銀質圓球，叫「香
囊」，在球內的小碗中裝上香料，點燃後香氣就從鏤空的紋飾中溢
出。當年，它們是被懸掛着使用的，為了防止香囊晃動時香料撒
出，工匠們在內部裝了兩個平衡環，圓球滾動時，內外平衡環也隨之
滾動，而香碗的重心卻不動。這種平衡裝置，與現代運用於航海、航
空的陀螺儀原理完全相同。

唐代民間也比較廣泛使用金銀器，蘇州乃至沙州（今甘肅敦煌）
都有金銀行，並且有了走街串巷，為富戶打制金銀首飾的銀匠。這反
映整個社會財富的積累達到了一個新的水平。

印刷業雖然在唐朝後期還只在四川、淮南出現，印刷的也主要
是滿足民間需要的日曆、佛經，但卻是一個具有震動世界意義的新
行業。

二、唐代的城市和商業

1. 城市佈局的變化

從城市佈局的變化，可以看到城市功能的變化和各個時期的特
色，並可以看到唐代城市的巨大發展。由於材料的限制，我們只能
依據考古挖掘材料和相關文獻記載，對首都城市佈局的變化作一些
說明。

戰國的城市，如齊都臨淄和燕下都，一般分為大城和小城，小城是宮城，大城是居民區和工商業區，其中有大量的官手工作坊和農田。雖然人來人往很熱鬧，但仍未擺脫農業和手工業相結合的性質。

　　西漢長安城，周長 22.7 千米，其中宮殿和官署專用區佔全城 2/3 以上，另有東西九市，居民區只佔 1/10。市也不儘是從事商業的，還有官手工作坊和其他作坊。作為全國政治中心的色彩非常突出。

　　北魏洛陽城，城內外均設有坊，城內居民區已大為擴展，但大部分居民仍住在城外。洛陽大市、小市和四通市等三個市則均在城外。除了城西洛陽大市的通商、達貨二里有工巧販運者外，余皆樂人、屠販、賣酒、賣魚、賣棺材、辦喪事者。

　　隋唐長安城規模宏大，東西近 10 千米，南北長 8.6 千米，周長 36.7 千米，面積達 84 平方千米，是漢長安城的 2.4 倍、明清北京城的 1.4 倍。比同時期的拜占庭王國都城大 7 倍，較公元 800 年所建的巴格達城大 6.2 倍。人口達百萬，是當時最大的國際性都會。

　　全城街道兩旁都有排水溝，並栽種槐榆，宮城和皇城內，多種梧桐柳樹。

　　長安城宮殿和各個政府部門，也就是在城的最北邊的皇帝居住的宮城和政府所在地皇城，仍然佔據主要位置，但是在整個城市中所佔的面積只佔到六分之一。作為居民區的坊和作為商業區的市完全移入城內，有東西二市和 108 坊。坊市嚴格分開，坊市的四周都有圍牆，定時啟閉，仍然是一種封閉的狀態。這就是坊市制度。因此唐代的城市還處在承先啟後的過渡狀態。到唐朝後期，坊市制度開始破壞，向宋代城市方向前進。

　　這裏還有一個問題需要說明。就是城市的發展要有幾個條件。第一是所處的地理位置。或者是政治中心，或者是經濟中心，或者是交通要道。作為首都，更要考慮到全國各地區經濟發展情況、各地區的政治形勢，以及和各民族的關係。第二是水源，如果不能解決水的

供應問題，是不可能新建一座城市的。第三是糧食供應。第四是交通。而後面三個問題往往聯繫在一起。隋文帝新建大興城，也就是後來唐朝的長安，主要就是因為原來城市的水質出了問題。為了解決糧食供應，還新建了永通渠。

2. 坊市制度下的「市」

（1）市

商業活動集中在市中進行。「景龍元年十一月敕，諸非州縣之所，不得置市。」大中五年「敕，中縣戶滿三千以上，置市令一人、史二人 …… 若要路須置，舊來交易繁者，聽依三千戶法置，仍申省」。[1] 凡市以日午，擊鼓三百聲而眾以會；日入前七刻，擊鉦三百聲而眾以散。商業活動的地區和時間都有嚴格的規定。

市設有市令，漢代諸郡、國皆有市長，隋氏始有市令。唐初，又加市丞。兩京及上州市令皆為品官，兩京諸市署：各令一人，從六品上；上州，市令一人，從九品上。中州至下縣市令則由吏擔任。

市令負責市門啟閉，管理市場交易。

長安和洛陽的四市除了市署，還有平準署，平準令正七品下，掌供官物資的購買和多餘物資和沒官物資的賣出。兩京市令、平準令隸太府寺，州縣市令由州選用，隸倉曹、司倉。

（2）行

市內出售同一類商品的店肆，集中排列在一個地區，稱作行。行有行頭，又稱行首、行老，負責向官府納稅，向官府交涉某些有關行戶利益的事務。官府也通過行首控制行戶，向行戶徵稅，攤派某些義務。行戶不僅銷售商品，有的也自行製造。市裏有生產銅鏡、氈毯、綾錦、錦袍、靴帽、樂器、金銀器、酒類、車輛和文具、紙張等

---

[1]　《唐會要》卷八六《市》。

產品的私營手工作坊，《唐六典》統稱之為「工作貿易者」。唐以前商業基本上是一種販運貿易。唐代商人不再是臨時聚合，而是有了固定的店肆，有的還自己製造，自行銷售。這是一個很大發展。

3. 唐代長安的東市和西市

東市和西市是唐長安城的經濟活動中心，東、西兩市各佔兩坊之地，每市大約 1 平方公里。

東市四周，每面各開 2 門，共有 8 門，市周牆外大街（即春明門大街）北寬 120 米，東、南、西三面各寬 122 米，便於商業運輸和市民入市前車馬的停靠。

東市經營的商品，多上等奢侈品，以滿足皇室貴族和達官顯貴的需要。

根據考古發現，西市遺址平面呈長方形，南北 1031 米，東西 927 米，面積 0.96 平方公里，市的四周有圍牆，牆基皆寬 4 米多。圍牆四面各有兩個門。西市內有南北向和東西向的街道各兩條，街寬 16 米，市內井字形的大街把西市分割成 9 個長方形區域，可以容納很多的店舖。各街兩側均設有水溝，在水溝的外側還發現有 1 米寬的人行道。

西市的 9 個區域四面均為街道，還有便於內部通行的小巷，在有的巷道下還有磚砌的暗排水道與大街兩側的水溝相連。臨街部分出土的商業店舖遺址表明，房屋的規模不大，面闊 4 米至 10 米，進深 3 米多；而出土的同類物品相對集中的現象，也證明了某一類型店舖的存在，如珠寶店就多料珠、珍珠、瑪瑙、水晶等製品，鐵器店出土了為數不少的鐵釘、鐵棍與小鐵器殘塊等。在一家出售骨器的鋪子裏，考古隊還發現了加工骨器的作坊。

而西市周圍多平民百姓住宅，市場經營的商品，多是絲綢、服裝、珠寶、首飾、藥材、皮貨、漆器、竹器、陶瓷、書畫、薪炭等

日常生活用品。西市商業較東市更加繁華，被稱之為「金市」。各地的珍奇商品都彙集到這裏出售。外國的珠寶、香料也可以在市中買到，有的珠寶店就是胡商開設的。旅店、餐飲、轉運等生活服務性行業，也形成了一定規模，《唐國史補》卷中「京兆府筵饌」記載：兩市的飯館「日有禮席，舉鐺釜而取之，故三五百人之饌，常可立辦也」。這也是城市居民結構和經濟發展的結果。

來自各民族國家的商人，還帶來了異域的土特產和各具特色的飲食，如「胡餅」「畢羅」「三勒酒」等。

如果按照行業來說，東市就有 220 行，每行都包含有許多家店舖。唐末東市一次失火，就燒了 4000 多家店舖。見於歷史記載的，有鐵行、肉行、筆行、大衣行、藥行、秤行、絹行、麩行、魚店、酒肆、帛肆、衣肆、寄附鋪（寄賣所）、波斯邸等等。

4. 商品種類的增加和商人的活躍

市場上商品品種的變化和行業的增多，是唐代商業向近代商業發展的顯著特徵。市上商品除了生產和生活必需的鹽、鐵之外，主要是滿足貴族高官奢侈生活需要的珠寶和高級工藝品。唐代城市裏一般地主官僚增多，他們所需要的各種日用物品多取給於市場。市裏出現了各種私營手工作坊，以及許多飯館、酒店和小食鋪。長安、揚州等大城市還有胡人開設的酒店。各地的名產、特產乃至外國貨物也充滿了市場。《唐國史補》卷下記載開元至元和時的情況：「凡貨賄之物，侈於用者，不可勝紀。絲布為衣，麻布為囊，氈帽為蓋，革皮為帶，內邱白瓷甌，端溪紫石硯，天下無貴賤通用之。」這樣，在城市中就出現了眾多的行業。據北京房山雲居寺石經題記，唐幽州、涿州有絹行、采帛行、布行、染行、帕頭行、靴行、大米行、粳米行、油行、果子行、肉行、炭行、生鐵行、雜貨行等。

由於域外通商的發達，胡商遍佈各大城市。

唐朝前期出現了一些藏鏹巨萬、邸店田宅遍佈海內的大商人。高宗時安州（今湖北安陸）商人彭老筠請以絹布三萬段助軍。玄宗時沒收長安商人任令方的資產六十餘萬貫。據說他在接見富商王元寶後曾經對臣下說：「我聞至富可敵貴。朕天下之貴，元寶天下之富。」[1]武后在宮中舉行宴會，張易之「引蜀商宋霸子等數人於前博戲」。[2]史載開元間：「長安富民王元寶、楊崇義、郭萬金等，國中巨豪也，各以延納四方多士，競於供送。朝之名寮往往出於門下，每科場文士集於數家，時人目之為豪友。」[3]商賈實際上的社會地位於此可見。

這些唐前期的巨富，與貴族官僚有密切聯繫。有些貴族官僚也修建店舖，開設邸店、質庫，從事商業和高利貸剝削。大商人多從事遠地轉運，獲取巨額利潤。更多的是小本經營、逐月食利的小商小販。由於域外通商的發達，胡商遍佈各大都會、名城。

唐朝中後期，商業進一步繁榮，商人更加活躍。他們長途販運奇珍異物，像元稹《估客樂》所說的那樣：「求珠駕滄海，采玉上荊衡。北買黨項馬，西擒吐蕃鸚。炎洲布火浣，蜀地錦織成。」

除了鹽商、珠寶商和轉運南北各地土特產品的販運商，又出現了許多經營茶葉、大米和木材的商人。在江淮一帶，每逢茶熟之際，四方商人就帶着茶區所需的絲織品和金銀飾物入山交易，由小商小販轉運到浮梁（今江西景德鎮北）、壽州（今安徽壽縣）等集散中心，再由富商巨賈販往各地。南方一些商人以販運糧食為業。江淮賈人，往往囤積米糧以待價格上漲。皖南宣、歙一帶耕地面積少，糧食全靠商人用船從四方運去。江西出產木材，商人運到揚州，獲利數倍。經濟作物和農產品的商品化是一個十分值得注意的歷史現象。

---

1   《太平廣記》卷四九五《雜錄三·鄒鳳熾》。

2   《舊唐書》卷九二《韋安石傳》。

3   《開元天寶遺事》卷上。

通過下面兩首詩，我們可以更加形象地看到唐朝中後期商人、商業和社會的情況。

元稹《估客樂》：

估客無住著，有利身即行。出門求火伴，入戶辭父兄。
父兄相教示，求利莫求名。求名有所避，求利無不營。
火伴相勒縛，賣假莫賣誠。交關少交假，交假本生輕。
自茲相將去，誓死意不更。一解市頭語，便無鄉里情。
鍮石打臂釧，糯米炊項瓔。歸來村中賣，敲作金石聲。
村中田舍娘，貴賤不敢爭。所費百錢本，已得十倍贏。
顏色轉光淨，飲食亦甘馨。子本頻蕃息，貨賂日兼併。
求珠駕滄海，采玉上荊衡。北買黨項馬，西擒吐蕃鸚。
炎洲布火浣，蜀地錦織成。越婢脂肉滑，奚僮眉眼明。
通算衣食費，不計遠近程。經營天下遍，卻到長安城。
城中東西市，聞客次第迎。迎客兼說客，多財為勢傾。
客心本明黠，聞語心已驚。先問十常侍，次求百公卿。
侯家與主第，點綴無不精。歸來始安坐，富與王家勍。
市卒酒肉臭，縣胥家捨成。豈惟絕言語，奔走極使令。
大兒販材木，巧識梁棟形。小兒販鹽鹵，不入州縣征。
一身偃市利，突若截海鯨。鉤距不敢下，下則牙齒橫。
生為估客樂，判爾樂一生。爾又生兩子，錢刀何歲平。

《估客樂》為我們展示了一幅唐朝中後期商人活動的廣闊圖景。

張籍的《野老歌》：

老農家貧在山住，耕種山田三四畝。
苗疏稅多不得食，輸入官倉化為土。

歲暮鋤犁傍空室，呼兒登山收橡實。

西江賈客珠百斛，船中養犬長食肉。

《野老歌》則深刻揭示了當時的社會現實。

5.「揚一益二」：經濟中心城市的興起

唐代最大的城市是首都長安、東都洛陽、揚州和益州（今四川成
都）。

全國的統一，各地區的發展和大運河的開鑿，使城市的地位和
作用發生了很大變化。六朝古都金陵（今江蘇南京），原是一個大都
會，唐代成為潤州（今江蘇鎮江）一縣，連一個州的治所也不是。
這是因為全國的統一，使金陵失去長江中下游之間的樞紐作用，而運
河的開通，又使金陵失去咽喉控帶的地理位置，它本身又缺乏經濟依
託，因此地位一落千丈。而揚、潤、蘇、常、杭等州卻由於本身經濟
的發展和運河流經其地而成為重要的都會。

北方運河沿岸的城市也有很大發展。汴州（今河南開封）是自
江淮達於河、洛的水陸要衝，舟車輻輳，人庶浩繁。魏州（今河北
大名），永徽中，刺史楚王靈龜「開永濟渠入新市，控引商旅，百姓
利之」。[1] 開元二十八年（740），刺史盧暉自永濟渠引流至城西，以通
江淮之貨。以大運河為動脈，南北物資的交流，成為城市發展的巨大
動力。

江南增加了一部分城市，城市的密度有所增高，佈局漸趨合
理。江南新增城市有台州（武德四年）、溫州（上元元年）、衢州（垂
拱二年）、明州（開元二十六年）、池州（永泰元年）、秀州（天福
五年）等。台、溫、明、秀四州出現在江南東部沿海地區，表明江南

---

1   《冊府元龜》卷四九七《河渠第二》。

東部地區的開發已達到一定程度。衢州的繁盛，是因為由杭州經浙江向南進入嶺南和福建的江南重要水陸線交通線橫穿這裏，與這一地區交通運輸和商業的發展密切相關。

揚州和益州也是最大的商業城市，晚唐有「揚一益二」的說法。它們雖然不是全國性的政治中心，卻是地區性的經濟、文化中心，非常繁華。

揚州地處長江和運河的交匯處，是南北交通和物資交流的樞紐，又是對外貿易的港口，聚集了許多富商大賈和波斯、阿拉伯的商人，並且出現了中國最早的夜市，晚上也熱鬧非常。

《舊唐書》卷五九《李襲譽傳》載，李襲譽目睹「江都俗好商賈，不事農桑」。

李肇《唐國史補》卷中：「揚州有王生者，人呼為王四舅，匿跡貨殖，厚自奉養，人不可見。揚州富商大賈，質庫酒家，得王四舅一字，悉奔走之。」

這些材料充分反映了唐朝後期揚州商業繁盛的情況。

揚州因為發展迅速，「僑寄衣冠及工商等，多侵衢造宅」，[1] 打破了坊市嚴格區分的舊制。揚州、汴州和長安都出現了夜市，城市商業和居民生活開始突破空間和時間的限制，坊市制度開始破壞。

益州是西南地區性的商業中心，大中九年盧求在《成都記序》中對揚州和益州進行了比較：「大凡今之推名鎮為天下第一者，曰揚、益，以揚為首，蓋聲勢也。人物繁盛，悉皆土著，江山之秀，羅錦之麗，管絃歌舞之多，伎巧百工之富，其人勇且讓，其地腴以善熟，較其要妙，揚不足以侔其半。」[2] 成都原有東市、西市和南部的南市，由於商業規模不斷擴大，元和時在城南萬里橋又出現了新南市，開拓通

---

[1]　《舊唐書》卷一四六《杜亞傳》。

[2]　《全唐文》卷七四四。

街，居民很快超過萬戶。張籍《成都曲》云「萬里橋邊多酒家」，飲食服務性行業也很興盛。

荊州（今湖北江陵）、鄂州（今湖北武昌）、洪州（今江西南昌）、蘇州和杭州，也都是商業繁榮的城市。這些南方城市，居民大為增加，原來的竹木房屋逐步為瓦房所代替，城市面貌也開始發生變化。

鹽、茶是唐朝後期最大的商業部門，劉禹錫《賈客詞並引》：「五方之賈，以財相雄，而鹽賈尤熾。」[1] 往來於長江下游的「西江大商客」，屢見於唐人的詩歌。《南楚新聞》所記江陵郭七郎，資產殷富，江淮河朔間，悉有賈客仗其貨貿易往來。[2] 唐後期的商人多與官府有聯繫，而官吏和軍將也有很多參加了商業活動。

6. 一般城市的市和草市

除了大的商業城市，一般城市的商業在唐朝後期也有很大發展。劉禹錫《觀市》記載元和三年（808）朗州（今湖南常德）把市暫移至城門大路時的情況：

> 肇下令之日，布市籍者咸至，夾軌道而分次焉。其左右前後，班間錯跱，如在圍之制。其列題區榜，揭價名物，參外夷之貨。馬牛有縛，私屬有閒。在巾笥者織文及素焉，在幾閣者凋彤及質焉，在筐筥者白黑鉅細焉。業於饔者，列饔饎、陳餅餌而苾然，業於酒者，舉酒旗滌杯盂而澤然，鼓刀之人，設高俎、解豕羊而赫然。華實之毛，敗漁之生，交蚳走，錯水陸，群狀夥名，入隧而分。韞藏而待價者，負挈而求沽者，乘射其時者，奇贏以游者，坐賈顯顯，行賈遑遑，利心中驚，貪目不瞬。於是質

---

[1] 《全唐詩》卷三五四。

[2] 《太平廣記》卷四九九《郭使君》引。

劓之曹，較固之倫，合彼此而騰躍之。冒良苦之巧言，斀量衡於險手。秒忽之差，鼓舌儃佇，詆欺相高，詭態橫出。鼓囂嘩，坌煙埃，奮羯腥，疊巾屨，嚙而合之，異致同歸。雞鳴而爭赴，日中而駢闐。萬足一心，恐人我先。交易而退，陽光西俎。[1]

文字是艱澀些，但確是一篇絕妙的 9 世紀初市場風情寫真。

池州人胡澄「偶至市，見列肆賣首飾者，熟視之，乃妻送葬物也」。[2] 市中有列肆賣首飾者，反映當地的經濟發展水平和市場的發展水平已經達到了相當高的程度。民間使用什麼樣的首飾，不僅是一個觀念問題，首先是一個經濟發展水平問題。只有當經濟發展到一定的水平，居民收入達到了一定的高度，才可能使用貴金屬所做的首飾。

除了城市商業的發展，農村商業也有了新的發展，其標誌就是農村定期集市的出現。

在唐朝前期，集市貿易雖然存在，卻不普遍。到唐代後期，由於農村小生產者與商品經濟的聯繫有所加強，所以在水陸要道或津渡之所，商旅往來頻繁之地又興起了許多定期集市，有的就在城市附近。這些集市，江淮一帶稱草市，西蜀稱亥市，蠶市，南方稱為墟，北方稱為集。在集市上販賣的商品多是農具和農副產品，這些集市定期舉行。

有的草市交易繁盛，發展為固定的經常性的集市，它有固定的店肆旅舍，已不僅是農民定期以物易物的場所。一些富室大戶也住到集市裏去。杜牧《上李太尉論江賊書》：「凡江淮草市，盡近水際，富室大戶，多居其間。」[3]

---

[1]　《劉禹錫集》卷二〇《雜著》。

[2]　徐鉉：《稽神錄》卷三《胡澄》。

[3]　《全唐文》卷七五一。

在唐朝後期，一些集市因發展迅速成為縣城。有的草市，由於商業繁榮，地位重要，發展成為城鎮。如唐代宗大曆七年（772），改張橋行市為永濟縣。穆宗長慶年間，改滄州福壽草市為歸化縣。草市的發展，突破了隋與唐代前期對商業市場的種種限制，成為唐代中期以後新興的商品交易場所與商業集中地。

18

唐代的手工業、商業和城市

三、貨幣和金融

1. 開元通寶與錢帛並行

隋統一貨幣，更鑄五銖錢（24 銖等於 1 兩），錢以重量為名。唐初廢五銖錢，鑄開元通寶，10 文重 1 兩，千文重 6 斤 4 兩。此後，錢成為兩以下一級的重量單位。中國貨幣也由此改稱通寶、元寶或重寶，不再以重量為名。「開元通寶」四字出自書法家歐陽詢的手筆，寫得方圓兼備，頗能顯示初唐文化的兼收並蓄。

開元通寶大小、輕重比較適中，便於流通。唐高宗乾封元年（666）改鑄「乾封泉寶」錢，僅行用數月即廢止。唐肅宗乾元元年（758），鑄錢使第五琦鑄造「乾元重寶」錢，不久退出流通。只有「開元通寶」在唐代三百年的歷史中一直通用。

開元、天寶時期國家一年鑄錢達三十二萬七千餘貫，但仍不能適應交易頻繁、貿易額擴大的形勢，無法滿足商品流通的需要，因此，唐朝一直實行錢、帛並行的貨幣制度。

開元九年（721），玄宗下詔規定，「綾羅絹布雜貨等，交易皆合通用，如聞市肆必須現錢，深非道理。自今以後，與錢貨兼用，違者准法罪之」。[1]

---

[1] 《通典》卷九《食貨九·錢幣下》。

唐德宗、唐憲宗也都下令公私交易，必須錢帛兼用。

2. 櫃坊和飛錢

櫃坊是存錢的地方，類似後來的銀號、錢莊。

錢、帛並行雖可滿足一般交易的需要，但錢帛數量越大，重量和體積就越大。開元通寶，千文即一貫重 6 斤 4 兩，100 貫銅錢就重達 625 斤。據《唐摭言》記載，武則天時，「郭元振，年十六，入太學。……時有家信至，寄錢四十萬，以為舉糧。忽有縗服者扣門云：五代未葬，各在一方，今欲同時遷窆，乏於資財。聽公家信至，頗能相濟否？公即命以車一時載去……其年糧絕，竟不成舉」。[1] 這是一個助人為樂的故事，一般人是很難做到這一點。我們這裏要說的是，四百貫錢就要以車載去，那麼對於數額巨大的交易，如果用錢帛的話，是多麼地不方便。因此，需要一種簡便可靠的支付辦法。櫃坊就是適應這種大規模買賣的需要而出現的。商人將錢幣存放在櫃坊中，交納一定的保管費用。櫃坊根據商人所出憑證支付，商人之間買賣商品時免除了現錢交易的麻煩，大大方便了商品的交易。

《唐大詔令集》卷七二載乾符二年南郊赦文：「自今以後，如有人入錢買官，納銀求職，敗露之後……其錢物等，並令沒官，送御史臺，以贓罰收管。如是波斯番人錢，亦准此處分。其櫃坊人戶，明知事情，不來陳告，所有物業，並不納官，嚴加懲斷，決流邊遠，庶絕此類。」說明櫃坊是存放錢物的地方，用來買官求職的錢是從櫃坊提取的。櫃坊人戶如知其用錢買官求職而不告官，那麼將受到懲罰。由於商品經濟的發展，存入櫃坊的大都是商人用於交易的錢財，因此櫃坊多開於集市之中。在長安，東西市中都有櫃坊。《太平廣記》卷三〇〇引《廣異記》：「開元初……三衛乃入京賣絹，買者聞求二萬，

---

[1]　《太平廣記》卷一六六《氣義一·郭元振》。

莫不嗤駭，以為狂人。後數日有白馬丈夫來買，直還二萬，不復躊躇，其錢先已鎖在西市。」也就是存在西市櫃坊。

但是，櫃坊只能解決本城市買賣的需要，外地商人出賣貨物後，帶回錢幣就是一個很大的問題。因此，唐後期又出現了飛錢。《新唐書》卷五四《食貨志四》記載：「時商賈至京師，委錢諸道進奏院及諸軍諸使富家，以輕裝趨四方，合券乃取之，號飛錢。」商人在長安將錢交給本道的進奏院（駐京辦事處）或富商，取得文券，回到本地，憑券支取，這種文券就叫飛錢或便換。「飛錢」是由一些「邸店遍海內」的私商辦理的。這些私商就是明清時期，在全國各地及歐亞國家開設錢莊、票號的山西商人的前輩。儘管這種情況只出現在長安與某些地區之間，但卻是中國最早的匯款辦法。

信用事業在唐代後期的發展，是一個值得注意的歷史現象。唐朝信用事業大體包括放款、存款、匯兌和貨幣兌換幾個方面。櫃坊、飛錢等信用行業的發展是在錢帛並行、貴金屬沒有作為貨幣的情況下，伴隨着商品交易規模越來越大、社會貨幣流通量越來越大的情況而產生的。這裏有一個值得探索的問題，貴金屬在明朝以前為什麼一直沒有成為流通的貨幣？有兩個事實可供參考：一是貴金屬比較缺少。二是信用事業有一定程度的發展。中國有一個很有意思的現象，就是與歐州正好相反，先有信用行業，先有紙幣（宋之交子），到很晚的時候，一直到明朝，才開始使用貴金屬貨幣。

3. 物價和唐後期錢重貨輕問題

唐始立兩稅法，戶錢多折綾絹，初時納絹一匹，當錢三千二三百文，其後貨幣緊縮，錢重物輕，到貞元十年（794）左右，納絹一匹，只當錢一千五六百文，賦稅實際上提高了一倍。憲宗元和十四年（819）絹價落到初定兩稅時的三分之一，納稅戶的負擔實際上增加三倍。穆宗即位，令各地依照元和十五年徵納布帛的折價，改配布帛為

稅額。這與四十年前相較，已增加了幾倍。

這裏還有一個折估的問題，即唐朝後期財政收支上市價和官價的相互折算。南朝宋、齊在徵收賦稅時，往往把租折成綿絹。當絹布價廉時，又將折成綿絹的租和原來納布的調都折成錢徵收。按照唐朝制度，市場的貨物要按照質量好壞三等估價，分為上、中、下三等，作為官府交易和違法犯罪時估定贓物的依據，是為官估。在唐朝前期，官估基本按照實際物價估定。

建中（780—783）以後，貨輕錢重，物價下跌，各地的實際物價被稱為時估，又稱實估。兩稅中的戶稅，以錢定稅。定稅數額，皆用緡錢計算，納稅之時，又折為綾絹。由於物價下跌幅度太大，四十年間，絹一匹由四千文降為八百文，米一斗由二百文降到五十文以下，按原定稅錢數額折納實物，百姓負擔無形中增長四五倍，大大超出了農民的負擔能力。因此，中央政府又定出一個高於實估，接近建中元年初定兩稅時物價的價格，稱為虛估。因為是尚書都省所定，所以又稱省估。尚書省戶部的度支司在接受各地的稅物和把物資發給各政府部門時，都要增長本價，即按虛估折算，稱為折估。官吏的俸祿，布帛部分也按虛估付給。地方官吏在把稅物送交中央時均按照省估，而留州和送交節度使或觀察使的稅物則按照實估實時價徵收。元和三年（808）裴度為相，奏准留州、送使的錢物，一切依省估徵收，由此唐後期財賦主要基地江淮一帶百姓的負擔有所減輕。其後，唐政府又規定，兩稅中折納的絹帛，按一定比例，一部分按虛估即省估徵收，一部分按實估即實價徵收。但事實上，各地官吏以實估徵斂的情況一直沒有停止。

四、交通的發達

1. 以長安、洛陽為中心的陸路交通

陸路交通以長安、洛陽為中心，有驛道通往全國各地。驛路每隔
30 里設一驛站，開元時全國有陸驛 1297 所，水陸相兼 86 所，驛路
當在 4 萬里上下。驛站設有房舍和驛馬，接待來往官員和公務人員。
驛站旁則有店肆和邸店，接待來往商旅和行人，供應酒食，存放貨
物，並有驛驢租給客人乘坐。

2. 四通八達的水路交通

水路交通在唐朝可以說是四通八達。

大運河的開通，使東西流向的海河、黃河、淮河、長江、錢塘江
五大水系聯繫起來，構成了貫通東西南北的水道運輸網。

從長安出發，由渭水及其側畔的廣通渠東行，至潼關入於黃
河，循河而下，進入洛水，可達洛陽。從洛陽循通濟渠（汴渠）、淮
水和邗溝，可以通到長江沿岸的揚州；循永濟渠亦可以通到幽州。
李吉甫在《元和郡縣圖志》中，謂自汴渠修成後，「自揚、益、湘南
至交、廣、閩中等州，公家運漕，私行商旅，舳艫相繼。隋氏作之雖
勞，後代實受其利焉」。[1] 由長安可以通到江蘇、四川、湖南、福建、
廣東和越南等處。

李翱《來南錄》記載了他在元和四年正月從長安出發，經東都洛
陽，通過水路到廣州的交通路線和日程：

自東京至廣州，水道出衢、信，七千六百里；出上元西江
七千一百又三十里。

自洛州下黃河汴梁過淮至淮陰一千八百有三十里；順流自淮陰至

1　《元和郡縣圖志》卷五《河南道一‧河南府‧河陰》。

邵伯三百有五十里；逆流自邵伯至江九十里。

自潤州至杭州八百里。渠有高下，水皆不流。

自杭州至常山六百九十有五里，逆流多驚灘，以竹索引船乃可上。

自常山至玉山八十里，陸道，謂之玉山嶺。

自玉山至湖七百有一十里，順流，謂之高溪。

自湖至洪州一百有一十八里，逆流。

自洪州至大庾嶺一千有八百里，逆流，謂之漳江。

自大廈嶺至滇昌一百有一十里，陸道，謂之大廈嶺。

自滇昌至廣州九百有四十里，順流謂之滇江。出韶州謂之韶江。[1]

長安二年（702），鳳閣舍人崔融在奏疏中談到當時水運的盛況：「天下諸津，舟航所聚，旁通巴、漢，前指閩、越，七澤十藪，三江五湖，控引河洛，兼包淮海。弘舸巨艦，千軸萬艘，交貿往還，昧旦永日。」[2] 9世紀初李肇在《唐國史補》卷下中則特別強調，「凡東南郡邑，無不通水。故天下貨利，舟楫居多」。他還記載：「江湖語云：『水不載萬。』言大船不過八九千石。然則大曆、貞元間，有俞大娘航船最大……操駕之工數百。南至江西，北至淮南，歲一往來，其利甚溥，此則不啻載萬也。」大載重量商船的出現反映了唐後期南方商業和水運的進一步發展。

造船方面，當時已能製造「輪船」，用人力踏輪車轉動，好像掛帆席一樣便於航行。

1　《全唐文》卷六三八。

2　《舊唐書》卷九四《崔融傳》。

從沙漠走向海洋：唐代對外貿易的新局面

　　在唐代，亞洲各國的商人不斷來到中國，聚集在長安、洛陽、廣州、揚州等大城市中。來唐最多的是波斯、大食和中亞的商人，還有師子國（今斯里蘭卡）、婆羅門（古印度的別稱）的商人。當時中國輸出的主要商品是絲綢、瓷器和藥材。絲綢通過傳統的絲綢之路和在唐代迅速發展起來的海上絲綢之路運往波斯、阿拉伯國家。瓷器除運到今印度、孟加拉、斯里蘭卡、印度尼西亞之外，也大量運往阿拉伯國家。輸入的主要商品有香料、胡椒、珍珠、寶石、象牙和犀角等。中日之間的貿易在 7、8 世紀主要是通過使臣交往進行的。9 世紀以後，民間貿易也發展起來。中國商船橫渡東海，直航日本。新羅商船也來往於中國、新羅和日本之間。中國和非洲的貿易，在唐代主要是通過阿拉伯商人進行的。非洲東海岸所產的象牙，大多數都運到今阿曼，再轉運到中國，同時運來的還有香料。唐朝瓷器也運到非洲。

一、一段不為人知的重要史實

　　楊良瑤，他的事跡不見於傳世文獻。1984 年在陝西省涇陽縣雲陽鎮小戶楊村附近發現了《唐故楊府君神道之碑》，即楊良瑤的神道碑，才讓我們知道了這位唐代宗、唐德宗時期的宦官，並且揭開了一

段不為人知的重要史實。

《唐故楊府君神道之碑》記載：

> 貞元初，既清寇難，天下乂安，四海無波，九譯入覲。昔使
> 絕域，西漢難其選；今通區外，皇上思其人。比才類能，非公莫
> 可。以貞元元年四月，賜緋魚袋，充聘國使於黑衣大食，備判
> 官、內傔，受國信、詔書。奉命遂行，不畏厥遠。屆乎南海，捨
> 陸登舟。邈爾無憚險之容，懍然有必濟之色。義激左右，忠感鬼
> 神。公於是剪髮祭波，指日誓眾，遂得陽侯斂浪，屏翳調風，掛
> 帆凌汗漫之空，舉棹乘顥森之氣，黑夜則神燈表路，白晝乃仙獸
> 前驅。星霜再周，經過萬國，播皇風於異俗，被聲教於無垠。往
> 返如期，成命不墜，斯又我公杖忠信之明效也。[1]

這段記載說明，貞元元年（785）四月，楊良瑤充聘國使，受命出
使黑衣大食（西亞一帶）。「備判官、內傔，受國信、詔書」，說明
這是一個正式的完整的國家使團。他捨陸登舟，從廣州出發，通過
海路，「星霜再周，經過萬國」，往返如期，完成了出使的任務。這
是見於記載的我國第一位航海到達阿拉伯地區的外交使節。也就是
說，早在公元 8 世紀，中國的使團就已經通過海路，跨越印度洋到達
阿拉伯地區。這比明代鄭和下西洋早了六個多世紀。這是一件發生
在海上絲綢之路上，在中西交通史和世界航海史都值得大書特書的
大事。

1　錄文見榮新江《唐朝與黑衣大食關係史新證——記貞元初年楊良瑤的聘使大食》，
　《文史》2012 年第 3 期。

二、從陸上絲綢之路到海上絲綢之路

我們說的陸上絲綢之路、海上絲綢之路，這是從貿易路線上來說。

唐代中國和亞洲各國的交通，陸路由河西走廊經新疆至中亞，再通往西亞和南亞各國，這就是早在西漢年間開闢的絲綢之路。北方絲綢之路在唐朝也有很大的發展。唐人可由青海或四川經西藏而至今尼泊爾、印度、巴基斯坦等國；由雲南至緬甸和印度；由河北經遼東至朝鮮半島；由蒙古地區到葉尼塞河、鄂畢河上游，再經額爾齊斯河西去。

經過長期的探索和努力，唐代終於開通了兩條海上絲綢之路航線，一條是從廣州出發，一直到波斯灣的航線；一條是橫渡東海，到日本的航線。

當年法顯回國，前前後後經歷了好幾年。說明當時雖然有了海上交通，但是海上航線還沒真正開通。唐玄宗天寶年間鑒真去日本，也經歷了五次失敗，第六次才東渡成功。而到唐朝後期，海上交通有了很大的發展。從廣州到波斯灣，只需要幾個月的時間。據《新唐書·地理志》所引唐德宗時宰相賈耽的記載和 9 世紀中葉阿拉伯地理學家伊本·胡爾達慈比赫《道里邦國志》的記載，當時從廣州到波斯灣的航程約需 90 天。這說明，經過古代中外航海者的長期努力，不僅成功地開闢了從廣州至波斯灣的航線，而且在航海技術上已經能夠控制和掌握航行的速度和時間，從而保證了這條東西方航道的長期暢通。天寶八載鑒真和尚在廣州看到，江中有婆羅門、波斯、崑崙等舶，不知其數。據說唐代宗時，到達廣州的各國船隻，一年達 4000 餘艘。乾符五年黃巢攻下廣州前，在廣州經營商業的穆斯林（伊斯蘭教徒）、猶太教徒、基督教（景教）徒和祆教徒，約有 12 萬人。唐朝政府在廣州設立市舶使，管理對外貿易。外國商船抵達後，市舶

使登記所載貨物，查看有無違禁物品，徵收船腳（港口稅），並收購官府所需貨物，然後任其交易。從遼東半島、山東半島和東南沿海登舟，可浮海東通新羅、日本諸國。唐後期對外貿易進一步發展，廣州、泉州、揚州的外國商人主要由節度使和觀察使管理。唐朝的商船也遠航到馬來半島、印度尼西亞、印度半島、阿曼灣和波斯灣一帶。唐時中國海船體積龐大，構造堅固，能經受阿拉伯海的險惡風浪，由阿拉伯東來的貨物，往往先從今巴士拉和阿曼運到西拉夫，再轉裝到中國船裏。

横跨東海的中日航線也開通了。到唐朝後期，只要十天就可以從中國到達日本。

航線的開通牽涉到季候風、洋流以及水下情況。由於掌握了這些情況，這兩條航線也就順利開通了。

三、從絲綢之路到陶瓷之路

從絲綢之路到陶瓷之路，這是從貿易貨物的品種上來說。絲綢是中國傳統的出口產品，從唐朝開始，瓷器也成為重要的出口產品。這還牽涉到對外貿易的規模。

在日本、韓國、印度、伊朗、伊拉克和埃及等地，考古學家們對9世紀前後的城鎮遺址的發掘中，都曾發現有相當數量的中國唐代瓷器碎片。中國的寧波市古稱明州，是唐代通往日本和韓國的主要通商口岸。1974 年，在寧波余姚江唐代出海口附近發現一艘唐代沉船，其中有幾百件越窯和長沙窯的青瓷、青釉褐彩瓷和黑釉器，並有「乾寧五年」（898）刻款的方磚一塊。這些瓷器與在韓國和日本發現的唐代瓷器，在器型、釉色和裝飾上都明顯屬於同一窯口。中國唐代瓷器的出口有海路和陸路之分。陸路即著名的絲綢之路，而海路則直通日

本、韓國、南亞、西亞、北非和東非各地。日本學者曾把這條運輸瓷器的海上航線稱為「瓷器之路」。

　　過去在海外曾發現了一些零星的瓷器碎片。其中，長沙窯的瓷器在亞非 13 個國家、73 個地點都有出土，說明它的影響遍及國內外。從其產品中的胡人雕塑、椰棗和棕櫚紋樣及書寫阿拉伯文等方面來看，可能出現了專門為外銷而生產的瓷器。

　　1998 年在印尼爪哇勿里洞島海域打撈出了一艘唐代的阿拉伯沉船（一般稱之為黑石號），使我們對出口瓷器的產地、產量以及瓷器的生產水平等許多問題有了新的認識。

　　黑石號船上打撈出大量唐代的瓷器和金銀器。在六萬七千件瓷器中，長沙窯的瓷器就有五萬多件，[1] 形象地向人們展示了長沙窯瓷器作為外貿瓷器的特徵，並且向我們提供了唐代海上絲綢之路生動的實物證據。由此也引發了下面幾個問題。

　　第一是長沙窯本身的問題。作為唐朝後期第一大出口瓷器的窯口，它的生產流程、生產規模、銷售渠道、訂貨渠道、瓷器上外國紋樣的來源等等，這些都有相關學者進行了專門的研究，也還有不少問題需要進一步解讀。

　　第二是，長沙窯瓷器運往阿拉伯國家的運輸通道，是從長沙直接運往廣州，還是通過長江運到揚州？運到揚州後，是先運到廣州，還是直接裝上去往阿拉伯的貨船運往阿拉伯國家？這些都是需要進一步研究的問題。

　　第三是黑石號上的瓷器問題。在海上絲綢之路最大宗的出口商品瓷器中，長沙窯的產品佔了很大的比重。全面、系統、認真地研究這

---

[1]　李輝柄主編：《長沙窯綜述卷》第一章第四節「『黑石號』沉船的驚世發現」，湖南美術出版社，2004 年，第 24—26 頁。又央視《國寶檔案》欄目在 2013 年 10 月 28—31 日播出了一系列有關黑石號的節目，可以參考。

批作為對外貿易商品的瓷器，可以揭開唐代對外貿易產品和國內瓷器生產隱藏了一千多年的祕密。

一個很有意思的現象是，黑石號上五萬多件長沙窯的瓷器，在考古學界和歷史學界遠遠沒有引起像在古瓷研究者和一些熱愛古代美術的青年學子中那麼大的熱情。中國知網所收的有關長沙窯的 23 篇碩士論文中，沒有一篇是歷史系的學生寫的。

儘管古瓷研究者懷著巨大的熱情，傾注了全部心血關注和研究長沙窯的瓷器，企盼著黑石號上六萬件瓷器和其他文物回歸故土，但是由於各種原因，特別是當時沒有充分意識到這批文物巨大的歷史意義，因而沒有能把這批文物追索回來。

第四是黑石號上的金銀器和銅鏡等具有很高等級的物品的問題。黑石號文物中的八稜胡人伎樂金盃比何家村出土的兩件八稜胡人金盃尺寸還大，銅鏡中有十分珍貴的江心鏡，這些皇家親貴才能使用的器物出現在黑石號上，到底蘊含著怎樣的歷史內容呢？是與楊良瑤出使大食這類海上使臣往來有關，還是為阿拉伯王室進行的特殊採購？還是其他什麼？這也需要更加深入的研究來揭開謎底。

四、唐代海上絲綢之路幾個值得注意的問題

第一個問題是關於唐代海上絲綢之路的走向。

首先是起點問題。關於這個問題，學術界已經進行了很多的研究，一般認為廣州和揚州是兩個主要的起點。廣州，是通往南海和阿拉伯國家的主要港口，這在《新唐書》卷四三下《地理志七下》「廣州通海夷道」和《中國印度見聞錄》中早有記載。中外學者已有許多研究成果。問題是揚州，揚州除了橫跨東海直接通往日本，是否還直接通往南海和阿拉伯國家？揚州聚集了眾多的波斯和阿拉伯商人，可

以說揚州是陸上絲綢之路和海上絲綢之路的交匯點。但是這種交匯到底是什麼意義上的交匯？波斯和阿拉伯商人是通過什麼路線來到揚州的？是從廣州通過陸路和內陸水道來到揚州，還是從廣州換乘來往於廣州、揚州間的海船？抑或從阿拉伯直航揚州？這些都還缺少文獻材料和考古材料的證明。而黑石號上發現的揚州銅鏡，特別是江心鏡等產品，似乎為解決這個問題提供了一些重要的線索。有的學者據此認為，黑石號就是從揚州啟航的。

第二個問題是通往南海、阿拉伯乃至非洲西海岸航線的開通，以及唐代中國與東南亞、南亞、阿拉伯國家、日本、高句麗的貿易，在中國歷史和世界歷史發展上有何意義？

《中國印度見聞錄》中有幾段話：

> 至於船舶的來處，他們提到貨物從巴士拉（Bassorah）、阿曼以及其他地方運到尸羅夫（Siraf），大部分中國船在此裝貨：因為這裏巨浪滔滔，在許多地方淡水稀少⋯⋯

> 故臨有一個軍事哨所，歸故臨國管轄。那裏有水井，供應淡水，並對中國船隻徵收關稅；每艘中國船交稅一千個迪爾汗（dirhems），其他船隻僅交稅十到二十個迪納爾（dinar）。[1]

在法譯本序言中，J. 索瓦傑指出，中國人也曾航抵波斯灣。中國大船排水量特大。他還指出，「應該承認中國人在開導阿拉伯人遠東航行中的貢獻。波斯灣的商人乘坐中國人的大船才能完成他們頭幾次越過中國南海的航行」。[2]

---

[1] 穆根來、汶江、黃倬漢譯：《中國印度見聞錄》卷一，中華書局，1983 年，第 7—8 頁。

[2] 穆根來、汶江、黃倬漢譯：《中國印度見聞錄·法譯本序言》，第 25—26 頁。

英國學者思鑒在《公元九到十世紀唐與黑衣大食間的印度洋貿易：需求、距離與收益》一文中提出：「這種貿易在公元九到十世紀間是全球化的嗎？在最簡單的程度上，它確實是全球化的，因為它確實影響了現今位於世界不同角落的遺址——從最寬泛的地理角度上的印度洋海域——它的西部邊界到達地中海南部和東部，向東則達中國和日本。來自於高度專業化的長沙窯和越窯的製陶群體內的數據已經勾繪出了發生於公元九世紀的工業變革和大規模生產的圖景。」

　　他還認為：「從很多方面來看，長沙窯群是作為那個時期的經濟發展試金石而興起的。它的鼎盛時間很短，它的製造技術如此發達，它相對獨立於帝國的管理和控制如此引人深思，它在中國之外波及的範圍又是如此的令人歎為觀止。它不僅同某一時期印度洋上的貿易緊密相連，而且有助於我們了解這個特定時期的貿易。在這個框架內，它具有了一些早熟的全球化工業的特徵。」[1]

　　《中國印度見聞錄》中的幾段話告訴我們，在唐朝後期中國商船已經到達阿拉伯的許多口岸，阿拉伯商船也從這些口岸直接開往中國。中國船體龐大，無法在遍佈淺灘的波斯灣內通航無阻，因此尸羅夫成為中國商船停靠的主要港口。J. 索瓦傑指出了中國人在開導阿拉伯人遠東航行中的貢獻。思鑒則根據勿里洞號（即黑石號）等水下沉船的考古材料，從全球貿易的角度進行分析。這對我們研究唐代海上絲綢之路在中國歷史和世界歷史發展上的意義是很有啟發的。

　　第三個問題是當時進出口貿易的規模，以及對外貿易對當時國內生產的影響。

　　唐代前期輸出的主要是絲綢。到了唐朝中後期，陶瓷成為主要的出口商品。而香料和珠寶，則始終是波斯、阿拉伯和南海各國輸入中

---

[1]　　思鑒著，劉歆益、莊奕傑譯：《公元九到十世紀唐與黑衣大食間的印度洋貿易：需求、距離與收益》，《國家航海》第八輯，2014 年第 3 期。

國的主要商品。於是有了海上絲綢之路、陶瓷之路、香料之路等不同的名稱，從不同的角度來反映當時中外海上貿易。

關於唐代進出口貿易的情況，唐代文獻特別是筆記小說中有不少相關的記載，為我們提供了不少關於到達廣州的外國船舶，以及在廣州、揚州和長安的外國商人活動的情況。

瓷器和絲綢作為唐代最大宗的出口商品，絲綢由於保存下來的實物材料非常稀少，文字材料也很缺乏，研究起來困難很大，而瓷器的材料相對來說還是比較豐富的。

從亞非各地的考古發現來看，唐代南北各窯口都有瓷器出口，而從黑石號所載瓷器和阿拉伯地區考古發現的唐代長沙窯的瓷器碎片來看，唐朝後期出口到阿拉伯地區的有浙江越窯、河北邢窯和廣東等地窯口的瓷器，而佔絕對多數的則是長沙窯的瓷器。黑石號上瓷器的數量和長沙窯遺址中發現的瓷窯等遺跡和遺物，為我們研究對外貿易的規模及其對國內生產的影響提供了具體的實物材料。但要完成從定量到定性的研究，材料還是遠遠不足的。

結語：關於隋唐史學習和研究的幾個問題

隋唐史研究我們重點講了十幾個問題，已經全部講完了，希望對大家進一步學習隋唐歷史和進入研究領域有所幫助。在學習和研究的過程中，根據我接觸隋唐史和中國古代史幾十年的體會，下面講幾個大家都會碰到的問題。

一、要注意隋唐的時代特點及其在中國古代歷史發展中的地位

1. 研究隋唐歷史要把它放在中國古代歷史發展的過程中加以觀察

我們研究每一個時期的歷史，當然要了解它的各個方面，但是如果抓不住它的特點，那就無法和其他時期區別開來，各朝代的歷史就變成簡單的重複，變成了量的增減。所以我們必須抓住每一個時期的特點，它的特殊性。我們研究歷史也不能局限於一個朝代一個時期，而要把它放在中國古代歷史發展的過程中來加以觀察，找出每一個時期和其他時期類似或相通的地方以及不同的地方。這樣才能了解它的來龍去脈，才能把握它的時代特點，才能看到歷史的發展。

唐朝在中國歷史發展上的地位歷來是學人們關心的問題。20世紀二三十年代日本學者內藤湖南提出了唐宋變革論。五六十年代中國

學者也展開了熱烈的討論，提出了幾種不同的看法。我在《我看隋唐史研究》[1]作過簡要的介紹，這裏就不多說了。近年來學界又興起了唐宋社會變遷問題的討論。唐宋社會變遷這個提法比唐宋變革論包含了更為寬廣的範疇和更加豐富的內容，更有利於討論的展開和問題的深入。希望大家都能夠關注這個問題。

我曾經寫過一篇文章，題目是《唐朝的特性》，把唐朝的特性集中到一個字，那就是變。變，變化、變革，就是說唐朝整個的經濟、社會、政治和文化都處在急劇的不斷變動的過程之中。而在這個變化之中，我們可以看到唐朝在中國古代社會發展中的地位。

其實任何王朝都處在發展變化的過程之中，但是由於唐朝處在中國中古社會變遷的轉折時期，因此不論在變化的幅度，還是變化的速度上，都比一般王朝要大得多，快得多。而且在對各項制度的變革上比起其他一些王朝也自覺得多。

我的一個重要的體會是：必須把歷史看成是一個不斷發展變化的過程。特別像唐朝，由於經濟處於一個迅速發展的過程之中，社會、政治制度也處在急劇變化的過程中。把握它們的發展變化，特別是發展不同階段的特點和從這一階段發展到下一階段變化的關節點，也就是轉折點，是需要花大力氣，下大功夫的。

2. 從南北朝到隋唐社會發生了很大的變化，進入了社會轉型時期

首先從經濟上來看。由於生產的發展，生產的個體性質得到了全面提升，土地所有制發展變化，建立在租佃制基礎上的地主經濟有了很大的發展。農業、私人手工業、商業和商品貨幣關係的發展，不僅造成了社會經濟的全面繁榮，推動了文化藝術發展，而且使土地所有

1　　《文史知識》2006 年第 4、5 期，

權轉移相對加速，地主家族不能長期保有大片土地，科舉成為編制新的社會等級的槓桿。唐朝和宋朝，特別是唐朝後期和宋朝的發展是一脈相承的。宋朝相對於唐朝而言，只是發展和成熟了。從社會變遷的觀點來看，唐宋是一個時期。從土地佔有情況來看，唐朝有一個從分散到集中的過程，宋朝也有一個從分散到集中的過程，儘管宋朝集中的速度比唐朝要快得多，但是基本內容是租佃制從發展走向成熟。

其次看政治體制。唐朝的政治體制和漢朝相比，最大的不同，就是結束了家國一體，政府機關中國家事務和皇家事務沒有嚴格分開的歷史。唐朝實現了國家事務與皇家事務的分離，建立起獨立於皇帝的國家政權機關，在外廷形成了從決策、審議到執行的一整套國家政權機關，皇帝成為國家機關的最高負責人，這標誌着隋唐的國家制度和政治體制已擺脫了家國一體的早期國家的色彩，而具有近代國家的性質。

與此同時，科舉制也從古老的察舉制中脫穎而出。北朝的強調軍功，南朝的重視文才，都是和門第相對的，但還沒有完全否定門第。科舉則不論門第。科舉制的確立和不論出身、做官都要通過考試，考試合格方能任官的制度的建立，使中國古代官僚制度也進入了一個新的階段。

隋和唐初所確立的三省制及其他相關制度雖然具有很大開創性，開啟了此後一千多年官僚政治的基本模式。但是由於它是建立在廣大小農基礎之上，而且設官分職，執掌固定，而不是分類負責，不能適應後來急速變化的經濟、政治形勢，因此仍然具有很大的過渡性。

從政治體制來看，在基本點上唐宋是一致的，儘管唐朝初年、唐朝中葉和宋朝初年有許多不同，但是它們都是純粹的官僚政治制度，各級政府，包括中央政府，都是由官僚而非貴族負責運轉。全部官吏，包括門蔭出身的官吏，都是由中央政府按才學標準通過考試

（身言書判）選拔和任命的。這與南北朝以前貴族集團對政治具有強大影響，官員的任命以門第為標準，地方佐官由長官辟舉，有根本的不同。唐宋的情況是很接近的。唐代也是官僚體制，而非貴族體制。

但也有一些重要的變化。一是宰相事權分離，到宋形成了中書門下、樞密院二府和三司，分掌行政、軍政和財政，唐宋中央政府的組織是有差別的。二是地方政府的社會職能發生轉變。

再次看文化。如果從文化上看，唐宋之間一致性也是很大的。

第一是興起於唐朝後期的市井文化，到宋朝有了很大的發展，把中國古典文化提升到一個新的階段。隨着門第觀念的逐步消融，個人價值的凸現，士大夫文化在唐朝有了長足的發展，而市井文化的發展使得唐代文化更加豐富多彩。正是在這兩種文化結合的基礎上，宋詞才大放光彩，詞就是士大夫文化和市井文化結合的產物。這種情況在元明清得到進一步的發展，元曲和明清小說都與市井文化有着很深的淵源關係。

第二，唐宋都很開放，對傳統文化和外來文化基本上都是兼容並蓄。唐宋都沒有把儒家抬到神聖不可侵犯的地步，唐初撰成的《隋書‧經籍志》對俗儒進行了批評。劉知幾在《史通》中「疑古」「惑經」，宋代對孔孟也是可以提出批評的。這也是新儒學——程朱理學得以逐步建立的前提。而唐朝對外來文化的吸收更加廣泛。唐宋對傳統文化都在不同層次、以不同方式進行了整理和總結，二者都沒有停留在整理上，而是運用前代的思想材料創造各自的文化，是把有用的東西拿來改造和發揮，為我所用。

第三，新儒學的建立。唐朝初年「五經」受到特別的重視，而以「四書」作為儒家主要經典，也都是從唐開始而到南宋完成的。

唐宋之間也有區別。隋末唐初，人們更看重社會和政治；盛唐以前，文人則注重於個人的追求；而從中唐開始特別是到了宋朝，就更着重宇宙人生的探討，以及適應新時代的個人修養，文人的社會責任

被鮮明地提了出來。側重於社會和政治，就會更看重歷史；側重於個人的追求，則表現為閃亮的理想與無原則的實用主義的巧妙結合；側重於宇宙和人生，則更側重於理念。

在這個過程中，一些來自下層的人物對文化的發展做出了巨大的貢獻。慧能被禪宗尊為六祖，《六祖壇經》記錄了他的生平事跡和言論。他所提出的「直指人心、見性成佛」之旨，其意義遠遠超出了宗教的範圍。

再回到新儒學的建立。

在唐宋社會變遷的過程中，「修身」「齊家」被提出來加以強調。從唐太宗「欲盛」的提出到李翱寫《復性書》，其核心都是人性中的慾望問題。物質慾望和精神追求都是慾望，構成了人性的核心內容。這樣從政治領域深入到思想、人性領域，修身也同時被提了出來。

韓愈把《大學》從《禮記》中分離出來獨立成書，其核心便是「修身」「齊家」，即「修齊」之道。從「五經」到「四書」，是否意味着禮又發生了從政治到倫理的轉變？

唐宋之間也有一些讓人覺得差異很大的地方，這主要表現在社會風貌、百姓生活和思想文化上。社會風貌、百姓生活情況和思想文化等是人們了解一個社會最直觀的幾個方面。正是在這幾個方面，使人們強烈地感覺到某一時期處在一個社會轉型的時期。對比漢朝和唐朝的社會生活，漢魏樂府固然深刻反映了當時的社會現實，但是其中苦難多於歡樂。盛唐時期「李白乘舟將欲行，忽聞岸上踏歌聲。桃花潭水深千尺，不及汪倫送我情」，這樣一種歡樂溫馨的情景，在漢朝詩歌中是很難找到的。唐朝中葉以後集鎮上「凌晨而舟車競來，度日而笙歌不散」的景象，在漢朝也是不可想像的，而到了宋朝則是一些地區相當普遍的現象。

雖然這些因素在唐代後期就已經存在，但是由於商業和城市、集

鎮在唐宋之際的迅猛發展，還是讓人感覺到變化巨大。這種情況在古代的社會變遷中是經常出現的。從這個角度來看，唐朝後期和宋朝又可以區分為兩個階段。

總而言之，我們在學習和研究過程中必須對經濟、政治和文化等方面全方位地進行關注，全面把握歷史進程的各個方面，同時必須明確經濟發展在歷史發展中的決定作用。這樣才能準確把握歷史發展的脈絡。

3. 兩個不能忽視的問題

第一個是各種概念在不同時期有不同的內涵。例如士族在唐的前期和後期就有很大變化，在前期指稱舊門大族，而到了唐代後期就變成了讀書人的通稱。一些法律名詞也是這樣。例如格在唐朝初年、武則天到開元年間、唐朝後期都有不同的含義。

第二個是萌芽性和超前性。唐朝處在一個社會轉型時期，而在社會轉型時期，會出現各種各樣的萌芽，有很多萌芽性的東西。如果不能敏銳地感覺到新情況的出現，及時抓住事情的本質，就會迷失方向。

政治理念上的「相防過誤」，防止「欲盛」，這是唐初唐太宗提出來的，但是要真正做到，就必須所有官員都能做到滅私徇公。這是需要社會財富極大地豐富了，人們的思想境界普遍有了極大的提高才能做到的。當時提出相防過誤和滅私徇公顯然是大大超前了。

唐代兩稅法規定取消徭役、按戶等交錢，也都沒有能夠持續實行下去，直到明清才逐步實現，也就是說這些做法都是超前的。而萌芽的東西則具有多樣性和超前性、不成熟性和不確定性，它包含了多種發展的可能性，可能包含後來發展中的各種因素，包含了在以後發展過程中相繼或在一定時機才出現的東西。

當時到底向哪一個方向發展，歸根結底，取決於當時的歷史條

件；但也取決於當時人們對這些問題的認識，以及採取什麼樣的措施，因此這裏還有一個時機的問題。如果抓住了時機，就可以得到迅速的發展；如果喪失了時機，發展就會延後，幾年、幾十年，甚至失之交臂。

萌芽會出現在兩種時期，一是一個社會的初期，二是社會轉型時期。

春秋、戰國時期是一個轉型時期，秦和西漢則處於帝國時期的初期。形成於這個時期的「五經」和諸子，就包含了許多萌芽的東西。其中有一些當時還不具備實現的條件，長期以來也沒有為人們所重視。直到運用它們的條件成熟，才會被重新提出來並加以強調。從北周提出周禮到隋唐實行三省六部制，周禮中職官設置的設想是重要的思想材料。《尚書》中的民本思想在唐貞觀年間也得到進一步發揮。《易經》中的「變通」「窮則變，變則通」的思想到唐初也結合起來發展為「以變則通」。《禮記》中《大學》和《中庸》的思想和孟子的思想也是到唐朝被重新提出，為「四書」地位的確立奠定了基礎。

北方民族進入中原，由於萌芽狀態的多樣性，給中原地區的發展帶來一次新的選擇。它們不僅給中原的發展帶來了活力，也帶來新的機遇。

在歷史研究中必須分辨一些現象是處於萌芽狀態，還是處於發展狀態。這樣才不致迷失研究方向。

這兩個問題如沒有清醒的認識，就會造成很大的混亂。

二、關於閱讀歷史文獻和學術論著

我們學習和研究歷史既然要一切從實際出發，從史料出發，從歷史出發，那麼就必須閱讀史料，就需要認真閱讀相關的歷史文獻和學

術論著，就要讀好書。這裏包括兩個方面：一方面是文獻材料，包括古代的歷史學著作；另一方面是現代學者的論著。

先談文獻材料。材料是整個研究的基礎，收集材料、閱讀材料的階段，是研究的開始。

為了研究某一個時代的某一個問題，除了了解這個時代的基本情況，閱讀一些最基本的材料，重點是對這個問題的全部的或基本的材料進行系統的閱讀。就隋唐史的學習和研究來說，《資治通鑑》《隋書》《舊唐書》《新唐書》《貞觀政要》是首先應該閱讀的。《通典》《唐六典》《唐會要》《冊府元龜》在進入研究階段也是必須閱讀的。在大量閱讀歷史文獻的基礎上我們會不斷發現各種問題，並初步形成新的見解。

我們在閱讀材料的過程中，會有一些因素影響我們提出新的問題，形成新的看法。

我們現在接觸到的材料有一些是當時的歷史文獻，而更多的是當時的和後代的史學著作。

歷史文獻有它產生的背景，有它們各自的特點。就是當時人對當時的歷史也不一定就記載得很清楚，對當時人的所謂第一手材料，也要進行分析，不能盲目迷信。歷史事件往往牽涉到當事人特別是最高統治者的利益，例如玄武門之變，不僅會影響到對這次事變的記載，而且影響到對整個唐朝建國歷史的記載。由於社會和制度的變化往往不是人們一下子就能感覺到，一下子就能認識到的，所以人們往往是用社會和制度是固定不變的這樣一種觀點，以原有的社會情況和制度作為一種標準，來評價和記載處於變化過程中的社會和制度。所以，就會有一些不符合或不完全符合當時實際情況的記載。因此，在我們研究的時候，不僅要注意當時人怎麼說、怎麼寫和當時人的觀點，更要注意考辨和研究當時的實際情況，以及總的形勢和發展趨勢。只有把握了總的發展趨勢，才能正確把握所研究的對象。

歷史學的著作也經常帶有著作者的立場和觀點,他們的觀點往往會影響到歷史記載和論述的準確性。他們還往往用當時的情況去理解和論述歷史。比方說司馬光在《資治通鑑》裏對於唐朝初年三省體制的描述,主要是以宋代的制度附會唐代制度,其中所謂中書出命,門下封駁,尚書執行的說法是不全面的,特別是對門下省的作用,說得很不清楚。還有的作者利用歷史來表達他們的觀點,因此在材料的收集和歷史事實的考訂上都不是很嚴謹的,斷章取義者有之,掐頭去尾者有之,以點概面、肆意歪曲也是有的。

由此可見,對材料,對歷史文獻也必須下一番考辨的功夫,拿來就用是不行的。如果我們不加批判地、盲目地以文獻材料來作為我們研究的起點,毫無保留地加以使用,那是非常危險的。這些年來我們在隋唐史研究中就有這樣一種體會:我們的研究過程就是一個不斷擺脫宋人種種成說的過程。我們只有破除迷信,解放思想,一切從實際出發,從史料出發,從歷史真實出發,才能發現新的問題,得出真正科學的結論。

再談現代學者的論著、成說。

除了上面所說的歷史文獻中的成說以外,現代學者的觀點,特別是一些權威學者觀點,人們眼中的大師們的觀點,也往往束縛我們提出問題,妨礙我們對材料進行正確的解讀,影響我們把研究推向深入。

我們在進行學習和研究的時候,總是以前人的成果作為起點,前人的成果無疑是不能忽視的。我們進行研究,若不在前人基礎上,一切從頭來,那顯然是一種很笨的,很不科學的方法。因此我們必須努力學習前人的著作,特別是一些基礎性的和經典性的著作,一定要認真系統地去讀。

但是對前人的成果也不能盲目迷信,哪怕是大師的觀點。一定要核對原始材料,並且加以分析。這些成果中有些是正確的;有些總體

正確，局部有誤；有些局部正確，甚至非常精闢，非常精彩，但總體不一定正確；還有一些是完全錯誤的。至於有些論點和成果不一定完全正確，但在學術史上曾經起過很大作用的著作，特別是一些大師的著作，就需要更加認真地閱讀與鑽研，除了吸收其中正確的東西，還要研究這些論著為什麼會在學術史上發揮那麼大的作用。大師之所以成為大師，並不是因為他們所有的觀點都是正確的，也不是說他們所使用的研究方法都是無可非議的。大師之所以成為大師，是因為他們在某些領域或某些方面開風氣之先，在研究方法上對人們有所啟迪，對學科發展起了啟蒙和推動的作用，影響了一代學術的發展。因此我們對大師所涉獵過的領域，所研究過的問題，所提出的觀點以及在進行這些研究時所使用的方法，應該採取尊重和學習的態度。但是也要克服敬畏的心理，同樣要破除迷信，獨立、自由地進行認真的研究，吸取其中合理的和正確的東西，揚棄那些過時的或者不正確的東西。

只有對現有成果採取正確的態度，我們才能在閱讀中發現新的問題，進行新的探索。只有這樣做才符合學術發展的規律。

我們認識任何事物都有一個摸索的過程，對於重大的歷史問題尤其是這樣。這裏首先是材料的問題，歷史遺留給我們的材料，不論是文獻材料，還是考古材料都是不充分的，時代越往前越是這樣。力圖對歷史做出清晰地描述，這是每一個歷史學者孜孜追求的目標。而在利用不充分的材料進行這樣的工作時，如果不保持高度的警惕，往往會造成兩個後果：一是容易以點概面。二是容易把各個時期的和各種不同的材料糅合在一起，來加以論述，看起來是面面俱到，實際上是真假難辨；特別是在制度的論述上，實際上可能是構建了一個虛幻的不存在於這個朝代任何一個時期的制度。

另外我們了解歷史是有一個認識過程的。很多材料，很多歷史現象，自古以來史家們都很熟悉，但是由於對當時實際情況和總的發展趨勢還沒有充分把握，因此實際上並不真正理解它的含義。因此我們

在閱讀材料的時候必須在認真考辨材料的基礎上進行深入的探討，挖掘出歷史事實的真相。

有了一定學習和研究基礎以後需要進一步擴大閱讀的範圍。通讀某些歷史文獻是一種可行的方法。有些文獻材料如《全唐文》等，篇幅巨大，通讀一遍不容易。我們閱讀時，首先要提出一些問題，比如注意哪一些方面，注意哪些情況。這些問題，一般說都是一些大而化之的問題，它本身不帶任何框框，不具有結論性。這些問題只是告訴我們，在閱讀的時候把注意力的重點放在哪些地方。帶的問題不妨有幾個，不要只限於一個問題。經濟問題、政治問題、民間情況、社會變化、制度運作、思想文化等都可以兼顧。有時候甚至可以第一遍閱讀的時候注意一些問題，第二遍閱讀的時候注意另外一些問題，這樣經過幾次反覆閱讀就可以比較全面地掌握相關的材料了。閱讀的時候會發現一些問題，產生一些想法，要及時地把它們記錄下來，可以做成卡片，也可以做成札記式的筆記。這些材料有的現在用不着，將來可以派上大用場。在我們那個時代，卡片和札記都是抄錄手寫。這種方法現在仍然可以使用。至於從電子文本上把需要的材料分門別類拷下來也是可以的，只是一定要和原書進行核對。當然在閱讀時只要能夠找到原書，還是不要用電子文本。其次，把速讀、泛讀和精讀結合起來。由於唐朝文體的特點，有一部分是可以完全不讀的。有些部分可以一目十行地翻一翻，搜索其中有用的材料，找到有用的東西，再仔細閱讀。有些部分則需要認真地反覆閱讀。對於一些重要的有影響的人物的文章，可以結合他們的文集，系統地加以閱讀和研究。例如前期的陳子昂和後期的陸贄、權德輿、韓愈、柳宗元、李德裕、杜牧等。當然在通讀過程中不可能全這樣做，但是根據需要和可能，選擇一兩個人物還是可以做到的。再次，在碰到一些問題的時候，需要把幾種材料對照起來進行閱讀。這是我的一些體會，僅供參考。

讀書的時候有時候可以大而化之，有時就要咬文嚼字。咬文嚼字

在歷史研究中往往是很必要的。由於古今字詞用法的不同，由字詞所構成的概念意義的變遷，望文生義是行不通的。比如唐代「精簡」二字和我們今天的含義完全不同。這都還是表層的，無傷大雅。《周易》中「變通」一詞從周易本身到《五經正義》中的註疏，在理解上就發生了相當大的變化。

在歷史上，一個年號往往代表兩個不同時期的交替，因此有些年號就成為重大歷史事件乃至一個歷史時期的標誌，例如貞觀之治、開元之治。一日之差也可以是兩個不同的時期，用錯了，也就把兩個時期顛倒了。這一點往往為人們所忽略。唐順宗時二王劉柳，也就是王伾、王叔文領導，劉禹錫、柳宗元參加的革新運動，不少人稱之為永貞革新，就是一個很突出的例子。唐順宗繼位以後繼續使用唐德宗的貞元年號；改元永貞，是順宗傳位憲宗的標誌。改元第二天，二王就被貶出，接着就是劉柳等被貶為八州司馬。把這樣一個反映二王活動終止的年號作為他們革新活動的標誌，至少是很不合適的。與此相關，還有人把韓愈《八月十五夜贈張功曹》中的「昨者州前擂大鼓，嗣皇繼聖登夔皋」，作為韓愈擁護二王的證據。他們把嗣皇繼聖誤認為是順宗。順宗繼位是在貞元二十一年正月，至八月因為身體的原因傳位憲宗。明明是歡呼憲宗的繼位，歡呼二王下臺，怎麼能說是支持呢？而硬說是歡呼順宗繼位，真是讓人啼笑皆非。

三、研究中幾個需要注意的問題

1. 關於理論問題

理論，包括馬克思主義理論和現代西方社會科學理論，對我們學習和研究歷史都有很大的或一般的指導作用和啟發作用。但我們首先要注意的是研究的出發點。理論不是研究的出發點，一切從實際出

發，要着眼於基本事實，着眼於發展變化。我們不能把馬克思主義理論和西方的社會科學理論當作教條，這是我們的研究能夠取得新的具有理論意義的成果的首要條件。我們要真正進入研究，必須從實際出發，必須具有發展變化的觀念，這樣才能夠破除迷信和各種成見，把研究深入。歷史研究雖然在各個不同的時期有不同價值要求，但是從本質上來說，歷史學是要求全方位地了解一個時代，全面了解每一個國家、地區和整個人類發展的歷史。但事實上各個時代的歷史學都受到當時意識形態和認識水平以及材料的限制，因此重點各有不同，都只能揭示歷史的一些方面。隨着時代的前進，人們的認識水平有了很大的提高，視野也更加廣闊，開始能夠從更多的方面了解當代社會和歷史。現代社會科學的各個學科，事實上就是在歷史和當代結合的基礎上，對這個領域的研究成果的理論總結。它們的方法從根本上來說也是歷史的方法，這就是從實際出發，着眼於實際發生的現象，着眼於發展變化的過程，着眼於總體的發展。只有對這一點保持清醒認識，才不至於把各種新的理論作為教條而限制了我們的創造。

2. 在研究過程中假設的作用

提出新的問題，形成新的見解，特別是關於諸如社會變遷、政治體制變化這樣重大的歷史問題，必然要經過一個艱苦的過程。而進入研究過程以後，甚至還要經過幾次重大的反覆，才可能得出比較接近歷史實際的比較科學的結論。

我們在閱讀的過程中，接觸到的材料越來越多，便會逐步發現一些新的問題，形成一些新的見解，甚至提出新的概念。但是這些看法還是比較直觀的，還只是一種印象，一種初步的概括，也就是假設。

假設在研究過程中是必要的。提出假設是需要膽識的，特別是提出一個不同於前人成說，具有突破性意義的假設是需要很大的勇氣的。當然，對於年輕的學者，特別是在校的年輕大學生和研究生來

說，由於思想上少有束縛，他們在閱讀材料的過程中，憑借直覺，往往會提出一些前人沒有提出過的問題。但是由於他們的知識還很有限，研究的功力也還不夠，而主要的還是因為對這個問題的研究，學術界的積累還不夠，解決這個問題的條件還不成熟，因此提出問題後不知道下一步該怎麼辦。我就碰到過這樣的情況。還在 20 世紀 80 年代，一位本科同學在準備畢業論文時，提出了關於唐代中書門下與使職差遣的關係問題。當這位同學提出問題後，作為指導老師的我也不知道該怎麼辦，只好讓學生自己去摸索，看看這個問題能不能做下去，最後只好不了了之。進入 90 年代以後，隨着學術研究的進展，我的另外兩位學生把這個問題解決了。這說明當年這個學生提出問題並非空穴來風，而是在接觸了一定的材料以後直觀地提出來的。儘管還沒有達到假設的程度，但是從認識過程來說，這是很重要也很寶貴的一步，這反映了年輕人思維敏捷的特點。因此，我們在閱讀時出現的一些想法，尤其是那些突發的奇想，往往蘊含着一個突破重大問題的可能性。我們不要輕易地放棄自己的這些想法，暫時解決不了，可以用札記的形式先保存起來，待將來條件成熟的時候，再繼續進行探索。

提出假設是我們研究的過程中，一個不可缺少的環節。假設是可以大膽進行的，但是對待假設卻有不同的理解，特別是對小心求證事實是有不同理解的。

有些學人，甚至有的大師，往往把這種假設看作是研究的終結，接下來的工作便是尋找一些可以附會或證明這個假設的材料，並據此寫成論著。這樣的著作是經不起時間的考驗的。隨着學術的發展，研究的深入，新的研究成果的不斷湧現，他們提出的一些見解往往被證明是錯誤的。因此，這是一種非常危險的做法。在一些文章中我們經常可以看到，「可以認為」「應該」「可見」等一類的提法，這也是把一些小的假設作為結論，是不應該的。

正確的理解是，把假設作為繼續研究的方向、線索，一種角

度、一個切入點。而研究則要嚴格地按照從實際出發，從材料出發的原則，認真地進行。對於初學者和一般的研究工作者，這是唯一可行的道路。還有一種，在形成假設後，利用已有的知識，再對材料進行檢索，以證明自己的觀點，最後敷衍成文。這種情況只有在基礎知識廣博，史料掌握豐富，具有高研究水準的情況下，才能進行。這應該是學術研究的一種很高的境界。

怎樣把假設變成科學的結論，這是我們整個研究過程中最重要也是最艱苦的一個環節。

把初步形成的見解或假設變成科學的結論，首先就要從實際出發，廣泛地系統搜集和閱讀各種材料。在這個階段有兩項工作是不可缺少的，一是要搞清材料所反映的時間性。歷史是處在不斷的變動過程中，具體的材料反映的是特定歷史階段的情況。我們不能把這個時期的和另外一個時期的材料，鬍子眉毛一把抓，簡單地糅在一起。前面我們談到，有時候一日之差，往往具有完全不同的意義。二是要對史料進行深入細緻的考辨，搞清哪些材料是可信的，哪些材料有問題，也就是要辨別真偽，去偽存真。然後才能根據這些材料進行研究。有時一字之差，也是失之毫釐差之千里。考據和咬文嚼字的功夫也是不可少的。

在整個研究過程中，考據和分析相結合、定量和定性相結合是我們需要特別注意的。

考據不僅在辨別材料真偽的時候需要，在進行研究的時候也是需要的。材料不論是比較少還是比較豐富，都是從不同的角度反映歷史事實，其間還有傳說、誤記和偏見，因此史料不等於歷史事實。只有通過考據和分析相結合，才能搞清歷史事實基本情況。有些數據還需要和後來乃至現代的數據相對照，這樣才不至於鬧出隋代耕地數字比現在還要高出兩三倍這樣的笑話。

3. 在注意定性研究的同時，還要注意定量的研究

在歷史研究中，定量研究與定性研究是同樣重要的。這裏的定量和定性，是借來的兩個詞。定量研究，是指對相關材料的充分收集、詳細佔有和對相關事實的認定，也就是要有充分的論據。定性研究則是指在對材料充分把握和深入研究後，所做的結論，也就是對歷史事實所做的論述。只有進行了定量研究，定性才可能準確。但是僅僅停留在定量的研究上，也是不能取得對事物的深刻認識的。

在定量的研究中，也不能忽略定性的研究。有一種情況是往往需要通過收集大量的史料，才能對問題有一定的認識。但是這只能限於那些通過歸納就可以得出結論的問題。對於那些需要經過考證，需要經過嚴密的分析才能得出結論的問題，就會顯得力不從心，甚至迷失方向。

在定性的研究中，如果忽略了量的研究，就容易從印象、理念或某種理論出發，而陷入以論帶史。就會出現以史料作為自己的論點的註腳，甚至偷換概念、瞞天過海等學術研究中不應該出現的現象。就會得出片面的甚至錯誤的結論。遺憾的是，這種情況往往也出現在一些大師的著作中。

在定量的研究中，利用統計和數字，利用計量方法來說明問題，是歷史研究中經常使用的方法。追求歷史準確性，是許多歷史學者努力和追求的方向。只是由於歷史材料的限制，這項工作進行起來十分困難。

大體上有三種情況。第一種情況是，基本上沒有可資統計的數字，但是存在一些當時人留下的概括性數字。這些數字雖然具有模糊性，但往往很有典型性。在歷史研究中，模糊概念是經常使用的。「或耕豪民之田，見稅什五。」這類經常作為史料來使用的材料，其實就是一種模糊概念。因為它不是基於精確的統計，也沒有做過定量的分析，而是根據直覺，或者是感覺到的大量的現象，對現實情況進

行的一種籠統的概括和描述。這種模糊概念比起一些基於精確統計而得出的結論，可能更加接近歷史的真實。因為對歷史事實進行統計，都是基於歷史文獻提供的各種材料，而這種材料不可能都是充分的和完善的。根據那種零碎的、支離破碎的、片面的材料，是不可能得出一個比較準確的結論的。

第二種情況是，有一定數量的材料可供統計，但是材料又不夠充分。在這種情況下進行統計，是一項很危險的工作。弄得不好，就會得出錯誤的結論。特別是主觀上已經形成一定的看法的時候，很容易朝着為觀點找根據的方向去進行統計，而不是根據統計材料去進行分析研究，得出比較符合歷史實際的結論。

第三種情況是，材料比較充分。這為統計提供了良好的基礎。但不是有了比較充分的材料，就可以做出正確的統計，並據以得出正確的結論。要做好這一項工作，最重要的是統計的分類，也就是要明白統計些什麼。一般說來，統計總是在對課題的相關材料進行閱讀和初步分析的基礎上形成某些看法，也就是假設以後，才開始的。目的是以此為方向，對歷史現象做出定量的分析，並在此基礎上進行深入系統的研究。其次是時段的劃分。時段劃分是進行正確統計的前提。我們經常看到這樣一種情況，就是把整個王朝，把一個王朝的所有材料作為一個時間段來進行處理，進行統計，而忽略了事物是在不斷發展變化的，忽略了歷史發展的階段性，忽略了事物有一個從低級到高級，從不完善到完善的發展過程。因此這種統計往往不能說明什麼問題，甚至可能導致錯誤的判斷和結論。但是按照發展變化準確地劃分時段也是很困難的。

唐朝在這一方面有兩個限制。一是由於歷史文獻記載的限制，不是在所有的歷史時期都可以進行這樣的統計的。但是，唐朝的文獻材料流傳到今天的，比以往的朝代多一些，可以進行統計的領域相對也就多一些。從某種意義來說，唐朝是可以利用統計來進行研究的第一

個朝代。二是由於材料過於分散，在材料的收集上需要投入大量的勞動。這一點由於電子版文獻的出現，以及計算機的廣泛應用，為我們進行統計提供了方便的手段，因此在進行研究的時候利用文獻材料進行統計，不僅是必要的，而且是可能的。如果不用這種先進的科學研究手段，就會使我們的研究大大落後。但是，我們必須有正確的方法來進行統計，特別是在運用計算機進行統計的時候，必須建立在廣泛閱讀、深入考辨、分析研究的基礎之上。

只有紮實地做好這些工作，全面深入地閱讀材料，認真細緻地進行研究，才能進行最後的理論性的概括，得出科學的結論。這往往是一個從痛苦到歡樂的過程，始則「衣帶漸寬終不悔，為伊消得人憔悴」，繼則「眾裏尋他千百度，驀然回首，那人卻在燈火闌珊處」。因此，把假設變成科學的結論，除了勇氣，還需要有坐冷板凳的功夫，需要很大的毅力和為學術獻身的精神。

最後我還要說，認識問題是一個過程，甚至是一個長期的過程。一些重大問題的解決，是需要一個人的畢生努力，甚至幾代人的努力才能完成。企圖在一個課題的研究中就完滿地加以解決，這是不現實的。追求完美是不科學的。我們的研究告一段落的時候，就應該意猶未盡，感覺還有許多問題沒有解決，或者似乎接近解決了但又沒有來得及解決。這是非常正常的，是研究深入的表現，說明還有工作要做。碰到這種情況的時候，首先要對前一階段的成果進行很好的總結，寫出文章。其次要對已經發現的新問題加以排列，以便以後進一步進行研究。這樣做並沒有留下什麼遺憾，因為研究總是分階段進行的，需要一步一步地逐步深入。切忌對這些新問題抓住不放，覺得意猶未盡，一直做下去。否則就會使自己陷入了沒完沒了的研究之中，而不能使研究課題適當地告一段落。要知道學術研究中的意猶未盡和文學中的意猶未盡，有着類似的意境，是一種很高的境界，值得我們很好地加以體味。

□ 責任編輯：許穎
□ 裝幀設計：簡雋盈
□ 排　版：時潔
□ 印　務：劉漢舉

說不盡的盛唐
——隋唐史二十講

□ 作者
吳宗國

□ 出版
中華書局（香港）有限公司
香港北角英皇道 499 號北角工業大廈一樓 B
電話：(852) 2137 2338　傳真：(852) 2713 8202
電子郵件：info@chunghwabook.com.hk
網址：http://www.chunghwabook.com.hk

□ 發行
香港聯合書刊物流有限公司
香港新界荃灣德士古道 220-248 號
荃灣工業中心 16 樓
電話：(852) 2150 2100　傳真：(852) 2407 3062
電子郵件：info@suplogistics.com.hk

□ 印刷
美雅印刷製本有限公司
香港觀塘榮業街 6 號 海濱工業大廈 4 樓 A 室

□ 版次
2022 年 4 月初版
© 2022 中華書局（香港）有限公司

□ 規格
16 開（230 mm×170 mm）

□
ISBN：978-988-8807-29-1

本書繁體中文版由北京大學出版社授權出版。